安徽大学汉语言文字研究丛书

主编 黄德宽

白兆麟
·卷·

北京师范大学出版社
BEIJING NORMAL UNIVERSITY PUBLISHING GROUP
安徽大学出版社

图书在版编目(CIP)数据

安徽大学汉语言文字研究丛书. 白兆麟卷/白兆麟著.
—合肥:安徽大学出版社,2013.3
ISBN 978-7-5664-0004-8

Ⅰ.①安… Ⅱ.①白… Ⅲ.①汉语—语言学—文集②汉字—文字学—文集 Ⅳ.①H1-53

中国版本图书馆CIP数据核字(2012)第315879号

AN HUI DA XUE HAN YU YAN WEN ZI YAN JIU CONG SHU
安徽大学汉语言文字研究丛书
BAI ZHAO LIN JUAN
白兆麟卷   白兆麟 著

出版发行:	北京师范大学出版集团
	安徽大学出版社
	(安徽省合肥市肥西路3号 邮编230039)
	www.bnupg.com.cn
	www.ahupress.com.cn
印　刷:	合肥远东印务有限责任公司
经　销:	全国新华书店
开　本:	170mm×240mm
印　张:	25.5
字　数:	306千字
版　次:	2013年3月第1版
印　次:	2013年3月第1次印刷
定　价:	63.00元

ISBN 978-7-5664-0004-8

策划编辑:康建中　　　　　　　装帧设计:刘运来
责任编辑:杨应芹　程尔聪　　　美术编辑:李　军
责任校对:程中业　　　　　　　责任印制:陈　如

版权所有　侵权必究
反盗版、侵权举报电话:0551-65106311
外埠邮购电话:0551-65107716
本书如有印装质量问题,请与印制管理部联系调换。
印制管理部电话:0551-65106311

总　序

黄德宽

　　汉语言文字学是以汉语言文字为研究对象而形成的学科,这是一门渊源久远、积淀深厚的学科。对汉语汉字的研究,我国先秦时期即已肇绪,然而作为现代意义上的汉语言文字学,其历史大体上也只有百年左右。

　　安徽大学的汉语言文字学学科是从上个世纪80年代之后才较快成长进步的。经过20多年的建设,目前这个学科不仅能培养硕士、博士、博士后等高层次研究人才,同时还成为全国高等学校重点学科之一,在教学、科研方面都取得了较为突出的成绩。

　　汉语言文字学学科的发展和进步,是本学科诸多先生艰苦努力的结果,对他们的学术贡献我们不应忘记。总结发扬他们的学术精神和学科建设经验,是新形势下进一步加强学科建设、推进学科持续健康发展的任务之一。因此,我们启动编纂了"安徽大学汉语言文字研究丛书"。

　　这套丛书共10种,入选的10位教师是对本学科发展做出贡献的众多教师的代表,他们基本上是本学科各个方向的带头人和学术骨干,各卷所收论文也基本上反映出各位老师的主要研究领域和代表性成果。除已经谢世的先生外,各文集主要由作者本人按照丛书的编选宗旨和要求自行选编完成。

　　在编纂这套丛书的过程中,我一直在思考,高等学校的学科建设到底如何开展才是应该提倡的? 学科建设最为关键的要素到底有哪些？对这些问题，我担任学校校长期间没少讨论过，时下我国高校关于学科建设的经验也可谓"花样翻新"、"层出不穷"。沉静下来，就我们这个学科的发展来看，我认为最重要的恐怕还是以下几点：

一是要以人为核心，尊重学者的学术追求。学者是学科的载体、建设者和开拓者。学科的发展主要靠学科带头人、学术骨干和以他们为主组成的团队。坚持"以人为核心"的学科建设思路，就要尊重学者，尊重他们的精神追求、研究兴趣和个性特色，最大限度地为他们提供自由发挥的空间，而不是用考核的杠杆和行政的手段迫使他们按设定的路径行事；那样很容易扼杀学者的研究个性和兴趣，也不大可能产生真正意义上的高水平研究成果。汉语言文字学学科的研究特色和重点，几乎都是各位教师自身研究领域的自然体现，他们坚持自己的研究方向，形成自身的研究风格，探索自己感兴趣的课题，因此能不为流俗左右，远离浮躁喧嚣，耐得住寂寞，甘愿坐冷板凳，最终取得累累硕果。

二是要以人才培养为根本任务，教学科研相得益彰。大学最根本的职能是培养人才，这就决定了大学的学科建设必须以人才培养为根本任务，将教学、科研紧密而有机地结合起来。汉语言文字学学科的教师，长期以来坚守在人才培养的第一线，他们将主要时间和精力都花在人才培养上，而且大家都很热爱自己的教师职业，像何琳仪先生就是在讲台上走完生命的最后历程的。汉语言文字学学科近年来不仅培养出一大批优秀的本科生、研究生，而且在汉语国际教育方面成绩突出，培养了许多外国留学生，在学校合作共建的孔子学院中发挥了关键作用。翻看这些文卷，不难看出，将科研与教学和人才培养工作密切结合，用科研成果丰富教学内容，结合教学开辟新的科研领域，是汉语言文字学学科教师的共同特点。一个学科建设的成就，既要看科学研究，更要看人才培养。围绕人才培养的学科建设，应该是大学学科建设必须坚持的原则。这一点我以为是大学学科建设尤为值得重视的。

三是要日积月累，聚沙成塔。学科建设是一个漫长的积累过程。

人文学科的发展关键是学者队伍的集聚、教学经验的积累和研究领域及特色的形成，更需要长期的努力。因此，开展学科建设不能急功近利，不能只寄希望于挖一两个有影响的学术带头人而收到立竿见影的效果。学科建设应该遵循学术发展的规律，通过创造环境、精心培育，让其自然而然的生长。近年来，许多高校将学科建设当重点工程来抓，纷纷加大投入，不惜代价争夺人才，虽然也可以见效一时，但是从长远看未必能建成真正的一流学科。这方面有许多教训值得记取。我校汉语言文字学学科的成长，尽管也得到国家"211工程"重点学科建设项目的支持，不过在实际建设中，我们还是坚持打好基础，通过持续努力，不断积累，逐步推进。我们深感，这个学科目前的状况离国内一流高水平学科的要求还有不小的差距。但我们相信，只要遵循规律，持之以恒，其持续发展应该是可以预期的。

　　四是要开放兼容，培育良好学风。学科建设应该注重自身特色和优势的培育。强调自身特色和优势并不意味着自我封闭，而是要通过学术交流不断开阔学术视野，以开放兼容的学术情怀向海内外同行学习。我校汉语言文字学学科较为重视学术交流，各学科方向的带头人或骨干，先后在中国语言学会、中国训诂学会、中国文字学会、中国古文字研究会、中国音韵学会、华东修辞学会、安徽省语言学会等全国和地区性汉语言文字研究的学术团体中兼任学会会长、副会长、秘书长、副秘书长、常务理事等职务，促进了本学科团队与国内同行的交流。同时，我们重视加强学术交流与合作，不仅经常性邀请国内外学者来校讲学交流，还特聘著名学者参与学科建设，承担教学科研任务，逐步形成开放兼容的学科建设格局。丛书中收录的高岛谦一、陈秉新、李家浩三位先生就是本学科的长期客座教授或全职特聘教授。开放兼容的学科建设思路，其核心就是要将学科建设放在本学科发展的总体背景下，跟踪学术前沿和主流，形成学科自身学习和激励的内在机制，并确立自身的发展目标、特色追求和比较优势。学科建设要实现开放兼容，要注意协调和处理好学科内外部的各种关系，这不只是要处理好相关利益关系问题，还要形成学科发展的共同理想，尤为重要的是形成优良学风。优良的学风是学人之间合作共事的精神纽带。一个学科只有崇尚学术、求真务实蔚然成风,学科成员才能做到顾全大局、团结协作、相互兼容。良好的学风,也是学科赢得学术声誉、同仁尊重和开展合作交流的基础。这一点应该成为汉语言文字学科建设长期坚持和努力的方向。

  人文学科有自身的特点和发展规律,最让人文学者神往的,当然是产生影响深远的学术大师,形成风格独特的学术流派。在当前社会和教育背景下,这好像是一个高不可攀的目标。但我以为,只要创造良好的学术环境,遵循学科建设和发展的规律,经过代代学者持续不断的努力追求,在一些有条件和基础的高校将来产生新的具有中国作风和气派的人文学科学派也不是没有可能。

  我校汉语言文字学学科还有一大批默默奉献的教师和很有发展潜力的青年教师,他们是学科建设的基础和生力军。我相信,这套丛书的编纂出版对他们也是一个激励和鼓舞。见贤思齐,薪火相传,一个良好的学术环境和氛围,必将促进汉语言文字学学科不断取得新的成绩和进步。

2012年立春于安徽大学磬苑

目　录

前　言 ……………………………………………………………（1）

第一编　文法

语法研究应当重视语法体系的总格局 ……………………………（3）
　　——从通行的"词缀说"谈起
关于词类转化问题 ………………………………………………（12）
"每"与"各" ………………………………………………………（23）
"之"和"其"活用浅议 ……………………………………………（26）
从汉语史角度论"见＋动词"之"见" ……………………………（30）
"于"字是纯粹的介词 ……………………………………………（38）
"所"字词组后附之"者"字新探 …………………………………（42）
衬音助词再论 ……………………………………………………（51）
《左传》假设复句研究 ……………………………………………（58）
句法分析与古籍标点 ……………………………………………（78）
旧体诗词的语法分析 ……………………………………………（85）
《马氏文通》疑难例句辨析 ………………………………………（94）
关于"以为"的句法语义分析 ……………………………………（107）
　　——从《马氏文通》析"以为"说起
《马氏文通》所运用的比较法和变换法 …………………………（111）
汉语教学语法体系研究论略 ……………………………………（124）

第二编　训诂

关于训诂方法科学化的思考 …………………………………… (141)
　　——纪念中国训诂学研究会成立十周年
传统"义训"之批判与"引申推义"之提出 …………………… (153)
释义和修辞 ………………………………………………………… (162)
《金圣叹选批才子必读新注》正误 ……………………………… (165)
《〈盐铁论〉简注》释义商榷 ……………………………………… (176)
古代文选误注札记之一 …………………………………………… (187)
王氏父子训诂的科学性 …………………………………………… (196)
传统训诂和语义分析 ……………………………………………… (204)
训诂与训诂学复议 ………………………………………………… (212)
校勘是释义的前提 ………………………………………………… (223)
　　——评《〈盐铁论〉简注》
关于校勘的性质与对象 …………………………………………… (229)
再论校勘的方法 …………………………………………………… (235)
论校勘史之科学分期 ……………………………………………… (241)

第三编　文字

论传统"六书"之本原意义 ……………………………………… (257)
关于"右文说"的再思考 ………………………………………… (264)
转注说源流述评 …………………………………………………… (274)
孙诒让论"转注" ………………………………………………… (283)
　　——重读《名原·转注揭橥》

第四编　文献

试论国学的三个层面 ……………………………………………… (289)
试论古代汉语汉字的隐性和显性 ………………………………… (299)

《易经》之重言叠字辨析 …………………………………… (306)
再论《老子》一书的功能与性质 ………………………… (312)
《老子》"道经"首篇阐释 …………………………………… (318)
《老子》之"一"字考释 ……………………………………… (324)
《老子》复句辨析 …………………………………………… (328)
按本原性原则阐释《论语》 ………………………………… (336)

第五编　评论

建立"汉语通论"的新尝试 ………………………………… (347)
读《古汉语语法及其发展》札记 ………………………… (351)
实事求是乃学术之第一要义 ……………………………… (355)
　　——评《中国训诂学》
展示佛经文献之瑰宝　填补汉语研究之空白 ………… (366)
《韵镜》研究的新突破 ……………………………………… (374)
论史存直先生的"教学语法"思想 ………………………… (380)
　　——纪念史先生逝世十二周年

主要参考文献 …………………………………………… (389)

前　言

在大学攻读中文系本科的四年里,我一直喜欢外国文学这门课程,尤其倾心于俄罗斯文学。为此还在俄语学习上耗费了大量的时间与精力,必修一年已经能够阅读当时苏联的《真理报》和《消息报》,我的本科毕业论文也是关于苏俄文学的课题。未曾料想,一分配到高校任教,就让我讲授语言课程,先是"现代汉语语法",两年后改教"古代汉语"。自1959年至今,已经是半个多世纪了。

回顾这50年教学和科研的不平坦的历程,从中学教师的培训到历届大学生的教学,从大学本科生的选修课到硕士生和博士生的专业课,无不认真钻研,倾注心血,始终把教学与科研紧密结合起来,因而每个阶段都获得了预期的成效,内心也充满了欣慰。单就学术研究而言,这50年大体可分为三个阶段:前二十年,包括"文革"10年在内,是艰苦探索阶段,主要钻研文法学。自1979至1989这10年,是自觉转向阶段,为了学科建设的需要,有意识地由文法学转向训诂学,并积极参加全国与国际性的学术活动,出版了第一本著作;又由于传统训诂学早期也包括汉字形体的学问,故而又涉猎文字学。后二十年,是比较成熟阶段,兼攻文法学和训诂学,发表了近百篇学术论文,出版了20本学术著作,并由我领衔,不仅于1993年获得了硕士学位授予权,而且在1998年还获准为我校建立了汉语言文字学博士点——这是我省第一个文科博士点。

说来也怪,这后30年,时不时地做些怪异而类似的梦:一类是经常在空旷的郊野,走着走着便迷了路,怎么也找不到回家的路,心里一着急人就醒了;另一类是经常走进某个陌生的村落,怎么也走不出来,急得团团转而醒了。无论是前一类还是后一类,人醒了天也就蒙蒙亮了,那种得到宽慰的奇妙感觉是其他任何人都体会不了的。这自然使我想起"庄周梦蝶"的故事来，我自己也不知道当时是处在梦幻里还是日有所思而形成的"学境"里。这或许是某种心理上的"意象"在起着作用吧。

如今处于晚年，觉得有必要把发表于各种杂志刊物上稍有见地的学术论文，结成一个集子，以纪念执教五十周年，也省去读者检阅之劳。因其内容涉及多个方面，故将全书分为五编。原打算冠以斋号题为《困庐论文集》。所谓"困"，一来是源自梦境，二来是取孔夫子之"教，然后知困也"乃尔。后来，我们的"汉语言文字学科"拟出一套丛书，决定把我的这本论文集首纳其中，为了体例一致，便建议冠以著者姓名，我也就自然地放弃了原来的想法。

本书所收的文章，现今看来有三个特点：一是时间跨度大，从最早发表的1960年到退休以后的2009年；二是涉及内容多，除了主攻的文法学和训诂学之外，还涉猎文字学、文献学以及名家及其论著的评论；三是篇幅长短互见，有些课题表面看来重复，但并非内心不忍割爱。

这里，就不能不来说明个人的某些考虑。其一，编这本书的意图并不在于展示个人的学术成果，人已退休，无此必要；重要的是为了重现作为学人所经历的学术途径，让现今的青年学者从中领会学术研究的甘苦，能够具体把握学术研究的规律，从而尽量避免走弯路。其二，以此展现个人的切身体会，从事高校的教学与研究，自然要讲究专业化，但这绝不意味着可以单打一，研究文字的只顾文字，研究语法的只管语法，研究音韵的只钻音韵，应当在深入某一专业的同时，尽量拓宽学科基础，开阔学术视野，从而融会贯通，真正地超越前人。其三，让刚刚进入学术之门的青年具体领悟学术研究所必经的由小到大、由浅入深、逐渐积累的过程，以免除好高骛远、浮躁轻率的心气，培养专心致志的良好习惯。

譬如集子里所选出排在"语法编"稍前的几个短篇，是为表明当事人年轻时如何一个虚词、一个虚词地认真进行考察，亲身探明其真正的性质和功能，判断它们的语法归属，从而为此后撰写《简明文言语法》之词法部分奠定"虚词"这个子系统的基础的。

又譬如"语法编"论述"假设句"的原来有三篇。头一篇是以当时中学《语文》课本文言课文里的假设复句为语料，经过排比把它们概括为几种格式，在给高年级本科生进行专题讲授时，使他们面对熟悉的语料很容易懂得如何搜集材料、如何归纳概括的研究程序；第二篇是就专书《左传》里的假设复句作全面、穷尽的考察和研究,这对指导硕士研究生撰写学位论文极有助益;第三篇是把同一课题扩大到另一部文献,通过文献语言,运用比较和统计的方法来论述《左传》与《国语》的异同,以扫清历史上有关这两部历史名著之关系的迷雾。又如原编关于"词的跨类"和"词类转化"两篇,前一篇写于1960年,当时大学毕业不久,只是为了说明"词有定类"而撰写的一篇习作;后一篇写于2000年,其间隔了整整四十年,对"词类活用"问题的认识自然深化了不少,因而不仅概述了历代学者有关这个问题的种种说法,辨析了其中的得失,指出了鉴别的原则,而且还提出了"功能变异"的新见解。为了避复,都已经过调整而删略了。

"训诂编"中既有训诂、校勘方面理论探讨的几个长篇,也有校注方面的好几个札记。这无非表明训诂学是一门古老的学问,需要做理论上的更新;同时它又是一门实践性很强的学科,其生命力主要表现在对以往古籍的疏解和已发现的误解的纠正上。任何理论都必须与实践相结合。我国古籍浩如烟海,处于现代化建设的今日,依然需要有专人付出艰辛的努力。这是从事古代文献工作的年轻人万不可忽视的。如果脱离了古代典籍注解之具体而艰苦的实践,那么,训诂学理还有什么存在的意义呢?

再看"文字编"。著者并非有意从事文字学的研究,开始只是为了古代汉语教学的需要而对传统文字学的某些疑难问题予以关注的。传统六书里的"转注说"就是最早引起著者的注意的,因为它众说纷纭,源流不清,需要进行一番梳理,于是耗费了一年多的时间搜集资料进行爬梳,1980年写就《转注说源流述评》一文。由此发端,不能不对传统"六书"作一番整体思考。经过长期思索,便决定针对当时影响较大的具有代表性的三种解说,采取"以子之矛,攻子之盾"的方式,利用他人现成的材料再作剖析,以证成己见:将传统"六书"各一分为二,重新给出定义与解析,即能弥补《说文解字》的不足之处。在我看来,这比创立种种"新说"更加简易而明快。这就是《论传统"六书"之本原意义》一文的缘起和宗旨。为了从历史与现实两个层面强化这种见解,后来又撰写了《孙诒让论"转注"》与《转注字之类型例析》两篇。

由于几十年的学术积累,在退休前后便把学术的志趣逐渐集中于上古文献,并且越来越为《老子》"五千言"所深深吸引。经过认真比较,在富于哲理性和对人类的终极关怀上,关注"自然"的《老子》明显地高于热心"社会"的《论语》,而二者都与《易经》有关联。于是便探讨起"国学"的内涵和外延来,撰写成《试论国学的三个层面》一文,认定当年司马迁列《周易》为"群经之首"极为合理。因而从语言入手,针对《易经》之重言叠字,结合其所在上下文予以诠释,以揭示这部经典所包含的生存智慧和人生哲理。又缘于《易经》中"器唯其新,人唯其旧"一句至理名言的启示,即写就《再论〈老子〉一书的功能与性质》,明确指出:"老子总是在宣讲其心目中一种深奥而不可名状的哲理。"结果一发不可收拾,关于这部充满大智慧的奇书连续撰写了三篇文章,分别从词句到语篇给以辨析与阐释。

在把《老子》和《论语》二书仔细作了一番比较之后,又明显感到前者许多言论都符合一个史官与王侯交谈的身份,其辩证的思维方式也体现出史官表述的特点;而作为儒家学派创始人的孔子,却是面对其弟子讲学,这与"夫子"进行"仁德"教化的身份是完全相符的。据此写成一篇《按本原性原则阐释〈论语〉》,强调要文本自证和整体把握,从而指明作为教育家的孔子,对作为社会的"人"的观照是相当全面的,反映了孔子当时的教育思想的确旨在促使作为社会的"人"的健全发展。如此说来,《老子》是对"自然人"之生存状态的终极关怀,而《论语》是对"社会人"之素质完善的全面教导。

最后,不能不说说"评论编"。此编包括两个方面:一个方面是就相关的专书评论其得失;另一个方面是对一位学术界前辈的纪念性文字,但并非一般散文。专书评论针对五部学术专著,内容涉及汉语通论、古代汉语词汇、训诂、语法、音韵等。史存直先生是在著者的学术道路上给过一定提携、支持和帮助的老先生,他的学术品格与为人风范是值得后学者永远崇敬与怀念的。

如果说"文法"和"训诂"是著者研究古代汉语书面语言这辆马车上的两个车轮的话,那么散见于这两编里的有关理论的探讨,如《语法研究应当重视语法体系的总格局》、《汉语教学语法体系研究论略》、《关于训诂方法科学化的思考》、《传统训诂和语义分析》等,即是驾御这辆马车前行的服马和骖马,而另外"文字"、"文献"、"评论"三个方面的考量则是上述两个车轮的润滑剂,是为了保证这辆马车能够顺利前进而达到预期的目标。

在这篇序言收笔之前,还需要交代两点:一是所有文章一仍其旧,除了改正过去某些排版上的错别字以外;二是在文末只注明定稿时间,不再一一标明文章发表的刊物。

第一编

文法

语法研究应当重视语法体系的总格局
——从通行的"词缀说"谈起

王力先生主编的《古代汉语》(修订本),在论述"有、其、言、于"等字时,措辞十分肯定:"'有'字作为词头,用于专名的前面。常见的有上古时代的朝代名、国名、部族名等。……'有'字又用于某些名词的前面。""'其'字用作词头,一般用于形容词或不及物动词的前面。""'言'字用作词头,放在动词的前面。""'于'字用作词头,也放在动词前面。"①所举的例子有:

友于兄弟,施于有政。(《论语·为政》)
孔甲扰于有帝。(《左传·昭公二十九年》)
北风其凉,雨雪其雱。(《诗·邶风·北风》)
言告师氏,言告言归。(《诗·周南·葛覃》)
至于兴师,修我戈矛。(《诗·秦风·无衣》)

论及古代汉语的"词尾",王力先生列举了"然、乎、焉、如、尔"五个,并说"这些词尾加在形容词的后面,能增加形象化的色彩"。② 例如:

辛垣衍怏然不悦。(《战国策·赵策》)
焕乎其有文章。(《论语·泰伯》)
我心忧伤,怒焉如捣。(《诗·小雅·小弁》)
子路率尔而对。(《论语·先进》)

周法高先生在其《中国古代语法·构词编》一书里,把"有、不、於、勾、其、

---

① 王力:《古代汉语》第二册,修订版,北京:中华书局,1981年,第464—465页。
② 王力:《古代汉语》第二册,修订版,北京:中华书局,1981年,第466页。

斯、思、言、爰、聿、曰、于"等称作"前附语",把"然、尔、斯、其、焉、乎、诸、兮"等称作"后附语"。①

这就是长期以来颇为流行的"词缀"说。

拙著《简明文言语法》②把以上所引各字一概作为"衬音助词"来处理。我认为,上述各字在古代汉语里,其地位是独立的而不是附属的,其使用是杂乱的而不是有序的,其作用是衬音的而不是构词的,因而是助词,而不是词缀。③

值得注意的是,"词缀"说近来大有蔓延的趋势,甚至有人把《楚辞》里大量的"而、以、其、之"等虚词也归入所谓"词尾"。④

粗粗看去,《楚辞》里的"而、以、其、之",都用于形容词或副词之后,不是杂乱而是有序的,似乎应该看作"词尾"了。其实不然,"而、以、其、之"井然有序地用作句中虚词,同《楚辞》句中或句末用"兮"字一样,正是"离骚体"作品的突出特点,是"作为具有统一风格的文学语言形式出现的"。⑤ 例如:

芳菲菲其弥章。(《离骚》)
芳菲菲而难亏兮。(《离骚》)
云霏霏而承宇。(《九章·涉江》)
芳菲菲兮满堂。(《九歌·东皇太一》)
芳菲菲兮袭予。(《九歌·少司命》)
纷总总其离合兮。(《离骚》)
纷总总兮九洲。(《九歌·大司命》)
九疑缤其并迎。(《离骚》)
九疑缤兮并迎。(《九歌·湘夫人》)
心怫郁而内伤。(《七谏·沉江》)
心怫郁兮内伤。(《九怀·思忠》)
岁忽忽而遒尽兮。(《九辩》)

---

① 周法高:《中国古代语法·构词编》,"台湾中央研究院"历史语言研究所,1962年,第202页。
② 白兆麟:《简明文言语法》,石家庄:河北教育出版社,1990年,第134—137页。
③ 白兆麟:《衬音助词再论》,载《中国语文》,1991年第2期,139—143页。
④ 薛恭穆:《楚辞中形容词、副词的后缀》,载《中国语文》,1980年第6期,451页。
⑤ 孙雍长:《楚辞中词的后缀问题》,载《中国语文》,1982年第1—6期,205—208页。

岁忽忽兮惟暮。(《九思·哀岁》)

正是从《楚辞》本身所固有的这一语言特点出发,孙雍长同志严格地审察了其中的句中虚词,认定用作形容词、副词后缀的只有四个:"然"字三见,"尔"字一见。① 至于《楚辞》里的"而、以、其、之",或是语法功能比较虚弱的连词,或是舒缓语气的助词,或是二者兼而有之。

此类虚词运用于韵文语句之间,或衬音节,凭以传声;或缓语气,借以抒情。这只消把《诗经》里使用上述助词和使用叠音词的句子加以比较就可明白。

皇皇后帝(《鲁颂·閟宫》)——有皇上帝(《小雅·正月》)
实实枚枚(《閟宫》)——有实其积(《周颂·载芟》)
坎坎鼓我(《小雅·伐木》)——坎其击鼓(《陈风·宛丘》)
溃溃回遹(《大雅·召旻》)——有洸有溃(《邶风·谷风》)——武夫洸洸(《大雅·江汉》)
慆慆不归(《豳风·东山》)——日月其慆(《唐风·蟋蟀》)
哀哀父母(《小雅·蓼莪》)——於乎有哀(《大雅·桑柔》)
秩秩大猷(《大雅·巧言》)——有秩斯祜(《商颂·烈祖》)
河水浼浼(《邶风·新台》)——有浼济盈(《邶风·匏有苦叶》)
赫赫在上(《大雅·大明》)——临下有赫(《大雅·皇矣》)
忧心忡忡(《召南·草虫》)——忧心有忡(《邶风·击鼓》)
鸡鸣喈喈(《郑风·风雨》)——北风其喈(《邶风·北风》)
雨雪霏霏(《小雅·采薇》)——雨雪其霏(《北风》)
作庙翼翼(《大雅·绵》)——如跂斯翼(《小雅·斯干》)

其实,散文也是如此,不过由于受了"词缀"说的影响,人们不大注意它们的作用罢了。就拿同是用在动词后面而处于句末的"思"和"止"来说吧,王力先生认为是"类似词尾的后加成分"。② 其中引例有:

汉之广矣,不可泳思。江之永矣,不可方思。(《周南·汉广》)
既曰归止,曷又怀止?(《齐风·南山》)

---

① 孙雍长:《楚辞中词的后缀问题》,载《中国语文》,1982 年第 1—6 期,205—208 页。
② 王力:《汉语史稿》中册,北京:中华书局,1958 年,第 301 页。

然而在同一动词之后,也用别的虚词,尤其是处于句末的大多用"也、兮、哉"等语气助词。例如:

就其深矣,方之舟之;就其浅矣,泳之游之。(《邶风·谷风》)
不可畏也,伊可怀也。(《豳风·东山》)
我心伤悲兮,聊与子同归兮。(《桧风·素冠》)
怀哉怀哉,曷月予还归哉?(《王风·扬之水》)
振振君子,归哉归哉。(《召南·殷其雷》)

难怪周法高先生说:"王氏所举之例,如果认为是语末助词,似乎要好得多。"①王力先生本人也对此犹疑不决,他说:"比方'思'和'止'一般都在一句的后面,也像语气词。"②王筠所谓"夫既有长言之者,即宜有短言之者矣",③刘毓崧所谓"盖诗中之单文重文彼此往往同义……故凡一字不足以形容者,必重言以形容之",④说的也就是使用上述助词的作用"与重言相当"的意思。

以上关于词缀抑或助词的讨论,还涉及一个根本性的问题,即如何建立一个"妥贴、简洁、完备"而又能够体现民族特色的古代汉语语法体系。

各民族的语言,既有其共性,又有其个性。尤其是在上古社会,各民族之间几无交流,其语言的相互影响极少,因而民族特点尤为明显。早在三十多年以前,王力先生在《语法体系和语法教学》一文中就明确地指出,研究汉语语法要纠正两种偏差:一是用西洋语法体系套在汉语头上,二是无原则地寻找汉语特点。他说:"对汉语特点的注意,是中国语法学向前发展的推动力量。"⑤

作为汉语语法学的奠基石的《马氏文通》,其间架是模仿印欧语系的语法的。即使如此,马建忠在词类上还是看到了"中国文字无变"即汉语词类没有形态变化这一最大特点,因而为"华文所独"的助词单列一类,还进行了许多详细的描写。这一点应该说是"妥贴"的。正如何容所说,"在别种语言里有

---

① 周法高:《中国古代语法·构词篇》,"台湾中央研究院"历史语言研究所,1962年,第236页。
② 王力:《汉语史稿》中册,北京:中华书局,1958年,第203—304页。
③ (清)王筠:《毛诗双声叠韵说》,上海古籍出版社,1995年,第16页。
④ 《诗笺重言释一字说》。
⑤ 张志公等:《语法和语法教学》,北京:人民教育出版社,1956年,第44—45页。

些由词的'音变'或'附加成分'等方法来表示的意思,在中国语言里常是用一个独立的'词'来表示"。①

从20世纪30年代开始,汉语语法研究由模仿期转入革新期,中国的语法学家为建立民族语法学而进行了不懈的努力。特别是20世纪50年代以来,绝大多数语法学家不断探索汉语的语法特点,取得了丰硕的成果。这里不妨举个与本文讨论的问题相关的"的、地、得"的例子。现代汉语"的"和"地"经常放在形容词或副词的后面,过去不少人看作"词尾"。但是人们逐渐发现,"的"和"地"并非仅仅用于形容词或副词之后,也用在词组甚至句子的末尾,因而长期以来已不再有人把它们看成"词尾",而把它们归入"助词"(结构助词)。至于"得"字,王力先生原先是这样描述的:"真正的词尾'得'字是在唐代产生的,这个时代,词尾'得'字已经有了两种性质。……这时……又获得了第三种性质。"②随着人们认识的深入,无论上述哪一种性质的"得"字,如今都不再被看成词尾,也已经归入结构助词一类了。

这里自然不是说汉语不具备任何形态,过去视为"词头""词尾"的应该一律归入助词才符合汉语特点;而是说在汉语语法研究中,不可夸大汉语和其他语言共同性的一面,要充分注意汉语本身的特点,尤其要注意汉语各个时期的语法特点的研究。以为西洋语言有形态变化,中国也一定要有,这是违反汉语事实的;以为近现代汉语有那么一些词头、词尾,就认定春秋战国的文献为主的上古汉语也一定要有词头和词尾,这也是违反历史观点的。这里且举两个虽然有些特殊却能说明问题的例子:

  童谣有之曰:"鸜之鹆之,公出辱之。鸜鹆之羽,公在外野。"
(《左传·昭公二十五年》)

  豫焉若冬涉川,犹兮若畏四邻。(《老子·十五章》)

上例唐人孔颖达疏曰:"此鸟以两字为名,但谣辞必韵,故分言之。""鸜鹆"是个双音节的鸟名,童谣却把这个根本不可分析的名词拆开成为两个音节,并在每个音节之后各添加一个"之"字。下例王弼注:"冬之涉川,豫然若欲度,其情不可得见之貌也。四邻合攻中央之主,犹然不知所趣向者也。"河上公

---

① 何容:《中国文法论》,上海:独立出版社,1944年,第22页。
② 王力:《汉语史稿》中册,北京:中华书局,1958年,第221页。

注:"举事辄加重慎,与与兮若冬涉川,心犹难之也。其进退犹犹如拘制,若人犯法,畏四邻知之也。""犹豫"原是一个双声联绵词,作者却将这个通常不可分用的形容词硬分为两个音节,而且同是一个"豫"和"犹",《老子》于其后加"焉"和"兮",王注分别加"然",河注在重叠之后一增"兮",一未加。这种一词分用的现象在西洋语言里恐怕是见不到的,当然也就不能拿西洋语法来衡量。如果说上引两个例句属于古代汉语里的修辞现象,即陈望道所谓"镶嵌"①,那么镶嵌在各个音节后面的"之、焉、兮、然"若视为"词尾",无论如何也是说不通的。显然,这些衬音助词的用与不用,关系到行文的气势,音节的调谐,字句的匀整。这又说明它们的运用不单纯是个语法问题,也交织着修辞的问题,因而把它们处理为"词缀"是不符合汉语特点的。

一个好的语法体系"应该具有妥贴、简洁、完备这三个条件",这是陈望道先生提出来的。他说:"同事实切合,就是妥贴……能够力求简捷分明的说明事实,就是简洁……立论比较能够概括事实,就是完备……"②"词缀"说不切合上古汉语的事实,而且有时说明事实还转弯抹角、模棱两可。且看王力先生的有关论述:

> 假定上古名词是有词头的话,它的规则还是不能十分确定的,到了战国以后,除了仿古之外,就不再有这一类的词头了。③

> 以上所述各字算不算(动词的)词头、词尾,尚待进一步的研究。……即使算是词头、词尾,它们在后代也没有留下任何痕迹。④

> 上古汉语的形容词……有此类似词头的附加成分。但是,……是否应认为词头,比动词的"词头"更成疑问,因为它们不是专作形容词的附加成分的。⑤

再看周法高先生的论述:

> 附加语和所谓"助词"都是"附着语形",有时二者也不易作明显的划分。……所以前附语、后附语、中附语,大体上和语首助词、语

---

① 陈望道:《修辞学发凡》,上海教育出版社,1979年,第166页。
② 陈望道:《文法简论》,上海教育出版社,1978年,第10—11页。
③ 王力:《汉语史稿》中册,北京:中华书局,1958年,第301页。
④ 王力:《汉语史稿》中册,北京:中华书局,1958年,第314页。
⑤ 王力:《汉语史稿》中册,北京:中华书局,1958年,第314页。

末助词、语中助词是有分别的。不过其界限也不易严格划分……①

总括以上所说,我觉得"于"作动词前附语的可能性较大,"聿、遹、曰、越、薄"也有可能;至于"言"和"爰"还是联词的可能性要大一点。②

"尔、耳、而、焉、乎、诸、兮"又可用作语末助词。所以,像"焉、乎、兮"等,在某些情形下,不易分别其为状词后附语抑为语末助词。或者我们可以这么说:像"乎"和"兮",虽然放在状词后面作后附语,但同时仍具有语末助词的作用。③

为什么如此模棱两可而仍处理为"词缀"呢?除了语言现象确实复杂和人们的认识需要逐渐深化这两个原因之外,还由于学者们没能从汉语语法体系的大格局着眼的缘故。

我们认为,语言是历史的产物,各民族语言的语法体系,都有一个主要由其语法特点构成的基本格局。在某个历史时期产生的某种语言现象,若是符合这个基本格局,就会作为一种能产形式而发展起来,固定下来,成为这种语言里的普遍形式。反之,某个新产生的语言现象如果与这个基本格局相抵触,就会受到制约而中止下来,甚至衰退下去,而成为这种语言里的个别残留形式。比如前文所引何容所说的"在别种语言里有些由词的'音变'或'附加成分'等方法来表示的意思,在中国语言里常是用一个独立的'词'来表示",这个特点使汉语尤其是上古汉语形成一种助词特别众多,使用也特别灵活的格局。

前面提到的"然、如、若、尔",附着在形容词或副词之后,不仅韵文里使用,散文里也使用,而且去掉它们,剩下的部分大多不再能独立成词,如"沛然、油然、勃如、突若、率尔、莞尔"等等,这应该肯定是词尾。然而,这不过表明上古汉语里有少数几个"助词"向"词尾"方面转化的一种趋势,由于这种趋势不符合上古汉语的基本格局,因而没有什么生命力,除"然"字作为词尾仍

---

① 周法高:《中国古代语法·构词篇》,"台湾中央研究院"历史语言研究所,1962年,第202页。

② 周法高:《中国古代语法·构词篇》,"台湾中央研究院"历史语言研究所,1962年,第252页。

③ 周法高:《中国古代语法·构词篇》,"台湾中央研究院"历史语言研究所,1962年,第269页。

保留在近、现代汉语里,其余的很快就绝迹了。

周法高先生曾用大量的篇幅,对《诗经》和《毛传》、《郑笺》里的所谓词尾"然"作了相当详细的比较研究,认为"词尾'然'的用法随时代的变迁而逐渐增加。在《诗经》中,词尾'然'很少见,到了西汉的毛传中已相当普遍;到东汉末的郑笺中使用得更多"。[1] 用随文释义的训诂专书《毛传》和《郑笺》分别代表西汉与东汉两个时代的语言是否妥当,这本身就值得怀疑。除了训诂专书之外,在同时代其他韵文特别是散文典籍中,词尾"然"字是否也有那样"逐渐增加"的趋势?事实是在当时使用范围本来就极其有限,而且到后代越来越少。《毛传》与《郑笺》大量使用"然"字,不过是古注中用以解释富有描绘性词语的一种体例,根本不能作为"逐渐增加"这个论断的依据。

现代汉语也有类似的情况,即某些原有的语法手段为词汇手段所代替。比如"着"附在动词后面,具有表示"时态"的作用。王力就认为"着"是表示进行貌的"情貌记号"[2]。最近,有人详细调查了从"五四"到现在的60年间的汉语语言材料,认为现代汉语时态助词"着"的发展趋于萎缩状态,因为词汇"正在"、"出"渐渐取代了"着"的语法作用。在句子里,动词前边用了"在"或"正在"以后,动词后边的"着"就很容易脱落。而且,近几年来,人们又习惯于用"表示出"、"放射出"来代替"表示着"、"放射着"的意思。[3] 这样,"着"原先承担的作用就削弱了。这些变化都是汉语语法体系的总格局所决定的。

那么,在上古汉语语法体系里,是否还要为"然、若、如、尔"这么几个字单立"词尾"一项呢?史存直先生在《论词儿和判定词儿的方法》一文中有一段精辟的论述可供我们思考:"由于一个虚词的处理适当与否,就会影响到语法规律,甚至影响到由全体语法规律所构成的语法体系,所以我们在处理虚词的时候必须特别慎重,必须周详地考虑到和它有关的一切语法规律来作决定,既不能模仿外国的语法,也不能凭个人主观的语感,也不能置大的语法规律于不顾而去迁就若干小的方便。"[4]史先生还举了日本格助词的例子,说它的功用似乎只等于印欧语的格词尾,但从日本语的整个语法体系说来,必须

---

[1] 周法高:《中国古代语法·构词篇》,"台湾中央研究院"历史语言研究所,1962年,第290页。
[2] 王力:《中国语法理论》,北京:中华书局,1954年,第280页。
[3] 林玉山:《汉语语法学史》,长沙:湖南教育出版社,1983年,第14页。
[4] 《语法论集》第1集,北京:中华书局,1957年,第28页。

把它当作独立的词。

在上古汉语里,"然、若、如、尔"几个虽与西方语言里的词尾极其相似,但使用范围有限,而且比起处在形容词或副词之后而根本不能视为词尾的字眼来,其数量也少得多。我们不能仅拿汉语的局部情况来和其他语言的局部情况相比拟。为了使整个上古汉语的语法体系融会贯通,不生抵触,而又便于人们掌握,还是不为它们另列词尾的好。

总之,本文认为,为了切合上古汉语的语言事实,为了不损害上古汉语语法体系的总格局,为了使这个语法体系体现出民族特色,应该建立并健全"助词"这一类别,然后根据它们的语法职能,将其中起组合作用的称为"结构助词",表示语气的称为"语气助词",补足音节、匀整字句的称为衬音助词。

1991 年 7 月

关于词类转化问题

一、古代学者有关词类转化的解说

古代汉语尤其是上古汉语,其名词、动词、形容词三类的界线是相当模糊的,所谓兼类较多、活用频繁,即是其变动不居的表现。对此,古代学者与训诂家在其有关阐述中曾经有所揭示。例如:

(1)《春秋》:"襄公二十有五年,吴子遏伐楚,门于巢卒。"《公羊传》:"门于巢卒者何?入门乎巢而卒。"

(2)《诗·那》:"先民有作。"毛传:"有作,有所作也。"

(3)《吕氏春秋·期贤》:"然则君何不相之?"高诱注:"何不以段干木为相也?"

(4)《左传·僖公二十八年》:"晋师三日馆,谷。"杜注:"馆,舍也。食楚军谷三日。"

(5)《礼记·大同》:"以贤勇知,以功为己。"孔疏:"以贤勇知者,贤犹崇重也。既盗贼并作,故须勇也。更相欺妄,故须知也。所以勇知之士皆被崇重也。"

例(1)公羊氏释"门"为"入门",例(3)高诱注"相之"为"以之为相",例(4)杜预注"馆"为"舍"、注"谷"为"食谷",显然认为文句里的"门"、"相"、"馆"、"谷"不再是表示事物的名词,而是表示行为的动词。例(2)毛亨训"有作"为"有所作",是认为诗句里的"作"不再是表示行为的动词,而是用作名词了。例(5)孔颖达疏"贤"为"崇重",疏"勇知"为"勇知之士",也是认为前者用作动词,后者用作名词。在古代训诂家的心目中,上述那些词语原来的词性和用在诗文里的词性是有所不同的,为了防止读者的误解,才特地为之说解,其用心今日仍可体味。

宋代学者洪迈在其《容斋随笔》里也说到这种语言现象,并加以辨析:

> 《左氏传》好用"门焉"字,如"晋侯围曹,门焉";"齐侯围龙卢蒲就魁,门焉";"吴伐巢,吴子门焉";"逼阳人启门,诸侯之士门焉";及"蔡公孙翩以两矢门之","门于师之梁","门于阳州"之类,皆奇葩之语也。然《公羊传》云:"入其大门,则无人门焉者;入其闺,则无人闺焉者;上其堂,则无人焉。"又杰出有味。何休注"堂无人焉"之下曰:"但言焉,绝语辞。堂不设守视人,故不言堂焉者。"休之学可谓精切,能尽立言之深意。(三笔卷十六)。

洪氏认为《左氏传》"门焉"、"门之"、"门于"的用法"皆奇葩之语"。从语法学的观点来看,其眼光与意识远不如上述那些训诂家。不过,他注意到何休注《公羊传》,能把"上其堂,则无人焉"同上文"门焉"、"闺焉"区分开来,还指出"堂不设守视人,故不言"堂焉者",因而称赞"休之学可谓精切,能尽立言之深意"。所谓"立言之深意",在今日看来,无非"堂"未作动词,而"门焉"、"闺焉"之"门"和"闺"已用作动词而已。

洪迈从文章学的角度来分析上述词性变易的语言现象,对指导阅读固然有一定作用,但从语言学角度来看是不足取的。此后的学者语法意识逐渐加强,企图从语言的角度来解释这种现象,或提出自己的新说,或纠正前人的误解。比较早的是清代学者袁仁林,他说:

> 实字虚用,死字活用,此等用法,虽字书亦不能遍释,如"人其人,火其书,庐其居","墟其国,草其朝","生死肉骨","土国城漕"之类,上一字俱系实字,一经如此用之,顿成虚活,凡死皆可活……然其虚用活用,必亦由上下文知之,若单字独出,则无从见矣。(《虚字说》)

袁氏所说的"实字虚用"、"死字活用",有其特定的涵义,所谓"实字"、"死字"大略指名词,所谓"虚用"、"活用"是指用作动词。值得注意的是最后一句,即"虚用活用,必亦由上下文知之,若单字独出,则无从见矣"。这实际上是说,

"实字虚用"指的是文句里显示的"使用义",而并非词语固有的"贮存义"。

对语词的这种"贮存义"和"使用义"如果分辨不清,就很容易造成误解。王氏父子正是在这方面做了大量纠误辨正的工作。例如:

《汉书》:"惠帝怪相国不治事,以为岂少朕与。"师古注:"言岂以我为年少故也。"《史记》索隐:"案:少者不足之词,故胡亥亦云'丞相岂少我哉'"。念孙案:"小司马说是也。《晏子春秋·外篇》亦云:'夫子何少寡人之甚也!'"(《读书杂志》)

《荀子》:"君子设辞,请测意之。"杨倞注:"请测其意。"引之曰:"杨以意为意志之意,非也。意者度也,言请测度之也。《礼运》曰:'圣人耐以天下为一家,以中国为一人者,非意之也。'《管子·小问篇》:'东郭邮曰:君子善谋而小人善意,臣意之也。'是意为度也。"

(同上)

以上前一例,师古注"少"为"年少",是误以为形容词;《索隐》训"少"为"不足",是认为用作动词。王念孙肯定《索隐》,因为"少朕"与"少我"、"少寡人"同例,"少"后皆带宾语。后一例,杨倞注"测意"为"测其意",误以"意"为名词"意志";而王引之训"意"为度,"测意"是复语单义,皆用为动词,因为"测意之"与两"意之"同例,其后均带有代词宾语。

段玉裁另外提出"体用同称"一说。他于《说文解字》卷六"梳"下注云:"器曰梳,用之理发亦曰梳。凡字之体用同称如此。"段氏实际上是说"梳"有名词、动词两种意义和用法。其注语用"凡"字,意在说明"体用同称"不是个别的,而是比较普遍的现象。

其后,俞樾撰《古书疑义举例》,其卷三列有"实字活用例",云:

以女妻人即谓之"女",以食饲人即谓之"食",古人用字类然。经师口授,恐其疑误,异其音读,以示区别,于是何休注《公羊》,有"长言、短言"之分;高诱注《淮南》,有"缓言、急言"之别。《诗》:"兴雨祁祁,雨我公田。"《释文》曰:"兴雨如字,雨我于付反。"《左传》:"如百谷之仰膏雨也,若常膏之。"《释文》曰:"膏雨如字,膏之古报反。"苟知古人有实字活用之例,则皆可以不必矣。

俞氏所谓"实字活用例",是指名词用如动词的条例,也就是古人行文有如此之习惯,并非少见现象。也正因为某些语词用在一定的文句里,其原有的名词义转变为动词义,其读音也随之改变。这符合"音随义转"的汉语发展规律,而"以示区别"正是社会交际的需要,是语言进一步完善的表现。

二、字类假借与词类活用

19世纪末,《马氏文通》一书问世。这是我国第一部具有科学体系的语法学专著,它反映了古代汉语的语法体系。《文通》在"字分九类,足类一切之字"之后,一方面指出:"字无定义,故无定类。"其典型例证即《庄子·德充符》"人莫鉴于流水而鉴于止水。惟止能止众止"一例,他说:"'止'字四用:'止水'之'止',静字,言水不流之形也。'惟止'与'众止'两'止'字,泛论一切不动之物,名字也。'能止'之'止'有使然之意,动字也。是一'止'字而兼三类矣。"另一方面在论述"名字"、"动字"两卷中又提出"字类假借"说。且撇开"字无定类"与"字类假借"二说之间的矛盾不提,单就"假借"这个术语来说也不妥贴,因为它极易与传统汉字"六书"之"假借"相混淆,因而此说为后来学者所不取。

20世纪20年代,陈承泽的《国文法草创》出版。正如吕叔湘在《重印国文法草创序》里所说:"他的书里有很多新颖的见解……现在的读者最能从里边得到教益的,我以为还应当数第二章'研究法大纲',第三章'文法上应待解决之诸悬案',第十三章即末了一章'活用之实例'。最后这一章尤其有启发作用。古汉语里词类转化远比现代汉语容易,但是别的语法书只一般地谈转变或活用,而陈氏则区别各种情况,条分缕析,值得我们学习。"

陈氏在其第三章里即提出"本用活用问题",他写道:

> 各字应归入之字类,必从其本用定之,而不从其活用定之,乃得谓之字论上之字类,实用上方有相当之价值。盖凡字一义只有一质而可有数用,从其本来之质而用之者,谓之本用。

紧接着他以《马氏文通》所引《庄子·德充符》为例,"以余观之,马氏所举之三类(按:指"止"字用作静字、名字、动字),皆属'止'之活用。'止'之字类应为自动字"。

不仅如此,陈氏还提出区分"本用"与"活用"的原则:

"当未分本用、活用之前,应不设成见,先广搜各字之用例,然后参合比较,而得其孰为本用,孰为由本用而生之活用,不当仅于实质上求之也。然形式上调查之结果,认有某种之字,不得从形式用法区别之者,然后于实质上求之,但此等之字甚少数耳。

如前所述,"活用"一语最先由袁仁林提出,但作为语法学一种比较完备的"词类活用"理论,却是陈承泽最先概括与阐明的。这种理论在语法学史上产生了重大而广泛的影响,持续了半个多世纪,后来的文言语法著作大都采纳此说且有所发展。

任何一种先进的理论,在开始提出之时都有些不完善之处,这是十分自然的。当这种理论影响开来,而被人滥用时,又必然会造成消极的结果。"词类活用"说至上世纪末受到质疑,亦势所必然。于是语法学界不少学者提出,应当区分"兼类"与"活用"两类的界线。

所谓"词的兼类",指一个词在不同的语境里经常具备两类或两类以上词类的语法特点,在词义上有一定的联系又有明显的区别,它是词义引申发展的结果。这种现象又叫"一词多类"。如"衣、食、书"可作名词、动词,"明"可作名、动、形,分别表示光明或目力、英明或圣明、明白等。

所谓"词的活用",是指某些词在一定的语境里,可以被灵活运用,在句中临时改变了原有的语法特点和意义,而获得他类词的语法特点,暂时充当了别的词类。如"非能水也,而绝江河"(荀子)。

实词活用是由两种因素决定的:一是词语发展的自身因素,如"手"活用为"手执","水"活用为"游泳","饮"活用为"使饮"等;二是修辞的需要,如"春风又绿江南岸"等。前一种以先秦时期最盛,至中古趋于稳定,因为中古以来汉语的词比先秦时丰富,各类词都能满足需要,不必频繁活用。而出于修辞需要的活用,则至今不衰。

从理论上来说,词的兼类与词类活用二者是比较容易分清的。但在实践中,一旦涉及具体的词,却很难区分。譬如很多古代汉语语法著作用来作为"活用"典型实例的"雨"、"面"、"冠"、"军"四词,如果按照陈承泽所说"广搜各字之用例,然后参合比较,而得其孰为本用,孰为由本用而生之活用",情况却并非如一般著作所说:

雨,《草创》:"如'天雨'之雨,即自动用也。"

按:于省吾《甲骨释林》:"雨字,甲骨文前期作⻗,后期作⻗,……可以一目了然,一象天,⽔像雨滴纷纷下降形,宛然如绘。"据字形分析,"雨"初义有二:一指物体,名词;一指降雨,动词。《说文》段注:"引申之,凡自上而下者称雨。"名词、动词几乎浑然一体。

例如:《诗经》共 21 例,其中作名词的有 11 例:阴雨膏之(下泉)/零雨其蒙(东山)/以祈甘雨(甫田);作动词的有 10 例:雨雪其雱(邶风)/雨我公田(大田)/其雨其雨(伯兮)。(据《诗经词典》)

《春秋经传》中有 19 例,其中作名词的仅 3 例:如百谷之仰膏雨焉(襄十九)/遇雨,将不出(昭二十三);而作动词的有 16 例:三年春不雨,复六月雨(僖二)/大雨雹(昭四)/冬,大雨雪(僖十)。

面,《文通》以"马童面之"之"面"为"名字假为动字"。

按:徐中舒《甲骨文字典》云:"⊙,○像人面部匡廓形,⊖乃面部最主要的特点,故从目。"又云:"据《隶释》录石经《尚书》'面'字从目用面,与《说文》篆文之从𦣻不同,疑《说文》讹目为𦣻。"

《春秋经传》用"面"共 21 例,其中作名词的有 10 例,如"面如生"(僖三十三)、"人心之不同如其面焉"(襄三十一);用作动词表"向"或"背"的有 11 例,如"赵盾……北面再拜"(宣元)/"许男面缚衔璧"(僖六)。

《庄子》用"面"15 例,用作名词者 4 例,如"河伯如旋其面目"(秋水)/"面观四方"(盗跖);用作动词者 11 例,如"北面而不见冥山"(天运)/"好面誉人者,亦好背而毁之"(盗跖)等。

冠,王力《古代汉语》:"名词用如动词",如"衣冠而见之"(齐策)。

按:林义光云:"(冠之)'寸'非法制义,从'寸'之字古多从又,像手持冖加元之上。元,首也。"(转引自张舜徽《约注》)

《春秋经传》用"冠"有 20 例,其中作名词的 11 例,如"以崔子之冠赐人"(襄二十五)/"冠不免"(襄十五);作动词 9 例,如"男子二十而冠"(文十二)/"君可以冠矣"(襄九)/"冠于成公之庙"(同上)等。

《庄子》有 12 例,其中名用 8 例,动用 4 例,如"儒者冠圜冠者知天下。"(田子方)/"冠枝之冠"(盗跖)。

军,同上《古代汉语》引"严晋军函陵,秦军汜南"(僖三十)为例,列入"名词用如动词"。

按:《说文》:"军,圜围也,从包省,从车。车,兵车也。"段注:"于字形得圜义,於字音得围义。包省,当作勹,裹也。"《说文通训定声》引《广雅·释言》:"军,围也。"据字形分析,其本义为"围成营垒驻扎"。

《春秋经传》共 90 例,其中作名词者 56 例,如"吾军亦有七日之粮尔。"(宣十五)/"乃藩为军(营垒)"(昭十三);作动词表驻扎、包围、进击等义者 34 例(驻扎义 20),如:"晋师军于庐柳"(僖二十四)/"军三旬而不降"(僖十九)/"蒋宵军齐师"(包围、进击)(定七)等。

以上四例说明,"雨"、"面"等用作动词和名词都是常见的,并非个别与偶见,其体与用二者有内在联系,它们是兼类,而不是活用。

三、词类活用的鉴别原则

我们应当怎样来对待上述有关"词类转化"的论述呢? 第一,应当采取历史主义的态度。人们对客观事物的认识有着一个逐渐深化的过程。《文通》与《草创》等是当时那个时代的认识水平,我们不能苛求前人。今天重新考察,是学术发展的表现,也是学术完善的需要。第二,不同的问题应当区别对待。对语法材料的处理,有教学语法与专家语法之别,前者注重实用(重在求通),后者讲究科学(重在求真)。结合这两方面,应当说,"词类活用说"对认识古代汉语词的一词多能的特点,对辨识词义变化与词性改变,对古代汉语语法的普及,无疑都起过积极的作用。但是在今天回过头来重新审视其理论与实践,也确实有其严重的缺陷:在理论上对活用的本质揭示不够,在方法上缺乏科学的标准,在实践上也确实难以把握,容易产生以今律古的倾向。

综合各家论述,在考察与鉴别词类活用问题时,应当注意以下几个原则:

(一)分清历时与共时

词的类别与词类活用,都属于共时语言学范围的问题。一个词甚至某一类词的语法特点,都可能随着语言的发展而变化,因此我们只能对特定历史平面上的词语划分词类,而不可能对通贯古今流动变化着的语词划分类别。确定一个词的词性,判定其某种用法是否属于活用,都应通过共时分析或静态描写来解决。在以往的词类活用分析中,大多以历时的古今比较取代了共时的横向对比,因而易于混淆活用与引申二者的界限,流于以今律古来定活用。

陈承泽《草创》云:"各字应归入之字类,必从其本用定之,而不从其活用定之,乃得谓之字论上之字类,实用上方有相当之价值。盖凡字一义只有一质而可有数用,从其本来之质而用之者谓之本用。"所谓"本来之质",当指词的本义所属的语义范畴或概念类别(事物、动作、性状之类)。陈氏显然是把"活用"和"从其本来之质而用"的"本用"相对而论说的。

金兆梓《国文法之研究》在讲"活用的事实"时,也引了《庄子·德充符》一例,说:四个"止"字"皆由活用而得,非本义"(37页)。与"本义"相对的应是"引申义",而不是"活用"。

以上二说都是把属于历时现象的引申和属于共时现象的活用纠缠在一起了。不"从其本来之质而用之"有两种可能:一是由于词义引申而造成的词的语义范畴转化和词性的相应转化,如"坐"由起坐引申为座位,即由动词转化为名词;另一是词义、词性并未发生那种引申、转化,只是个别社会成员在个别言语行为中改用了一下词的语义和词性,如《荀子·劝学》"非能水也"的"水"。上引"坐"一例属于词的语法功能的历时演变,而"水"一例则是共时范畴内用词方法的偶然变化,二者性质不同,不能混为一谈。

(二)区分固有与临时

在语言发展的特定历史平面上,一个词充当不同词类的职能如果都是其固有用法,这个词就是一词多类或叫兼类;如果用作甲类词是其固有别法,用作乙类词只是临时的、偶然的,那就叫词类活用。吕叔湘早年曾说过:"一个甲类词,临时当乙类词用一下……但是咱们清楚地意识到这只是'借用',难得这么一回。这可以叫做词类活用,不是真正的一词多类。"

拙作《谈谈词的跨类问题》一文也曾关涉于此。经常性和临时性,分别是词的固有用法和词的活用在词频上的体现。就其实质而言,在言语中对词的具体运用,体现了词在语言系统中的价值的,就是词的固有用法;而偏离了词的固有价值的,则是活用。所谓词的价值,当然指其指称、其组合关系、其句中功能。偏离词的价值,有的只涉及"词汇义",这可以叫词义活用;有的涉及"功能义",这才是词类活用。例如:

(1) 赐我先君履：东至于河……（左传僖公四年）
(2) 春风又绿江南岸。（王安石《泊船瓜州》）

例(1)"履"字，战国以前通用其本义践踏，而该例表示征讨范围，作"赐"的宾语。此例仅见，随着词义转化而词性也改变了。例(2)"绿"字带上了宾语，是临时用法。由此可见，词类活用是超越了该语词使用的语法规则，是出于表达需要在特定言语片断中临时采用的一种非普遍的用词方式。后一例从本质上说是修辞问题，而不是语法问题。

（三）注意文献性质和有无别式

判定某词的一种用法是否属于词类活用，需要进行调查对比，而用频高低也仅是参照系数，因为文献性质不同也影响到某些词的用频。用频高和用频虽低但跟另一种用法悬殊不大的，都应是该词约定俗成的用法，都没有偏离词的固有价值，因而不是词类活用。考察古代汉语的词类活用，就必须对性质不同的多种文献进行广泛调查。

判定某词用法是否属于词类活用，还要看它所表示的语义有无另外的表达方式，如另外一个词或词组（可称之为"别式"）。如有别式，再看这个语义以该词表达为常，还是以别式表达为常。凡无别式，或虽有别式但未能以悬殊的词频高于该词用法者，则该词该用法都没有超出其表义范围，都不属于词类活用。如"蚕、门、左"用作动词，是该词相应语义的唯一表达方式，没有别式，那么用作动词是其固有的一个重要职能。又如"雨、馆、巢、东、西、君、王、相、臣、子、客、友"等用作动词，是这些词相应语义的主要表达方式，别式偶见，因而也不是词类活用。至于如"衣、冠"用作动词，是该词相应语义的典型表达形式，别式用频虽较高，但语义构成和使用范围与该词动用有明显区别（如"服"亦表示穿衣，表示戴帽；"戴"也表示戴帽），因而也不是词类活用。

只有该词该用法表示相应语义确属偶见而以别式表达为常者，才属词类活用。如"水"字动词用法共11次，表示三种语义，其中两种属活用：A、表游泳1次，该义本有专用动词，据统计，如"游"（16见）、"泳"（4见），因而"非能水也"是活用。B、表用水淹，仅2见，如"防山而水之"（左昭三十）、"其畏有水人之患乎？"其别式有：据统计，如"灌"或"以水灌"，凡8见；"沃"1见（参见《韩非子》），因而"水"字动用是活用。

四、功能变易与隐性语法

　　三类实词的界线模糊，兼类较多，活用难辨，不能不使我们反思汉语语法本身的特征。汉语是单音成义的分析型的孤立语，尤其是古代汉语，组词造句并不像西方语言那样，按照"主语—谓语"的语法框架来填充，而是以意义完整为目的，重于内容，略于形式，句子里词与词的联系大多是靠意念，成分与成分的语法关系是隐含的，没有外在的形态标志。正如 19 世纪德国语言学家洪堡特在《论语法形式的性质和汉语的特点》一文中所说的："在汉语的句子里，每个词排在那儿，要你斟酌，要你从各种不同的关系去考虑，然后才能往下读。由于思想的联系是由这些关系产生的，因此这一纯粹的默想就代替了一部分语法。""以默想代替语法"这句话，正是对汉语语法的隐含性特点最好不过的描述。也可以说汉语语法是一种隐性语法。

　　汉语语法既然是一种不重形式的隐性语法，那么在讨论词类转化问题上，有学者提出用词语的功能变易理论来加以解释。先看以下例句：

　　(1) 左右欲刃相如。(《史记》)
　　(2) 繁华事散逐香尘，流水无情草自春。(杜牧《金谷园》)
　　(3) 食吾之所耕，衣吾之所蚕。(苏洵《易论》)

以上三例中的"刃、春、蚕"即一般所谓"名词活用为动词"。但其含义比较复杂，在句中产生了单纯的动词所不能产生的表达效果。"刃"在句子里并不只是"杀"的意思，它是包括行为所赖以实现的工具在内的。"春"表达了草木由枯到繁、由黄变绿的过程。"蚕"则包含更复杂的内容，从养蚕到抽丝，到纺织，到制成绸衣。究其实质，是把某些需要用词组，甚至用句子所表达的意思加以高度浓缩，只用一个关键词表达出来。"词类活用"说是不能完全解释以上语言现象的，因为它实际上是词在具体语境里的一种"功能变易"。前面说过，词的"活用"通常指临时的用法，词的"兼类"通常指相对稳定的用法。不管是临时性的"活用"，还是稳定性的"兼类"，只要它在语言中分属于两种词性，具有两种不同的语法功能，并且这种词性与功能的不同已影响到词义的变化，这就体现了词的功能意义(参见苏宝荣提交论文《词的"词类活用""兼类"与汉语功能词义》)。

我们认为,"功能词义"这个概念的提出,不仅在词汇学,而且在语法学上也是具有积极的意义的。词的"词汇义",是指词本身所具有的词汇内容,即一般所说的"词义";词的"语法义",是指词按其意义范畴在语法学上的类别和在句子里所能充当的成分,即一般所说的"词性";词的"功能义",则是指词在具体的句子里,其语法组合所带来的词性转移及其词义变化。三者各有所指,在理论与实践两个方面都避开了许多不必要的纠缠。比如本文开头所提到的"门"、"作"、"贤"三词:其"词汇义"分别为"门户"、"从事"、"贤良";其"语法义"分别为"名词""动词"和"形容词",而在三个例句里的"功能义"则分别是"入门"(动词)、"作为"(名词)和"崇重"(动词)。我们不必说哪个是"兼类",哪个是"本用",哪个又是"活用"。当然,这个概念与理论才提出不久,还需要时间来检验,其内涵也还需要逐步丰富和完善。

2000 年 10 月

"每"与"各"

"每"与"各"都是指示代词。有人说它们都是"逐指个体的",也有人说它们都是"指所有的"。从下面的例子看,"每"与"各"都是指在个体而意在全体的:

1. 现在,我们国家的每一个地方,每一个工作部门,都在大跃进。(范文澜:《破除迷信》)
2. 各国反动派也就是这样的一批蠢人。(毛泽东:《在苏联最高苏维埃庆祝十月革命四十周年会议上的讲话》)

前一句指的虽是一个一个的地方、一个一个的工作部门,而意思却包括所有的地方、所有的工作部门。后一句逐指一国一国的反动派,而意思却包括了所有国家的反动派。就这方面来说,"每"与"各"都具有统指的作用,这是它们的相同之处。但是二者也有些不同之处。

"每"偏重于"意在全体",即偏重在统指。例如:

(1)每个人都目送着毛主席魁梧的背影,眼睛里流露出高兴的光芒。(《毛主席会见留苏学生》)
(2)每一个党员都应该愉快而严肃地下定自己的决心,来担负实现共产主义这种人类史上空前伟大而艰难的任务。(刘少奇:《共产主义事业是人类史上空前伟大而艰难的事业》)

这里的"每"都偏重在指所有的,如果换成"各",语意就改变了。

"各"偏重于"指在个体",即偏重在分指。例如:

(3)世界各国人民从苏联人民所获得的成就中,一天比一天明

显地看到自己的将来。(毛泽东:《在苏联最高苏维埃庆祝十月革命四十周年会议上的讲话》)

(4)军队的干部在军事、政治、文化的各方面都有很大的提高,……(《伟大光荣的三十年》)

这里的"各"都不能换做"每",因为它们虽然包含了"所有"的意思,但语意却着重在"逐指个体"。例(3)的"世界各国"指"苏联以外的每一个国家",如果换成"世界每一个国家",那就包括苏联在内,与底下的"从苏联人民"就不相配合了。例(4)的"各方面"是分指军事、政治、文化这些方面。

"各"与动词连用时"分指"的作用更明显。例如:

(5)这条沟没有别人的地,连样子也不用装,一进了沟就各干各的;桂英吃了几颗青杏,就走了岔道拔菜去了,小林也吃了几颗跟桂英一道割柴去了……恒元跟广聚,到麦地边的核桃树底趁凉快说闲话去。(赵树理:《李有才板话》)

(6)这些人,马克思主义是有的,自由主义也是有的:说的是马克思主义,行的是自由主义;对人是马克思主义,对己是自由主义。两样货色齐备,各有各的用处。(《毛泽东选集》349页)

例(5)的"各"是分别指桂英、小林、恒元、广聚等人。例(6)是分别指"马克思主义"和"自由主义"。

正因为"各"有分指的作用,所以经常与"自"合起来用。例如:

(7)董超薛霸各自回家,收拾行李。(施耐庵:《鲁智深大闹野猪林》)

(8)这样吧,我们两个一起带头,各自洗完自己的一桶水。(陆俊超:《惊涛骇浪万里行》)

以上是"每"与"各"之间的一个区别。

"每"与"各"还有一个区别。用"每"往往是强调所指对象的共同点,因而经常与副词"都"连用。这样用的"每"都不能换成"各"。例如:

(9)阿妈妮……满面带笑地看着孩子,脸上每道皱纹都洋溢着愉快的感情。(李大我:《同心结》)

(10)……每个时代的共产主义运动的导师,可以说毫无例外都

是文学修养极深的人。(荃麟:《为什么要学点文学》)

"每"与动词连用,表示"每次"时,就更显示了"每"的这种作用。例如:

(11)不只是人,每出一件新事,隔不了一天就有歌出来了。(同5)

(12)他每念一段,先把事实讲清楚了然后才念,……(同5)

例(11)的意思是:无论哪一次出了什么新事,都会有歌出来。例(12)是说念任何一段,都是先把事实讲清楚然后才念。从这些例句中可以看出,"每"有强调事物的共同点的作用。

"各"往往强调所指对象的不同点,因而经常与"样""种"等表示类别的单音量词合起来用。例如:

(13)梦见的东西是各式各样的,花花绿绿的。(冈察尔:《永不掉队》)

(14)对于毛主席代表党中央所提出的方针,各种人的反映是不同的。(《不平常的春天》)

这两例里的"各式各样"、"各种"是强调事物多种多样,强调不同,与"每日每时"的"每"的意思显然有所区别。

"每"与"各"叠用的时候,尤其可以看出它们之间的这两种区别。例如:

(15)这些矛盾,不但各各有其特殊性,不能一律看待,而且每一矛盾的两方面,又各各有其特点,也是不能一样看待的。(同6,300页)

(16)做工的人,傍午傍晚散了工,每每花四分钱,买一碗酒,……(《鲁迅全集》一卷20页)

1960 年 2 月

"之"和"其"活用浅议

古代汉语的"之"和"其"用来称代人时,在许多场合下都相当于现代汉语的"他"和"他的"。如:

(1)爱之,能勿劳乎?(《论语》)

(2)士以此方数千里争往归之。(《高级中学课本语文》第二册,第120页。以下简称《高中语文》)

(3)比其反也,则冻馁其妻子。(《孟子》)

(4)侯生下,见其客朱亥。(《高中语文》第二册,第121页)

前二例的"之"该译作"他";后二例的"其"实际上是"彼",例(4)的"其"就译作"他的",而例(3)前一个"其"得译作"他"。于是,有人就干脆把这种用法的"之"和"其"划入第三身代词。然而,在有些情况下,"之"和"其"虽然也称代人,却不能译为"他"(或"他的"),而相当于现代汉语的"我"("我的")或"你"("你的")。例如:

(5)侯生因谓公子曰:"……嬴乃夷门抱关者也,而公子亲枉车骑自迎嬴;于众人广坐之中,不宜有所过,今公子故过之。"(《高中语文》第二册,第121页)

(6)朱亥笑曰:"臣乃市井鼓刀屠者,而公子亲数存之……"(《高中语文》第二册,第125页)

(7)荆卿曰:"微太子言,臣愿得谒之。"(同上,第114页)

(8)(荆轲)骂曰:"事所以不成者,乃欲以生劫之……"(同上,第118页)

(9)"民知穷困,而受盟于楚。孤也与其二三臣不能禁止。不敢

不告。"(《左传·襄公八年》)

(10)天子发政于天下之百姓,言曰:"闻善而不善,皆以告其上。"(《墨子·尚同上》)

例(5)的"之"是侯生自指,意思是"公子特意地拜访我"。例(6)的"之"是朱亥自指,意思是"公子屡次亲自来慰问我"。例(7)、例(8)的"之"是荆轲分别用来称代燕太子丹和秦王的,都是对称。如果直译,例(7)是"就是太子不说,我也要来拜见您(请求行动)了";例(8)是"事情所以不成功,是因为我想活捉你"。例(9)的"其二三臣"等于说"孤之二三臣",意即"我的臣子们"。例(10)"告其上"意思是"报告你们的上司"。如果把上引例句的"之"和"其"解作第三身代词,就和原句的意思相抵触了。怎样解释这种语言现象呢?最近出版的《古代汉语读本》谈到这一点:"第三身代词'之'和'其'可以灵活运用于指代第一身和第二身";"第三身代词'之'和'其'的活用,决定于具体的上下文,并没有什么规律。"(南开大学中文系语言学教研组编,第152—154页)

实际上,这样解释并未揭示出古代汉语中"之"和"其"这两个代词的特点,因而很难叫人接受。

"之"和"其"为什么既能用作第三身代词,又能用作第一身或第二身代词呢?这是由这两个虚词的性质所决定的。我们知道,上古汉语有专用的第一身代词,如"吾"、"予"(余)等;也有专用的第二身代词,如"汝"(女)、"尔"等;而并没有专用的第三身代词。同"彼"一样,"之"和"其"原来也只是两个指示代词,在先秦时代,它们还常用来表示近指或远指。例如:

(11)之子于归,远送于野。(《诗经》)
(12)之二虫又何知?(《庄子》)
(13)吾闻秦楚构兵……吾将言其不利也。(《孟子》)
(14)尔爱其羊,我爱其礼。(《论语》)

上引四个例句中的"之"、"其"和现代汉语的"这"、"那"一样,可以指人,也可以指事物;它们都不用作主语,只用作限制语。这就不同于古代汉语中的"吾"、"予"、"汝"、"尔"等,只用来称代人,而且在句中可以用作主语。王力先生在他的《汉语史稿》中就正确地指出了这一点:殷虚卜辞中不用"之"和"其"作人称代词,可见它们不是和"余"、"汝"等人称代词同时产生的,可能是它们先用作指示代词,然后发展为人称代词。(中册,第279页)

原作为指示代词的"之"和"其"又是怎样发展为人称代词的呢？我们可以想见,当上古汉语发展到一定的阶段,即有了专用的第一身和第二身代词时,说话人可以用指示代词"之"和"其"称代对话人以外的第三者。"之"和"其"经常在这样的语言环境中出现的结果,就使人感到它们是第三身代词。以后由于语法趋于精密,它们便渐渐地取得了第三身代词的资格。这是可以理解的。当指示代词用来称代人时,它们和第三身代词就有某些相通之处。例如我们指称对话人以外的第三者时,既可用"他",也可用"这个人"或"那个人"。因而指示代词"之"和"其"在更多场合下相当于现代汉语的"他"或"他的"。如开头所引二例:

(1) 爱之,能勿劳乎？
(3) 比其反也,则冻馁其妻子。

例(1)的"之"是泛指第三者,例(3)的两个"其"是指不在跟前的(孟子所假设的)"托其妻子于其友而之楚游者",固然以译作"他"("他的")较为顺当,但译作"那个人"或"这个人("那个人的")也是可以的。由此可以看出指示代词"之"和"其"后来转作第三身代词的痕迹。也正因为如此,所以当"其"已经取得第三身代词的资格以后,还可以放在名词前,指示并限制那个名词。〔"之"字的这种用法可参看上引(11)(12)两例〕这种用法的"其"字绝不等于"彼之",而只是个指示代词。如:

(15) 臣窃以为其人勇士,有智谋,宜可使。(《高中语文》第一册,第132页)
(16) 荆轲有所待,欲与俱,其人居远,未来。(《高中语文》第二册,第115页)

明白了"之"和"其"原本不是专用的第三身代词,而且是两个指示代词,那对这两个词有时用作第一身或第二身代词,就不会感到迷惑不解了。

由于交际的需要,语法一步步精密化,"之"和"其"这两个代词也渐渐有了专职,因而它的所谓"活用"也就不能随便。除了上面已举过的例句之外,在下面两个例句中我们也可以看出,"之"和"其"活用作第一身或第二身代词,一般只出现在人物对话中,是适应说话人为了一种特殊表达的需要；在书信体文章中,间或也见到这种用法。例如:

(17)(卫)律曰,"……苏君今日降,明日复然。空以身膏草野,谁复知之?"(《高中语文》第三册,第89页)

(18)独惜执事忮机一动……必至杀尽天下士,以酬其宿所不快。(侯方域:《与阮光禄书》,转引自张贻惠编著《古汉语语法》第28页)

1963年1月

从汉语史角度论"见+动词"之"见"

一

"见"在古代典籍中,有大量置于动词之前而不作为一般动词的用例。如:

(1)年四十而见恶焉,其终也已。(《论语·阳货》)
(2)吾长见笑于大方之家。(《庄子·秋水》)
(3)烈士为天下见善矣。(《庄子·至乐》)
(4)此由禽鹿少见驯育……长而见羁……(嵇康《与山巨源绝交书》)
(5)少加孤露,母兄见骄。(同上)
(6)而为侪类见宥,不改其过。(同上)
(7)人之情性莫先于父母,父母皆见爱而未必治也。(《韩非子·五蠹》)
(8)生孩六月,慈父见背。(李密《陈情表》)

以共时语言学的观点来考察,一般认为前四例的"见"字用来表示被动,后四例的"见"并非表示被动(为行文方便,拟称前者为"见1",后者为"见2")。20世纪80年代以来陆续出版的一些汉语语法史专著,对上述两个"见"字大都进行了历时的论述。

最早分析"见"字的语法史著作,应当是王力先生的《汉语史稿》①。对于"见1",经王力生前修订出版的《汉语语法史》里说:"真正的被动式是'为'字句和'见'字句。'为'和'见'作为助动词放在动词前面,表示被动。"又说:"有时候,'为'和'见'先后都用上了,'为'字放在施事者的前面,'见'字放在施事者的后面,它们的位置并不冲突。"所举例即开头所引例(3)。对于"见2",该书说:"汉代以后,'见'字又可以由被动意义转为主动意义,等于一个词头。""这种'见'字仍当认为来源于助动词,与代词'相'字不同。"②

其次是潘允中先生所著《汉语语法史概要》。该书论"见1"道:"用'见'+他动词。……这种被动式,最早已见于西周金文。'见'本来是个实义词,但在这种被动式里只是作为一个词头使用;意思和'被'同,但用法有区别,'见'紧接在动词前头,不能离开;'被'则不然。"③所举例有开头所引例(1)等。对于"见2",该书见解特别:"但是这种被动式,到了魏晋六朝人手里,词序方面略有变动。他们往往把动词后头的施动者提到前面,以示强调,形式上看似主语,实则是介宾倒装。"④在其后之注解里,又以开头所引(4)(5)(6)三例同出一文为据,说"显然还是被动式的一种变式,因此,以提宾强调来解释它们,似较合适"。⑤还明确指出:"'见'在这里已失去表被动的作用,而和动词紧紧结合,成为一个虚化了的助词。"

史存直先生对"见1"的看法与王力一样。他在其《汉语语法史纲要》里说:"'见'字当作助动词表示被动的例子,在古书中出现得相当早,在先秦的典籍中已有很多例子。"⑥对于"见2",他提出另一种看法:"助动词'见'除了表示被动之外,在后来还产生了表示'人加于我'的用法。"所举例有开头所引(5)(6)(8)三例。

向熹先生的《简明汉语史》新近才出版。对于"见1",该书说:"这一被动句式出现于春秋战国之际。'见'置于动词之前,不能插入施动者。"接着又说:"见……于……"式,"《尚书》《诗经》《左传》里都没有,战国后期才逐渐多

---

① 王力:《汉语史稿》上册,北京:科学出版社,1958年。
② 王力:《汉语语法史》,北京:商务印书馆,1989年,第275—277页。
③ 潘允中:《汉语语法史概要》,郑州:中州书画社,1982年,第250—251页。
④ 潘允中:《汉语语法史概要》,郑州:中州书画社,1982年,第250—252页。
⑤ 潘允中:《汉语语法史概要》,郑州:中州书画社,1982年,第259页。
⑥ 史存直:《汉语语法史纲要》,上海:华东师范大学出版社,1986年,第61页。

起来。"①既没有指明"见1"的词性,更没有涉及"见2"的内容。这有些令人遗憾。

杨伯峻、何乐士二位先生合撰的《古汉语语法及其发展》也是新近出版的。既有"发展"的内容,当然含有"史"的性质。该书指出:"以助动词'见'为标志的被动句","是最古老的一种被动句式,甲骨文已有"。关于"见2",该书说:"大约自战国末期经两汉到魏晋南北朝时,出现一种与此相似的句式,但主语是施事。"所举例有开头所引(5)(8)二例。并且指出:"'见'在这里有指代第一人称的作用,可理解作'我'或'自己'。"这后一种句式"虽然在理解上有些费劲,但它逐步形成一种固定格式,逐步限制于一定范围,多用于表示一种比较客气礼貌的说法"。"'见'在这里已完全失去表被动的作用,成为一个动词词头兼表指代之用"。②

二

对于"见1",王力、史存直等皆认为是"助动词",而潘允中认为是"词头"。此外,还有人归入"介词"或"代词"的。前者如《古汉语讲话》:"古汉语里还经常用介词'见'字放在动词之前形成被动句式。'见'字不能引进动作行为的主动者,即不能带宾语……"③后者以开头所引例(3)为据说:"在被动句里,表示被动关系的介词只能有一个,但在有些被动句中,'为'、'见'却可以同时并用。……这里'为'无疑是表示被动的介词,'见'……只能是一个代词。'见'复指'烈士'。"④那么"见1"是个什么词呢?

说"见1"是介词,显然不妥。因为介词必有所介,譬如介词"为、于、以"等无不如此,即使介词之宾语省略,也可以补出。而"见1"置于动词之前始终不能引进施动者,即不能带宾语。用"见1"表被动的句式,若要引进施动者,必得另借助介词"于"或"为",如开头所引例(2)和例(3)。

---

① 向熹:《简明汉语中》下册,北京:高等教育出版社,1993年,第150—151页。
② 杨伯峻、何乐士:《古汉语语法及其发展》,北京:语文出版社,1992年,第667—669页。
③ 蒋绍愚、李新建:《古汉语讲话》,郑州:中州书画社,1981年。
④ 暴拯群:《论"见"的词性及其语法作用》,《河南教育学院学报》,1988年2期第39—45页。

说"见 1"是复指主语的代词,单就开头所引(3)(4)二例来看似能成立。但是,就"信而见疑,忠而被谤"(《史记·屈原列传》)和"伐人者为客,见伐者为主"(《公羊传·庄公二十八年注》)二例来看则说不通。因为句中"见疑"、"见伐"之主语并不存在,是不必说也说不出的,而且"见伐者"本身即是主语。那么该"见"字何复指之有?前例是"见疑"与"被谤"对文,后例是"伐人者"与"见伐者"相对,"见"亦为"被",其语义和作用显而易见。不错,在被动句里,表示被动关系的介词只能有一个。但不等于说用了介词引进施动者,就不能再用别的词语与之配合表示被动了。譬如"见……于……"式、"被……于……"式、"为……所……"式等,除了用介词"于"和"为"以外,还可用"见""被""所"置于动词之前,共同表示被动。即就上述例(3)来说,"为"是介词,而"见"是助动词,正如王力所说,"其位置并不冲突"。

其实,"见 1"应当归入助动词,还可以从"见"字意义的引申虚化过程得到证实。我们只需把《左传》里用"见"字的几个例句按照其引申过程加以排列,就可以看出其中的脉络。例如:

(9)不及黄泉,无相见也。(《隐公元年》)

(10)遂见楚子。(《桓公十三年》)

(11)宋华父督见孔父之妻于路。(《桓公元年》)

(12)民不见德。(《僖公二十三年》)

例(9)是"见面",例(10)是"进见",由此引申为例(11)的"遇见"。如果对象是抽象事物,则无所谓"见",而只有"遇到"义,如"见利思义,见危授命"(《论语·宪问》)。再引申便是例(12)的"感受"。如果其对象是灾害之类,那就是"遭受"义,如"国离寇敌则伤,民见凶饥则亡"(《墨子·七患》),句中"见"与"离"对文,自然是"遭逢"了。还有一个有力的佐证。《诗经·氓》:"言既遂矣,至于暴矣。"郑笺云:"我既久矣,谓三岁之后见遇浸薄,乃至见酷暴。"笺中"见遇"二字同义连文,显然"见"就是"遇",意即"遭遇"。"见"由动词"遭受"、"遭遇"义虚化为助动词表示被动,就如同"被"由"蒙受"义动词虚化为表示被动的助动词,其途径完全一致,其道理十分自然。不过,"被"字到后来进一步虚化,变成可以引进施动者的介词,而"见 1"却没有走到这一步罢了。

三

对"见 2"的看法,语法学界素来分歧颇大。这因为一方面是"见 2"的性质与功能实在复杂而难以评断,另一方面是语法学者未能着眼于它的主要特征与主要作用。

"词头"说是王力提出来的,这是着眼于"见 2"已经虚化,似乎不像一个词。我们可以反过来问一问,说是词头,是构形的词头还是构词的词头?构形的词头呢,显然不是。构词的词头呢,也明显不像。因为无论在上古时期还是在中古时期,"见 2"都始终没有和它后面的动词结合成一个词,"见 2+V"也不能在句子里自由地充当谓语。即使近代汉语里的"见教"、"见笑"等,充其量也不过是个固定结构,有点像"所+V"结构里的"所"字,而这"所"字,王力是称之为"特殊的指示代词"的。

"提宾"说是一种最新的解释。潘允中认为,"见 2"是在魏晋六朝时期,"把动词后头的施动者提到前面,以示强调",即"介宾倒装"的结果。这是不符合语言史实的。王力早就指出:"从史料上看,'见'字句以施事者不出现更为常见。"① 既然"见 1+V"的句式一般不出现施动者,而且有不少是根本说不出施动者,又怎么能把引进施动者的"介宾"由动词后"倒装"于动词前呢?这在理论上是说不通的。潘氏还曾以开头所引例(7)为据,说"父母皆见爱"是"人皆见爱于父母"的变式说法。② 这是一种误解。原句后半还有"而未必治也"这一短语,动词"治"的主语就是"父母",其宾语是省略的代词"之"(指代句首的"人"),全句意思是"父母皆爱之而未必治之"。在此种语境里,只能说成"父母皆见爱",而绝不能说成"人皆见爱于父母",因而不是什么"变式说法"。潘氏说"见 1"是"词头",又说"见 2""已失去表被动的作用……成为一个虚化了的助词"。③ 本来是表示被动的"见"字,换一个"变式说法",就由"词头"成为一个"助词",这无论在词汇学理论还是在语法学理论上都是站不住的。这反映了潘氏在处理这个语法难题上的困惑。

---

① 王力:《汉语语法史》,北京:商务印书馆,1989 年,第 275 页注。
② 潘允中:《汉语语法史概要》,郑州:中州书画社,1982 年,第 253 页。
③ 潘允中:《汉语语法史概要》,郑州:中州书画社,1982 年,第 253 页。

"指称"说是吕叔湘先生早年提出来的。他在《中国文法要略》里说:"'见'字本是动词,意思是'被',但有些句子里'见'字不表被动……这里的'见背'是说'背我'……也有一种间接指称的作用。"①吕氏措辞慎重,留有余地。有人据此把它归入代词,那是欠周密思考的。代词,一般说来用法都相当自由,既可置动词前作主语,也可置动词后作宾语,还可置名词前作定语,只有某些代词在某种特定的语境里,用作宾语而置于动词之前,而且大多有规律可寻。"见2"用法却十分固定,只能放在动词前面,对动词起着一种特殊的限定作用。

杨、何二氏也指出"见2"具有"兼表指代之用",却又称它为"动词词头"。这似乎有些自相矛盾,"词头"怎么会有"表指代之用"呢?

大多数语法学者都注意到了"见1"和"见2"之间的关系。问题在于是一种什么样的关系。最早明确指出二者之间相承关系的是杨树达。他在《词诠》里把"见1"列入"助动词",并引《毛诗·褰裳序疏》:"见者,自彼加己之词。按可释为'被'。"接着分析"见2"时也把它列入"助动词",并说:"此前条之变化。《诗疏》'自彼加己'之释,于此法尤为贴切。""此一字用法逐渐变迁痕迹之可寻者。"②

那么这种"变迁"是在什么样的情况下实现的呢?《毛诗·褰裳序疏》的确能给我们以启示。其《序》云:"褰裳,思见正也。狂童恣行,国人思大国之正己也。"孔颖达《正义》云:"见者,自彼加己之辞。……郑国之人思得大国之正己,欲大国以兵征郑,正其争者之是非,……"

同样是《序》中"思见正"一原句,也同样是《正义》中"见者,自彼加已之辞"一疏语,由于"见正"之前未出现主语,施事、受事不明确,便引起了歧解。杨树达着眼于受事者,说"见""可释为'被'",那么"思见正"当释为"国人思己之为大国所正也";而孙良明先生却根据《序》中转换句式的说法和孔《疏》的串讲,认定"'见'字表示施事的用法",说"这里'思见正'就是'思得大国之正己','大国'是'正'的施事。"③其实所谓"自彼加己之辞"是把一个动词的施、受两方面都兼顾到了:如果着眼于施动,那是"彼加";如果着眼于受动,那是

---

① 吕叔湘:《中国文法要略》中卷,北京:商务印书馆,1947年,第49页。
② 杨树达:《词诠》,北京:中华书局,1954年,第191—192页。
③ 孙良明:《古代汉语语法变化研究》,北京:语文出版社,1994年,第140页。

"加己"。由此可以看出"见1"和"见2"之间的血缘关系。

韩愈《进学解》为我们提供了一个有趣的例子:"然而圣主不加诛,宰臣不见斥,非其幸欤?""圣主"和"宰臣"都是施事者,前句用"加",后句用"见",这"见"并非表示被动,而与"加"字语义相同。《马氏文通》引此例后云:"其意盖谓'不为宰臣所斥'也,则'见斥'二字反用矣,未解。"①马氏因为缺乏历时语言学的观点,所以感到困惑不解。无独有偶,《孔雀东南飞》:"兰芝初来时,府吏见丁宁。"朱东润《中国历代文学作品选》注云:"见,加。"②由此可见,古人和今人对"见2"的语感有相通之处,如果缺少语法意识便得不到确诂。更有趣的,同样是《汉书·司马相如传》"乃今日见教"一句,马建忠、杨树达列入"见1"③,而王力、史存直却列入"见2"④。同样是语法学家,在不明确主语是施事还是受事的情况下,着眼点不同,对同一个"见"字的解释就会不同。这些事实充分说明了"见"字逐渐演变的真正原因。

剩下的问题是,演变之后的"见2"究竟是什么词?"词头"说,"代词"说,都不合适。"助动词"说也不恰当。早在1960年,由马汉麟先生主持编写的《古代汉语读本》,把"见2"和"相"字同样看待,都列入"指代性副词"⑤。我们认为,这是很有见地的。王力也曾指出:"这种'见'字往往可以译成'相'字,如'见许'即'相许','见让'即'相让'。"⑥可惜他过分强调了"见2"与"相"字的差异。我们主张把"见2"归入称代副词,其理由申述如下:(一)"见2"紧靠及物动词之前,不是辅助动词表达某种动作行为的意义,而是限定动词的动作行为,即表示一种"行为相关"的作用;(二)"见2"置于动词之前,还具有一种表达客气礼貌的意味,很像"请、惠、辱、窃"这些文言中表示敬让的副词;(三)从汉语史的角度来看,"见2"处理为副词,更加符合也更能显示其演变之轨迹,即由一般动词引申为助动词表示被动,进而虚化为副词表示某种虚

---

① 马建忠:《中国历代文学作品选》,北京:商务印书馆,1983年,第164页。
② 朱东润:《中国历代文学作品选》,上海古籍出版社,1981年,第87页。
③ 杨树达:《词诠》,北京:中华书局,1954年,第191—192页。马建忠:《马氏文通》,北京:商务印书馆,1983年,第163—164页。
④ 王力:《汉语语法史》,北京:商务印书馆,1989年,第275—277页。史存直《汉语语法史纲要》,上海:华东师范大学出版社,1986年,第61页。
⑤ 马汉麟:《古代汉语读本》,北京:人民教育出版社,1960年,第156页。
⑥ 王力:《汉语语法史》,北京:商务印书馆,1989年,第275—277页。

灵的限定或礼让的意义,就如同"相"字由动词虚化为带指代性的副词一样。

此文写毕,再读姚振武同志的论文《古汉语"见 V"结构再研究》①,觉得有些话要说。作者眼光敏锐,观察细微,认为"见2"(姚文称作见1)"按其意义,当读为'现'"②,"不具指代作用,而是一个表显示义的动词"③。这些见解都相当深刻,亦有相当说服力。可惜的是作者的眼光稍稍静止了些。汉语史上往往有这样的现象,某个词在某个时期已经有了某些质变,过了这个时期又变了回来。例如"仅"作为副词,在先秦时是往少处说,表示"只有";而在唐宋时期变为往多处说,表示"近乎"、"几乎";到了现代又反过来往少处说。如果以动态来考察"见 V"结构,应当承认,"见"字开始时演变为"遭受"义、"显示"义,后来由"遭受"义渐渐虚化为表被动的助动词,由"显示"义渐渐虚化为表敬让的副词。至于《搜神记》里的"当见告语"和评书《杨家将》里的"这礼没见"等,应当看作个别作家与说书人在口语里对"见 V"这种结构的活用,不宜据此而把其中的"见"字始终看作动词的。

1998 年 4 月

---

① 姚振武:《古汉语"见 V"结构再研究》,载《中国语文》,1988 年 2 期,第 137—146 页。
② 姚振武:《古汉语"见 V"结构再研究》,载《中国语文》,1988 年 2 期,第 137—146 页。
③ 姚振武:《古汉语"见 V"结构再研究》,载《中国语文》,1988 年 2 期,第 137—146 页。

"于"字是纯粹的介词

"于(乎)"字在文言文里是个应用范围相当广泛的介词。正如吕叔湘先生所说的,"凡是需要用一个介词而'以、为、与、自'等字都不适用的地方,大概都可以用'于'字"(《文言虚字》,新知识出版社 1957 年版,第 30 页)。"于"字和它后面的名词、代词或名词性词组结合成介词结构(下称"于"字结构),少数置于谓语动词之前作状语,多数置于谓语动词(或形容词)之后作补语。例如:

(1)战于长勺。(《曹刿论战》)
(2)墨子闻之,起于鲁。(《公输》)
(3)积于今六十岁矣。(《捕蛇者说》)
(4)吾尝疑乎是。(同上)
(5)请奉命求救于孙将军。(《赤壁之战》)
(6)于汝甘乎?(《方腊起义》)
(7)荆国有余于地而不足于民。(《公输》)
(8)每自比于管仲、乐毅。(《隆中对》)
(9)师不必贤于弟子。(《师说》)
(10)而君幸于赵王。(《廉颇蔺相如列传》)

还有一些应用"于"字的有代表性的例句,这里就无需再罗列了。一般谈文言语法的书,从阅读古书的角度出发,大多把上述用法归并成若干类,如表示处所和时间,表示对待和方面,表示比较的对象,表示行为的主动者,等等。如果用现代汉语相应的介词来对译,以上例句排列起来就有"在、从、到、对、向、对于、在……方面、同、比、被"等好多种不同的意义,因而显得意义繁多,用法复杂。其实,那是从现代汉语和古代汉语的对比上产生的一种感觉。对译不能代替分析。"于"字结构是对译的基础,而对"于"字的分析却要从其本身入手。试看下列例句:

(11) 青,取之于蓝而青于蓝。《劝学》
(12) 出乎尔者,反乎尔者也。《孟子》
(13) "……抑王兴甲兵,危士臣,构怨于诸侯,然后快于心与?"王曰:"否,吾何快于是?将以求吾所大欲也。"《孟子》
(14) 粟米布帛生于地,长于时,聚于力,非一日成也。《论贵粟疏》

例(11)的两个"于"字引进的都是名词"蓝"。前者受"取"字的影响,译为"从";后者受"青"字的影响,译为"比"。例(12)两个分句的句式是相同的。前一"于"字译作"从",后一"于"字译作"到",都是由于前面的动词影响的结果。例(13)的"快于心"和"快于是",结构相同,谓语动词也一样,只是所引进的词语不同,前一"于"字译成"在",后一"于"字译成"对"。例(14)三个"于"字在句中所处的地位和所起的作用显然是一样的,由于前后文义不同,因而就分别译作"从(地里出生)"、"在(一定时候成长)"、"靠(人力聚集)"。细细体会以上各例便可以明白,现代汉语的介词有了更为细致的分工;而古代汉语的"于"字本身并没有那样繁多的含义。介词"于"字之所以有种种不同的解释和对译,都只是因为受了前面的动词(形容词)或后面的名词(代词)影响的结果,"于"字本身的词义和词性都没有发生变化。它跟古代汉语的其他介词相比,具有更纯粹的介词性,而别的介词如"以、为、与、自"等都带有一定的动词性。

正因为"于"字比现代汉语的"在"、"到"等具有更纯粹的介词性,所以在文言里就有这样的句子:

(1) 盖儒者所争,尤在于名实。《答司马谏议书》
(2) 其为物轻微易藏,在于把握。《论贵粟疏》
(3) [墨子]行十日十夜而至于郢。《公输》
(4) 遂用猖獗,至于今日。《隆中对》

若是从现代汉语对译的角度来看,上引四句里的"于"字似乎多余。但在古代汉语里,"在"、"至"是不及物动词,表示处所、时间和有关方面的词语不能直接放在动词的后面作补语,而需要通过介词"于"字来引进。从文言句法的角度来看,动词"在"、"至"和介词"于"连用是完全合理的。

由此可见,"于"字在古代汉语里是个纯粹的介词,它只起一种单纯的介接和组合作用。理解了"于"字本身的这种特点和基本用法,就不会对它的应用范围十分广泛而感到迷惑不解,也不会觉得它意义繁多、用法复杂而难以掌握了。

这里提出:"'于'字在古代汉语里是个纯粹的介词,它只起一种单纯的介接和组合作用。"而王力先生在他主编的《古代汉语》里说:"古代汉语的'于'字,比现代汉语的'在'、'到'等具有更纯粹的介词性。"(上册第二分册,第420页)上述两种意见并不矛盾,前者是对后者的补充和申述。

古代汉语的"以、为、与"等介词是由动词虚化而来,因而带有某些动词的特点。譬如,在古代汉语里,动词的宾语若是疑问代词必须放在动词的前面("大王来何操""计将安出"),动词可以和"所"字构成名词性词组("不得所请""所卖必倍");介词"以、为、与"等也有同样的情形。例如:

(1)长安君何以自托于赵?(《触龙说赵太后》)
(2)王知善之,则何为不行?(《孟子·梁惠王下》)
(3)吾谁与归?(《岳阳楼记》)
(4)子路宿于石门。晨门曰:"奚自?"(《论语·宪问》)
(5)吾知所以距子矣,吾不言。(《公输》)
(6)梁乃召故所知豪吏,谕以所为起大事。(《鸿门宴》)
(7)圣人非所与熙也。(《晏子使楚》)
(8)抚军下忘所自。(《促织》)

既有"何以"、"何为"、"谁与"、"奚自"的格式,又有"所以"、"所为"、"所与"、"所自"的结构,这是它们具有动词性的明证。介词"于"字呢,就没有这样的用法。

或许有人会举出几个相反的例子表示异议:

(9)中世士大夫以官为家,罢则无所于归。(韩愈:《送杨少尹序》)
(10)天下恶乎定?(《孟子·梁惠王上》)
(11)敢问夫子恶乎长?(《孟子·公孙丑上》)

"无所于归"是个孤例,不足以否定上述论点。吕叔湘先生在引此例时曾经指出这是个例外(《中国文法要略》上卷第134页)。古书中正常的说法应该是"予以罪废,无所归"(转引自《中国文法要略》),"将军迎操,欲安所归乎?"(《赤壁之战》)。至于"恶乎"虽等于"于何",但它是个凝固格式,古籍中就没有"于何"倒置的用法。

可见,"于"字不仅跟现代汉语的"在""到"相比,就是跟古代汉语的"以、为、与、自"相比,也具有更纯粹的介词性。

1978年10月

"所"字词组后附之"者"字新探

一

在古代汉语中,所谓"者"字词组和"所"字词组里的"者"和"所",究竟是什么词,历来众说纷纭,各自成理。近年来,影响较大的有两家:一是王力先生主编的《古代汉语》(以下简称"王力本"),认为是"特别的指示代词";一是南开大学中文系语言教研组编的《古代汉语读本》(以下简称"南开本"),认为是"助词"。

大家知道,上述用法的"者"和"所"具有两种主要作用:一方面有称代作用;另方面有附着作用,即同别的实词黏着在一起,构成名词性词组。侧重于前者,便说是"指示代词";侧重于后者,便说是"助词"。但是,无论"代词说"还是"助词说",都同时承认"者"和"所"客观存在着的另一种性质。如"王力本",既说"'者'字是一种特别的指示代词",又说"它通常用在形容词、动词或动词词组的后面组成一个名词性的词组"。① 这后一句,实际上是承认"者"字的附着作用。又如"南开本",既指出"作为助词的'者'字,它本身不能单独使用,一般要黏附在别的词语之后,构成一个名词性的主从词组",又指出它们"有称代的作用"。② 而"称代作用"是代词特有的性质。

张世禄先生在其《古代汉语》里,把"者"和"所"划归"关系词"。这似乎是

---

① 王力(主编):《古代汉语》上册第一分册,北京:中华书局,1962年,第333—337页。
② 南开大学中文系语言学教研组(编):《古代汉语读本》,北京:人民教育出版社,1960年。

一种新的提法。其实,这是张先生把古代汉语虚词的词类"大刀阔斧"地作了"调整和简化"的结果。① 至于"者"和"所"的性质,张先生仍然是从上述两方面加以分析的。他一面说,"有些关系词,它们的主要作用就是在组成某种结构……最常见是'所字结构'和'者字结构'";一面又说"所"和"者""带有指称作用的代词性质"。②

显而易见,"代词说"和"助词说"之分歧的焦点在于:在"者"字和"所"字所具有的两种性质当中,究竟哪一种可以作为划分其词类的主要依据。

凡代词,都单独地具有称代作用,在句中能独立地充当句子成分。而"者"和"所"却不能单独称代什么,在句中也不能独立地充当句子成分。它们虽然具有称代作用,但是这只有在它们与别的词语一起构成名词性词组时,才能显示出来,一旦它们脱离与之组合的词语,这种称代作用就显得微弱而空灵。与此相反,"者"和"所"的附着作用却比较突出,不仅能附着于词,而且能附着于词组,甚至是内部结构相当复杂的词组,改变其结构关系,构成名词性词组。"者"和"所"的这种功能,是任何一个别的代词所不具备的。因此,我们认为,把它们列入助词,并称之为"称代性助词",是可取的。

二

1. "所"字和"者"字,就其和及物动词的组合来说,虽性质相同,而用法迥异。这里就本文所论述的范围,先举若干例句加以简要说明。

　　粟者,民之所种,生于地而不乏。(《汉书·食货志》)
　　上复骂曰:"诸将亡者以十数,公无所追,追信诈也。"(《史记·淮阴侯列传》)
　　夫徐行者,岂人所不能哉? 所不为也。(《孟子·告子下》)
　　宋人有耕者。(《韩非子,五蠹》)
　　追者益近。(马中锡:《中山狼传》)
　　不为者与不能者之形何以异?(《孟子·梁惠王上》)

---

① 张世禄:《古代汉语》,上海教育出版社,1978年,第114页。
② 张世禄:《古代汉语》,上海教育出版社,1978年,第114页。

将上引前三句和后三句加以比较,就可以看出:其一,和及物动词结合时,所处的位置不同,"所"字用在及物动词的前面,而"者"字用在及物动词的后面;其二,和及物动词结合以后,称代的内容不同,"所种"、"所追"、"所不通"、"所不为"都表示动作行为的受事者,而"耕者"、"追者"、"不能者"、"不为者"都表示动作行为的施事者。在一定的语言环境中,古代汉语里这一对称代性助词,可说是各得其所,各行其职。

2.当一个及物动词,前有"所"字,后有"者"字,形成"所·及物动词·者"的格式时,"所"字和"者"字又各起什么作用,应该如何分析呢?

说来有点奇怪,尽管各家对"所"和"者"是什么词存在着分歧,但对"所·及物动词·者"格式的分析却基本上一致。

持"小品词"一说的杨伯峻先生,把"述说词语之上加'所'字,或再加'者'字"当作"名词性短语",并举"其妻问所与饮食者"以为例。①

持"关系词"一说的张世禄先生,以"所欲有甚于生者"、"所志于天者"为例,认为"所字结构"和"者字结构""两者具有共同的名词性这个特点,所以两种结构常常结合起来应用,更加强它们的名词性这个特点"。②

持"助词"一说的"南开本"这样写道:

> 如果"所"字指示的动作行为的对象是不必明言或不可明言的人或事物,那么就可以在动词之后加助词"者"字。例如:
>
> 聂政大呼,所击杀者数十人。
>
> 太子送至门,戒曰:"丹所报,先生所言者,国之大事也。愿先生勿泄!"

在分析了"所击杀者"等于说"所击杀之人"、"所言者"等于说"所言之事"以后,接着又指出:"有时这个'者'字可以不用,这时'所'字就兼有指示和称代的双重作用。"③

持"代词"一说的"王力本",其分析与此基本相同:

---

① 杨伯峻:《文言语法》,北京出版社,1956 年,第 38 页。
② 张世禄:《古代汉语》,上海教育出版社,1978 年,第 188 页。
③ 南开大学中文系语言学教研组(编):《古代汉语读本》,北京:人民教育出版社,1960 年。

如果动词前面用了"所"字,那么动词后面的"者"字就指代行为的对象了,这时"所"字起着指示行为对象的作用……例如:

所爱者,挠法治之;所憎者,曲法诛灭之。(《史记·酷吏列传》)

其所善者,吾则行之;其所恶者,吾则改之。(《左传·襄公三十一年》)

孟尝君曰:'视吾家所寡有者。'(《战国策·齐策》)①

虽然以上几种分析有详略之别,有程序之异,但是四家的结论却是一样,都把"所·及物动词·者"这样的格式看作一个短语或词组,具有名词性,这是长期以来最流行的说法。

3. 这种极为流行的说法,初看似乎有理,如果仔细考察,并不符合古代汉语的实际情况。如前二1. 所述,单一个"所"字和及物动词结合,即能构成名词性词组,指代动作行为的受事者,而无须后面再加"者"字。除二1. 已经引述的前三个例句以外,还可以举出同二2中"南开本"和"王力本"所引相类似的一些例子:

至吴将麾下,所杀伤数十人。(《史记·魏其武安侯列传》)

夺其所憎而与其所爱。(《战国策·赵策》)

语曰:"庸主赏所爱而罚所恶。"(《史记·范睢蔡泽列传》)

二2. 中所引各例作"所击杀者""所爱者""所憎者""所恶者",而上引三句都作"所杀伤"、"所爱"、"所憎"、"所恶",其动词后面均不用"者"字。毋庸置疑,"所·及物动词"这一格式同"所·及物动词·者"这一格式完全一样,其中的"所"字都是表示动作行为的受事者的。

那么,不用"者"字,是否像"南开本"所说的,是"可以不用"的省略呢? 这种说法不能成立。因为语言中某种成分的省略,是对成分完备的正常结构来说的。而不带"者"的"所"字词组在古书中的运用,不仅是正常的,而且是大量的。正如"王力本"在分析不带"者"的"所"字词组之后所指出的那样,"'所'字词组虽然带有名词性,但是离开上下文,它本身一般不能明白表示是人还是事物,更不能具体表示是什么人、什么事物。因此还可以在动词后面

---

① 王力(主编):《古代汉语》上册第一分册,北京:中华书局,1962年,第333—337页。

再加名词,举出人或事物有名称①"(着重号是引者加的)。这样看来,把"所"字词组后附之"者"的性质和作用也当作和"所"字词组内的"所"一样,并不能给"所"字词组添加什么新的意义。莫非在"所"字词组之后加个称代性助词"者"字,为的就是表示所谓"不必明言或不可明言的人和事物"么?

不仅如此,把"所"字词组后附的"者"当作称代性助词,在语言结构的分析上也是一个累赘。各家公认,"所"与及物动词结合,指代那动作的受事者,而"者"与动词结合,指代那动作的施事者。如果把"所·及物动词·者"这一格式中的"所"和"者"都看作同样性质的词,便必然出现一个矛盾:这一格式究竟是"所"字词组,还是"者"字词组?究竟是指代动作的受事者,还是指代动作的施事者呢?在这个问题上,有的避而不谈,有的语焉不详。倒是"王力本"不含糊其辞:"但是,如果动词前面用了'所'字,那么动词后面的'者'字就指代行为的对象了,这时'所'字起着指示行为对象的作用。"②一面说"者"字词组"指代行为的主动者";一面又说动词前面用了"所"字,"动词后面的'者'字就指代行为的对象了"。对表示同一内容、同一结构的这种描写,在语法上无论如何也不能说是简捷明了的吧。

4. 如此说来,有时置于"所·及物动词"词组之后的"者"字,究竟起什么作用呢?试看二 2. 所列举的、为"南开本"和"王力本"引用的五个例句,除最后一例之外,其余各句的"所"字词组,在句中不是充当主语,便是充当外位语,"者"字置于其后,明显地是用来表示提示和顿宕的。再比较下列两组句子:

(1)丹所报……国之大事也。(《史记·刺客列传》)
(2)臣之所好者,道也。(《庄子·养生主》)
(3)南冥者,天池也。(《庄子·逍遥游》)
(4)所杀伤数十人。(《史记·魏其武安侯列传》)
(5)所击杀者数十人。(《史记·刺客列传》)
(6)燕太子丹者,故尝质于赵。(同上)

前三例是一组:例(1)的"所报"和例(2)的"所好"是名词性词组,同例(3)的

---

① 王力(主编):《古代汉语》上册第一分册,北京:中华书局,1962年,第333—337页。
② 王力(主编):《古代汉语》上册第一分册,北京:中华书局,1962年,第333—337页。

"南冥"一样,充当判断句的主语。后三例又是一组:例(4)的"所杀伤"和例(5)的"所击杀"也是名词性词组,同例(6)的"燕太子丹"一样,充当叙述句的主语。(2)(3)两例的"者"字均用在判断句的主语之后,(5)(6)两例的"者"字均用在叙述句的主语之后,各各在结构和语气上毫无差异,怎么能说(2)(5)两例的"者"字是表示称代,而(3)(6)两例的"者"字却表示提顿呢?这是很难说得通的。

下面再着重分析二 2. 所引的"丹所报,先生所言者,国之大事也"一句。"南开本"写道:"'所报'的意思是所说的心事,后面没有用'者'字;可见'所报'等于说'所报者'。……'所言者'等于说'所言之事'。"①这样分析,且不说有无语言事实根据,也并不符合原句的结构和语气,未免有些武断。

上引例句是个判断句。"丹所报"和"先生所言"是两个并列的名词性词组,在句中充当主语;"国之大事"是个名词性的偏正词组,在句中充当表语。句中的"者"字,并非和"所言"构成名词性词组表示称代,而是用在判断句主语的后面表示提顿。这个"者"字明明是个句中语气词。此句应该读作:

丹所报,
先生所言 } (者),国之大事(也)。

句中的"者"字同句末的"也"字呼应,清楚地显示出它作为语气词的作用。

二 2. 所引"视吾家所寡有者"一句的"者"字,和"始臣之解牛之时,所见无非牛者"(《庄子》)的"者"字一样,置于句末,表示终结语气,含有肯定和强调的意味。"者"字的这种用法在古籍中也不乏其例。

至于下面列举的四个例句,并不属于这里所说的"所"字词组后附之"者"字的那种格式。如:

所欲有甚于生者,故不为苟得也。(《孟子·告子上》)
所恶有甚于死者,故患有所不辟也(同上)
臣所过屠者朱亥,此子贤者。(《史记·魏公子列传》)
卫律所将降者,阴相与谋劫单于母阏氏归汉。(《汉书·李广苏建传》)

---

① 南开大学中文系语言学教研组(编):《古代汉语读本》,北京:人民教育出版社,1960年。

前二例是张世禄先生所引,认为是"所字结构"和"者字结构""两者的结合体"。① 这是误解。其实,这两句里的"所"字分别附着于及物动词"欲"和"恶"之前,在句中作主语;而"者"字则分别附着于"甚于生"和"甚于死"之后,作动词"有"的宾语。"所欲"(或"所恶")和"生者"(或"死者")虽然用在同一个句子里,却仍然是两个名词性词组,并不是什么"两者的结合体"。后二例的"所过""所将"是"所"字词组,"屠者"、"降者"是"者"字词组;两个"所"字词组分别是两个"者"字词组的定语。处在这种语言环境里的"所"和"者",各有组合能力,自然都是称代性助词。

三

在"所·及物动词·者"格式中,"所"是称代性助词,与后面的及物动词构成名词性词组,而"者"是语气词。其分析已如上述。那么,当"所"字和带介词的动词或动词性词组相组合以后,再附有"者"字时,又该如何分析呢?

此种格式,诸家极少涉及,惟有"王力本"说得较为详尽:"'所'字又常常用在介词'从''以''为''与'等字的前面,指代介词所介绍的对象……'所'字和介词以及介词后面的动词(或动宾词组)相结合组成的词组也带有名词性。"②(着重号是引者加的)这本来是说得很清楚的。可是,在分析其例句时,矛盾又出现了。如:

  古之人所以大过人者无他焉,善推其所为而已矣。(《孟子》)
  所为见将军者,欲以助赵也。(《战国策》)
  其妻问所与饮食者,则尽富贵也。(《孟子》)

书中在上引例句中的"者"字之下都标有着重号,并且在分析时都一一指出:"'者'字称代,'所'字指示"。③ 可见仍把"所……者"看作一个名词性词组。

"王力本"没有回避这样的语言事实:

  此兵者,所以禁暴除害也,非争夺也。

---

① 张世禄:《古代汉语》,上海教育出版社,1978年,第192页。
② 王力(主编):《古代汉语》上册第一分册,北京:中华书局,1962年,第333—337页。
③ 王力(主编):《古代汉语》上册第一分册,北京:中华书局,1962年,第333—337页。

>儒以文乱法，侠以武犯禁，而人主兼礼之，此所以乱也。
>梁乃召故所知豪吏，谕以所为起大事。
>是吾剑之所从坠。

为了充分地说明问题，这里再补引一些例句：

>诸所与交通，无非豪杰大猾。（《史记·魏其武安侯列传》）
>王之所以事秦，必不如韩魏也。（《战国策·赵策》）
>王之所以事秦者，必在韩魏之后也。（同上）

在上引例句中，"所"字都用在各个介词的前面，都有称代各介词所介绍的对象的作用，并和介词以及介词后面的动词（或动宾词组）构成了名词性词组，表示动作行为的有关方面，除末例外，均不用"者"字。同是"所以"，既有"所以大过人者"之说，亦有"所以禁暴除害"之说；同是"所为"，既有"所为见将军者"之说，亦有"所为起大事"之说；同是"所与"，既有"所与饮食者"之说，亦有"所与交通"之说；就在同一篇《战国策·赵策》中，既有"王之所以事秦者"之说，亦有"王之所以事秦"之说。可见，用"者"字和不用"者"字都十分自由。

"所"和"者"作为称代性助词，具有构成名词性词组的作用，通常是不能省略的。而像以上所引不用"者"字的例句，在古籍中是随处可见的。况且，凡是"所"字词组的后面加了"者"字的，都可以抽去而丝毫不会改变原句的结构和意义。这足以说明，"所"字词组后面的那个"者"字，不是称代性助词，而实在是个语气词。

对"所"字词组后附之"者"字的这种性质如果把握不准，那就必然会带来分析上的混乱。前面曾经提到，杨伯峻先生在谈到"名词语"时，把"述说词语之上加'所'字，或再加'者'字"当作"名词性短语"，并以"其妻问所与饮食者，则尽富贵也"（着重号是原有的）为例。可是，谈到"语气词"时，又把下列句中的"者"字列入"语气词"[①]（句中着重号是原有的）：

>王之所以叱遂者，以楚国之众也。（《史记》）
>臣所以去亲戚而事君者，徒慕君之高义也。（《史记》）

这又从一个侧面证明，"所"字词组后附之"者"字的语气词性质是不容忽

---

① 杨伯峻：《文言语法》，北京出版社，1956年，第140页。

视的。

拙文初稿写成以后,喜见陈望道先生的《文法简论》出版。书中有这么一段:

> 文言中常用的顿挈助词有"者""也"两个词。例如:
>
> 天之所能者,生万物也;人之所能者,治万物也。(刘禹锡:《天论》)
>
> 桥梁之设也,足不能越沟也;车马之用也,走不能追远也。(《论衡·程材》)①

陈先生把附在"所能"后边的"者"字,看作与"也"字一样,列入所谓"顿挈助词",即本文所谓表示提顿的"语气词",这就确切地描写了上述用法之"者"字的性质和作用。

1978 年 10 月

---

① 陈望道:《文法简论》,上海教育出版社,1978 年,第 85 页。

衬音助词再论

长期以来,一些古代汉语语法著作把上古汉语里用法有些特殊的"有、其、言、于、斯、思、然、尔"等视为"词缀"(词头、词尾)或"词的附加成分"(前附语、后附语)。王力先生先提出了相商的意见,[①]后来就显得十分肯定了。[②] 周法高先生根据《经传释词》等文献上的资料认定:名词的前附语有"有、不、於、勾"等;状词的前附语有"有、其、斯、思"等;动词的前附语有"言、爰、聿、曰、于"等;状词的后附语有"然、尔、斯、其、焉、乎、诸、兮"等。[③]

拙著《古汉语通论·语法编》把上引各字一概归入"音节助词"。[④] 当时因限于著作体例而未及详叙,今专文论述以求是正。

一、独立的而非附属的

所谓"词缀"应当紧紧依附于词根,是构成某类词的必要语素,就是说表示某种语法意义时必须用它,不能时而用又时而不用。

"有"字用作名词的词头或前附语,是上述一类著作谈论得最多的。然而,古籍中也有更大量的与上述著作引例相反的材料,即在同一专有名词或普通名词之前不用"有"字的。例如:

---

① 王力:《汉语史稿》中册,北京:中华书局,1958年,第299页。
② 王力:《古代汉语》第二册,修订版,北京:中华书局,1981年,第464—465页。
③ 周法高:《中国古代语法·构词编》,"台湾中央研究院"历史语言研究所,1962年,第202页、296页。
④ 安徽大学中文系:安徽大学中文系铅印教材,1983年,第254—256页。

(1) 乃命尔先祖成汤革夏。(《尚书·多士》)

(2) 宜鉴于殷,骏命不易。(《诗经·文王》)

(3) 是亦为政,奚其为为政?(《论语·为政》)

(4) 虞、夏、商、周皆有之。(《左传·庄公三十二年》)

即使在同一《尚书·盘庚》篇里,既有"民不适有居",亦有"各长于厥居";既有"其有众咸造",亦有"王命众悉至于庭"。再拿《论语》和《孟子》二书来说,据杨伯峻先生的统计,"有"字总共出现各为154次和444次;而置于名词前用作词头的,前书仅1次,后书仅6次。至于上述二书所出现的朝代名和国名的次数,《论语》为68次,《孟子》为257次。① 在《论语》里,名词前加"有"字的仅出现1次,这便是引自《尚书》的"施于有政"一例;而"政"字前不加"有"字的,竟多达40次。

我们再来看"其、言、于"的使用情况。在《诗经》里同一动词或形容词之前,也有大量不用这些字的。例如:

(5) 职凉善背(《大雅·桑柔》)——北风其凉(《邶风·北风》)

(6) 必告父母(《齐风·南山》)——言告师氏(《周南·葛覃》)

(7) 齐子由归(《齐风·南山》)——之子于归(《召南·鹊巢》)

至于"斯、思"和"曰、聿",有用于形容词或动词之前的;但是,同一形容词或动词之前也有不用的。例如:

(8) 思无疆,思马斯臧。(《鲁颂·駉》)——谋臧不从,不臧复用。(《小雅·小旻》)

(9) 思文后稷,克配彼天。(《周颂·思文》)——烈文辟公,锡兹祉福。(《周颂·烈文》)

(10) 朋酒斯飨,曰杀羔羊。(《豳风·七月》)——杀时犉牡,有捄其角。(《周颂·良耜》)

(11) 无念尔祖,聿修厥德。(《大雅·文王》)——整我六师,以修我戎。(《大雅·常武》)

对于古代汉语有无词尾(后附语)的问题,在早先各家的论述中,措辞和举例

---

① 杨伯峻:《论语译注》、《孟子译注》,北京:中华书局,1962年。

最慎重的是吕叔湘先生。他说:"'然'字可以附在描写声容情态的词语之后。要是只有一个单纯的词,'然'字就像是一个词尾,和白话的'的'(或'地')字相当。"①此外,他还把"如、若、尔"三字看作"形容词的语尾"。

"然、如、若、尔"的情况比较特殊,留到后面再谈。"焉"字置于形容词或副词之后,除《庄子》较多外,《诗经》仅二见,《论语》仅一见,《孟子》仅二见,《周易》《墨子》《左传》皆未见,所以吕叔湘先生以"少焉"、"于是焉"为例,说"焉字显然是个停顿语气词"。② "斯"字置于形容词、副词之后,周法高先生仅引《经传释词》里所举的两个例子,其方法也只是把"色斯举矣"和"色然而骇"作简单的类比;③至于汉人作品多以"色斯"二字相连,不过是袭古而已。"乎"(诸、兮)字既能用作句末语气词,也能用作句中语气词表示停顿,而停顿语气词和所谓词尾之间的界限本来就难以区分,裁决时难免带有主观色彩。即使各家都认可的词尾"然"等,也不是非用不可的。例如:

(12)魂反顾魄,忽然不见。(《淮南子·说山》)
(13)忽弗复见。(《史记·吕太后本纪》)
(14)忽反顾以游目兮。(《楚辞·离骚》)
(15)倏而来兮忽而逝。(《九歌》)
(16)少焉眴若,皆弃之而走。(《庄子·德充符》)
(17)少则洋洋焉,攸然而逝。(《孟子·万章上》)

总之,上述诸多虚词只是灵活地用在语句里,并不表示任何附加的语法意义。它们是独立的,是可有可无的。

二、杂乱的而非有序的

词缀,在与词根结合时,除个别外一般都是井然有序的。这是说,作为词缀,或附着于词根前为词头,或附着于词根后为词尾,位置都相当固定,而且往往有"类化"的作用。比如中古以后,尤其是现代汉语,带前缀"阿"的是对

---

① 吕叔湘:《文言虚字》,上海教育出版社,1959年,第77页。
② 吕叔湘:《文言虚字》,上海教育出版社,1959年,第102页。
③ 周法高:《中国古代语法·构词编》,"台湾中央研究院"历史语言研究所,1962年,第203—204页。

人的称呼,带后缀"子、儿、头"的一般是名词,带后缀"化"的一般是动词,带后缀"然"的一般是形容词或副词。可是,上古汉语的"有、其、言、于、斯、思"诸字却并非如此。

先说"有"字,置于名词前固然不少,而置于形容词前则更多,还有置于动词前的。例如:

(18)彤管有炜,说怿女美。(《邶风·静女》)
(19)赫赫业业,有严天子。(《大雅·常武》)
(20)尔所弗勖,其于尔躬有戮!(《尚书·牧誓》)
(21)春日载阳,有鸣仓庚。(《豳风·七月》)

周法高先生在论及"有"字用作名词的前附语时,所举例除去相同的,总共 35 则;①而清人王筠在其《毛诗重言》里,所举"有"字置于形容词之前的例子共有 70 则。

再说"其"和"言"。它们既用于形容词或动词之前,也用于形容词或动词之后,例如:

(22)言念君子,温其如玉。(《秦风·小戎》)
(23)兄弟不知,咥其笑矣。(《卫风·氓》)
(24)静言思之,躬自悼矣。(同上)
(25)永言保之,思皇多祜。(《周颂·载见》)

王筠在《毛诗重言》里,列举"于本字之上加'其'字者"12 则,又列举"于本字之下加'其'字者"16 则。

再看"斯"和"思",既用于形容词之前,也用于动词之前或后。例如:

(26)於乎有哀,国步斯频。(《大雅·桑柔》)
(27)笃公刘,于京斯依。(《大雅·公刘》)
(28)思皇多士,生此王国。(《大雅·文王》)
(29)于橐于囊,思辑用光。(《大雅·公刘》)
(30)自南自北,无思不服。(《大雅·文王有声》)

---

① 周法高:《中国古代语法·构词编》,"台湾中央研究院"历史语言研究所,1962 年,第 222 页。

不仅如此，"其、言、于、斯、思"还可以置于代词、名词、数词以及其他词语之前后。

以上情况足以说明，"有、其、言、于、斯、思"诸字，不仅所附着的不是所谓词根，而是各类实词，而且所处的位置也不固定。有时，甚至难以断定是前附还是后附，例如：

(31)咥其笑矣(《卫风·氓》)
(32)浏其清矣(《郑风·溱洧》)
(33)温温其恭(《小雅·宾之初筵》)
(34)驾言出游(《邶风·泉水》)
(35)醉言舞……醉言归(《鲁颂·有駜》)
(36)王赫斯怒(《大雅·皇矣》)
(37)如跂斯翼(《小雅·斯干》)

例(31)"其"字前面是形容词，后面是不及物动词；例(32)"其"字前后都是形容词，究竟是词头还是词尾？例(33)"其"字前面是叠音形容词，后面是单音形容词，若与"温其如玉"(《秦风·小戎》)相比，似是词尾，若与"温温恭人"(《小雅·小宛》)相比，又似是词头。例(36)"斯"字，周法高先生视为前附语，①而杨伯峻、王显先生却看作词尾或后附。② 例(37)"斯"字，若按《毛传》"如人之跂竦翼尔"，则犹《绵》之"作庙翼翼矣"，"斯"是词头；若依陈奂《毛诗传疏》"跂，当为跛。……即言翼之状"，则"跂斯"是张翼貌，"斯"便是词尾。③

这样看来，上古汉语里这些虚词的运用，是杂乱无章的，并无规律可循，不仅不能跟英语、俄语里的词缀相比，也不能跟现代汉语里的词头、词尾相比，根本谈不上是词类的外在标志。

三、衬音的而非构词的

以上分析已经证明，那些用法特殊的虚字其独立性明显地强于附着性，

---

① 周法高：《中国古代语法·构词编》，"台湾中央研究院"历史语言研究所，1962年，第222—224页。
② 杨伯峻：《孟子译注》，北京：中华书局，1962年，第457页。
③ 向熹：《诗经诗典》，成都：四川人民出版社，1986年，第347页。

不应视为词缀,而宜看成助词。它们是用来增足音节、调谐节奏、舒缓语气以加强表达效果的。

首先,这些助词几乎经常用于上古时代的韵文。这是连"词缀"说的主张者都承认的。王力先生曾指出:"值得注意的是:除'有'字外,这些词头一般只用于诗歌,散文中很少用到。"①周法高先生在利用文献资料叙述上古汉语的词缀时,除名词前附语"有"和状词后附语"然、若、尔"等字列举了不少散文中的例句之外,其余大量例句都引自《诗经》。这当然不是偶然的。由于音律或抒情的需要,韵文常常要增添一些纯粹表音的语助成分,以便寓情于声,依声缓气。这是我国古代诗歌的一种传统的表达方法。前面所引大量的语间助词,正是我国民间歌谣里衬字的渊源,表现了我国古典诗歌所特有的语言特色与民间风格。

就是散文中的用例,也大多出于句式的需要,或衬音节,或缓语气,以克服单音节词组成四字句的困难。比如"友于兄弟,施于有政";"率尔而对";"莞尔而笑";"突若入焉……突若出焉";"忽焉在后";"沛若有余";"油然作云;沛然下雨";"上及有虞,下及五伯"等。

其次,上古汉语,尤其是上古韵文,叠音词特别多。叠音词的使用,自然是为了增加音节而抒情达意。使用上述助词,正如前人所说,其作用"与重言相当"。有人据此便断定它们为词缀,这是受了西方语言构词学理论的影响。从汉语的特点来看,恰恰表明,运用上述一类助词是为了凑足音节、谐调节奏、舒缓语气。顾炎武说:"'肃肃,敬也;雍雍,和也。'《诗》本'肃雍'一字而引之二字者,长言之也。《诗》云'有洸有溃',毛公传之曰'洸洸,武也;溃溃,怒也。'即其例也。"②王引之说得更明白:"经典之文,字各有义,而字之为语词者,则无义之可言,但以足句耳。"③今人王显在其长篇论文《〈诗经〉中跟重言作用相当的有字式、其字式、斯字式和思字式》中,对"有、其、斯、思"作了详尽的比较分析,最后认为:"归根到底,我们对于'有、其、思、斯'的性质还很不清楚,因此,暂时只把它们看作一种加强形容作用的虚字,似乎是比较妥当一

---

① 于力:《古代汉语》第二册,修订版,北京:中华书局,1981年,第466页。
② (清)顾炎武:《日知录》卷6。
③ (清)王引之:《经义述闻》卷32,南京:江苏古籍出版社,1985年。

些。"①它们之能加强形容作用,正是由于它们衬音节以传神、缓语气以抒情的结果。

再次,上述助词不仅相互间可以代替,而且还能用别的词语替换。这更证明它们的作用是衬音而非构词。例如:

(38)有皇上帝(《小雅·正月》)——思皇多士(《大雅·文王》)——朱芾斯皇(《小雅·斯干》)——皇矣上帝(《大雅·皇矣》)——於皇武王(《周颂·武》)——於乎皇王(《周颂·闵予小子》)

(39)柞棫斯拔,松柏斯兑(《大雅·皇矣》)——柞棫拔矣,行道兑矣(《大雅·绵》)

(40)岁聿其莫(《唐风·蟋蟀》)——岁聿云莫(《小雅·小明》)——岁亦莫止(《小雅·采薇》)

(41)旨酒思柔(《小雅·桑扈》)——薇亦柔止(《小雅·采薇》)

(42)忽焉在后(《论语·子罕》)——忽而自失(《史记·日者列传》)——忽然不见(《淮南子·说山》)——日月忽其不淹兮(《离骚》)

这种杂乱无章的情况,哪里能够表明它们是"词头"或"词尾"呢?无论用助词"有、其、云、斯",还是用叹词和语气词"於、兮、矣、止"大都是为了节奏和谐,语气舒缓。

1990年10月

---

① 王显:《〈诗经〉中跟重言作用相当的有字式、其字式、斯字式和思字式》,载《语言研究》,1959年第4期。

《左传》假设复句研究

  本文仅以《左传》之假设复句为资料,从语法和语义两方面进行穷尽的分析与归纳。《春秋》经文自不包括在内。

  关于假设复句,语法学界仍然存在分歧。即以最近出版的两部古代汉语语法著作而言,杨伯峻、何乐士合著的《古汉语语法及其发展》在偏正复句一节列有"假设复句"[①];而管燮初的《左传句法研究》(以下简称《研究》)却参照丁声树等著《现代汉语语法讲话》之语法体系,把"偏正复句分为因果句、让步句和条件句三小类"[②],将假设复句归入条件句。管氏显然认为,假设不过是一种虚拟的条件。就古代汉语复句的使用情况而言,假设句于古籍大量存在,而且表示假设关系的关联词语十分丰富,而真正的条件句于古书却很少见到,其专用的关联词语更难以举出。因此笔者认为,设立"假设复句"的名目,就古代汉语来说是名副其实的。

  对于《左传》假设复句的取舍,有几点需要说明:

  第一,复句大都有形式句和意合句两种,假设复句也不例外。为使分析比较客观起见,本文只取前者,那些没有形式标志的意合假设句,不列入本文的研究范围之内。

  第二,紧缩的假设复句虽有关联词语为标志,如"易则生乱"(桓二),"子来则免"(僖二十三)等,但这类紧缩句无论在语法还是在语义上都比较单纯,因而不作为我们的考察对象。

---

  ① 杨伯峻、何乐士:《古汉语语法及其发展》,北京:语文出版社,1992年,第947—959页。

  ② 管燮初:《左传句法研究》,合肥:安徽教育出版社,1994年,第12页。

第三,《左传》引自《诗》《书》等传世典籍之文句,与《左传》本书之材料有别,因而其中的假设复句也不列入本文的分析范围。

第四,《左传》之假设复句,只要具有相对的独立性,而不包容在其他偏正复句之中,本文都摘出分析,以便展示《左传》假设复句的形式多样性和内容复杂性。由于同样的目的,若是由两个并列的假设句构成的联合复句,本文即作为两个假设复句来看待。

第五,对于兼有两种语法作用的词语,如"微"既表示否定,又可表示假设,"而"既是转折连词,又用作假设连词,本文一般从严掌握。凡是在具体的语境里,原有的语法意义比重相当大的,一概不作为表示假设的关联词来分析。

根据以上所说的取舍原则,笔者仔细地考察了《左传》里的复合句,共搜集假设复句约 530 个。可是,据《研究》一书之统计,《左传》共有复合句 10302个,其中条件句 386 个,若是排除意合的 129 句,用连词的仅 257 个①,还不到我们所统计之总数的一半。即使双方取舍的标准有所不同,其悬殊也不当如此之大,因为《研究》一书所列条件句是包括假设句在内,而我们分析假设复句是把意合句排除在外的。本文不能不遗憾地指出,《研究》一书对复合句的分析与归类未能尽如人意,有不少实际上是表示假设(或条件)关系的复句,却归入了其他类型。这里先列举数例详加分析,恳请《研究》的著者和读者教正。为了排版的方便,原书的图解不再引用,一律改为简要的文字说明②。

(1) 其藏之也周,其用之也遍,则冬无愆阳,夏无伏阴,春无凄风,秋无苦雨,雷出不震,无灾霜雹,疠疾不降,民不夭札。(昭四,20 页)

《研究》将上例列入"一个平面的连贯句"③,即由 10 个分句构成的单一层次的承接复句。考察上例所属的原文就知道,鲁国的申丰在回答"雹可御乎"的提问时先就说明,藏冰和用冰都是为了享祭除灾。因此,上引复句的前两个分句显然是说话人假定的条件,后 8 个分句是说明上述条件实现之后就没有各种灾害的结果。所以继之又说:"今藏川池之冰弃而不用,风不越而杀,雷

---

① 管燮初:《左传句法研究》,合肥:安徽教育出版社,1994 年,第 12、64 页。
② 下引六例,括号内"昭四"即《左传》昭公四年,页码指《研究》一书。
③ 管燮初:《左传句法研究》,合肥:安徽教育出版社,1994 年,第 13 页。

不发而震。雹之为灾,谁能御之?"① 这两句是说,如果藏冰不用,会导致什么结果。这反过来证明,上引复句是个条件句,即本文所谓假设复句,其"则"字是个假设连词。

  (2)若不度于礼,而贪冒无厌,则虽以田赋,将又不足。(哀十一,31页)

《研究》将此例归入"偏正综合连贯句"②,认为前两个分句之间是条件关系,后两个分句之间是让步关系,前后两部分构成连贯句。这不符合该句内在的层次关系。关联词"若"和"则"的前呼后应,表明这是一个假设复句,前两个分句是偏句,说明虚拟的条件,后两个分句是正句,说明将造成的后果。至于前两个分句之间,并非"条件关系",而是承接关系,中间用连词"而"来连接。这个假设复句若加以简化,便是:"若贪冒无厌,则将又不足。"

  (3)若惠顾前好,徼福于厉宣桓武,不泯其社稷,使改事君,夷于九县,君之惠也,孤之愿也,非所敢望也。(宣十二,36页)

《研究》也将此例归入"偏正综合连贯句"。据图解,前一分句和中间四个分句先构成条件句,再跟后三个分句组成连贯句。无论是就这句话的主旨还是从其语境来说,都不应该这样分析。这是郑伯向战胜的楚国臣服时说的话,开头即表示是"孤之罪",若是俘虏我"以实海滨,亦唯命";若是灭郑"使臣妾之,亦唯命"③。因此,上面所引的那句话显然是说话人在表示,对方怎么做才符合自己的愿望。这无疑应当看成假设复句,前五个分句合起来是偏句,整个都是说话人提出的"求祖先福佑,服楚为属国"的要求,后三个分句为正句,表明这是"君之惠"和"孤之愿"。偏句之各分句是承接关系,正句之前二分句与后一分句之间又含有轻微的转折关系。

  (4)且吾因宋以守病,则夫能致死,与宋致死,虽倍楚可也,子何惧焉?(襄二十七,40页)

《研究》将此句列入"一个平面的联合句",并解释说:"联合句中各分句之间的

---

① 杨伯峻:《春秋左传注》,北京:中华书局,1981年,第1250页。
② 管燮初:《左传句法研究》,合肥:安徽教育出版社,1994年,第25页。
③ 杨伯峻:《春秋左传注》,北京:中华书局,1981年,第719页。

意义有转折,或有进一层的意思。"①其实这是误解,而且断句也有严重的失误。把它放在原来的语境里加以思考就明白,这是两个句子:前两个分句合起来是形式假设复句,正句用连词"则"字,意思是"吾若因宋以守病,则人人能致死",其末当标句号;后三个分句合起来是意合的假设复句,意思是"若与宋致死,则子何惧焉?"其中第二分句是紧缩的让步句,跟第三分句"子何惧焉"构成承接句。无论《春秋左传集解》还是《春秋左传注》②,在"夫能致死"一句之后都标的句号,可见看法一致。

(5)苟利社稷,请以我说,罪我之由。(宣十三,58页)

《研究》以为此句是"综合因果句",并图解为前两个分句是连贯句,再跟第三个分句合成因果句③。这种分析与上引复句内在的层次关系不相符合。据原文,晋国的使者责问卫国的使者说"罪无所归,将加而师"④,意即要得到罪首而予以惩罚,卫国的使臣孔达才回答了上面所引的那句话。第二分句"请以我说"是孔达提出的对付措施,是说话的重点所在;第一分句"苟利社稷"是其前提,即所谓虚拟之条件;至于第三分句只是申述"请以我说"的理由,它和第二分句之间才构成前果后因的关系。无疑这是一个假设复句。

(6)若见费人,寒者衣之,饥者食之,为之令主,而共其乏困,费来如归,南氏亡矣。(昭十三,61页)

这个复合句也被归入"综合因果句"⑤,并图解为:前五个分句构成条件句,再与第六分句构成因果句,然后与第七分句构成更大的因果复句。这在语法分析上违背了原句固有的层次关系,因而在语义理解上也就完全不符合原意。细考原文,鲁国的季平子见"叔弓围费"而败,便"令见费人执之,以为囚俘",冶区夫表示反对,跟着便说了上面所引的那句话。冶区夫的用意显然不在分析因果,而是提出一个与之相反的怀柔措施,以达到"费邑归附,南氏败亡"的

---

① 管燮初:《左传句法研究》,合肥:安徽教育出版社,1994年,第38页。
② 杜预注,孔颖达疏:《春秋左传集解》,上海人民出版社,1977年,第1078页。杨伯峻:《春秋左传注》,北京:中华书局,1981年,第1132页
③ 管燮初:《左传句法研究》,合肥:安徽教育出版社,1994年,第53、58页。
④ 杨伯峻:《春秋左传注》,北京:中华书局,1981年,第752页。
⑤ 管燮初:《左传句法研究》,合肥:安徽教育出版社,1994年,第53、61页。

结果①。冶区夫继而又说:"若惮之以威,惧之以怒,民疾而叛,为之聚也。"这显然是从反面申述,如若采取威慑的办法,其后果必定是"为南氏聚民"。因此,上引那句也应当是假设复句:"若见费人……而共其乏困"是假定的条件,是偏句;"费来如归,南氏亡矣"是将有的结果,是正句。至于偏句即《研究》所谓连贯句,而正句即所谓对比句。

以上讨论无非说明,古代汉语复合句的研究,是一项更为细致复杂的工作,因为它涉及语义和逻辑的方面更多。本文初稿写成以后,才有幸见到管氏大著,当发现双方的统计数字差别如此之大时,笔者又对有关资料进行了逐个的再考察。学术研究的相互促进,又一次得到了生动的体现。这不单是为了研究与统计准确无误的需要,而且更是为了正确理解《左传》这部战国中期的重要古籍的需要。下面就从语法和语义两个方面来探讨《左传》假设复句的多样性和复杂性。

从语法形式来看,《左传》的假设复句大致可分为以下四种类型:

第一类,偏句和正句都使用关联词语,偏句为单音节连词,正句大多是单音节副词,前后呼应。这一类句型有 18 种格式,共有 131 句。例如:

(1)若使大子主曲沃,而重耳、夷吾主蒲与屈,则可以威民而惧戎,且旌君伐。(庄二十八)

(2)若败郧师,四邑必离。(桓十一)。

(3)若以君之灵,得反晋国,晋楚治兵,遇于中原,其辟君三舍。若不获命,其左执鞭弭,右属櫜鞬,以与君周旋。(僖二十三)

(4)若出于东方,观兵于东夷,循海而归,其可也。(僖四)

(5)余不许,将戕于余;若杀夫人,将以余说。(定十四)

(6)如是,则以丘亦足以。(哀十一)

(7)苟利夫子。必去子。(襄二十七)

(8)君苟思盟,寡君乃知免于戾矣。(昭三)

(9)苟非德义,则必有祸。(昭二十八)

(10)公子与二三臣之子,诸侯苟忧之,将以为之质。(定六)

(11)若可,君而继之。(襄十八)

---

① 杨伯峻:《春秋左传注》,北京:中华书局,1981 年,第 1343 页。

(12)若上之所为,而民亦为之,乃其所也,又可禁乎?(襄二十一)

(13)其暴露之,则恐燥湿之不时而朽蠹,以重敝邑之罪。(襄三十一)

(14)古而无死,则古之乐也,君何得焉?(昭二十)

(15)是粪土也。而可以济师,将何爱焉?(僖二十八)

(16)子产过女,而命速除,乃毁于而乡。(昭十八)

(17)吾且为鄙邑,则失位矣。(昭十六)

(18)果遇,必败。(宣十二)

(19)所有玉帛之使者,则告。(宣十)

下面,列表一,将各种格式的假设复句作个小统计,然后给以必要的分析和说明。

表一

偏句	正句	句数	偏句	正句	句数
若	则	48	若	而	2
若	必	28	若	乃	1
若	其	19	其	则	3
若	将	8	而	则	1
如	则	5	而	将	3
苟	必	5	而	乃	1
苟	乃	2	且	则	1
苟	则	1	果	必	1
苟	将	1	所	则	1

对于例(1),《研究》将它归入"偏正综合联合句"①。据其图解,前两个分句与第三分句构成条件句,再跟第四分句构成联合句。此种分析不能令人同意。"若"与"则"两个关联词已经表明,前两个分句跟后两个分句之间构成假设关系。至于第四分句只是与第三分句组成递进句,意思是如果那样做,则"不但可以威民惧戎,而且能旌君伐"。

例(3)两句,例(4)一句,都是"若"字在前,"其"字在后。这"其"字很容易误解为语气副词.,其实这种用法的"其"与"则"字相同。下面两例可以证明:

---

① 管燮初:《左传句法研究》,合肥:安徽教育出版社,1994年,第45页。

(20)若以不孝令于诸侯,其无乃非德类也乎?(成二)

(21)天若亡之,其必令尹之子是与,君盍舍焉?(哀十七)

例(20)"其"字后有"无乃",例(21)"其"字后有"必",二者皆为语气副词,"其"字只能是与前面的连词"若"字相呼应了。

对于例(4),《研究》说是"偏正综合连贯句"①,并分析为:前三个分句组成条件句,再跟后一分句构成连贯句。这是没有真正理解该句的旨意,其上句是:"师出于陈、郑之间,国必甚病。"②

说话人不希望齐师往返经过陈国与郑国之间,故而设想了另外一条途径以劝告齐侯。"若出于东方"与"观兵于东夷,循海而归"之间根本不是所谓条件与结果的关系,这三个分句说的都是齐师往返的途径,"可也"一句则是说话人对上面所说措施的认定,所以在前三句与后一句之间用"其"字,这"其"就是"则",与开头的"若"字呼应。这当然是个假设复句,前三个分句构成偏句,而偏句才是所谓连贯句。下文有与此相似的句式便是佐证:"若出于陈、郑之间,共其资粮扉屦,其可也。"

例(5)的"将"容易误解为助动词或时间副词,《昭公四年传》有一句"若不许君,将焉用之"可以表明,"将"字的这种用法与"则"字相同。

对于例(6),《研究》以为"一个平面的对比句",即"各个分句有比拟或衬托的意思"的并列复句③。这句话是孔子针对"季孙欲以田赋"这件事而说的,前一分句"如是"之"是"即称代原文前面所说的:"君子之行也,度于礼:施取其厚,事举其中,敛从其薄。"④"如"和"则"对应,其意显然是:如果敛从其薄,则以丘征赋亦足矣。

例(7)的"且",《春秋左传注》于该句下注云:"且,将也。"⑤从上下文来考察,这个"且"字没有任何助动词或副词的语法意义,只能解释为假设连词,即与例(13)之"其"字一样。杨树达《词诠》罗列了不少"且"字用作假设连词的例句,其中《吕氏春秋·知士》"且静郭君听辨而为之也,必无今日之患也"一

---

① 管燮初:《左传句法研究》,合肥:安徽教育出版社,1994年,第33页。
② 杨伯峻:《春秋左传注》,北京:中华书局,1981年,第293页。
③ 管燮初:《左传句法研究》,合肥:安徽教育出版社,1994年,第46页。
④ 杨伯峻:《春秋左传注》,北京:中华书局,1981年,第1668页。
⑤ 杨伯峻:《春秋左传注》,北京:中华书局,1981年,第1379页。

句的"且"字,《战国策·齐策》作"若"①,便是有力的证明。

例(19)"所"字不用于誓辞而表示假设,且与"则"字同时出现于一句,这种格式在古籍里是罕见的。

饶有趣味的是上引例句的"其"与"而"。这两个虚词用在假设复句里,既能出现于偏句,如例(13)、(14)、(15)和(16);也能出现于正句,如例(3)、(4)和(13)。"其"字用于偏句,与"苟"同,用于正句,与"则"同;"而"字用于偏句,与"若"同,用于正句,与"乃"同。

第二类,只在偏句使用单音节连词,正句没有与之相应的关联词语。该类句型有12种格式,共有277句。例如:

(22)若归于德,吾犹将事之,况诸侯乎?(昭四)
(23)若大城城父,而寘大子焉,以通北方,王收南方,是得天下也。(昭十九)
(24)苟自救也,社稷无陨,多矣。(桓五)
(25)国而无礼,何以求荣?(昭十六)
(26)我伪逃楚,可以纾忧。(成十六)[杨注:伪,当作为,如果,假若。]
(27)其然,将具敝车而行。(襄二十三)
(28)中美能黄,上美为元,下美则裳,参成可筮。犹有阙也,筮虽吉,未也。(昭十二)
(29)心则不竞,何惮于病?(僖七)
(30)即欲有事,何如?(昭十二)
(31)将不信,敢徵兰乎!(宣三)
(32)自非圣人,外宁必有内忧。(成十六)
(33)楚国,第我死,令尹、司马非胜而谁?(哀十六)
(34)所不此报,无能涉河!(宣十七)

同样,我们先列表二,将此类各种格式的假设复句作一统计,然后予以必要的分析与说明。

---

① 杨树达:《诗诠》,北京:中华书局,1954年,第419页。

表二

偏句	句数	偏句	句数
若	202	即	1
而	8	将	1
如	3	自	1
其	6	第	1
犹	3	所	8
则	3	苟	39
伪(为)	1		

对于例(22),《研究》将它列入"偏正综合联合句"[①]。据其图解。第一分句与第二分句组成条件句,再跟第三分句构成联合句。这种分析不符合原句的旨意。当时晋、楚争霸,晋国大夫司马侯劝谏晋侯忍让而修德,以等待以后的归宿。说话人是以楚国为一方,以晋国及其他诸侯为另一方,其句意是对方如何,我们将如何。因此该句是假设复句:"若归于德"是偏句,说的是楚国;"吾犹将事之,况诸侯乎"是正句,说的是晋国及其他诸侯,后两个分句又是递进句。该句底下一句与此相类:"若适淫虐,楚将弃之,吾又谁与争?"[②]比较这两句,就更能表明我们的分析是符合原意的。

例(23),《研究》将它归入"偏正综合连贯句",认为前两个分句是条件句,然后跟后三个分句构成大的连贯句[③]。这是对原句层次关系的误解。第一分句"大城城父"与第二分句"寘大子焉"之间不是条件与结果的关系,其间的"而"字是承接连词。据前文所载,楚国的费无极在太子跟前"无宠",便向楚子进谗言,提出一个所谓"得天下"的措施,以使太子离开国都而"居于城父"。因此,例(23)应当看作假设复句,前四个分句合起来,提出虚拟的条件,后一分句是将会出现的结果。至于表示条件的前四个分句内部才是所谓连贯关系,"以"与"而"都是承接连词。

例(28)是两个句子。对于后一句,《研究》将它列入"偏正综合联合句",

---

① 管燮初:《左传句法研究》,合肥:安徽教育出版社,1994年,第44页。
② 杨伯峻:《春秋左传注》,北京:中华书局,1981年,第1246页。
③ 管燮初:《左传句法研究》,合肥:安徽教育出版社,1994年,第32页。

认定前两个分句是条件句,再跟第三分句构成联合句①。据原文所载,南蒯将叛,预先卜筮吉凶,得"黄裳元吉","以为大吉",而惠伯指出:"忠信之事则可,不然必败。"②所谓"有阙",即指前一句所言三德中有缺失,"筮虽吉,未也"正是说明"有阙"的必然结果。因此,该句也应当列入假设复句:"犹有阙也"是偏句,"筮虽吉,未也"是正句,而正句本身又是个让步句,加强其必然如此的语意。

从上列各句假设连词的上古读音来说,"若、而、如"相近,都属"日"母字;"其"与"苟"相近,属舌根音的"见"系字;"则、即、将、自、所"相近,都属舌尖前音的"精"系字。

与这一类型有关的,还有一个"微"字。它经常用于否定的假设,但就其语法意义而言,它仍然是个否定副词,与上面所列举的假设连词性质不同,因而没有把它统计在内。

第三类,仅在正句使用关联词语,偏句没有与之配合的假设连词。这一类句型有5种格式,共有102句。例如:

(35)今君奋焉震电冯怒,虐执使臣,将以衅鼓,则吴知所备矣。(昭五)

(36)微子,则不及此。(哀六)

(37)微君之惠,楚师其犹在敝邑之城下。(襄二十六)

(38)将立州吁,乃定之矣。(隐三)

(39)吴师来,斯与之战,何患焉?(哀八)

(40)然则吾所求者无不可乎?(昭四)

例(35)、(36)二句都是只在正句用"则"字,这种格式共87句;例(37)只在正句用"其"字,仅1句;例(38)只用"乃"字,共5句;例(39)单在正句用"斯"字,仅2句;例(40)是使用"然则",共有7句。

例(36)和(37)两句,似乎偏句皆有"微"字分别与正句里的"则""其"相呼应;但是前面说过,"微"字仍然是个否定副词,按照从严掌握的原则,没有把它们归入第一类。

---

① 管燮初:《左传句法研究》,合肥:安徽教育出版社,1994年,第44页。
② 杨伯峻:《春秋左传注》,北京:中华书局,1991年,第1336—1337页。

例(40)的"然则",严格说来是个凝固词组,"然"是代词,称代上文所说的内容,即虚拟的条件,"则"字引出结果。因此用"然则"的假设复句,表面看来只有正句,而没有偏句,其实偏句隐含在代词"然"字里面。

对于例(35),《研究》是列入"一个平面的连贯句"①的。这种分析不合原意。据载,吴国使臣蹶由去犒劳楚师,"楚人执之,将以衅鼓",蹶由在被杀前毫无惧色地说了一大段话,其中有两句是假定两种不同的遭遇而引起的后果。在例(35)之前的一句是:"君若骧焉好逆使臣,滋敝邑休怠而忘其死,亡无日矣。"②这显然是说楚国君王如果"好逆使臣",吴国就可能"亡无日"。紧跟着例(35)这一句,显然也是把眼前发生的"虐执使臣,将以衅鼓"的事实,当作假定的条件,而"吴知所备"便是与"亡无日"相反的结果。对比这上下两句可以清楚地说明,例(35)是个假设复句,前三个分句合起来是偏句,后一分句是正句。当然,前三个分句本身是连贯句。

第四类,是在偏句并用两个同义的假设连词,正句大多没有相应的关联词语。这种类型有4种形式,共13句。例如:

(41)若果立之,必为季氏忧。(襄三十一)
(42)若苟有以藉口,而复于寡君,君之惠也。(成二)
(43)君若苟无四方之虞,则愿假宠以请于诸侯。(昭四)
(44)若其弗赏,是失信也,何以庇民?(昭十五)
(45)若有其人,耻之可也。若其未有,君亦图之。(昭五)
(46)若犹有罪,死命可也。(昭十三)

例(41)前句并用"若果",后句用"必",前后呼应。此种格式仅1句。例(42)、(43),偏句都并用"若苟",而正句前者无关联词,后者有"则"字配合。这两种格式各1句。(44)、(45)两例都在偏句并用"若其",这种格式共9句。例(46)并用"若犹",仅此1句。这种并用的"若果"、"若其"等,假使看作双音节的假设连词也未尝不可。

以上都是从语法的角度,即从关联词的使用来考察。若从语义的角度,一般都说假设复句偏句和正句之间是提出假设与说明结果的关系。话虽不

---

① 管燮初:《左传句法研究》,合肥:安徽教育出版社,1994年,第16页。
② 杨伯峻:《春秋左传注》,北京:中华书局,1981年,第1271页。

错,但未免过于笼统。分析《左传》假设复句前后两部分之间的语义关系表达,大致有以下 9 种:

第一种,偏句提出假设,正句指明必然性后果,常用"则"、"必"等关联词。例如:

(1)若先犯之,必奔。(桓五)

(2)苟信不继,盟无益也。(桓十二)

(3)季氏亡,则鲁不昌。(闵二)

(4)凡夫人,不薨于寝,不殡于庙,不赴于同,不祔于姑,则弗致也。(僖八)

(5)作人,斯有功绩矣。(成八)

(6)若唯郑叛,晋国之忧可立俟也。(成十六)

(7)若常膏之,其天下辑睦,岂唯敝邑?(襄十九)

(8)三国败,诸侯之师乃摇心矣。(昭二十三)

(9)事若克,季子虽至,不吾废也。(昭二十七)

(10)绛不三月不能出河,则我既济水矣。(定十三)

以上 10 个例句的正句,都用不同的词语或不同的方式指明其后果的必然:例(1)用副词"必";例(2)用语气词"也";例(3)用连词"则";例(4)偏句用"凡",正句前面用"则",后面用"也";例(5)是"斯"与"矣"配合;例(6)"立"与"也"呼应;例(8)前有"乃",后有"矣";例(9)正句用让步句加强其"必然"之语意;例(10)是时间副词"既"与语气词"矣"搭配。

对于例(7),《研究》归入"偏正综合联合句",并图解为:第一分句和第二分句组成条件句,再跟第三分句构成联合句①。这种分析完全割裂了该句后两个分句之间的密切关系。全句是假设复句,后两个分句是以递进句的句式指明其必然之后果,意思是说,如果经常润泽,不只我们国家和睦,天下也将和睦。

第二种,偏句提出假设,正句说明可能性后果,常用"其"、"犹"、"无乃"、"可"等副词或助动词。例如:

(11)若寡人得没于地,天其以礼悔祸于许,无宁兹许公复奉其

---

① 管燮初:《左传句法研究》,合肥:安徽教育出版社,1994 年,第 44 页。

社稷,唯我郑国之有请谒焉,如旧昏媾,其能降以相从也。(隐十一)

(12)去富子,则群公子可谋也已。(庄二十三)

(13)若犹未也,又将及难。(僖二十四)

(14)大君若不弃书之力,亡臣犹有所逃。(襄二十一)

(15)若不恤其患而以为口实,其无乃不堪任命,而翦为仇雠?
(襄二十二)

(16)若能孝敬,富倍季氏可也。(襄二十三)

(17)赏僭,则惧及淫人;刑滥,则惧及善人。(襄二十六)

(18)譬如田猎,射御贯,则能获禽。(襄三十一)

(19)子若无言,吾几失子矣。(昭二十八)

(20)苟卫国有难,工商未尝不为患,使皆行而后可。(定八)

以上十例各用不同词语或方式来说明其后果的可能性:例(11)两处用"其",即"或许"、"大概"的意思;例(12)用助动词"可";例(13)用助动词"将",即"将会";例(14)用副词"犹";例(15)用语气副词"无乃",即"或许"、"恐怕";例(16)正句谓语部分用"可";例(17)两句各用动词"惧",即"担心"之意;例(18)用助动词"能";例(19)用副词"几",即"几乎"、"差不多";例(20)正句有两个分句,前者用副词"未尝"表示可能,后者提出对付办法。

第三种,偏句虚拟一种情况,正句提出应对措施。例如:

(21)欲与大叔,臣请事之;若弗与,则请除之,无生民心。
(隐元)

(22)凡公女嫁于敌国,姊妹,则上卿送之,以礼于先君;公子,则下卿送之。(桓三)

(23)其济,君之灵也;不济,则以死继之。(僖九)

(24)若晋君朝以入,则婢子夕以死;夕以入,则朝以死。
(僖十五)

(25)若以恶来,有备,不败。(宣十二)

(26)若知不能,则如无出。(成二)

(27)若不能败,为辱已甚,不如还也。(成六)

(28)君若不施大惠,寡人不佞,其不能以诸侯退矣。(成十三)

(29)若不我纳,今将驰矣(成十五)

(30) 若求安定，则如与之，以济所欲。（昭十三）
(31) 有不用命，则有常刑，无赦。（哀三）
(32) 若使子率，子必辞。（哀八）

以上十二例之正句部分，既不是指明必然之结果，也不是说明可能之后果，而都是针对偏句所拟情况而提出的对付办法：例(21)是请求对方采取某种措施；例(22)是说明相应的接待规格；例(24)前后两句，都是表明针锋相对的态度；例(25)正句由两个分句组成，前一分句提出措施，后一分句说明其结果；例(26)是告诉对方应当采取什么措施；例(27)正句也由两个分句构成：前者说明后果，后者提出办法；例(28)正句由两个分句构成：前者说明原因，后者提出应付措施；例(29)表明打算采取什么措施；例(30)正句部分，先告诉对方应当采取的态度，后说明其目的；例(31)正句包括两部分，先提出措施，后说明态度；例(32)是要求对方一定采取的态度。

第四种，偏句假定一种事实，正句提出反诘，常用"其"、"岂"、"焉""何"一类语气副词或疑问代词。例如：

(33) 若晋取虞，而明德以荐馨香，神其吐之乎？（僖五）
(34) 心苟无瑕，何恤乎无家？（闵元）
(35) 苟列定矣，敢不承命？（僖十五）
(36) 臣而不臣，行将焉入？（同上）
(37) 己则不明，而杀人以逞，不亦难乎？（僖二十三）
(38) 苟入而贺，何后之有？（僖二十七）
(39) 且彼若能利国家，虽重币，晋将可乎？（成二）
(40) 若犹有人，岂其以千乘之相易淫乐之朦？（襄十五）
(41) 群臣若急，君于何有？（襄二十三）
(42) 若非侵小，将何所取？（襄二十九）
(43) 若属有谗人交斗其间，鬼神而助之，以兴其凶怒，悔之何及？（昭十六）
(44) 若以水济水，谁能食之？若琴瑟之专一，谁能听之？（昭二十）

以上例(33)、(40)分别用语气副词"其"和"岂"加强正句的反问语气；例(34)、(36)、(42)、(44)分别用疑问代词"何"、"焉"、"谁"来表示反诘；例(37)、(38)

各用"不亦……乎"与"何……之有"这些古代汉语中常见的反问句式表示反诘语意;例(35)只是利用反问语调来表示,"敢"即"岂敢";例(39)正句用让步句式加重反诘语意;例(41)"君于何有"即"何有于君",意谓于君何顾之有。

对于例(43),《研究》认为是"偏正综合连贯句",并图解为:第一分句和第二、三分句先组成条件句,再与第四分句构成连贯句①。实际上很清楚,第一分句与第二、三分句之间不是什么假设与结果的关系,连词"以"字更表明其间的承接关系。这样说来,前三个分句都是虚拟的情况,"悔之何及"一句才是以反问句作为该假设复句的正句。

这一种假设复句之正句,都是在反诘中隐含着结论,却不直接说出,而以反问句的方式来表达。

第五种,偏句假定一种情况,正句提出疑问,这疑问属于商讨性的,与前一种的反诘不同。例如:

(45)公子若反晋国,则何以报不穀?(僖二十三)

(46)大夫若入,其若申、息之老何?(僖二十八)

(47)苟君与吾父免矣,可若何?(成二)

(48)子产而死,谁其嗣之?(襄三十)

(49)然则归乎?(昭十)

(50)我若求之,其与我乎?(昭十二)

(51)古而无死,其乐若何?(昭二十)

(52)若复旧职,将承王官,何故以役诸侯?(定元)

以上八例,(49)、(50)二例属是非问句,其余属特指问句。例(45)问报答方式,例(46)、(47)询问办法,例(48)问人,例(51)问情况,例(52)问原因。

对于例(52),《研究》列入所谓"综合因果句"②。据其图解,第一分句与第二分句组成条件句,再同第三分句合成因果句。这是没有弄清这类复句的层次与特点,第三分句提出疑问,是以前两个分句所虚拟的情况为前提的。如果说这是个因果复句,试问孰因孰果?句首的假设连词"若"又当如何解释?

---

① 管燮初:《左传句法研究》,合肥:安徽教育出版社,1994年,第33页。
② 管燮初:《左传句法研究》,合肥:安徽教育出版社,1994年,第58页。

第六种，偏句假定一种情况，正句据此加以判断，这种判断往往是说话人的某种主观认识，并不是客观的结果。例如：

(53)若师徒无亏，王薨于行，国之福也。（庄四）

(54)君能有终，则社稷之固也。（宣二）

(55)若事之捷，孙叔为无谋矣。（宣十二）

(56)若以匹敌，则亦晋君之母也。（成二）

(57)子若免之，以劝左右，可也。（昭元）

(58)今王乐忧，若卒以忧，不可谓终。（昭十五）

(59)古若无死，爽鸠氏之乐，非君所愿也。（昭二十）

(60)苟使意如得改事君，所谓生死而肉骨也。（昭二十五）

(61)若得从君而归，则固臣之愿也，敢有异心？（昭三十一）

(62)得死，乃非我。（哀十六）

上引例(53)偏句用"若"，正句是用语气词"也"字煞尾的判断句；例(54)正句用"则"，紧跟着判断句的表语；例(55)偏句用"若"，正句用"为"表示判断；例(56)前用"若"，后用"则"，表语前加副词"亦"字；例(57)偏句用"若"，正句只用"可也"表示裁决；例(58)偏句用"若"，正句是准判断句，"谓"即"称作"；例(59)正句用"非"表示否定判断；例(60)偏句用"苟"，正句前用"所谓"，后"也"表示判断；例(61)正句由两个分句组成，前者是判断句加副词"固"，后者为反问句；例(62)正句用"非"表示否定判断，而且加副词"乃"加强辩白语气。

第七种，偏句提出假设，正句表示某种主观意愿，这种意愿既不是后果，也不是对事物的判断。例如：

(63)寡人若朝于薛，不敢与诸任齿。（隐十一）

(64)君若辱贶寡人，则愿以滕君为请。（同上）

(65)苟能治之，燬请从焉。（僖十八）

(66)若爱重伤，则如勿伤；爱其二毛，则如服焉。（僖二十二）

(67)苟能纳我，吾使尔为卿。（僖三十）

(68)若亡郑而有益于君，敢以烦执事。（僖三十）

(69)若大国讨，我则死之。（宣十二）

(70)若绝君好，宁归死焉。（宣十七）

(71)不可，则听客之所为。（成二）

(72)我若群臣辑睦以事君,多矣。(成十六)

(73)若不幸而过,宁僭无滥。(襄二十六)

(74)苟有位于朝,无有不共恪!(昭十六)

由以上所引例句可以看出,假设复句之正句往往用助动词"敢、愿、如(当)、宁"等来表示说话的某种意愿,这些意愿都是以其偏句所说情况为前提的。此外,例(65)是用敬让副词"请",例(73)、(74)用否定副词"无(即毋)"来表示;例(67)用动词"使",例(69)用动词"死",例(71)用动词"听(任)",这类动词本身含有某种主观意愿在内。

第八种,偏句假设一种结果,正句点明造成此结果之原因。例如:

(75)臣竭其股肱之力,加之以忠、贞。其济,君之灵也。(僖九)

(76)君小国,事大国,而惰傲以为己心,将得死乎?若不免,必由其子。(襄二十八)

(77)若天所启,其在今嗣君乎!(襄三十一)

(78)若弗杀弗亡,君之惠也,死且不朽。(昭三十一)

例(75)是以判断句的形式说明"其济"之原因;例(76)是断定"若不免"之缘由;例(77)是推测"若天所启"之原因所在。这三个假设复句之正句无疑都是点明原因;而例(78)之正句说是探寻原因似乎有些勉强,说是表示判断也未尝不可。像例(78)这样的句子,在《左传》里共有3个。

第九种,偏句提出假设,正句表达某种誓愿。例如:

(79)所不与舅氏同心者,有如白水!(僖二十四)

(80)所不此报,无能涉河!(宣十七)

(81)自今日既盟之后,郑国而不唯有礼与强可以庇民者是从,而敢有异志者,亦如之!(襄九)

(82)而杀之,所不请于君焚丹书者,有如日!(襄二十三)

(83)臣与闻命矣,言若泄,臣不获死!(昭二十五)

(84)所难子者,上有天,下有先君!(哀十四)

以上六例,除(81)、(83)二例用一般假设复句的格式表达誓愿外,其余各例都用"所"字领起。这种誓愿虽然也是主观意愿,但毕竟有其特定的语义和特殊的表达形式,与上述第七种有别,故而以单列一项为宜。

对于例(81),《研究》将它归入"偏正综合连贯句"①。据其图解,此例由四个分句组成,第二、三两个分句构成所谓条件句,然后跟一、四两个分句合成连贯句,并且点明句中两个"而"字都是表示条件关系的连词。这种分析是严重的失误。首先,所谓第一个分句,前有介词"自",后有方位名词"后",明显是个表示时间的词组状语,不是一个相对独立的分句。其次,第二、三两分句之间不能构成条件关系,"敢有异志"不是"不唯有礼与强可以庇民者是从"的结果,所以句中第二个"而"字绝不当"则"字讲。再次,此句是晋、郑两国盟会时,郑国使臣所说的盟辞②。在此以前,晋国使臣也说了一句盟辞:"自今日既盟之后,郑国而不唯晋命是听,而或有异志者,有如此盟!"所以例(81)之"亦如之"即"亦如此盟",杨伯峻先生在此句下即如此注释。因此,该句当是一个表达誓辞的假设复句,共由三个分句构成,"郑国而不……而敢……者"是偏句,"亦如之"是正句。偏句中前一"而"字用同"如",后一"而"字用同"却"。

根据偏句与正句之间的语义关系,本文将《左传》的假设复句划分为 9 种类型,应当说其间的界限是清楚的,这样就避免了所谓"假设与结果的关系"过于笼统的说法。不过涉及某些具体的句子,归类起来也并不那么简单,譬如表示判断与探寻原因之间就属此种棘手问题。又如,

(85)若弃德不让,是废先君之举也,岂曰能贤?(隐三)
(86)若二子怒楚,楚人乘我,丧师无日矣,不如备之。(宣十二)
(87)若得所请,吾子之赐多矣,又何求?(成十六)
(88)若免于罪,犹有先人之敝庐在,下妾不得与郊吊。(襄二十三)

以上四例之正句均由两个分句组成:例(85)前者表示判断,后者提出反诘;例(86)前者指明后果,后者提出措施;例(87)前者表示意愿,后者提出疑问;例(88)前者提出措施,后者表达意愿。像这样的假设复句就难以归类,因而对上述 9 种也就未能进行比较精确的数字统计。如果就其总体进行比较,那么指明必然后果的第一种数量最多,其次是提出应付措施的第三种,第八种点

---

① 管燮初:《左传句法研究》,合肥:安徽教育出版社,1994 年,第 30 页。
② 杨伯峻:《春秋左传注》,北京:中华书局,1981 年,第 969 页。

明原因的句子数量最少。

最后，还有几个假设复句值得提出来讨论。先看例句：

(89)若背其言，所不归尔帑者，有如河！（文十三）

(90)主苟终，所不嗣事于齐者，有如河！（襄十九）

(91)阳虎若不能居鲁，而息肩于晋，所不以为中军司马者，有如先君！（定六）

(92)若以大夫之灵，得保首领以没；先君若问与夷，其将何辞以对？（隐三）

(93)若不能，犹有鬼神，吾有馁而已，不来食矣。（襄二十）

(94)后世若少惰，陈氏而不亡，则国其国也已。（昭二十六）

(95)若从君者，则貌而出者，入可也；寇而出者，行可也。（定元）

(96)苟有益也，公子则往，群臣之子敢不皆负羁绁以从？（定八）

以上八例，前三例为一类，都是在一般假设复句之中套着一个誓辞，就是说，它们都是双层假设复句，偏句分别用连词"若"与"苟"，而正句又都是一个用"所"字领起的表示誓愿的假设句。

中间三例又是一类，句中都连用两个假设连词，如"若、犹、而"等。例(92)前后各用一"若"字，但分号前后并不是两个并列的假设复句。从该句层次来说，分号以前是偏句，这偏句的第二分句承接第一分句而来，都是假定的一种情况；分号以后是正句，这正句本身又是一个假设复句，其中前一分句提出假设，后一分句提出疑问，这疑问中隐含着一个结论。因此，句中的两个"若"字，前一个用于句首，后一个用于句中，这样措置是很有分寸的。例(93)、(94)与此不同，它们都是在偏句的两个分句各用一个假设连词，前者是"若"与"犹"，后者是"若"与"而"，它们或相补充，或相并列；而正句都是在两个假定的条件下指明其必然后果。

后二例的情况有些复杂。粗略看来，它们与中间三例相似，也是一连用两个假设连词。《春秋左传注》即于例(95)"则"字下注云："假设连词，若也。"①于例(96)"则"字下亦注为:"则犹假若,假设连词。"②如果仔细斟酌,就会觉得不怎么贴切。例(95)这个假设复句,其偏句是"若从君者",而正句是由"貌而出者……"和"寇而出者……"两个分句并列组合而成,这两个并列的分句本身又都是意合假设句。因此置于正句之首的"则"字,是与偏句之"若"字相呼应,当译解为"那么"。例(96),其偏句仅为"苟有益也";而"公子则往"与"群臣之子……"合为正句,分明是从"公子"和"群臣之子"两方来说明其结果,不过前者直接道明,后者反诘隐含。因此其"则"字当释为"就",是与偏句之"苟"字相关联的副词。

1996 年 2 月

---

① 杨伯峻:《春秋左传注》,北京:中华书局,1981 年,第 1526 页。
② 杨伯峻:《春秋左传注》,北京:中华书局,1981 年,第 1567 页。

句法分析与古籍标点①

对专书进行句法分析，愈来愈受到学者们的重视。这不仅是为了揭示该书所有的句法现象，为汉语语法史研究提供真实的资料，也是为了给今天的读者和有关领域的学者提供一个真实准确的文本。为了后一目的，本文主要就《盐铁论译注》②一书里的断句标点问题集中提出来进行讨论，以求得正确的解决。这是因为给古书加标点符号，不仅是表示语气的停顿与终止，而且要显示句子内部的结构与层次。为了追求学术的尊严，无论此项工作多么艰难，作为严肃的学者必定会正视此项工作。

先看单句。

(1) 乐毅信功于燕昭，而见疑于惠王。(7—5)③

拙著译文："乐毅深得燕昭王的信用而建立了大功，却受到燕惠王的怀疑。"

(2) 凤皇在列树，麒麟在郊薮，群生庶物，莫不被泽。非足行而仁办之也，推其仁恩而皇之，诚也。(吉林本，第420页。以下仅出页码。)

译文："……这并不是因为仁义传播，仁德恩惠广为布施，大家真诚地信仰的结果。"（第421页）

例(1)是一个转折复句。就其两个分句的谓语部分而言，"信功于燕昭"和"见

---

① 本文为第四届国际古汉语语法研讨会(2001年，温哥华)大会交流论文，宣读后又据所提意见改定。
② 王贞珉：《盐铁论译注》，长春：吉林文史出版社，1995年。
③ 括号内前一数字表示篇数，后一数字表示分段序数。

疑于惠王"是两个结构相近的述补词组,"信功"与"见疑"对文,前者就正面而言,后者从反面来说。如拙译,则把"信功"当作两个名词活用为动词,因而不得不"增字强释"。其实,"信"通"伸","信功"即"展示其功",正与"见受怀疑"相对,是不必曲从其意的。

例(2)引文之前还有四句:"王者中立而听乎天下,德施方外,绝国殊俗,臻于阙廷。"可见所引"凤皇……被泽"这四句是描述王者"德施方外"的太平景象,而"非足……,推其……"两句是判断其原因的。"非足……"是否定判断,"推其……"是肯定判断,其主语皆承前省略,即前面的"王者"。译文有三处明显的失误:一是"仁办"之"仁"并非"仁义",这与"足行"语义不相连贯。郭沫若校"仁"为"任"较妥;二是把"推其仁恩"一句作两句翻译,并且都偷换了主语("仁德恩惠"和"大家"),这与原文根本不合;三是把"诚之"断开,不仅割裂了末句的脉络,而且凭空添上什么"真诚信仰",这尤其风马牛不相及。比较正确的翻译大致是:"这并不是帝王亲自奔波,亲身去做啊,而是由于推行他的仁爱恩德,并且真正地把它发扬光大的结果。"

复句的问题更多,有必要分类剖析。

一、并列复句。例如:

(3)是以骡驴驼驼,衔尾入塞,驒騠騵马,尽为我畜,镟䮷孤貉,采旄文罽,充于内府,而璧玉珊瑚琉璃,咸为国之宝。(第19页)

(4)宇栋之内,燕雀不知天地之高;坎井之蛙,不知江海之大;穷夫否妇,不知国家之虑;负荷之商,不知猗顿之富。(第56页)

(5)持规而非矩,执准而非绳,通一孔,晓一理,而不知权衡,以所不睹不信人,若蝉之不知雪,坚据古文以应当世,犹辰参之错,胶柱而调瑟,固而难合矣。(第188页)

(6)议者贵其辞约而指明,可于众人之听,不至繁文稠辞,多言害有司化俗之计,而家人语。(第328页)

稍稍诵读例(3)、例(4)就知道,此二例都是含有四个分句的并列复句,由于逗号用得过滥,致使各分句内部的主谓关系被切断了。拿例(3)来说,"骡驴驼驼"、"驒騠騵马"是句中主语,"衔尾入塞"、"尽为我畜"是其谓语,其间之逗号应当删去。其余两个分句亦当如此,只不过第三分句之主语因包含四个名词语而稍长,可将中间的逗号改为顿号。就例(4)而言,"宇栋之内"并非句中主语,可加逗号,而后三个分句的"坎井之蛙"、"穷夫否妇"、"负荷之商"皆为主语,其后都不必加逗号,句子里的三个分号也应该改为逗号。

例(5)逗号一路到底,几个句子显得支离破碎,根本就看不清其中的脉络。其译文即是没有理解原意的反映:"拿着圆规而否定曲尺,拿着水平仪而否定墨线,这是一孔之见,只懂得一个道理,而不知道全面比较衡量。因为自己没有看见,就不相信别人,这就好像蝉不知道有雪一样。顽固地死抱着古书上的道理并应用于当世,如同辰星和参星相错而行永远不能相遇,又像粘住瑟柱而去调瑟弦,当然声音很难合拍了。"(第189页)其实该句前一半有三个连词"而"字,表明其前后为转折关系;接着两句有两个主要动词"若"和"犹",表明其前后为主语和宾语;末句之"固而难合"只是用来陈述"胶柱而调瑟"的,与前面两个比喻不相关涉。这几句构成一个句组,其语义中心是说明"偏执一端而不知权变"。正确的标点应当是:"持规而非矩,执准而非绳,通一孔晓一理而不知权衡。以所不睹不信人,若蝉之不知雪。坚据古文以应当世,犹辰参之错。胶柱而调瑟,固而难合矣。"

例(6)由于不当点断而点断,当点断处又不点断,致使译文错乱而不顺畅,如:"……不必玩弄烦琐的文字、多余的词藻,话太多妨碍官吏移风易俗的计划,这是家常话。"(第329页)其实"多言"与"繁文稠辞"是结构相同、语义相似而连用,意在强调,不当点断,其逗号应移到"多言"之后。"而家人语"之"而"明明是顺承连词,无论怎么也不能翻译为"这是家人语","这"又指代什么呢?"而"字前的逗号应当删去。经这么一改,脉络清晰,语义明确,原来这是一个并列复句,前两分句从正面说,后两分句从反面说。正确的译文是:"讨论问题看重言辞简约而旨意明确,适宜于众多的人听取,不必啰里啰嗦讲个半天,为妨害主管长官移风易俗的大计而发泄平庸的议论。"

二、顺承复句。例如:

(7)古者制田百步为亩,民井田而耕,什而籍一。义先公而后已,民臣之职也。(第134页)

译文:"……人们按照井田制进行耕作,交税十分之一。养成先公而后私的品德,这是百姓大臣的职责。(第135页)

(8)网漏吞舟之鱼,而刑审于绳墨之外,及臻其末,而民莫犯禁也。(第469页)

译文:"你们的法网漏掉的是能吞下船的"大鱼",而刑罚却用在守法的人身上,对大罪犯只涉及细小的错误,这样,人们没有不犯罪的。"(第470页)

例(7)从译文来看,原文在"什而籍一"之后标句号并非排版问题,而这样一来却割断了前后两句的联系。而且"义先公而后己"一句也并非"养成……品德"的意思。细察其文意,前四个分句是具体陈述古代"井田制"的措施,第五分句是予以概括,句首的"义"字是名词直接作状语,意思是说"根据道义先种公田而后种私田",这是先分后总的顺承复句。末一分句"民臣之职也"是对上述情况的判断,与以上五个分句合在一起又是按断复句。因此,其中句号应改为冒号或逗号。

例(8)对照原文,最后一句明显译反了,原句为"莫犯禁",是否定句;而译文为"没有不犯罪",是否定之否定的肯定句。之所以译错,显然是由于对这个复句没有进行句法分析,因而也就未能吃透其原意。所引这几句是"文学"反驳大夫一段发言的最后一个顺承复句。文学一开头即表明"天道好生恶杀,好赏恶罚",又说"古者明王茂其德教而缓其刑罚也"。因此,所引前两个分句绝不是说"你们的法网"如何如何,而是对"明王……缓其刑罚"的形象描述。其真正含义是:"网眼很大,让吞舟的大鱼漏出;审理罪犯,不拘泥于法律条文。等到最后,百姓就没有人违犯禁令了。"

三、按断复句。例如:

(9)丰年岁登,则储积以备乏绝;凶年恶岁,则行币物;流有余而调不足也。(第16页)

译文:"丰收的年岁,就储积粮食以备饥荒;灾荒的年岁,就发行货币和财物,用积贮的物品来周济不足。"(第17页)

(10)昔秦常举天下之力以事胡、越,竭天下之财以奉其川,然众不能毕;而以百万之师,为一夫之任,此天下共闻也。(第59页)

译文:"……然而终于不能完成任务;只是把上百万的军队让秦始皇驱使,这是天下人都知道的。"(第60页)

(11)十九年已下为殇,未成年人也;二十而冠;三十而娶,可以从戎事;五十已上曰艾老,杖于家,不从力役,所以扶不足而息高年也;乡饮酒之礼,耆老异馔,所以优耆耄而明养老也。(第140页)

(12)言以道德为城,以仁义为郭,莫之敢攻,莫之敢入。文王是也。以道德为轴,以仁义为剑,莫之敢当,莫之敢御。汤、武是也。(第441页)

译文:"……没有人敢来侵入。周文王就是这样做的。……没有人敢抵御。商汤王、周武王就是这样做的。"(第442页)

以上标点、翻译皆有所失误,其原因在于对按断复句的句式和特点不了解。

例(9)包含五个分句,开头两个分句和当中两个分句各为一个假设句,说的是"丰年"如何,"凶年"如何。末一分句是就以上两个假设句进行总的判断,"流有余"主要是针对"丰年"而言,"调不足"主要是针对"凶年"而言。因此原文所标第二个分号当改为冒号。至于译文在第四个分句末标逗号,又把本来并列的"流有余而调不足"译作"用积贮的物品来周济不足",使后三个分句与前两个分句并列,那就更不符合原文的层次和语意了。

例(10)实际上含有五个分句,"以百万之师为一夫之任"是一个分句,其间不当点断,在这方面译文的处理是对的。整个来说,这是一个按断复句,前四分句是按语,而末一分句是断语。因此,句中的分号当改为逗号才是。

例(11)从"十九年"起,到"明养老也"止,共标了四个分号,把本来属于几个层面的句子看作一个并列的层面,这就完全弄混乱了。其实,两个"所以……也"的格式,即表明这是两个大句子。就前一大句来说,"十九年"、"二十"、"三十"、"五十",共陈述四种情况,而最后一句之"扶不足"是针对"十九年"一句而言,"息高年"是针对"五十"一句而言,也就是说这"所以……也"一句是对前面所述四种情况的总括判断。因此,"不从力役"后之逗号当改为冒号,"息高年也"后之分号应改为句号。

例(12)是两个并列的按断复句,"文王是也"、"汤武是也"的两个代词"是",即分别指代前文所说的情况。因此这两句前面的句号都应当改为逗号,标句号就割断了句子内部的逻辑关系。也就是说,这两个复句的前四个分句是按语,"文王是也"和"汤武是也"是其断语。

四、转折复句。例如:

(13)日者,淮南、衡山修文学,招山东儒、墨咸聚于江、淮之间,讲议集论,著书数十篇。然卒于背义不臣……(第76—77页)

(14)故士修之乡曲,升诸朝廷,行之幽隐,明足显著。(第306页)

译文:"所以读书人在偏僻乡村里闭门读书,也能到朝廷来做官,隐居修身,做官扬名。"(第308页)

例(13)在"著书数十篇"一句之后标句号,对照译文亦如此,但是这样就切断了其间的转折关系。"然"字后的"卒于背义不臣"云云,其主语显然承上一句之"淮南、衡山"而省略,两句间的转折语意十分密切,"然"字前的句号当改为逗号。

例(14)共含四个分句,细细体味,前两个分句与后两个分句各隐含一种转折关系,这从"乡曲"与"朝廷"语义相对,"幽隐"与"显著"语义相对上可以看出。上引译文显然不符合原文的句法和层次。此外,全句是说"士""修之""行之",说"士""升诸朝廷",怎么会"隐居修身"呢?这显然是误解误译。此句应当改译为:"所以士人学习在乡间,提升到朝廷;修行时默默无闻,出名时声势显赫。"

五、因果复句。例如:

(15)昔商君相秦也,内立法度,严刑罚,饬政教,奸伪无所容。外设百倍之利,收山泽之税,国富民强,器械完饰,蓄积有余。是以征敌伐国,攘地斥境,不赋百姓而师以赡。(第61页)

(16)名且恶之,而况为不臣不子乎?是以孔子沐浴而朝,告之哀公。陈文子有马十乘,弃而违之。(第78页)

(17)故因吴之过而削之会稽,因楚之罪而夺之东海,所以均轻重,分其权,而为万世虑也。(第78页)

译文:"由于吴王……楚王……所以平衡诸侯的势要,分割他们的权力,这是为了万代子孙的深谋远虑。"(第80页)

例(15)说的是"商君相秦"时施政的结果,是一个完整的因果复句。开头一句点明时间和当事人,接着陈述"内"如何、"外"如何,最后用关联词语"是以"表明结果。而《注译》一书却在其内部多加了两个句号(译文亦如此处理),把"内……""外……""是以……"切成三个句子,使"昔商君相秦也"这个分句与后面两句不相关联,这显然背离原意了。

例(16)问号之前是一进层复句。其后是一个表结果的并列复句,前一分句说"孔子"如何,后一分句说"陈文子"如何,"是以"这个关联词语直贯句末"弃而违之"为止。因此当中的句号应该改为逗号或分号。

例(17)包含三个分句,表面看来,后一分句前有"所以",似乎前后为因果关系,其实不然。第一、第二两个分句前有"因",后有"而",各为因果句。第三分句前的"所以"是个结构,"以"为介词,"所"具有称代作用,称代前两个分句的"削之会稽"和"夺之东海",这正是"均轻重,分其权"的措施。正确的理解应当是:"所以因吴王的过失而削去他的会稽郡,因楚王的罪过而夺去他的东海郡,以此来均衡权力的大小,分散地方的权势,而为千秋万代作长远考虑。"

六、假设复句。例如:

(18)今硁硁然守一首,引尾生之意,即晋文之谲诸侯以尊周室不足道,而管仲蒙耻辱以存亡不足称也。(第104页)

译文:"如今你们见识浅薄而又固执,死守儒道,像尾生那样死不回头,在你们看来,就是晋文公……也是不值得称道的,管仲……也是不值得称赞的。"(第106页)

(19)故今自关内侯以下,比地于伍,居家相察,出入相司,父不教子,兄不正弟,舍是谁责乎?(第492页)

译文:"所以如今……出入互相监督,做父亲的不教育自己的儿子,做兄长的不规劝自己的弟弟,不责备他的父兄还责备谁呢?"(第493页)

例(18)从译文看来,"今"译为"如今","即"译为"就是",又把后面两句译作否定句,因而不得不在其前加上"在你们看来"这个插说语。意思虽然大体不错,但原文的逻辑关系和强调语气却消失殆尽。其实"今"与"即"相配合,表明是一种假设关系,译成"如果……那么……",就凸现了前后的逻辑关系。其次,最后两句是用语调表示的反问句,只要在句末标上问号,就能把原意很好地表达出来,生硬地加上"在你们看来"一句是根本用不着的。

例(19)实际上是两个大句子,前四个分句为一句,说的是措施;后三个分句为一句,是对上述措施进行评论。因此"出入相司"之后应当标句号。后一句是个意合假设句,前两分句表示假设,后一分句用反问表示结果。如上引译文那样,一路逗号,又没加上假设连词,其脉络当然就看不清了。

2000年10月

旧体诗词的语法分析

旧体诗词的讲解要不要进行语法分析,这在旧体诗词的教学和赏析中可能意见有些分歧。有一种意见,认为旧体诗词有其自身的特点,一进行语法分析,其意境即遭到破坏。其实这是一种似是而非的见解。我们认为,要提高旧体诗词的教学水平和阅读欣赏水平,旧体诗词的分析理应讲点科学,即作些必要的规律性的语言分析。至于诗词的意境,绝不是脱离语言组织规律而单独存在的某种空灵的东西。诗词的意境,是通过锤字炼句、增强节奏、调整语调,特别是锤字炼句而创造出来的。"诗言志",按照古代汉语的语法规则遣词造句以表达思想感情,这在诗人词客和一般散文作家应该是一样的。若有不同,那只是由于诗词格律的限制,诗人词客驰骋语言的天地比起一般散文作家来显得狭窄些,因而也允许自由些。就是说,诗人词客可以较多考虑诗词格律而较少顾及语法规则。惟其驰骋自由,尤需语法分析。后面的实例证明,对旧体诗词适当地进行语法分析,能使人更清晰地理解诗词的原意,从而把握诗人词客所创造的形象和意境,不至于使人雾里看花而有朦朦胧胧之感。可以说,进行必要的语法分析,是引导读者进入诗词意境的捷径。

一、句子的省略和紧缩

旧体诗词的特点之一,是要在有限的字数里表现出极丰富的思想内容。这就不能不力求语言特别简洁,凡可省而对语意表达无重大影响的词语一概省去。诗词里的此种现象比散文显得复杂而特殊。如果不懂得和不掌握旧体诗词中的成分省略和句子紧缩的特点,往往不容易确切地把握住作者表达的思想感情,造成一些理解上的障碍。试看下列诗句:

(1)南山晴有雪,东陌霁无尘。(储光羲《秦中送人》)
(2)千金纵买相如赋,脉脉此情谁诉?(辛弃疾《摸鱼儿》)
(3)山河破碎风飘絮,身世浮沉雨打萍。(文天祥《过零丁洋》)
(4)感时花溅泪,恨别鸟惊心。(杜甫《春望》)
(5)数间茅屋镜湖滨,万卷诗书不救贫。(陆游《暮春》)
(6)故国犹兵马,他乡亦鼓鼙。(杜甫《送远》)
(7)何方可化身千亿,一树梅花一放翁。(陆游《梅花绝句》)

例(1)前句是从"晴"和"有雪"两个方面写"南山",后句是从"霁"和"无尘"两个方面写"东陌"。其间各省一连词"而"字,前者表示转折关系,后者表示补充关系。例(2)是辛词下阕的两句,写"自己"在当政者压抑下的苦闷和愤慨。下一句的"谁"并非"诉"之主语,而是"诉(说)"的有关对象;"谁"字之前省去"向"字。例(3)前句实际是写"山河破碎",后句实际是写"身世浮沉","风飘絮"和"雨打萍"不过是分别用来比喻前面所说的两种情况的,其前各省去一个联系动词"如"字。例(4)两句,"溅泪"的既非"花","惊心"的亦非"鸟";其意当为"见花溅泪"、"闻鸟惊心",是诗人所见所闻的感受,只是由于字数的限制而将两个主要动词都省略了。例(5)后句不是说"万卷诗书"不来"救贫",而是说"不能"解救自己的贫困。此一"能"字,在散文不可省,因为加"能"字与否,意思大不相同;而在诗词则可省,因为诗词字数的限制,可以让读者自去领会。例(6)由"犹"、"亦"两副词可知,两句中的谓语动词已省去,意思是说:故国犹受兵马之乱,他乡亦闻鼓鼙之声。省去的谓语动词大多是动作性不强的,可补出的动词也并非一个,如前句除"受"字以外,"遭"、"患"、"有"诸动词皆可安上而意思不变。同样,例(7)后一句亦省一动词。"一树梅花"之后可补者甚多,诸如"分"、"立"、"置"、"伴"皆可。由以上分析可以看出,为了准确地理解诗词的原意,有必要掌握旧体诗词的这个特点,然后把省去的虚字或实字补足。

有时,仅靠省略也不足以表达丰富的思想内容,这就不得不借助紧缩的方法,即把一个复句压缩成一个单句的形式。例如:

(1)青惜峰峦过,黄知橘柚来。(杜甫《放船》)
(2)香雾云鬟湿,清辉玉臂寒。(杜甫《月夜》)

例(1)由诗题可知,此两句写行船沿岸所见。"青惜"和"黄知"均非主谓关系,上下两句均为复句,意谓:"见青色,则惜峰峦过;望黄色,则知橘柚来。"原诗句不单省去虚字,还省去了实字(句中谓语动词)。按句法,两句应为"上一下四"格式。例(2)全诗是写作者在战乱中的长安,想象他妻子在鄜州家里独自对月思念他的情景。所引两句是该诗的颈联;"云鬟湿"、"玉臂寒"各为主谓词组,"香雾"和"清辉"是写月夜之景,其谓语省略。其意谓:香雾弥漫,把妻子的鬟发都打湿了;清辉笼罩,使妻子的手臂也感到寒冷。短短两句十字,要表达如此复杂的内容,作者自然不能不紧缩其句了。

我们再看毛泽东的《七律·长征》。这首旧体诗的颔联和颈联值得细细玩味:"五岭逶迤腾细浪,乌蒙磅礴走泥丸。金沙水拍云崖暖,大渡桥横铁索寒。"先看颔联。"逶迤"和"磅礴"是互文见义,即"五岭"、"乌蒙"皆"逶迤而磅礴"。这层意思同"腾细浪"、"走泥丸"显然不相协调:"逶迤"、"磅礴"分别作"五岭"和"乌蒙"的谓语,是写高山峻岭的态势,是往大处说;而"腾细浪"和"走泥丸"是就爬山越岭的红军的感觉来写的,是极力往小处说。原来前者是实写,后者是虚写。由于字数的限制和对仗的需要,作者把高山峻岭的形势和爬山越岭的红军的感觉这两层意思分别压缩在上下两个句子里写了。其原意是说:五岭纵然逶迤,但在红军眼里却仅像腾跃的细浪;乌蒙尽管磅礴,但在红军脚下却只是跳动的泥丸。使用此种紧缩了的让步复句,不仅能表达极为复杂的内容,而且有映衬,有抑扬,深得高下相形之妙。

再说颈联。由于对这两句的语法结构未作确切的分析,对这两句的意义也就有不同的理解。有人将此两句解释为:"金沙水拍云崖,云崖暖;大渡桥横铁索,铁索寒。"这是认为"暖"和"寒"各承前句而省略了主语。又有人以为这两句本应作:"金沙水拍暖云崖,大渡桥横寒铁索。"也就是认为"暖"和"寒"是两个修饰语而倒置于中心词之后。还有人把这两句的语法结构分析为:"金沙水拍云崖——暖,大渡桥横铁索——寒。"即认为"暖"和"寒"分别是两个句子的谓语,而"金沙水拍云崖"和"大渡桥横铁索"都是主谓结构作主语(参见张涤华先生所著《毛主席诗词小笺》)。上述三种分析虽然也都能讲得通,但终究使人感到有些牵强。我们认为,这也是两个紧缩了的复句:"金沙水拍云崖"和"大渡桥横铁索"都是写的实景,即从正面描写两处天险;而"暖"和"寒"却是写人的感受,是写前面两种场面给亲历其境的人留下的印象。通过这一"暖"一"寒"的不同感受和印象,从侧面巧妙地衬托出长征途中所遇到的两种异乎寻常的困难和惊心动魄的感受,以及红军战胜此天险的艰辛和壮烈。

二、名词语的排列

在旧体诗词里,我们经常看到有些句子根本没有充当谓语的动词和形容词,而仅仅排列着几个名词或名词性的词语。这并不是谓语省略了,因为在这样的句子里,你很难补出谓语来。实际上,作者是把并列的几个名词或名词性词组当成表达某个内容的句子。例如:

(1)七八个星天外,两三点雨山前。旧时茅店社林边,路转桥溪忽见。(辛弃疾《西江月·夜行黄沙道中》)

(2)银烛秋光冷画屏,轻罗小扇扑流萤。(杜牧《秋夕》)

(3)细草微风岸,危樯独夜舟。(杜甫《旅夜书怀》)

(4)千里莺啼绿映红,水村山郭酒旗风。(杜牧《江南春绝句》)

辛弃疾那首词的前三句里没有一个谓词,只是用轻快活泼的笔墨排列着六个名词。如果说"七八个星"和"两三点雨"这两个名词性的数量词组,对"天外"和"山前"这两个名词性词组还有描写作用的话,那么第三句纯粹是两个名词性词组的排列,它不过是和前两句合起来描写渐渐黎明的景象,给人以十分恬静的感觉。《秋夕》那首七绝是写宫中秋怨,首句排列着三个名词性词组,以典型的事物描写了秋景,较好地表现了宫中寂寞的情景。无怪乎蘅塘退士评论道:"层层布景,是一幅着色人物画。"杜甫的那首诗为作者因解职离成都,乘舟至重庆时所作,所引两句描写舟船所至的两岸情景:日间所遇无非"细草微风",夜间所见无非"危樯独舟"(句中"夜"、"舟"二字互换是为叶韵),衬托出作者奔波不遇的心情。最后一例的后一句,诗人精心安排四个名词语,因为它们极具代表性,便给读者勾勒出一幅江南春光图:水边的村落,山上的城郭,酒店高挑的旗帜迎风招展。

以上四例足以说明,诗人词客喜用此种句式来描写景物。这就如同今天的电影剧作家用粗大的笔触描写场景一样。不仅如此,此种句式还常常被用来点明时间、地点或节令:

(1)江水长流地,山云薄暮时。(杜甫《薄暮》)

(2)嗟君此别意何如?驻马衔杯问谪居。巫峡啼猿数行泪,衡阳归雁几封书。(高适《送李少府贬峡中王少府贬长沙》)

(3) 早岁那知世事艰,中原北望气如山。楼船夜雪瓜州渡,铁马秋风大散关。(陆游《书愤》)

例(1)前句点明地点,后句点明时间,用的都是名词语排列的句式。例(2)高适的那首七律是送两人贬谪,所以首联提出"意何如"、"问谪居",颔联便两两分写;出句排列三个名词语,以巫峡猿啼的现成典故来切王少府去峡中;对句亦排列三个名词语,以衡山回雁峰的景物来切李少府去长沙。当然,由于作者的匠心独具,此联不仅点明了两人的去地,而且烘托了送别的气氛。例(3)是《书愤》这首七律的前四句,首联总写诗人自己早年收复失地的雄心壮志,颔联以当年两次军事行动的回忆来表现"中原北望气如山"。颔联两句各排列三个名词语:"楼船"和"铁马"点明是军事行动,"夜雪"和"秋风"分别点明这两次军事行动的时间和节令,"瓜州渡"和"大散关"分别点明这两次军事行动的地点。

三、语序的更动

在古代散文中,词语的顺序一般比较固定,语序的更动也大多是有条件的,是有规律可寻的。可是在旧体诗词中,语序的更动却比较自由,大多是由于诗词格律(字数、声韵、对仗)的限制,作者便有意识地将语序作了调整:

(1) 白日依山尽,黄河入海流。
    欲穷千里目,更上一层楼。
(2) 秋草独寻人去后,寒林空见日斜时。
(3) 故国神游,多情应笑我,早生华发。
(4) 清时有味是无能,闲爱孤云静爱僧。
(5) 八百里分麾下炙,五十弦翻塞外声。
(6) 千古江山,英雄无觅孙仲谋处。
(7) 永忆江湖归白发,欲回天地入扁舟。

例(1)是王之涣的绝句,前二句是写景,用的是白描手法;后二句是叙事,寓有一种富于哲理的思想。其实,按正常的语序,第二句本为"黄河流入海"("流"是句中主要动词),第三句应是"目欲穷千里"("目"是句中主语,"千里"并非"目"之修饰语)。前者是为了要跟末句的"楼"字叶韵,便把"流"字移于句末;

后者是为了增强诗句的节奏感,也是为了对仗,才将"目"字置于句末。

例(2)系刘长卿《长沙过贾谊宅》一诗之颔联。细玩文意,"人去后"和"日斜时"都是句中表明时间的词语;"独寻"的是"秋草",写俯看之景;"空见"的是"寒林",点仰望之景。原意实为"人去后独寻秋草,日斜时空见寒林"。诗人之所以必须更动正常的语序,显然是从全诗的韵脚、颔联的平仄和句法的协调来考虑的。

例(3)是苏轼的《念奴娇·赤壁怀古》。"故国神游"实际是"神游故国","多情应笑我"当作"应笑我多情"。但是,按照"念奴娇"这个词牌的格律,第一句前两字应为仄声,后两字应为平声;第二句前两字应为平声,后三字应为仄声。正是为了适应这种平仄的需要,诗人才作了如上调整的。

例(4)是杜牧《将赴吴兴登乐游原一绝》的前两句。第二句并不是说"闲时爱孤云,静时爱僧",这显然说不通,而是说"爱孤云之闲适,爱僧人之清静"。这是对前一句"清时有味"的具体描写。诗人之所以把"闲"字和"静"字安置在两"爱"字之前,除了平仄的考虑之外,主要是为了使得"僧"字能跟此绝末句的"陵"字叶韵。

例(5)是辛弃疾《破阵子·为陈同甫赋壮词以寄之》一词的三、四两句。后句的"五十弦"泛指乐器。因为符合"主——谓——宾"的正常语序,此句一读即懂。前句则不然,除了查明"八百里"是用典,用来指"牛","麾下"即军队以外,还得按语法规则细加思索。那么,此句各词语之间的关系如何呢?分析时可以从句中的动词入手。"分(食)"的是"炙","分炙"的主语自然不是"八百里",而是"麾下",而"八百里"(即牛)原是"炙"的修饰语。为了要同下一句对仗工整,作者不仅苦心孤诣地寻得"八百里"这个典故,把它放在句首,又将本应居于主语位置的"麾下"移至"分"字之后。

例(6)是辛弃疾的另一首词——《永遇乐·京口北固亭怀古》的开头两句。第二句如果不进行语序上的再调整,句意则难以理解得准确。同样,我们可以从句中动词入手来分析。"觅"的是谁?当然是"觅""孙仲谋"。"孙仲谋"是何许人?联系全诗内容来看,"英雄"即指"孙仲谋"。再联系第一句"千古江山"来看,第二句的意思自然是:"无处寻觅英雄孙仲谋。"但是该词牌的这一句要求头两个字是平声,接着两个字是仄声,其余四字为平仄间错。诗人写成"英雄无觅孙仲谋处",正符合这平仄的要求。

例(7)是李商隐《安定城楼》一诗之颔联。前句的"归白发"本应作"白发归",只是为了能切合平仄的规定,才将"归"这个平声字移至两个仄声字"白发"之前。这里要指出的是,为了适应诗词格律的要求,不仅句子里的词序要更动,而且句子与句子之间的次序有时也要进行适当的调整。即如李商隐的这两句诗,按意思来说,应该是先"入扁舟"而后"归江湖",也就是说,此联两句的位置显然是调换了。诗人之所以如此安排,就是因为"舟"字能和全诗的"楼、洲、游、休"叶韵。

由此可见,按照语法规则将原来经过诗人词客变动过的语序重新加以调整,不仅不会破坏诗词的形象和意境,不仅不要费多少口舌和笔墨就能使原句结构转为清晰,语意也随之显豁,而且有助于领会作者的一番匠心。

四、关于声律句读

旧体诗词是按一定的声韵格律写成的。这种由声律关系而构成的停顿叫做"声韵句读"。如旧体诗词的五字一读、七字一读等,人们习惯上就称它为"句"。旧体诗词里的所谓"句",同语法学里的所谓"句"是两个不同的概念,有时并不一致。这种不一致有两种情况:一是一个诗句不是语法上的一个单句,只是语法上所谓单句的一个成分;一是一个诗句可能是语法上所谓包含两个甚或三个分句的复句。这两种现象,往往会造成理解上的障碍,因此,分析时要突破声韵句读的限制。

旧体诗的叶韵处往往是一句的终点,而诗的韵脚又大都在双数句的末尾。我们分析律诗时,可以把上下两句(律诗里常称作"联")当作一个单位来考察(读词可以仿此):

(1)寂寞天宝后,园庐但蒿藜。(杜甫《无家别》)
(2)借问路旁名利客,何如此处学长生?(崔颢《行经华阴》)
(3)请看石上藤萝月,已映州前芦荻花。(杜甫《秋兴》)
(4)唯将终夜长开眼,报答平生未展眉。(元稹《遣悲怀》)

例(1)并非律诗,说起来是两句,在语法上却是一句:"寂寞天宝后"是表时间的修饰语,"园庐"是主语,"但蒿藜"是谓语,其中主要动词省略。例(2)是个双宾语句。"借问"是谓语;"路旁名利客"是其对象宾语,而"何如学长生"是其内容宾语。例(3)是《秋兴》之一的尾联,写的是月上光景。"请看"是谓语动词,"石上藤萝月,已映芦荻花"是主谓词组作宾语。例(4)是《遣悲怀》之一的尾联,前后似乎是两句,其实为一句:"将终夜长开眼"为介宾词组,在句中作状语;而"报答平生未展眉"为句中述宾词组,是句中谓语的主要部分;至于主语,是诗人自述,即使在散文中也可以省略。前人所谓"流水对",指的就是像(3)(4)两例这种上下相承、意思连贯、实为一句的对子。此种写法最能收住全诗,因而最宜于律诗的尾联。

上面谈的是第一种情况;下面谈第二种情况,即一个诗句实际上是包含着两个甚或三个分句的复句,这在散文里习惯上中间是要点断的,而旧体诗词中却不可能亦无必要。例如:

(1)醉月频中圣,迷花不事君。(李白《赠孟浩然》)
(2)国破山河在,城春草木深。(杜甫《春望》)
(3)一身报国有万死,双鬓向人无再青。(陆游《夜泊水村》)

例(1)两句具体描述孟浩然的"风流天下闻"。出句和对句各为一因果复句:出句是前果后因,意谓"醉于月下,只因频中酒";对句是前因后果,意谓"因迷恋花草而不事君"。例(2)前后两句各包含两个分句:前者为转折关系,即"国虽破,山河仍在";后者为顺承关系,即"城临春,则草木深"。例(3)系陆诗之颈联,前后两句为转折关系的复句,意谓"虽然决心许国,但是年事已高"。细玩诗句,前句又为一复句,系递进关系,意谓"自己一身报国,且有万死不辞之心";后句亦为一复句,系转折关系,意谓"双鬓向人,而无再青之时"。由此分析更能体会到诗人为自己抗金复国之大志未能实现而发出的慨叹。

最后,再以两首完整的诗为例,说明声律句读和句法分析的关系。先看沈佺期的《杂诗之一》:

闻道黄龙戍,频年不解兵。
可怜闺里月,长在汉家营。
少妇今春意,良人昨夜情。
谁能将旗鼓,一为取龙城。

这首诗写征戍之苦,反对当时的穷兵黩武政策。首联"闻道"是谓语,以下"黄龙戍而频年不解兵"皆其宾语。颔联"可怜"是谓语,以下"闺里月长在汉家营"这个主谓词组是其宾语,说明"可怜"的情景。颈联是判断句,前半为主语,后半为表语,系词省略。颔联写长期离别之苦,颈联写两地相思之苦。尾联"谁"是主语,以下为连动词组做谓语。律诗上所谓五言八句,语法上却只是四句。

再看白居易的《望月有感……寄大兄七兄十五兄及弟妹》:

> 时难年荒世业空,弟兄羁旅各西东。
> 田园寥落干戈后,骨肉流离道路中。
> 吊影分为千里雁,辞根散作九秋蓬。
> 共看明月应垂泪,一夜乡心五处同。

此诗系白乐天贬江州司马时所作,是遭乱后思念兄弟姐妹的抒情诗。首句是个包含三个分句的并列复句,从各方面说明"弟兄各西东"的背景和原因。颔联二句各为一单句:前句说"田园寥落","干戈后"是其时间修饰语;后句说"骨肉流离","道路中"是点明"流离"的地点,其间均省去介词"于"字。颈联亦各为一单句,其间为承接关系,即前人所谓"流水对"。尾联前句为复句,意谓"因看明月而垂泪","应"字点明推测之意;后句"一夜乡心"是主语,主谓词组"五处同"作谓语。而前句"垂泪"云云又是后句"一夜乡心"的具体描写。

1987 年 11 月

《马氏文通》疑难例句辨析

《马氏文通》(以下简称《文通》)是我国第一部具有科学体系的语法著作,它反映了古代汉语语法结构的整体,具有求实的科学性、严密的逻辑性和一定的创新性。不仅如此,在引证和分析书例上也是极其丰富的。对此,已故著名语言学家吕叔湘在重印《马氏文通》之序言里就曾指出:"首先,《文通》收集了大量的古汉语例句,大约有七千到八千句。比它后出的讲古汉语语法的书好像还没有一本里边的例句有它的多。这些例句里边有不少,作者没有作出令人满意的分析,就是现在也仍然缺乏令人满意的分析。但是《文通》把它们摆了出来,而后出的书,包括我自己的,却把它们藏起来了。也许,为了教学的方便,不能不这样做,但是对于这门科学的进步,这种做法显然是不足取的。"

吕先生是非常严肃的语言学家。他的话,无疑对我们是一种鞭策。在多次研读和教学《文通》的同时,对那些疑难例句也曾尝试着进行分析。为了"这门科学的进步",我们不应该再"把它们藏起来",还是抛砖引玉为好。

《报任少卿书》:"彼观其意,且欲得其当而报汉。"以上下文言之,"彼"当太史公自谓,不应用"彼"字。而遍查各本,皆用此字,实无他书可为比证。未敢臆断,附识于此。(《文通》58页)

按:此引文前有一大段文字描述李陵"奋不顾身,以殉国家之急"的情状,紧接着太史公写道:"仆窃不自料其卑贱,见主上惨怆怛悼,诚欲效其款款之愚,以为李陵素与士大夫绝甘分少,能得人死力,虽古之名将,不能过也。身虽陷败,彼观其意……"由上文可以推断,"彼观其意"之"彼"并非"太史公自谓",而确实是指李陵。再联系上面一段文字:"夫仆与李陵俱居门下,素非能相善也。趣舍异路,未尝衔杯酒,接殷勤之余欢。然仆观其为人,自守奇士……其素所蓄积也,仆以为有国士之风。"与"观其为人"相比较,"观其意"显然也是太史公推测之辞。因此,二十年前在给本科生讲授这篇文选时,笔者曾经在当时所用教材即王力主编《古代汉语》第三册第 906 页之天头眉批道:"观其意——作者插入语。"无独有偶,数年后,孙雍长君于 1987 年撰文云:"古人行文,自有插入语,此'观其意'三字是也。此文'彼且欲得其当而报于汉'为句,'观其意'则为论述中之插语耳。今选注家皆未悟,而以'彼观其意'四字连读,则文义难以解说。"[①]

  《史记·游侠列传》:"今游侠,其行虽不轨于正义。然其言必信,其行必果,已诺必诚,不爱其躯,赴士之厄困。既已存亡死生矣,而不矜其能,羞伐其德,盖亦有足多者焉。""今游侠"三字单置于首,"其"字附于名以顶指焉,叠成数读,直至"赴士之厄困",然后续书"既已存亡死生矣"一句,上接"今游侠"之起词,犹复叠拖数句。句读起伏,声调婉转,最为可法。(《文通》60 页)

按:《文通》是在论述接读代字(类似后来所谓关系代词)"其"字时,引证以上书例并加以分析的。据《文通》之分析,"游侠"是起词(主语),紧接之"其"是接读代字,所谓"叠成数读",所谓"直至",所谓"然后续书",所谓"上接……起词"云云,都说明商务本根据《马氏文通校注》对该句的标点,不符合《文通》所作分析的本意,其中两个句号应改为逗号才是。今作具体分析如下:

  "游侠"是总冒在整个句子前面的主语,"既已存亡死生矣……亦有足多者焉"是其谓语。而具有接读代字"其"的部分"其行虽不轨于正义……赴士之厄困"整个是具有定语性质的结构,用来表明主语"游侠"是什么样的"游侠",其实质是主语"游侠"的后置定语。这是第一层面。

  在谓语当中,"既已存亡死生矣,而不矜其能,羞伐其德"这个次要分句,和主要分句"盖亦有足多者焉"构成一个表示因果关系的复合句形式。也就是说,所引这个例句第一层面最重要的部分是:"今游侠……亦有足多者焉。"而"既已存亡死生矣"一句(读),与"不矜其能,羞伐其德"两句(读)又构成一个表转折关系的复句形式。这是第二层面。

  在包含接读代字"其"字的定语部分,"其行虽不轨于正义"一句(读),与"其言必信,其行必果,已诺必诚,不爱其躯,赴士之厄困"五句(读)又构成一

[①] 《经史百家杂钞》标点札记,载《古汉语研究》,1989 年第 1 期。

个表示让步关系的复句形式,前有"虽"字,后有"而"字。这是第三层面。而"其言必信……赴士之厄困"本身又是由五个并列的分句(读)所组成。这是第四层面。这个后置定语,就语义来说近似于表语,但是,由于全句结构上另有"既已存亡死生矣……亦有足多者焉"这部分作谓语,因而只能把它解释为"游侠"的后置定语。

应当指出,以上分析是为顾全《文通》的语法体系,其中主要是把"其"字看作接读代字(关系代词)。这里至少有两个问题:一是"接读代字"这个词类能否成立;二是单句里又包含所谓复句是否合理。《文通》所说接读代字只有"其、者、所"三个,"者、所"十分勉强,只有"其"比较合格。为了维护汉语语法体系的总格局,完全没有必要为一个"其"字而建立一个词类。后来的古代汉语语法著作,一般也就不再设立"接读代字"或"关系代词"这个词类。如果不把"其"字看作接读代字,那么上述分析也就失去了依据。

其次,正因为说单句包含复句不怎么合乎逻辑,在分析上述例句时才不得已而使用了"复句形式"这个名称。如果要避免这种不合理,对上述例句还另有一种分析方法,即把该句当作一个多层次的按断复句。"今游侠……而不矜其能,羞伐其德"这个偏句是"按","盖亦有足多者焉"这个正句是"断",其"盖"字即是断语之形式标志。这是第一层次。在偏句当中,"其行虽不轨于正义……赴士之厄困",与"既已存亡死生矣……羞伐其德"构成一个意念上的递进复句。这是第二层次。而"其行虽不轨于正义,然其言……赴士之厄困"是个转折句,"虽"与"然"前后呼应;"既已存亡……羞伐其德"是个递进句,其中有"而"字连接。这是第三层次。在上述转折句中,"然"字后"其言……其行……已诺……不爱……赴士……"又是五个分句并列;在上述递进句中,"而"字后"不矜其能,羞伐其德"也是两个分句并列。这是第四层次。

《史记·屈原列传》:"人君无愚智贤不肖,莫不欲求忠以自为,举贤以自佐,然亡国破家相随属,而圣君治国累世而不见者,其所谓忠者不忠,而所谓贤者不贤也。"自"人君"起至"而不见者"止,皆一气呵成,而殿以"者"字,则句调略顿,以明以上诸句递相联属,而句意则推原其故也。(《文通》70页)

按:《文通》对所引该句之解说,实在说不上是结构分析,这大概就是吕先生所说的"作者没有作出令人满意的分析"一类的句子。不过,在引用该例句前,

《文通》有个关于"者"字的解说:"而句读之长者,或单以'者'字殿之,而并无所指者,亦以明其故也,则'者'字惟以提顿其句读已耳。"这就是说,上引例句中的"者"字不是所谓"接读代字",而是表示"提顿"的"助字"。这样一来,该句当视为一个多重按断复句。"人君……而不见者"是按句,"其所谓……不贤也"是断句。这是第一层次。在按句中,"人君……举贤以自佐"与"然亡国破家……而不见者"构成一个转折复句,其间用转折连词"然"字;在断句中,连词"而"字前后两个"所谓……"构成一个并列复句。这是第二层次。在表"按"的转折复句中,"人君……不肖"与"莫不……以自佐"又构成一个条件句,"无"即"无论"。"然"字后"亡国破家……"与"圣君治国……不见"也构成一个并列句,当中的"而"即并列连词。这是第三层次。如果需要,也可以把"莫不欲求忠以自为,举贤以自佐"再分析为并列句,这就是第四层次了。

> 韩愈《淮西事宜状》:"今若分为四道,每道各置三万人。"犹云"每道应置各三万人","各"居宾次而先焉。(《文通》79页)

按:《文通》把"每、各"均列入"逐指代字",且云:"惟'每''各'二字,其用不同。'每'字概置于名先,'各'字概置于其后,间或无名而单用。"结合所举例句,如"各言尔志","各往往称黄帝尧舜之处","各自有时","不可者各厌其意","岁奉匈奴絮缯酒米食物各有数"等,"各"字均置动词之前,《文通》却一律把它们看作"宾次",而且硬说"各置三万人"就是"置各三万人",这显然是牵强附会,不合汉语事实。其实,"每"与"各"的区别有两点:一是"每"常用于体词前,表示指示(《文通》称为"偏次");"各"常用于体词后,表示复指,当视为"主次(主语)"。二是在语义上,"每"偏重于"统指","各"偏重于"分指"。所举"每道各置三万人"一例即当如此分析:"每"置于名词"道"字之前,用作定语,意在"统说";"各"置于"道"字之后,"置"字之前,复指名词"道",用作主语,意在"分说"。"统""分"之别,须细加体会。

> 《庄子·列御寇》:"人者厚貌深情,故有貌愿而益,有长若不肖,有顺懁而达,有坚而缦,有缓而钎。"诸静字皆耦,而有对待之意,故以"而"字连之。惟"长若不肖",犹言"有技与无能者",用如两名,故以"若"字连焉。"若"者,及也。(《文通》119页)

按:《文通》是以此例证明连词"而"字所连接的前后两项是静字(形容词),而

"若"即"及",其前后两项"用如两名",即为名词。就一般而论,所言极是。但"长若不肖"一例却并非如此。细审《列御寇》原文即知,"人者厚貌深情"一句是总写,意谓外貌仁厚而内心却深沉,即如通常所言"人心难知"也。以下即从五个方面具体叙述其"厚貌深情"。"貌愿而益":愿,谨愿;益,俞樾云"同'溢',溢之言骄溢也"。谨愿与骄溢,义正相反。"顺懁而达":顺,一本作"慎",顺通慎;懁,又音绢,与"狷"(应进而退)通;达,佻达。顺懁即拘谨,佻达即放纵,义正相反。"坚而缦":缦,缓也,"慢"之借字。坚强却惰慢,义亦相反。"缓而钎":钎,借为悍。舒缓却桀悍,义亦相反。再看"长若不肖":唐陆德明曰:"外如长者,内不似也。"清马其昶云:"若,犹而也。"此句谓形如长者而实为不肖。马建忠仅着眼于字而不着眼于词,未明此"若"字通"而",因而视其前后两项为名词,殊不知"长"与"不肖"亦皆形容语也。

  韩愈《荆潭唱和诗序》:"非性能而好之,则不暇以为。"犹云"不暇以作诗"也。"以为"二字煞句者,盖"为"之止词可蒙上也。(《文通》135页)

按:除此例以外,《文通》还列举其他不少句例,如"恭俭岂可以声音笑貌为哉"、"以银为钱"、"以唐为楚相"等,来证明其说:"'以为'二字,间有'以此作为彼者'之意,则'为'字不仅为断词,且为动字而有作用矣。"此说之成立须有一前提,即"以"字是介词或动词,"以"字后当有体词性词语,或者省略而能补出。上引"不暇以为"却并非属于此类。"为"字如《文通》所云是动词,其后省略一名词或代词。但"以"字却不是介词,其后补不出体词性词语。该"以"字应看作连词,完全可以用"而"字来替换,句式和语意丝毫不变。《文通》曾以"是故蓍之德圆而神,卦之德方以知"(《易·系辞》)为例说:"一用'而',一用'以',则'以''而'两字可通用之明证。"(119页)可见"不暇以为"即"不暇而为",也就是"不暇为之"。

  韩愈《进学解》:"然而圣主不加诛,宰臣不见斥,非其幸欤!"其意盖谓"不为宰臣所斥"也,则"见斥"二字反用矣,未解。(《文通》164页)

按:《文通》是在论述"经籍中凡外动转为受动"的第四种格式,即"以'见''被'等字加于外动之前者"时,对上引例句之"见"字的用法提出了疑问。这里体现了作者的实事求是的科学态度。其实,"见"字用于外动词(及物动词)之前,除了表示被动以外,还有另外一种用意。就拿上引一句来说,首先,前两句之"起词"(圣主、宰臣)皆为施事而非受事,按马氏说法,"诛"和"斥"不是"受动字";其次,"圣主"和"宰臣"两句相对,"见"与"加"互文见义,"加"字从来不表示被动,"见"字在该句中自然也不表示被动。对这种用法的"见"字,孔颖达曾疏曰:"自彼加己之辞。"《文通》在分析"先生又见客"(《汉书·司马相如传》)一例时,也曾引某云:"'见'者,加于我之辞也。"(163 页)由此可见,这种用法的"见"与"加"一样,具有抽象动词的意味,"加"即"加以","见"亦即"予以",而句中的"诛"和"斥"便是用作所谓"止词"(宾语)了。上引两句解释为"圣主不加以诛伐,宰臣不予以斥责",可谓简捷而又合理。表示被动的"见"用于外动词前,是助动词。上述用法的"见",因为与"加"互文,其动词义比较明显。如果单独使用,由于重新分析,把"见"字后"斥"一类的词看作动词,那么"见"就意义虚化,极易被看作副词,即与"相"字类似。"宰臣不见斥",吕叔湘以为此"见"近乎代词,表示动作行为的受事者是第一人称,"见斥"即"斥我"。(参《中国文法要略》)这也是再分析的结果。他如"见顾"、"见教"、"见信"等,就有多种分析:如果其主语是受事者,则可解释为"被照顾"、"受教导"、"被信任";如果其主语是施事者,既可解释为"予以顾眷"、"加以教导"、"予以信任",也可解释为"顾眷我"、"教导之"、"信任我"。

> 《论语·卫灵公》:"志士仁人,无求生以害仁,有杀身以成仁。"
> "杀",动字也,紧接"有"字,并未间以介字,则作"惟有"之解。犹云"志士仁人决不求生以害仁,惟有杀身以成仁而已"。"无"字作"不"字解者常也。(《文通》179 页)

按:《文通》经常批评经生家随文作解。这里,释"无"为"决不",释"有"为"惟有",也是随文作解,与《文通》体系不合。《文通》于"约指代字"一节曾指出,其二"后乎名、代诸字而为其分子者,则常在正次,盖分子正次,分母偏次,乃约分之例也。"(84 页)并举《汉书·高帝纪》"相人多矣,无如季相"为例云:"'无'者,于所相多人之中无人如季相者。"又举《孟子·告子下》"二王我将有所遇焉"为例云:"'有'者,二王中有一也。"同理,上引《论语》一例中的"无"和"有"也当视为约指代字,分别为句中主语,"无"即"无人","有"即"有人",均复指"志士仁人"。

> 《汉书·贾谊传》:"夫移风易俗,使天下回心而乡道,类非俗吏

之所能为也。""类"字疏作"皆"字,然解作"似"字,则辞意较婉,亦无不可。(《文通》182 页)

按:《文通》是在论述"其他同动字,为'似''类'等字"时,分析上引一例的。《文通》于"表词"一节曾指出:"凡以表决断口气,概以'是''非''为''即''乃'诸字,参于起、表两词之间,故诸字名断辞。"(129 页)上引"类非俗吏之所能为也"一句之"类",正置于断辞"非"字之前,就不当视为同动字。其实,此"类"字已经虚化为所谓"状字"。《文通》于"表词"一节论述"断辞"之后,曾举《贾谊传》"甚非所以安上而全下也"为例,并分析云:"'甚'亦状字,而'非''也'二字兼用者,盖此句表词乃'所以安上而全下'之读。'甚'字不能状读,则用'非'字以间之。"(132 页)同理,"类"字用于"非"字之前,也应看作状字,用今日之语法术语来说,就是"语气副词"。"类非"意谓"似乎不是"。

《孟子·公孙丑下》:"不识王之不可以为汤武,则是不明也。"……"以"字司词,皆其句之起词也。如是,以"以"字为受动字,亦无不可,盖"以"字可作"用"字解。(《文通》185 页)

按:《文通》在分析上引一例时,把此句与《万章下》"故君子可欺以其方"一例相提并论。稍加比较即可看出,这是两个不同的句子:"不识"后之"王之不可以为汤武"一读,"王"是施事者,"为"并非"受动字",其中"以"字是连词,与"而"字一样,用来连接助动词"可"与动词"为",此"以"不能作"用"字解;而"君子可欺以其方"一句,"君子"却是受事者,"欺"是受动字,其中"以"字是介词,"其方"是其宾语(《文通》称为"司词"),此"以"才可解作"用"字。《文通》说"以"之司词即句之起词,这是严重失误。查《孟子》原文可知,该句之起词当为"欺子产者",而"以"之司词却是"其方"。在分析其他几个例句时,也有类似的失误。这里就不再重复了。

《孟子·梁惠王下》:"王曰:'大哉言矣,寡人有疾,寡人好勇。'对曰:'王请无好小勇。'"犹云"请王无好小勇也"。夫"请"者,孟子所请之人,谓"王"也。所请之事,"王无好小勇"也。今"王"字先于"请"字,一若"王"为"请"字起词矣,故有以"王"为对呼之名者此也。是则"王"字当为一顿。至如"王请勿疑","王请度之","王请大之"等句,皆此例也。(《文通》215 页)

按:《文通》引此例之前云:"'请'字之后,其承读起词如为所请之人,往往置先'请'字,有解为所呼之名者非是。"其中前一层所概括的规律,无益于句法分析;后一层所说"解为所呼之名非是",其判断正确。就此类例句而言,"王"当为起词(主语),不应视为"请"之止词而前置。"请"置于起词和语词(谓语)之间,即由动词虚化为副词,与古籍中用在动词前的"敢"、"窃"、"愚"等相似。按照《文通》之体系,此类当称为"状字"。其"状字假借"一节即云:"状字本无定也,往往假借他类字为状字者,然必置先于其所状。"(229页)其中有一条就是"有假借动字为状字者",所举例如"立诛之"、"生拘石乞"、"动欲慕古"等(230页)。《文通》所谓"假借",大多相当于今日所说的"引申"和"虚化"(语法化)。"请"、"敢"、"窃"一类用作副词,都是表示某种尊敬和谦让的情态。

《战国策·齐策》:"无齐,虽隆薛之城到于天,犹之无益也。""犹之"云者,犹云与上文鱼失水比,犹无益也。"之"字不为义,故"犹之"亦状语也。(《文通》245页)

按:《文通》视"犹之"为"状语(即状字)",又以为"之"字"不为义",极是。但在具体分析"犹之无益"之"犹之"时,却过于坐实。此前,《文通》在列举若干例句之后云:"所云'上之''次之''外之''下之',皆以历数地位,列为状语,则诸'之'字无解而有解矣。"说"之"字有解,至于如何解释并未说明。其实,上述诸"之"字皆衬音助词,仅起凑足音节作用。如"犹之无益"即"犹无益","犹"是副词"依然"的意思。上引《齐策》一例,前有"虽",后用"犹之"配合,正是让步复句的表达格式。

《庄子·养生主》:"技经肯綮之未尝,而况大軱乎!""未尝"两字,所以状"经"字也,今后置焉,犹云"技未尝经乎肯綮"也。或云"技经肯綮者未尝也",亦通。则"未尝"两字,用如表词,而"技经肯綮"则为读矣,亦无不可。(《文通》253页)

按:《文通》以为"未尝"二字是状动词"经"字而置后,这是主观推测,古籍并无此种句法,因而找不出第二例来。俞樾云:"郭注以'技经'为'技之所经',殊不成义。'技经肯綮'四字,必当并列。《释文》曰:'肯,著骨肉也。'綮,司马云:'犹结处也。'是'肯綮'并就牛身言,'技经'亦当同之。'技',疑'枝'字之误。……枝谓支脉,经谓经脉。枝经,犹言经络也。经络相连之处,亦必有碍于游刃。庖丁惟因其固然,故未尝碍也。"(转引自《庄子集释》第121页)如此,"技经肯綮"为四名词并列,"未"是否定副词,"尝"即尝试,为动词。依《文通》体系,"尝"是语词,"技(枝)经肯綮"是止词而先置,当中间以"之"字。这才是古书中常见的句法。《文通》于"之字之用"一节亦曾言及,"凡止词先乎动字者,倒文也。如动字或有弗辞,或为疑词者,率间'之'字,辞气确切者,间参'是'字"(251页)。并举《论语·里仁》"古者言之不出"为例,析曰:"'古者'句之起词,'不出'其坐动也,'言'则'出'之止词也。今止词先置,而'出'为'不'字所状,故间'之'字以明焉。""技经肯綮之未尝",其结构与此相同。《文通》也曾论及:"至介字后司词,间亦先置而参以'之'字者。"但所举例都是"之"字置于先置司词与介字之间,而动字皆在介字之后,除《养生主》此例以外。

《孟子·万章上》:"晋人以垂棘之璧与屈产之乘,假道于虞以伐虢。"第一"以"字司名字,解用也。"以伐虢"者,"伐"外动字,"虢"其止词,皆为"以"字所司,今后乎"假"字者,以言所为"假道"也,即假道之初意也。此"以"字以联先后动字之法,见于书者,所在皆是。(《文通》263页)

按:《文通》视后一"以"字为介词,因而说"伐虢""皆为'以'字所司"。可是后面又说,"此'以'字以联先后动字之法"。这显然有些矛盾。"司"即"支配",受介词支配的当为体词性词语。"以伐虢"之"伐虢"是外动字带止词,即今之所谓"述宾词组",其前之"以"字即无支配作用,惟有连接作用。因此,此"以"字已经虚化为连词,其作用正如后来所说的"以联先后动字",其语意亦如所云"以言所为",即表示前一行为之目的。《文通》于分析此例之前亦云,此类"'以'字间有可省者"。"介字"一般不能省略,而连字则可用可不用。

《史记·匈奴列传》:"愿寝兵,休士卒,养马,除前事,复故约,以安边民,以应始古。"……所引"以"后散动字,皆言其前动字之所向也。(《文通》263页)

按:《文通》对此例的分析并未失误,只是将此例和《淮阴侯列传》"解衣衣我,推食食我"一例相提并论,并云"今省'以'字",这就把不同结构的句子相混淆了。"以安边民,以应始古"里的两个"以"字,与"以伐虢"的"以"字,二者性质并不相同:后者是连词,可用"而"字替换,说成"假道于虞而伐虢";前者是介词,两个并列使用,不可用"而"字替换,也不能省略。"以安边民,以应始古",两个"以"字之后皆省略代词"之"字,称代上述"寝兵,休士卒,养马,除前事,复故约"五事。如果省去两个"以"字,"安边民"、"应始古"即与以上五事并列,极易引起误解。《文通》接着在分析大量例句后说:"诸'以'字后司词,皆蒙上文而不书。"可见介词"以"后省略宾语是一般规律。至于"解衣衣我,推食食我"两句,并非省去介词"以"字,而是未用连词"而"或"以"。这是应当加以辨析的。

  《庄子·田子方》:"丘之于道也,其犹醯鸡与?微夫子之发吾覆也,吾不知天地之大全也。""微夫子"者,"非夫子"也。《论语·宪问》"微管仲",马注云"微,无也",未确。《汉书·赵充国传》"微将军,谁不乐此者",如云"无将军"则失之矣。(《文通》275页)

按:《文通》于分析上引一句前云:"'微',非也。介字,惟司名字,置句前则为假设之辞。"说"微"是介词而"惟司名字",并不符合语言事实。"微管仲"、"微将军",其后是名词,但是,所引《田子方》"微"字后并非所谓"名字",而是"夫子之发吾覆"一读,即今之主谓词组。可见,"微"不是介词,而是同动词。马融释"微管仲"之"微"为"无",极是。即使如《文通》释"微"为"非",也并非"介字",当归入"断辞"。《文通》在论及"表词"一节时即云:"凡以表决断口气,概以'是''非''为''即''乃'诸字,参于起、表两词之间,故诸字名断辞。"所举例如《孟子·公孙丑上》:"今人乍见孺子将入于井,皆有怵惕恻隐之心……非恶其声而然也。"接着指出:"后三句起词蒙上,故'非'字反决,其后三读皆为表词,煞以'也'字,辞气更为切实。"(129页)上引《田子方》一例之"微",与此例之"非"字用法完全相同,应视同一律。而且,"微"无论释作"无"还是"非",本身都并不表示假设;其假设之意,是由上下两句之关系显示出来的。《文通》在论述"提起连字"一节时,也曾提到:"且假设之词,有不必书明而辞气已隐寓者。"(279—280页)如果加上连词,其假设之意则更明显。如上述二例:"若非夫子之发吾覆也,则吾不知天地之大全也。""若无将军,谁不乐此者。"

  《礼记·大学》:"心诚求之,虽不中不远矣。""心诚求之"者,设辞之读也。"虽不中"者,跌进一步也。"不远矣"句,则折收矣。(319页)

按:《文通》对上引例句的分析,虽然大体不差,但毕竟有些含混。特别是把此类例句放在"若"、"苟"、"诚"等诸"假设之辞"里论述,似乎有些不伦不类。其所以如此,主要是因为马氏当时尚未树立复句尤其是多重复句的观念。即如《大学》一例,就是一个二重复句:"心诚求之"与"虽不中不远"为假设复句,"诚"即所谓"假设之辞",这是第一层次;"虽不中"又与"不远"构成让步句,"虽"即所谓"拓开跌入之辞"(316页),这是第二层次。又如所举韩愈《上张仆射书》:"苟如是,虽日受千金之赐,一岁九迁其官,感恩则有之矣,将以称于天下曰知己知己,则未也。"这是一个多重复句:"苟如是……"与"感恩则有之……则未也"构成一个大的假设复句,这是第一层次;"虽日受……迁其官"与"感恩则有之……则未也"构成一个让步复句,这是第二层次;"感恩则有之矣"与"将以称于……则未也"又构成并列复句,这是第三层次;其中,"将以称于天下……"与"则未也"又是一个小假设句,这是第四层次。

《左传·昭公七年》:"匹夫匹妇强死,其魂魄犹能凭依于人,以为淫厉,况良霄,我先君穆公之胄,子良之孙,子耳之子,敝邑之卿,从政三世矣。郑虽无腆,抑谚曰'蕞尔,国',而三世执其政柄。其用物也弘矣,其取精也多矣,其族又大,所凭厚矣,而强死,能为鬼,不亦宜乎!"此节"况"字后四用"矣"字,一用"虽"字,皆读也,直至"能为鬼不亦宜乎",方上接"况"字之句。如此长句,如不将"能为鬼"提明,则辞气不贯矣。(321页)

按:以上一节,商务标点本分作三句;据《文通》分析,所谓"四用'矣'字,一用'虽'字,皆读也",所谓"直至'……不亦宜乎',方上接'况'字之句",显然是视为一句;而杨伯峻《春秋左传注》标成两句,即把"执其政柄"后之句号改为逗号。我们认为,在上述三种断句中,标成两句更符合原文的结构和语意。细加揣摩,"匹夫匹妇强死……以为淫厉"这一偏句,与"况良霄……从政三世矣"这一正句,构成的是一个进逼复句,其间有连词"况"字为标志,句末"矣"字后应标问号。《文通》以为,"能为鬼不亦宜乎"上接"况"字之句,并说"'况'字后句长者,有将为所比者说明以足辞气者",所举惟上引一例。其实这是误解。除此例以外,其余16例(320—321页)均未出现"为所比者"。正如上面所分析的,"况"字只贯到"从政三世矣"为止。《文通》在解说《左宣十二》"困兽犹斗,况国相乎"一例时即云:"'况'字后但有'国相'一名字,并无动字相续,似不成句。不知'况'字后凡为所比者,概皆不言而喻。"(320页)此一规律,完全符合汉语之实际。再看所引《昭公七年》那个例句,如果简化成"匹夫匹妇强死……犹能凭依于人,况良霄乎",岂不跟"困兽犹斗,况国相乎"完全一样?对这两个进逼复句,都可以用上《文通》的解说:"'犹'字低一层比,'况'字跌入有势。"(同上页)所不同的,只是《左昭》一例之偏句和正句都比《左宣》一例层次复杂。若要再分析,其偏句又是个承接复句,而其正句又是个意合的递进复句。如果给这个递进复句加上相应的连词,那就是:"况良霄,不仅为我先君穆公之胄……而且从政三世矣。"其未说出之"所比者"是:"况良霄,其魂魄更能凭依于人。"至于"我先君穆公之胄,子良之孙,子耳之子,敝邑之卿",自然是四个偏正词组共同作表语。

现在再来分析后面一句:"郑虽无腆,抑谚曰'蕞尔,国'是一偏句,"而三世执其政柄……不亦宜乎"是一正句,"虽"与"而"呼应,自然是转折复句。"曰"后原标逗号,应当删去。"政柄"后之句号,应当改为逗号。该转折复句之正句,又是一个意合的因果句,如果也加上相应的连词,那就是:"因为三世执其政柄……所凭厚矣而强死,故能为鬼,不亦宜乎!"这个因果句的偏句,其层次也比较复杂,为节省篇幅,就不再往下分析了。即使这样也可以看出,"能为鬼不亦宜乎"一句,并不直接上面一句的"况"字。这明显是两个独立的长句子,不过在语义上后一句补充前一句而已。

《汉书·匡衡传》:"宜遂减宫室之度,省靡丽之饰,考制度,修外内,近忠正,远巧佞,放郑卫,进雅颂,举异材,开直言,任温良之人,退刻薄之吏,显洁白之士,昭无欲之路,览六艺之意,察上世之务,明自然之道,博和睦之化,以崇至仁,匡失俗,易民视,令海内昭然咸见本朝之所贵。"排行语词共计十八顿,同上。(405—406页)

按:所谓"同上",即上面所云:"既曰语词,即句读矣,何以'顿'为?盖单行语词之为句读也,固矣。有时语词短而多至三四排者,诵时必少住焉,此其所以为顿也。"(405页)同样是"语词"(指动词性谓语),单行为句读,排行则为顿。设立两个标准,这对析句不利。如果同样看作"句读",就径直把上引例句看作多重复句。其偏句是"宜遂减宫室之度……博和睦之化",这是叙述手段;其正句是"以崇至仁……令海内昭然咸见本朝之所贵",这是表明目的。这个多重目的复句的偏句,如果不考虑具体内容,其本身只是一个由十八个述宾词组(分句,《文通》所谓"读")构成的承接复句。这个多重复句的正句,又是一个二重复句:"崇至仁,匡失俗,易民视"是其偏句(该偏句本身是一承接句),"令海内昭然咸见本朝之所贵"是其正句,二者也构成一个目的复句。要注意的是,其中"以"字是连接大的目的复句的连词,"使"这个动词是小的目的复句的语词。

《孟子·滕文公上》云:"孔子曰:'君薨,听于冢宰,歠粥,面深墨,即位而哭。'""歠粥"两字、"面深墨"三字,间于句中,非起词,非语词,惟言谅阴之容。又"歠粥"者,外动与止词也,而"面深墨"者,则名字与其表词也,似读非读,与上下文无涉也。无可强名,故谓之顿,视同状辞耳。(409页)

按:《文通》云:"凡有起、语两词而辞意未全者曰读。"据此界说,"面深墨"当为"读"。又据其分析《史记·孔子世家赞》:"余读孔氏书,想见其为人。适鲁,[言地之读,以表所观之地,状读,故先焉]观仲尼庙堂车服礼器,[此言所观之器]……当时[读,言时]则荣,没[读,言时]则已焉。"(方括号内皆为《文通》所云)可见,省略起词之"适鲁"、"观仲尼……礼器"、"当时"、"没"皆为"读"。同例,上引"歠粥"亦当为"读"。再从文意来看,"听于冢宰"、"歠粥"、"面深墨"、"即位而哭"四读,都是陈述"君薨"之后,嗣君"谅阴"(守孝凶庐,义为尽孝)期间节制自己言行仪容的事项。如此,无论就结构还是文意而言,怎么能说是"似读非读,与上下文无涉"而"视同状辞"呢?上引孔子所说,是一个二重顺承复句:"君薨"与"听于冢宰……即位而哭"是第一层次;"听于冢宰,……即位而哭"是第二层次,其起词"嗣君(太子)"省略。

2002 年 9 月

关于"以为"的句法语义分析
——从《马氏文通》析"以为"说起

《马氏文通》曾以下面一句为例作过分析:

> 臣愚以为陛下得胡人,皆以为奴婢,以赐从军死事者家。(《史记·汲郑列传》)

> 《文通》云:"'以为'解作谓辞者——上'以为',谓词也,揣度之辞也;下'以为'者,以所得胡人当作奴婢也。"(第134页)

上引一例,据马氏分析,句中两个"以为"在句子里的作用不同,前者是全句的谓语,后者不是,"陛下……者家"整个是其宾语。这是从结构来说。若从语义来说,前一"以为"是意谓性动词,所谓"揣度之辞"即今之"认为";而后一"以为"是"以……当作"之意,是"动字而有作用",即致使性动词。

接着《文通》又举七例,其中《史记》五例,韩愈文二例,并云:"所引'以为'皆连用而解作'意谓'者也。'以为'二字间有'以此作为彼者'之意,则'为'字不仅为断词,且为动字而有作用矣。"其下又举五例,皆"以……为……"格式,即"以"后带有宾语。

"以为"本为二词:"以"用作动词,也用作介词;"为"亦如此。当然,"以"与"为"在某种语境里又都可用作连词,如"以"用作"而","为"用作"如"等。试看下列例句:

> 《战国策》:"窃以为君市义。"
> 《史记》:"公以为吴兴兵,是邪,非邪?"
> 《孟子》:"坏公室以为污池,民无所息。"
> 《让县自明本志令》:"以为强豪所忿,恐至家祸,故以病还。"

例一"以"是动词"认为",而"为"是介词"替",引进对象。例二"以"也是动词"以为","为"是介词"为了",表示目的。例三"以"字前后皆动宾词组,"以"是连词"而",后面的"为"是动词。例四"以"是连词"因","为"是介词"被",与"所"字配合表示被动。由上引诸例分析可见,"以为"在文句中并用,须作具体分析,其句法和语义很不相同。这些并非本文所要讨论的内容。

说到"以"字,《左传》里有条解释颇能给人启发。《春秋·僖公二十六年》:"冬,……[僖公]以楚师伐齐,取谷。"《左传》:"凡师,能左右之曰'以'。"

左氏为说明《春秋》之行文条例,随即解释了"以"字,意即凡借别国军队而能完全控制,如同指挥自己的军队一样,《春秋》记载此种情况时即用"以"字。这实际上是从语义和语用上说明了"以"字的动词语法功能。

马建忠的语言观察力可谓十分敏锐、深刻。他把连用的"以为"分成两类:一是致使性语义,即"以为"用作谓语时,对宾语来说含有使宾语怎么样的意思;二是意谓性语义,即"以为"用作谓语时,对宾语来说含有把宾语看作什么的意思。致使性语义具有明显的客观性,而意谓性语义则具有明显的主观性。下面分析四组例句:

第一组:
《论语·乡党》:"红紫不以为亵服。"
《论语·卫灵公》:"君子义以为质。"
《左传·僖四》:"楚国方城以为城,汉水以为池。"

这一组例句里的"以为",从字面看是并用,而实际上"以"是介词,其宾语皆置"以"字前。此"以为"即《文通》所云"以此作为彼者"一类,其语义并非意谓性,而是致使性。如第一例是说"不用红紫做成内衣"。例三是说"使方城山成为城墙,使汉水成为护城河"。可见,动词"为"的宾语是具有客观性与现实性的具体事物或事物的性质,而不是什么主观认识。

第二组:
《论语·宪问》:"不可以为滕薛大夫。"
《孟子·梁惠王下》:"然后可以为民父母。"
《左传·庄十九》:"楚人以为大阍。"

这一组句子的"以为",表面看也是并用,而其实是介词"以"的宾语代词"之"

字省略了。其语义也属于"以此作为彼者"一类,体会文意,应当理解为"不可使他(指孟公绰)成为滕薛大夫"等等,才更妥帖。

以上两组例句,粗看似乎没有区别,仔细斟酌是有所不同的。其一,第一组动词宾语是已经出现的事物或事物的性质,而第二组动词宾语大多是可能、即将或终究成为现实的官衔或职务,范畴不同;其二,第一组"以"的宾语前置,而第二组"以"的宾语省略,其句式为兼语结构。一般说来,兼语结构里的前一个动词都具有使令意义,所以第二组与第一组相比较,其"以为"更具有致使性质。

第三组:
《论语·八佾》:"事君以礼,人以为谄也。"
《论语·子张》:"信而后谏;未信,则以为谤己也。"
《史记·李广列传》:"广出猎,见草中石,以为虎而射之。"

这一组并用"以为"的例句,其后之宾语与前两组不同,都是主观上认定的事物或事物的性质,具有明显的主观性。如"以为谄",其实是"以礼事君",并非真"谄";"以为虎",其"虎"并非真实的"虎",而是"草中石"。因此这一组句子里的"以为",属于《文通》"解作'意谓'"一类,即无论把"以为"当作连用还是不把它当作连用,都是"揣度之辞"。若连用,当译作"认为";若分用,当译成"认为……是……",以体现其意谓性。

第四组:
《战国策·赵策》:"老臣以为媪之爱燕后贤于长安君。"
《孟子·滕文公上》:"夫夷子信以为人之亲其兄之子为若亲其邻之子乎?"
《史记·廉蔺列传》:"臣以为布衣之交尚不相欺,况大国乎?"

在第四组例句里,"以为"二字结合得很紧,不能插进其他成分,也不可以分拆开来解释,只能把它当作一个动词,具有明显的意谓性。这种类型的"以为"所陈述的主语比较明确,即使主语省略,从上下文来看也是很明显的,而且宾语往往是一个比较复杂的内容,有的甚至是一个复句形式,它们完整地表达了一个主观的见解。此类"以为"与现代汉语里的"以为"几无差别。

从以上四组例句的分析可以看出,"以为"的致使性语义和意谓性语义,

在形式上可归纳为以下几点区别:

首先,就致使用法来看,"以为"二字结合得不是很紧,可以拆开来插进其他成分,"以"或解释为介词"用",或解释为连词"而";就意谓用法来看,"以为"二字结合得很紧,一般不可以拆开,不能插进其他成分。如果勉强拆开,"以"是动词"认为","为"是系词"是"。

其次,致使用法的句子,其主语不很明确,可以是无主句,也可以是主语省略句;而意谓用法的句子,其主语一般都很明确,而且靠近"以为",是"以为"的施事者(陈述的对象)。

再次,致使用法的句子,其宾语内容比较简单具体,是客观存在或即将成为客观存在的事物;而意谓用法的句子,其宾语内容较为复杂,大都是主观臆测的事物或看法,而且带有一定程度的判断意味。

在结束本文之前,再分析一下《老子》里的一个句子:

三十辐共一毂;当其无,有车之用。——有之以为利,无之以为用。(十一章)

最后两句,王弼注云:"有之所以为利,皆赖无以为用也。"这是把原句看成一个解释性质的判断句,主语是等待解释缘由的,表语是说明缘由的。因为"之所以"这种结构与"以为"句式根本不同,其特点有二:一是其本身结构虽较复杂,但在句中的作用只相当于一个名词,绝不是一个可以独立运用的表示完整意思的句子;二是从内容来看,它总是表明某种缘由的,几无例外。

然而《老子》里的原句是由两个并列的分句构成的复合句,两个"以为"都是意谓性用法,都具有主观判断的性质。因此,王弼的串讲并不符合原意。正确的理解应当是:

"有"固然认为是有利的,而"无"也应当认为是有用的。

句子里的"有"和"无"是老子哲学中的专门术语,至于"利"和"用"当为互文,应交错理解才是。

2004 年 8 月

《马氏文通》所运用的
比较法和变换法

一、比较方法论

胡适早年指出:"中国语言孤立几千年,不曾有和他种高等语言文字相比较的机会。……没有比较,故中国人从来不曾发生文法学的观念。"①,这无异说,《马氏文通》②(以下简称《文通》)即是我国第一部涉及语言对比研究的文法学著作。廖序东总结其所采用的研究方法,有"归纳法、比较法、区分常与非常法、结合修辞分析法、句型变换分析法、层次分析法、重点研究法、篇章段落分析法"八种。③但《文通》一书用得最多而又最自觉的,自然是比较的方法。

《文通》的著者马建忠具有丰富而合理的知识结构,运用比较方法于语法研究中是全面而又多角度的。他在《例言》里指出:"古经籍历数千年传诵至今,其字句浑然,初无成法之可指。乃同一字也,同一句也,有一书迭见者,有他书互见者。是宜博引旁证,互相比拟,因其当然以进求其所同所异之所以然,而后著为典则,义训昭然。"④所谓"互相比拟"、"博引旁证",说明马氏的确是自觉地、全面地、多角度地运用比较法的。

---

① 胡适:《国语与国语文法》,见姜太华编:《胡适学术文集——语言文字研究》,北京:中华书局,1993年。
② 马建忠:《马氏文通》,北京:商务印书馆,1983年。
③ 廖序东:《语言学论文集》,北京:商务印书馆,2004年。
④ 马建忠:《马氏文通》,北京:商务印书馆,1983年,第15页。

首先来看宏观比较。《文通·后序》云:"余观泰西,童子入学,循序而进,未及志学之年,而观书为文无不明习;而后视其性之所近,肆力于数度、格致、法律、性理诸学而专精焉。故其国无不学之人,而人各学有用之学。计吾国童年能读书者固少,读书而能文者又加少焉,能及时为文而以其余年讲道明理以备他日之用者,盖万无一焉。夫华文之点画结构,视西学之切音虽难,而华文之字法句法,视西文之部分类别,且可以先后倒置以达其意度波澜者则易。西文本难也而易学如彼,华文本易也而难学如此者,则以西文有一定之规矩,学者可循序渐进而知所止境;华文经籍虽亦有规矩隐寓其中,特无有为之比拟而揭示之。遂使结绳而后,积四千余载之智慧材力,无不一一消磨于所以载道、所以明理之文,而道无由载,理不暇明,以与夫达道明理之西人相角逐焉,其贤愚优劣自不待言矣。"①

可见马氏是从中西教育之比较出发,进而论及中西语言教育之比较,其结论自然是:"华文经籍虽亦有规矩隐寓其中,特无有为之比拟而揭示之。"② 正因为马建忠既有宏伟博大之志向,又能用宏观比较之方法,所以才能一眼看出"吾国""华文"教育之弊端。于是痛下决心,"因西文已有之规矩,于经籍中求其所不同者,取证繁引以确知华文义例之所在"。③ 可见,比较法使用之程度,也是由使用者胸怀之大小决定的。

也正是从这一点出发,马氏于总体上看出了西文与华文之区别:"泰西文字,原于切音,故因声以见意,凡一切动字之尾音,则随语气而为之变。古希腊与拉丁文,其动字有变至六七十次而尾音各有不同者。今其方言变法,各自不同,而以英文为最简。惟其动字之有变,故无助字一门。助字者,华文所独,所以济夫动字不变之穷。"④显然,如果没有宏观观察的眼力,是不会看得这么深透的。

其次来看微观比较。《文通》卷四论及"以为"二字连用或并用时云:"'以为'二字共有五解,今各引书以明之。《汉贾谊传》:'进谋者率以为是固不可解也。''以为'解'意谓'也,此其一;又《汲郑传》:'……皆以为奴婢,赐从军死

---

① 马建忠:《马氏文通》,北京:商务印书馆,1983年,第13页。
② 马建忠:《马氏文通》,北京:商务印书馆,1983年,第13页。
③ 马建忠:《马氏文通》,北京:商务印书馆,1983年,第13页。
④ 马建忠:《马氏文通》,北京:商务印书馆,1983年,第323页。

事者家。'……皆以为奴婢'者,犹云'皆以胡人当作奴婢'也,故'为'字作动字用,此其二;又《万石君列传》:'徙其家长安中戚里,以姊为美人故也。'言因姊是美人故也,此其三;又《孟尝君列传》:'始以薛公为魁然也。''始以'云云者,犹云'初以薛公如此'也,则'为'字仍为判断词,而'以'字有意度之解,此其四;《庄人间世》:'彼亦直寄焉以为不知己者诟厉也。'故'为'字乃受动字所习用也,此其五。"①这里将"以为"的五种不同的语法意义加以比较,可谓辨析入微。

又卷四论及"记所在之处,介以'于'字者常也,不介者有焉"时,特别提到"同一句也,《史记》用'于'字而《汉书》删去者,《汉书》用'于'字而《史记》删去者,难仆数也"②。其下即不厌其烦地举例:

《史记·项羽纪》:"大破秦军于东阿。"

《汉书·项羽纪》:"大破秦军东阿。"

《史记·萧何传》:"种瓜于长安城东。"

《汉书·萧何传》:"种瓜长安城东。"

《史记·樊哙传》:"东攻秦军于尸……"

《汉书·樊哙传》:"东攻秦军尸乡……"

以上列举例句,两两比较,是为证明介字"于"的用与不用,与音节有着密切的关系。其结论云:"总观两书,《史记》之文纡余,《汉书》之文卓荦,'于'字之删不删,其有以夫!"③显然,这个问题在《文通》里是个极小的语用问题,然马氏却不放过,仍然用不小的篇幅加以阐明。

还有一个微观比较极为精彩,不能不提及。卷九论述助字"焉"字时云:"经学家见经史中询问之句,有助以'也'字'焉'字者,则谓'也''焉'两字同乎'乎'字。不知询问之句,助以'也'字者,寓有论断口气。兹助'焉'字者,藉问而陈义耳。此所以与'乎''也'两字少有区别也。"④接着便以《孟子·梁惠王上》一句为例:

---

① 马建忠:《马氏文通》,北京:商务印书馆,1983年,第154页。
② 马建忠:《马氏文通》,北京:商务印书馆,1983年,第170页。
③ 马建忠:《马氏文通》,北京:商务印书馆,1983年,第170页。
④ 马建忠:《马氏文通》,北京:商务印书馆,1983年,第355页。

"则牛羊何择焉"——犹云"牛羊两者一无所择"也。此惟直陈其事理。

"则牛羊何择也"——是有责王之口气,以惟知隐牛而不知隐羊也。

"则牛羊将何择乎"——则惟有诘王之口气,以同为"无罪就死",两者之中,何一可择乎?

经过以上比较,最后说:"今助'焉'字,既不论断其曲直,又不询王以何择也。"① 此种比较辨析,尤其发人深省。

再次来看共时比较。共时比较,有不同语言之间的,有同一语言之间的。这里是就《文通》一书来谈这个问题,无须涉及不同语言之间的共时比较。至于同一语言之间,前面所举的《史记》和《汉书》有关"于"字用与不用的比较,即属于共时比较。不过为了说明问题,可以再举些例子。《文通》卷一《界说》一节论及"凡有起、语两词而辞意未全者曰读"时,排列以下各句:

《孟离上》:"三代之得天下也以仁,其失天下也以不仁。"又《梁上》:"未有仁而遗其亲者也,未有义而后其君者也。"又《公下》:"丑见王之敬子也,未见所以敬王也。"

又《梁下》:"民惟恐王之不好勇也。"

又《梁下》:"以大事小者,乐天者也。"

又《梁上》:"天下之欲疾其君者,皆欲赴诉于王。"

又《公上》:"管仲,曾皙之所不为也。"

又《滕下》:"仲子所居之室,伯夷之所筑与?"

以上例句皆出自《孟子》一书,都是用来分析起词、语词"合为一读"而"辞意未全"的语法现象②,自然属于共时比较。而《文通》卷七在论及"外动字之止词,间有介以'于'字而先焉者。其止词之重否,一以字之奇偶为定"时,却以下列例句为证:

《孟万下》:"吾于子思,则师之矣。"

《论子路》:"君子于其所不知,盖阙如也。"

---

① 马建忠:《马氏文通》,北京:商务印书馆,1983年,第355页。
② 马建忠:《马氏文通》,北京:商务印书馆,1983年,第28页。

《庄天道》:"夫道,于大不终,于小不遗。"

以上属于同一时期的不同文献,但各句中都用介字"于"分别把止词"子思"、"其所不知"、"大"、"小"提到动字之前,而"所引诸外动字之后,止词不重者,字偶故也"。①

又如论及"凡与起词有对待之义者,必介'于'字以系于其后,而又参以'之'字者,所以读之也。故'之于'二字,即所以申其对待之义",亦举同一时期之不同文献为例:

《论述而》:"君子之于天下也,无适也。"
《孟告上》:"口之于味也,有同嗜焉。"
《论八佾》:"知其说者之于天下也,其如示诸斯乎!"
《吴语》:"君王之于越也,翳其死人而肉白骨也。"

正是基于这种不同文献的共时比较,马氏总结说:"统观所引'之于'两字,离之则各有其义,合之则有对待之义。"②

再如卷八论述"推拓连字",说到"设辞往往借用两字者"时,先后列举《史萧相国世家》、《史李斯列传》、《后汉张衡传》、《汉贾谊传》、《汉司马迁传》、《史淮阴侯列传》、《庄大宗师》、《史张释之列传》、《史魏其列传》、《史游侠列传》共十例中含有"乡使、向使、假设、假令、浸假、有如、诚使"等,证明"皆连用两字,而皆先乎读之起词"之现象。③

最后来看历时的比较。仔细考察《文通》,也有不同语言之间的对比。譬如卷九云:"叹字者,所以鸣心中猝然之感发,而为不及转念之声也。斯声也,人籁也,尽人所同,无间乎方言,无别乎古今,无区乎中外。乃旁考泰西,见今英法诸国之方言,上稽其罗马希腊之古语,其叹字大抵'哑''呵''哪'之类,开口声也;而中国伊古以来,其叹字不出'呼''吁''嗟''咨'之音,闭口声也。然声有开闭之分,而所以鸣其悖发之情则同。"④但是,《文通》毕竟是一部古代汉语语法的著作,这种不同语言之间的比较仅为个例。我们的着眼点还在同

---

① 马建忠:《马氏文通》,北京:商务印书馆,1983年,第258页。
② 马建忠:《马氏文通》,北京:商务印书馆,1983年,第260页。
③ 马建忠:《马氏文通》,北京:商务印书馆,1983年,第319页。
④ 马建忠:《马氏文通》,北京:商务印书馆,1983年,第382页。

一语言内部的历时比较。譬如卷二论及"指名代字"时云：

"'朕''台'（按当作'臣'）两字，亦发语者自称也，《书经》用之。古者贵贱皆自称'朕'。秦始皇二十六年，定'朕'为皇帝自称，臣下不得僭焉，至今仍之。古者'臣'字亦对人之通称，非如后世之专指臣下也。"①

"《日知录》谓《论语》之言'斯'者七十，而不言'此'；《檀弓》之言'斯'者五十有二，而言'此'者一而已。《大学》成于曾氏之门人，而一卷之中言'此'者十九。语言轻重之间，世代之别从可知已。蒙按《尚书》多言'兹'，《论语》多言'斯'，而《孟子》则通用'此''是'诸字，惟引《书》一言'惟兹臣庶'而已。至'是''此'二字，确有不可互易之处。凡指前文事理，不必历陈目前，而为心中可意者，即以'是'字指之。前文事物有形可迹，且为近而可指者，以'此'字指之。"②

以上说的古今之异，"世代之别"，是极为明显的历时对比，尤其在引用《日知录》以后，马氏还作了精辟的阐述，实在难能可贵。有时，马氏虽未明言古今，但书中所列举的不同时期文献的例句及其分析也属于历时的比较：

《左隐元》："初，郑武公娶于申，曰武姜。"——"初"者，原始之辞，今置句首以为记事推原之例，左氏文习用之。③

《汉高帝纪》："前陈王项梁皆败，不如更遣长者。"——"前"字置句首，与"初"字同例。④

《论公冶》："始吾于人也，听其言而信其行；今吾于人也，听其言而观其行。"——"始""今"两字同上。⑤

《史高帝本纪》："始怀王遣我，固以能宽容。"——《史记》之用"始"字，与左氏之用"初"字，《汉书》之用"前"字同，可见诸书皆各有字例也。⑥

---

① 马建忠：《马氏文通》，北京：商务印书馆，1983年，第44页。
② 马建忠：《马氏文通》，北京：商务印书馆，1983年，第52—53页。
③ 马建忠：《马氏文通》，北京：商务印书馆，1983年，第234页。
④ 马建忠：《马氏文通》，北京：商务印书馆，1983年，第234页。
⑤ 马建忠：《马氏文通》，北京：商务印书馆，1983年，第234页。
⑥ 马建忠：《马氏文通》，北京：商务印书馆，1983年，第235页。

以上通过《左传》、《汉书》、《论语》、《史记》诸书的比较,"置句首以为记事推原之例",或用"初",或用"前",或用"始"。此为因书而异,亦为因时而异。又如将上古与中古予以对比者:

"更有以地之本名指人者。韩《送杨支使序》'知其客可以信其主者,宣州也;知其主可以信其客者,湖南也。'——'宣州''湖南'两地本名也,今用以指宦于斯地之人。人以地名,古无是也,唐以后则然。"①

"有谓唐时往往以'然'字代'然后'者。韩文《论淮西事宜状》云:'事至不惑,然可图功。'又《论变盐法事宜状》云:'事须差配,然付脚钱。'——两'然'字若曰'然后',句调不谐矣,而句意则然也"。②

"惟至唐人疏状,凡引敕旨讫,则以'者'字足之。韩昌黎《论变盐法事宜状》:'右奉敕,将变盐法,事贵精详,宜令臣等各陈利害可否闻奏者。'——宋明因之。……求之古文,则未之见。"③

尤为难得的是,《文通》有时还有意识地把古今用语进行对比。如卷二谈到"至'如何''奈何''若何'三语,意或相同"时,在列举数例之后,便总括说:"总言之……皆俗云'为甚'也。"④又如卷九谈到"传信助字'矣'字"时说:"'矣'字者,所以决事理已然之口气也。已然之口气,俗间所谓'了'字也。凡'矣'字之助句读也,皆可以'了'字解之。"⑤马氏用当时俗语与古代成语相互比较,不仅化难为易,而且极有说服力。

《文通》这部著作从宏观、微观、共时、历时四个角度全面地运用比较的方法,对后来的汉语语法研究产生了极为深远的影响。通读黎锦熙的《比较文法》⑥可以体会,黎氏显然是从《文通》得到启迪而专事古今语法比较的。由此我们自然想起赵元任先生的名言:"所谓语言学理论,实际上就是语言的比

---

① 马建忠:《马氏文通》,北京:商务印书馆,1983年,第313页。
② 马建忠:《马氏文通》,北京:商务印书馆,1983年,第313页。
③ 马建忠:《马氏文通》,北京:商务印书馆,1983年,第361页。
④ 马建忠:《马氏文通》,北京:商务印书馆,1983年,第74页。
⑤ 马建忠:《马氏文通》,北京:商务印书馆,1983年,第341页。
⑥ 黎锦熙:《比较文法》,北京:中华书局,1986年。

较,就是世界各民族语言综合比较分析研究得出的科学结论。"①这是对本专论的最好的结语。

二、变换方法论

如果说,比较的方法是马氏运用得最常见、最自觉的方法,那么,变换的方法当为《文通》里用得颇具特色也颇为闪光的方法。所谓变换法,是指用基本语义相同而个别词语或句法形式不同的句子进行替换的分析方法。变换分析,作为一种方法论,是在20世纪50年代末由欧美引进的,先是在现代汉语中广泛运用并有所发展,而后扩大到古代汉语研究领域。其中具有代表性的论著,就是唐钰明先生的力作《古汉语语法研究中的"变换"问题》②,该文比较全面地论述了在古代汉语中运用"变换"应当遵循的两项原则(同一性、提取性)和"变换"的几种类型(移位、添加、删除、替代等),此外还指出这种方法的局限性。

其实,"变换"作为一种方法,在《文通》里早就被大量地使用,只是未引起学界足够的重视罢了。马氏运用这种方法,显然是因为此法比较容易让"童蒙入学能循是而学文焉"(《后序》),即符合马氏撰写《文通》的初衷。试看以下五处分析:

《公羊成十五》:"为人后者为之子也。"——下云"为人后者为其子也",则"之"解"其"字之确证,故"之"居偏次。③

《论子路》:"为君难,为臣不易。"——两句,倒其文曰"君难,为臣亦不易为"也,其义一也。④

韩愈《应科目时与人书》:"其得水,变化风雨,上下于天,不难也。"——此以"不难"两字为表词,如变其文,曰"不难上下于天也",则与以前句法无异。⑤

---

① 王力:《龙虫并雕斋文集》第三册,北京:中华书局,1982年,第492页。
② 唐钰明:《古汉语语法研究中的"变换问题"》,载《中国语文》,1995年第3期。
③ 马建忠:《马氏文通》,北京:商务印书馆,1983年,第48页。
④ 马建忠:《马氏文通》,北京:商务印书馆,1983年,第120页。
⑤ 马建忠:《马氏文通》,北京:商务印书馆,1983年,第121页。

《史淮阴侯列传》:"诚令成安君听足下计,若信者亦已为禽矣。"——犹云"亦已为成安君所禽"也。不言"成安君"者,蒙上文也。①

《论公冶》:"吾斯之未能信。"——"信"者"吾"也,所信者"斯"也,"能"乃助动,而为"未"字所状,故"斯"先置而间"之"字。故此句可易云"吾未之能信",文义虽同,而辞气迥异。②

所谓"倒其文",所谓"变其文",所谓"可易云",与今日所说"变换"几无二致。再联系其后之"其义一"、"文义同"云云,若与前述"变文"、"易云"合成一句来说,那就相当于对"变易"(变换)的界说了。马氏意识之超前,由此可见。以上五例,第一例属替代,第二、三例属移位,第四例属添加,最后一例既有删除又有移位。

就《文通》而言,其变换法的内容包括三个方面:词语(成分)的替换、语序的移位、句式的变更。以下分别举例说明。

其一,词语(成分)的替换。例如:

《孟滕下》:"在于王所者,长幼尊卑皆薛居州也"。——"薛居州"本名也,而此则公用矣,犹云"皆如薛居州之善士"也。③

《论里仁》:"君子去仁,恶乎成名?"《孟梁上》:"天下恶乎定?"——两引"恶乎",犹云"于何"也。④

《史滑稽列传》:"马者,王之所爱也。以楚国堂堂之大,何求不得,而以大夫礼葬之?薄,请以人君礼葬之。"——"所"字与"葬"后两"之"字,皆用以代"马"也。如不用代字,则当云"马者王爱之马,以楚国堂堂之大,何求不得,而以大夫礼葬马?薄,请以人君礼葬马"云,岂不重复可厌!⑤

《礼大学》:"此以没世不忘也。"——《注》云:"此所以既没世而

---

① 马建忠:《马氏文通》,北京:商务印书馆,1983年,第161页。
② 马建忠:《马氏文通》,北京:商务印书馆,1983年,第252页。
③ 马建忠:《马氏文通》,北京:商务印书馆,1983年,第33页。
④ 马建忠:《马氏文通》,北京:商务印书馆,1983年,第261—262页。
⑤ 马建忠:《马氏文通》,北京:商务印书馆,1983年,第41页。

人思慕之,愈久而不忘也。"则"此"下含一"所"字明矣。①

《史礼书》:"人苟生之为见,若者必死,苟利之为见,若者必害。"——《索隐》云:"人苟以贪生为见,不能见危致命,如此者必刑戮及身也。"②

《公羊定八》:"临南辣马而由乎孟氏。"——"由乎孟氏"者,道经孟氏家也。③

以上所引共六例。前二例,马氏采用"犹云"之训诂术语,分别将"薛居州"和"恶乎"变换为"如薛居州之善士"和"于何"。第三例,是以设想之辞"当云"引出所设之句,以与原句对比,显示出"行文所以用代字者,免重复,求简洁耳"。第四、五两例,分别引用古人注释,将"以"和"所以"、"若"和"如此"进行比较,以显示其异同。最后一例,以"经"字替换"由"字而串讲句意。

其二,语序的移位。例如:

《孟梁上》:"未有仁而遗其亲者也,未有义而后其君者也。"——是犹云"仁而遗其亲者未有也,义而后其君者未有也"。④

《汉刑法志》:"有君如是其贤也。"——犹云"有君其贤也如是","如是"乃表词也。今先乎静字,甚言其贤故云尔。

《孟公下》:"我欲中国而授孟子室。"——"授孟子室"者,犹云"授室于孟子"也。今"孟子"转词,先乎"室"之止词,介字不用。⑤

《汉李广传》:"匈奴必以我为大军之诱,不我击。"——"不我击"者,犹云"不击我"也。⑥

《孟告下》:"为其事而无其功者,髡未尝睹之也。"——不曰"髡未之尝睹也"。⑦

以上五例,前四例用训诂术语"犹云",后一例用设辞"不曰",都是把前后

---

① 马建忠:《马氏文通》,北京:商务印书馆,1983年,第42页。
② 马建忠:《马氏文通》,北京:商务印书馆,1983年,第83页。
③ 马建忠:《马氏文通》,北京:商务印书馆,1983年,第168页。
④ 马建忠:《马氏文通》,北京:商务印书馆,1983年,第67页。
⑤ 马建忠:《马氏文通》,北京:商务印书馆,1983年,第146页。
⑥ 马建忠:《马氏文通》,北京:商务印书馆,1983年,第156页。
⑦ 马建忠:《马氏文通》,北京:商务印书馆,1983年,第158页。

两句作比较,说明其中词语(成分)的次序有了变化。第一例是说"仁而遗其亲者"为"未有"之止词。第二例是说"如是"乃"其贤"之表词。第三例指出"孟子"是转词,却置于止词"室"字之前。后二例意在说明"有弗辞而代字止词不先置"是"仅见"现象。

其三,句式的变更。

卷四《外动字》一节云:"转词指人,或为代字,或为名,而字无过多者,则先诸止词而无庸介焉。"①例如:

> 《孟公下》:"子哙不得与人燕。"——"人"名也,单字"与"字之转词,今先于"燕"。盖犹云"子哙不得与燕于人"也。②

又《外动字》一节云:"凡外动字之转词,记其行之所赖用者,则介以'以'字,置先动字者,常也。"③然而,"转词介以'以'字置于止词之后者,盖止词概为代字,而转词又皆长于止词,句意未绝耳"。④ 例如:

> 《左隐元》:"继室以声子。"——此后直接"生隐公",则知以"声子"置于"继"之后者,所以为下文顶接地步,最《史》《传》所习用者。⑤

按:此例实际上是把所引非常式句与常式句"以声子继室"进行对比,说明变换的原因在于"为下文顶接地步"。

卷四《受动字》一节云:"以'为''所'两字先乎外动者。"⑥例如:

> 《汉霍光传》:"卫太子为江充所败。"——"败",外动也。意与"卫太子败于江充"无异。⑦

又《受动字》一节云:"外动字后以'于'字为介者。"⑧例如:

---

① 马建忠:《马氏文通》,北京:商务印书馆,1983年,第146页。
② 马建忠:《马氏文通》,北京:商务印书馆,1983年,第146页。
③ 马建忠:《马氏文通》,北京:商务印书馆,1983年,第149页。
④ 马建忠:《马氏文通》,北京:商务印书馆,1983年,第150页。
⑤ 马建忠:《马氏文通》,北京:商务印书馆,1983年,第150页。
⑥ 马建忠:《马氏文通》,北京:商务印书馆,1983年,第160页。
⑦ 马建忠:《马氏文通》,北京:商务印书馆,1983年,第160页。
⑧ 马建忠:《马氏文通》,北京:商务印书馆,1983年,第161页。

《赵策》:"夫破人之与破于人也,岂可同日而言之哉!"——"破于人"者,为人所破也。①

按:以上二例,是从两个不同的角度显示两种被动句式的变换,说明异构而同义。

卷五论及"动字之可承以散动者"时举例云:

《孟万上》:"吾闻其以尧舜之道要汤,未闻以割烹也。"——"以割烹"者,犹云"其以割烹要汤"也,本文不曰"其",不曰"要汤"者,已见于上文也。②

按:上面一例属于完整句式与省略句式的变换。

卷七《介字》一节云:"凡止词先乎动字者,倒文也。如动字或有弗辞,或为疑辞者,率间'之'字。"③例如:

《论阳货》:"古者民有三疾,今也或是之亡也。"——犹云"今也或亡是也"。④

《先进》:"吾以子为异之问,曾由与求之问。"——犹云"吾以为子所问之有异也,乃所问者由与求耳"。盖皆疑辞也。⑤

卷十《彖二》一节云:"凡句读必有语词。语词后而起词先者,常也。"⑥这是说"常式句"的语序,而"变式句"则不同。例如:

《论语·泰伯》云:"大哉,尧之为君也!"——"大哉",语词,"尧之为君也",起词,而反后焉。⑦

《庄子·徐无鬼》云:"久矣夫,莫以真人之言馨欬吾君之侧乎!"——所引皆咏叹之句,其语词率助助字,而先乎起词。⑧

《论语·子路》云:"何哉,尔所谓达者?"《孟子·梁上》云:"何

---

① 马建忠:《马氏文通》,北京:商务印书馆,1983年,第162页。
② 马建忠:《马氏文通》,北京:商务印书馆,1983年,第213页。
③ 马建忠:《马氏文通》,北京:商务印书馆,1983年,第251页。
④ 马建忠:《马氏文通》,北京:商务印书馆,1983年,第252页。
⑤ 马建忠:《马氏文通》,北京:商务印书馆,1983年,第252页。
⑥ 马建忠:《马氏文通》,北京:商务印书馆,1983年,第392页。
⑦ 马建忠:《马氏文通》,北京:商务印书馆,1983年,第393页。
⑧ 马建忠:《马氏文通》,北京:商务印书馆,1983年,第393页。

哉,君所谓逾者?"——所引"何"字,皆表词,先置。①

按:前二例属于"咏叹语词,率先起词";后一例属于"'何'字询问,有先起词者"。

又《彖三》一节云:"间有以转词先置者。"②例如:

《左传·昭公十三年》:"叔向曰:'诸侯不可以不示威。'"——犹云"不可不示威于诸侯"也。

又云:"止词非代字而有先焉者。"③

例如:

《左传·昭公二十四年》:"老夫其国家不能恤,敢及王室?"——犹云"老夫不能恤其国家"也。"国家"名字,而亦先焉。

按:前一例是主谓句式与动补句式的变换,后一例是主谓句式与动宾句式的变换。

以上三类同义异构的词语或句式间的变换分析,显然能够帮助读者深入地认识同义句法,辨析歧义结构。不言而喻,这是《文通》一书从"华文义例"出发而富有创造性的有力体现。

2008 年 5 月

---

① 马建忠:《马氏文通》,北京:商务印书馆,1983 年,第 393 页。
② 马建忠:《马氏文通》,北京:商务印书馆,1983 年,第 399 页。
③ 马建忠:《马氏文通》,北京:商务印书馆,1983 年,第 400 页。

汉语教学语法体系研究论略

一、语法体系与汉语特点

(一)语法体系

语法是语言的结构规则。这些语法规则有条理、有层次地组织成一个整体,则成为语法体系。

在客观上,汉语语法本来只有一种体系;但是由于主客观认识不同,语法学界便存在几种不同的语法体系,且拿可以自成一家的来说就有五六家之多。客观存在的语法体系,自然没有什么偏差可言,只有完善不完善的问题。而语法学家所建立的语法体系既然有那么多,自然就有这样或那样的偏差,不过是或多或少罢了。

因此,语法学家所建立的语法体系,偏差越少就越合理,就越有助于分析语言事实,也就越能够指导语言实践。

(二)汉语特点

各种语言都有自己的一套语法手段,各种语言所采取的表达形式并不相同。据史存直先生所说,西方语法和汉语相比,有以下三项差异:第一,分析与综合的差异;第二,词结合上的差异;第三,句构造上的差异(《汉语语法史纲要》)。

西方语言是综合语,而汉语没有"屈折"或"词形变化",是分析语;印欧语用来表示词结合关系的手段是"词形变化",而汉语用"词序"和"虚词"这两种办法来表示词与词的结合;英语、俄语的谓语必须是定式动词或包含一个定式动词,而在汉语里,不仅名、动、形三类词皆可同样直接作谓语,甚至词组和句子也可作谓语,等等。

语法学史上有一个重要的事实可以给我们启示:西方人在两千年前就创立了语法学,而中国人直到一百年前才出现第一部汉语语法著作,而且还是模仿西洋语法而写成的。这绝对不是由于汉人的智力水平低于西方人,只要看一看中国在十几个世纪以前就建立了体系完整的音韵学就可明白。那么其关键自然在于两种语言自身的特点。

因此完全可以推想,印欧语富于形态,所以西方语法研究能够侧重于形式,最初基本上只有词法,直到近代才发展了句法,形成完整的语法体系;而汉语没有形态,用词造句的规律非常简单,掌握起来不大感到困难,所以直到马建忠受了西洋语法书的启发才写出成体系的《马氏文通》,其内容不得不从汉语的实际出发而侧重于意义。

从上述角度来考察,过去已有的几种语法体系如果有偏差,那么不是过多地模仿西洋语法或机械地搬用西方语言理论,就是盲目地、过分地寻找所谓汉语语法的特点。王力所指出的这两种不良倾向都应当防止。

二、专家语法和教学语法

专家语法,又称"理论语法"。教学语法,又称"学校语法"。

王力曾指出:"学校语法着重在实践,科学语法着重在理论的提高。"又说:"学校语法和语法教学的关系密切;科学语法和语法体系的关系密切。"(《语法体系和语法教学》,见《语法和语法教学》)这当然不是说教学语法不需要理论,而是要把理论寓于实际材料之中;也不是说理论语法不解决实际问题,而是在解决实际问题的同时,还要解决一些较大的理论问题。

吕叔湘也曾经说过:"现在国外的语法研究可以大致分为三派:传统语法,结构主义语法,转换语法……结构主义语法和转换语法各有一套理论,往往是引几个例子谈一个问题,的确能说得头头是道,可是到现在为止,还没有看到过应用结构主义语法理论和转换语法理论,全面地、详细地叙述一种发达的、有文学历史的语言的语法著作,可以拿来跟用传统方法写出来的一些有名的著作相比较。"(《汉语语法分析问题》)这实际上说明,传统的教学语法的成就和地位,绝不在所谓专家语法之下。

史存直认为,传统语法的优点主要在于"句本位原则"。他明确指出,这个原则包含两项极为重要的内容:第一,它改变了句法对词法的地位;第二,它强调了句子结构的整体性。据他进一步调查,"句本位"这个原则,"很可能是黎锦熙先生根据二十世纪初英国学校语法的一般趋势提出来的"(《学校语法和专家语法》,见《句本位语法论集》)。

笔者在《关于词类转化问题》(2001)一文中说过:"对语法材料的处理,有教学语法和专家语法之别,前者注重实用(重在求通),后者讲究科学(重在求真)。"(见《文法学及其散论》)

对以上两种语法的区别,西方的语法学家非常强调,譬如乔姆斯基就申言,他的语法理论不适用于教学,并说作为教学语法,传统语法是很好的(参吕必松编《语言教育问题研究论文集》,1999)。而中国的语法学者一般对此缺乏自觉意识,因而在讨论语法问题时往往言人人殊,难以形成共识。其中典型的例子就是从"暂拟体系"急忙过渡到"中学教学语法体系(提要)",这在一定程度上扰乱了语法教学和教师的思想。

教学语法讲究实用,是指其教学内容对学生平时有用,考试时可以对付各种应试。在这方面,黎锦熙、史存直、廖序东等语法学家比较重视,并一直自觉地坚持教学语法体系的稳定及其不断完善。

三、汉语教学语法体系的奠基人——黎锦熙

黎锦熙(1890—1978),字劭西,湖南湘潭人。1911年毕业于湖南优级师范史地部。毕业后从事教育工作,编写过中小学教材。1915年应教育部之聘请,担任教科书特约编审员、主任。1920年起,先后任北京高等师范学校(北京师大前身)、北京女子师范大学、北京大学、燕京大学国文教授,首创讲授国语文法课。1948年任北京师范大学文学院院长、国文系主任(生平史料参《中国大百科全书》语言文字卷)。

黎氏著有《新著国语文法》(1924)、《比较文法》(原名《文法会通》,1930)、《国语文法纲要六讲》(1925)、《汉语语法教材》(合著)等三十余部,论文三百多篇。这些著作尤其是《新著国语文法》,奠定了汉语教学语法体系的坚实基础。

(一)《新著》产生的学术背景

自鸦片战争起,列强入侵中国。为适应这种需要,特别是传教的实际需

要,一些传教士试图用印欧语的语法对汉语语法进行解释,便产生了以沿海方言和首都方言的口语为考察对象的一些语法小册子。这些书大多以各自的母语语法为蓝本,对汉语词类进行初步分类。但是,由于编写者大多不精通汉语,又缺乏语言学方面的基本知识,且多采取实用主义立场,因而没有也不可能对汉语进行认真细致的研究,这些著作科学价值并不高,谬误之处甚多。

1898年戊戌变法这一年,《马氏文通》出版,标志着中国汉语语法学的创立。此后,各种语法著作蜂起。五四运动以后,白话文取代了文言文的地位。在时代潮流的激荡下,随之出现了许多白话文语法著作。归纳起来,大致有四种类型:一是模仿类,即基本上仿照《马氏文通》体例。这些书一般缺乏创见,很快被淘汰;二是修正类,即对《马氏文通》提出一些批评,并进行修正补订工作,可以章士钊的《中等国文典》(1907)和杨树达的《高等国文法》(1920)为代表;三是探索类,即试图仿照英语语法另起炉灶,重新构拟一个新语法体系,可以刘复的《中国文法通论》(1918)和金兆梓的《国文法之研究》(1922)为代表;四是革新类,如陈承泽的《国文法草创》。该书如吕叔湘所谓"是《马氏文通》以后相当长的一个时期内最有意思的一部讲文言语法的书",对后代的研究影响深远。

在《马氏文通》之后的三十年,最引人注目的、真正着力推行教学语法的是黎锦熙,其《新著国语文法》即建立了一个比较完整的国语文法新体系,开创了我国用白话文撰写汉语语法的新纪元。这部书规模宏大,观点新颖,材料丰富,分析细致,因而影响深远,是当时学习和研究国语文法的一部杰出的著作。在汉语语法学的草创时期,如果说《马氏文通》代表了古代汉语语法研究阶段,那么《新著国语文法》便代表了现代汉语语法研究阶段。从《马氏文通》到《国语文法》,在对象上反映了从文言转向白话,在方法上也从词本位研究改为句本位研究,从较多的模仿改进为较多的独创。当然,由于毕竟处于草创时期,模仿印欧语系语法的痕迹还相当明显。

(二)《新著国语文法》的语法体系

《新著国语文法》于1924年商务印书馆初版,以后多次重印。作者从1920年起,在北京的几所高校里讲授国语文法,编写了许多片段的讲义,记录了零星的笔记,后来据此形成全书的长编。在长编的基础上,简练而成《新著》一书。本书以白话文为描写对象,全书共分二十章。其主要内容综述如下：

1. 关于"句本位"文法。当时通行以词类为纲来讲授文法,本书一改传统的方法,提出以句子为纲来讲文法,即"句本位"文法。作者批评"词本位"文法体系,以为"仅就九品词类,分别汇集一些法式和例证,弄成九个各不相关的单位,是文法书最不自然的组织,是研究文法最不自然的进程"(《引论》)。并指出,如果采取"句本位",从句子的研究入手,不但可以得到正确的词类用法,而且可以发现一种语言的普通的文法规则,有助于学习和翻译他种语言,可以帮助心灵的陶冶。"句本位"文法,"退而'分析',便是词类的细目;进而'综合',便成段落篇章底大观"(《引论》)。后来又在其《今序》里指出,所谓"句本位"语法是指"把'句本位'作中心,把组成句子的六种成分作出发的重点"。作者以此为指导思想来编排组织本书,例如第二章论述词法,第三、四、五章论述句法,第六章又讲词法。具体来说,就是先把句子分成六大成分,然后根据词在句中所充当的句子成分划分词类,又从这六大成分引出实体词的七个"位",并由此分析单句,研究省略和倒装,进而分析复句以至句群段落及篇章。作者还认为,最适于解释句本位文法的工具是"图解法"。

2. 关于词类问题。作者区分词类采用意义(观念)标准。他认为,词类是词"所表示的各种观念"分出来的若干种类。譬如:名词是事物的名称,用来表示观念中的实体;动词是用来叙述事物之动作或功用的;形容词是用来区别事物之形态、性质、数量、地位的(如"长"、"温和"、"一座"、"那个")等。根据汉语中语词所表示的"各种观念",作者把汉语的词分为"五类九品"。所谓"五类"即实体词(名、代)、述说词(动)、区别词(形、副)、关系词(介、连)、情态词(助、叹)。这实际上是逻辑分类。

在替词归类时,作者使用了另一标准,即依据词在句中的位置、职务定类,使词类与句子成分对当。但是,由于汉语的词在句中的位置、职务错综复杂,而变更时又不像印欧语那样有词的形态变化,所以"国语的九种词类,随它们在句中的位置或职务而变更,没有严格的分业",进而得出了"依句辨品,离句无品",也就是词无定类的结论。后来虽然改为"凡词,依靠结构,显示品类",但内容实质仍是一样的。

3. 关于单句的成分。词进入句子后便转化为句子的成分,"句本位"文法的"重心"就是分析句子的成分。本书把单句的成分确定为三类六种:

主语，述语——主要成分
宾语，补足语——连带的成分
形容的附加语，副词的附加语——附加的成分

　　主语是一句话里的主体；述语是述说主语的；宾语是外动词作述语时的连带成分，如"造桥"的"桥"；补足语是述语的连带成分，或补足主语，如"人民是英雄"中的"英雄"，或补足宾语，如"学生请我讲课"中的"讲课"；形容的附加语是添加在实体词上的附加成分，如"一座""长的"；副词的附加语是修饰或限制述语的附加成分，如"赶紧修桥"里的"赶紧"。分析句子时，首先要确定两个主要成分"主语"和"述语"，先找两个中心词；然后再找出连带或附加于中心词上的连带成分或附加成分。这种析句法称为"句子成分分析法"，后来有些学者也称它为"中心词分析法"。从书中对补足语的阐述来看，著者有些过分偏于逻辑语义的分析了。

　　4. 关于实体词的"位"。书中所谓"位"，是指"名词或代词在句中的位置"。设立"位"的目的，主要是为了把实体词的词性固定下来。作者根据词在句中的位置和职务确定词类，把词类和句子成分一一对应，如说名词、代名词常作主语、宾语，动词常作述语等等；但是词在句中的位置和职务常有变更，特别是实体词变更尤多，它不仅可作主语、宾语，还可作补足语、附加语等。本书替实体词设"位"，就是说实体词不管充当什么句子成分，词性都不改变，只是所居职位不同。该书替汉语的实体词设立"七位"：主位（实体词用作主语）、宾位（实体词用作宾语）、补位（实体词用作补足语）、领位（实体词用作形容词附加语）、副位（实体词用作副词附加语）、同位（实体词用作与上述五种位同一成分的）、呼位（实体词离开上述六种位而独立的）。同时，书中还设立了各种位的"变式"，例如主位直接倒装在述语之后的，便是"变式的主位"，宾语在动词前或句首，便是"变式的宾位"等，阐述了汉语的变式句。可以看出，这所谓"位"如同《马氏文通》的"次"，是分析语句的一套辅助术语，是为了固定各个成分的"论理的次序"（逻辑的次序），以便于阐述语言习惯上的各种变化格式。黎氏的"位"比起马氏的"次"显然更有条理，是一个进步，但这种设立也是不必要的。分析汉语的语句，有主、谓、宾、补等这一套就够了。

　　5. 关于复句。本书对汉语复句分析详尽，把复句分成三大类：(1)包孕复句，又叫子母句。其中又分为三小类，即名词句、形容词句、副词句。(2)等立

复句。其中又分为四小类,即平列句、选择句、承接句、转折句。(3)主从复句。其中又分为六小类,即时间句、原因句、假设句、范围句、让步句、比较句。

6. 关于句子的语气。作者根据句子所表示的语气把句子分为五类:(1)决定句,表完结语气;(2)商榷句,表商度语气;(3)疑问句,表然否或抉择、寻求的疑问;(4)惊叹句;(5)祈使句。在讨论这五类句子时,书中也讲述了汉语特有的表语气的助词及其作用。

(三)《新著国语文法》的"句本位"思想

《新著国语文法》是我国第一部以白话文为对象的系统而完整、并有很大影响的语法著作。这部著作的最大特点,是以"句本位"为指导思想而建立起一个新的语法体系。其"句本位"思想体现在以下几个方面:

首先是词类的划分上。著者在给词类下定义时,既采用意义标准,而在具体分析时又主张从句法功能上去鉴别。这与《马氏文通》主要从意义或逻辑上给实词分类相比较是进了一大步,但著者却又狭隘地解释为:某类词只能充当某种句子成分。这势必推导出"凡词,依句辨品,离句无品"的绝对结论。其实词类的划分并不只在句中观察,还要参照词与词的组合关系等。

其次是在"短语(词组)"的分类上。著者按照它们在句中的作用分为:凡作主语的即为"名词短语",凡作状语的即为"副词短语"。于是,同样一个动宾关系的短语,只因在句中出现的位置不同,便分属两类以上短语。这种分类显然与其词类划分是一脉相承的。

再次是在句子结构分析上。著者首次明确了句子的六大成分及其内部关系。这六大成分被分为三个层次:一层为主要成分(主语和述语);二层为连带成分(宾语和补足语);三层为附带成分(形容词附加语和副词附加语)。具体分析时采用"中心词分析法",一举找出句中各成分。这种析句法能够划清主干和树枝,有一定的成分层次观念,对辨清整句的格局、确定句子类型、修改病句,的确有一定的帮助。它至今在教学和研究中仍被广泛运用,是传统语法析句的典型代表。不过,这种析句法不能有意识地突出句子结构内部固有的层次性,因而无法合理解释一些比较复杂的句法现象;其次是完全凭意义来确定句中成分关系,如依据施事受事决定主语宾语,这主要归于逻辑范畴而并非语法范畴。

由于著者十分重视句子的分析,因而对复句的论述也比前人充分而详细。复句分三大类,其下又分若干小类。这就为复句分析奠定了坚实的基础。后来诸家这些方面都大同小异。不仅如此,书中的阐述已经涉及句群问题了,这是难能可贵的。

(四)《新著国语文法》的句子成分分析法

著者所建立的句本位语法体系中的单句成分和图解法,是传统的句子成分分析法的源头。虽然他所说的"单句成分"与今日所说的"句子成分"有所不同,但基本构架和分析都已形成。1950年,黎氏撰写《中国语法与词类》一书,将其图解法简化为"读书标记法"(又称"加线法"),使其分析法变为一种更易于操作的分析方法。

句子成分分析法是植根于句本位的。众所周知,句子是语言的运用单位,词和词组都是句子的构成单位,严格说来,是构成句子成分的单位。同样一个词或词组,在充当不同句子成分时的语法功能和语法意义都是不同的,因而设立句子成分就用词造句和考察句子而言,是必要也是必须的。不过,语句分析应当侧重于句法结构的分析以及与句法结构形式相对应的语法意义的分析。单用逻辑意义分析代替语法形式、语法意义的分析自然是不可取的。

句子成分分析法用七种不同的符号标记句子成分:主语用双线,述语用单线,宾语用浪线,定语用圆括号,状语用方括号,补语用尖括号,独立语用三角号。这可以反映出句子的格局。吕叔湘于其《关于语法分析问题》中指出:"这种分析法有提纲挈领的好处,不仅对于语言教学有用,对于科学地理解一种语言也是不可少的。"(1978)

(五)《新著国语文法》的贡献与缺陷

《新著国语文法》内容丰富,材料翔实,结构谨严,条理分明,立论持重,而且配有图解,作为教科书非常合适,因此深受欢迎,盛行不衰,不仅在此后的四十年里,对普及汉语语法知识、发展汉语语法学起了巨大的推动作用,而且在今日看来,作为教学语法的典型代表,仍将会引起人们的高度重视。

首先,其体系非常齐整完备。该书区分了字、词、短语、子句、分句、单句、复句;有九个词类,六个句子成分,七个"位",还隐约提出了"句群"。这些无疑为语法教学提供了极好的内容。书中又配置许多图解,极便于教学。其中心词分析法也简便而易于操作。因此,这部书的最大贡献在于建立了一套汉语的教学语法体系,它突出了语法的功能性和实用性。

就拿词法来说:(1)明确地区分了"字"与"词"。(2)把量词单独列为一个词类。这是很有见识也很有意义的,开拓了汉语词类研究的新局面。(3)将动词从内容意义上进行再分类,并把它同句法的组织联系起来。例如书中分外动词为八小类:处分事物,经验方法,交接物品,交涉人事等等。这种分类不一定符合"词类的次范畴特征",但重视词类的再分析,重视语法中的语义分析,无疑是完全正确的。(4)对介词的研究更为深入。与《马氏文通》相比,黎氏的介词研究不仅扩大了范围,而且划分了类别(时地、原因、方法、领摄)。此外,对助词的阐述也更为细致,更为深入。

其次,提出了与语法相适应的"句本位"思想。《马氏文通》及后来与它同时代的一般语法著作大都偏向"词本位",而该书强调建立"句本位"的汉语语法体系。此前,虽说已有体系完备和涉及"句本位"观念的白话文法著作,但终因流传不广而影响不大。就其重视句法这一点来说,"句本位"的语法理念是符合汉语实际的。这已经为长期以来的汉语语法教学的实践所证明。因此,《新著国语文法》似当与《马氏文通》并列为汉语文法学之开创力作。

即如句子成分分析法,它在很长一个时期里是非常适合于语法教学的,因而为教师所普遍应用。用来替代《暂拟系统》的《中学教学语法体系(提要)》,推行不利,遭遇抵制,就是有力的证明。由此看来,句子成分分析法仍然是语法教学甚至语法研究的基础,这有助于提高分析语言、运用语言的能力。我们不能否定它,只能结合现代语法学思想与汉语实际不断完善它。

《新著国语文法》当然也有一些缺陷,主要有以下三点:

1.对汉语语法的特点重视不够。如作者《今序》所说,该书以《纳氏文法》的框架来描写汉语语法,因而不能避免有模仿英语语法的弊病。

2.在词类区分上存在矛盾。作者一方面主张根据意义(观念)区分词类,另一方面又提出根据词在句中的位置或职务来定类,所谓"依句辨品,离句无品",进而又用实体词"七位"来限制实体词的转类或通假,以摆脱"依句辨品"的困境。

3.在解释一些语法现象时,往往用逻辑分析代替语法分析,例如经常从逻辑或心理出发,忽视句法结构的特点,凭主观想象任意解释省略和倒装。

四、汉语教学语法体系的修正
——史存直的《关于汉语语法体系》

史存直(1904—1994),安徽合肥人,曾留学日本,当过中学教师、出版社编辑,后一直担任华东师范大学教授。史存直先生在语法研究方面,坚持传统语法观点。50年代曾发表过许多语法论文。1970年写成《关于汉语语法体系》一文,后来收入他的《语法三论》(1980)里。这篇重要论文在当时并未引起语法学界的足够重视。今日看来,他提出了一个与各家语法体系都不尽相同的新体系,确实有其合情合理之处。1982年出版《语法新编》,进一步把他的一整套语法观点具体化了。在上述论文里,史先生认为"建立语法体系必须注意以下三项根本原则":

1. 句本位原则;
2. 形式与内容对勘而以句法为纲的原则;
3. 句法与词法对勘而以句法为纲的原则。

他一再强调:研究语法就必须在大脑里先树立"句本位"观点,因为"说语法的目的在于研究用词造句的规律","研究语法规律,实际上就是研究用词造句的种种格式","其理论的归结必然是词法应该为句法服务,因而建立语法体系必须先考虑句法,然后才能考虑词法"。

他指出:分析句子至少需要设立"主、谓、宾、补、定、状"六个成分。经过多方比较,他认为还是"黎锦熙的体系缺点少些"。其原因是:(1)黎氏强调了"句本位"原则,对句子都作了彻底的分析,没有"兼语式"或"递系式"、"复杂谓语"之类的毛病;(2)黎氏吸收了西洋"学校语法"以形式为纲的优点,未陷于烦琐。

"但黎氏的安排也不能说全无缺点,它的缺点主要是由于未看清汉语和印欧语的基本差别,因而未能彻底摆脱西洋语法的影响而来的。"

在这样的思想指导下,史先生对黎氏的体系进行了若干修正。

首先,他把黎氏六大成分的三个层次改为两次划分:

主要成分——(主语、谓语)

次要成分——连带成分(宾语、补语)
　　　　　　附加成分(定语、状语)

其理由是：(1)主要成分与次要成分性质不同,主要成分中的主语和谓语是互相对待的,而次要成分互相间以及主要成分和次要成分之间都没有对待关系。和次要成分相对待的乃是这些成分所依附的中心词。这些成分所依附的中心词可能包含在主语部分里,也可能包含在谓语部分里,所以黎氏把宾语和补语算作谓语的连带成分,就不免把关系搞错了。(2)连带成分和它所依附的中心词之间的关系比较紧凑,而附加成分和它所依附的中心词之间的关系比较松弛。

其次,鉴于汉语中主语有一多半既非施事,又非受事的事实,他提出析句时不必问主语是施事还是受事。在必须谈施受关系时,才称在施事地位的主语为"施事主语",称在受事地位的主语为"受事主语",而称既非施事又非受事的主语为"提示主语"。

再次,鉴于汉语中宾语的内容实在复杂,但又不能分类过细,他提出可以把动词的直接对象称为"受事宾语",而把动词影响所及的宾语称为"关涉宾语"。与此相关的是介词的宾语,"把"字后面的宾语通常是"受事宾语",而其他介词后面的宾语通常都是"关涉宾语"。他认为这至少对教学有好处。

第四,鉴于动词和形容词的语法功能系统就理当并为一大类,他建议给它取一个总名称,即"表词",其下分为"动词"和"象词(形容词)"。

第五,在名词的附类里可包括"时间词""处所词"和"方位词"。助动词可分前置和后置两种,前置的表"可能、应当、或然、意愿"等,后置的表"时态、趋向、能够"等。助动词及其所依附的动词或象词结合起来算作一个句成分,不必再分析。

最后,他把虚词划分为三类:介系词、语气词、感叹词。其介系词又按照它的介系方式分为四小类:介词、连词、间词(结构助词)、系词(是)。

此外,他认为从汉语的历史发展来考察,不仅上古汉语没有表示被动的形态,就是后来也并未发展出这种形态来。倒是在形态上不分能动被动的古老习惯一直存在。因此他认为从全面考虑,仍把"被"字当作动词比较合适。因为(1)把"被"算作动词,它后面的那个实体词乃至整个句子的结构就都容易处理了;(2)把"被"算作动词,和同时存在的"受、挨、让、叫"诸字也就一致了。

以上所述,就是史先生所拟订的新体系之框架。他还强调,语法的基本要求是"执简驭繁",而且有利于教学。我们可以看出,史先生坚持并发展了黎氏的"句本位"思想,进一步完善了教学语法体系,其中不乏精彩的理论阐述。

史先生继承和完善了黎氏的汉语教学语法体系。这不仅体现在他的《关于汉语语法体系》这篇重要论文里,而且在他的其他几篇相关论文里也多番阐述与发挥。他还专门写有一篇题为《在语法方面我继承了黎锦熙先生的哪些东西?》的论文,针对"黎先生的东西究竟过时了没有"的问题,提出了一个评判的标准:"其实要评论某种主张或某一学说过时未过时,必须把它的基本思想和一些具体处置分开来看,即使具体处置上有失当的地方,如果它的基本思想是健全的,那我们就必须把它的基本思想保留下来,让它继续发挥作用。"毫无疑义,这个标准所反映的观点是正确的。他还说:他通过"五十年的钻研生活","才逐渐体会到传统学校语法实有其理论基础,胜过专家语法"。他自己总结说,他从黎先生那里继承了以下三项:

1. 句本位思想;
2. 六个句成分和三个层次;
3. 前置助动词和后置助动词。

他指出:"这三项中有两项半也正是黎先生从英国学校语法吸取来的,只有后置助动词才是黎先生的独创。"

史先生还说,黎氏对其解放前的某些提法后来已经放弃不谈了,如"七位说"、"同动词"之类。对其解放后由于受语法学界的影响而提出的某些见解,如"广义形态"和"熔解论"(即短语在语法体系中的独立地位),史先生也没有接受。即使如"句本位",他也从理论上作了小改动,还斟酌汉语实际对六个句成分的内容作了小调整。

五、汉语教学语法体系的扩展
——廖序东的《文言语法分析》

廖序东(1915—),湖北鄂城人,长期在徐州师范大学中文系任教授。除了与黄伯荣共同主编过高校统编教材《现代汉语》外,还著有《文言语法分析》(1981)等。在前一本教材的语法部分,比较注意对传统语法的继承,处处留意教学实用,跟踪中学语法教学系统,用的是黎氏所建立的句本位语法体系,内容平稳,但容量不大。在后一部书里,他把黎氏的教学语法体系运用于古代汉语,并采用最简便的分析法,即加线法,对若干篇文言文作了全文的语法分析,提供了一种语法分析的体例。

《文言语法分析》一书分上下两编:上编是"文言语法概要",下编是"文言语法分析举例"。

《文言语法概要》包括六个部分:一是词类,分"名词、动词、形容词、数词、量词、代词、副词、介词、连词、助词、叹词、词头和词尾、兼词"十三类;二是词类的活用;三是句子,包括"句子成分和标记法"、"基本句型"、"判断句"、"被动句"、"单句和复句"五项内容;四是句子成分的位置,涉及"主语和谓语"、"动词、介词和宾语"、"双宾语"、"定语和中心语"四项;五是句子成分的省略;六是文言语法分析和普通话翻译。

就其语法框架来说,与汉语传统教学语法内容大同小异,其叙述也十分简略。譬如把句子成分分为三类,即基本成分、附加成分、特殊成分(同位语、独立语);把基本句型分为四类:即主谓型、主谓宾型、双宾型、兼语型。值得注意的主要有三方面:

一是明确提出:"有的句子,几个谓语说明相同的主语,这也是单句,不是复句,这样几个谓语,不论他们之间有没有连接成分,停顿不停顿,又不论它们之间的关系怎样,统称为复谓语。"这样一来,文言文里的单句范围大大地扩展,而复句的范围明显地缩小。例如:

　　相如虽驽,独畏廉将军哉?(《史记》)
　　向吾不为斯役,则久已病矣。(《捕蛇者说》)
　　樊哙覆其盾于地,加彘肩上,拔剑切而啖之。(《史记》)

以上该书都归入单句,而一般语法书都看作复句。

二是规定了十二种符号和线条用作分析句子成分的标记。

三是增添了有关文言翻译内容的阐述。

下编是这本书的最大特色,作者选择了22篇文言文,对它们进行了全文每一句的句法分析,不仅使用标记法,而且作了简要的文字说明。这显然是黎锦熙的图解法的发展与扩展,在教学中更便于操作,也确实能帮助学习者理解句子的结构和语义。

以上所述表明,廖先生的贡献在于:一、把黎氏的"句本位"语法体系扩展到古代汉语的领域,并针对古代文献的实际作了一些调整;二、运用黎氏语法体系的原理和方法,对文言文的某些篇章进行了完整的句子结构分析;三、对黎氏的图解法作了改进，因而更加便于操作，并全面运用于文言文的结构分析。

六、余 论

20世纪70—80年代，不少语法学家在批评传统语法时，往往着眼于它的重视意义而忽视形式，这显然与计算语言学的兴起和西方某些语言学思潮的泛滥有关。就前者而言，刘涌泉在《语言学必须现代化》一文中说得很明白："机器只认识形式，不懂意义。"而且把"面向人的语言学"与"面向机器的语言学"区分看待（参《中国语文》1978年第4期）。这实际上等于说，对人而言，用形式与意义相结合的语言学；对机器而言，用形式主义的语言学。

从整体语言学史来看，开初的传统语言学着眼于意义，后来出现的"结构主义"语言学、"转换生成语法"等流派则强调形式，最近一个时期似乎有向传统语言学回归的倾向。马希文在其《谈谈数理语言学》一文中早就指出："形式语言学有了二十多年的历史。但是它并没有对语言学的发展作出显著的贡献——这可能是由于只从表面形式去研究语言是非常不够的——为了解决语言结构的问题，必须寻找新的途径以深入语言的内部即语义学的领域。"（《中国语文》1978年第3期）在我国有一个明显的事实，就是语法学界出现了"三个平面"的语法理论，也就是主张句法、语义、语用三者结合的汉语语法研究的新思路。这再一次说明，语言的意义又重新引起人们的重视。这是符合汉语的特点与实际的。今天，应当从这个新的角度来重新考察传统教学语法体系，给它以科学的评价。

2007年2月

第二编 训诂

关于训诂方法科学化的思考
——纪念中国训诂学研究会成立十周年

中国训诂学研究会成立到现在,已经整整十年了。在这十年里,训诂学作为一门学科,在向着现代科学发展的道路上又有了长足的进步。这不仅表现于论著如林,学者迭出,还主要表现于这门学科内容更趋系统,方法有所更新,术语逐渐明确。这是毋庸置疑的。

但是,训诂学终究是一门古老的学问,传统的影响比较大,因袭的负担比较重,再加上这门学科的研究对象比语言科学的其他学科更为复杂,目前还很难说它的理论建设已经基本完善。王宁先生在《试论训诂学在当代的发展及其旧质的终结》一文中曾经正确地指出:"建立一门科学史,不但应当依照历史发展的顺序向后来人客观地介绍各阶段的主要作者和著作,而且还应当站在科学理论的高度,对作者和著作进行科学的评价,衡量它的得失,品评它们对科学发展的作用和在科学史上的地位。"[①]训诂方法系统化、科学化的问题,是训诂学理论建设的一个重大课题。笔者曾就这一问题对近十年来出版的训诂学专著在总体上作了一番考察,今不揣梼昧,论列于后,以待方家教正。

---

① 王宁:《试论训诂学在当代的发展及其旧质的终结》,《中国社会科学》,1988年第2期,第28页。

一、训诂方法与训诂方式

近十年来,概论性训诂学专著出版了将近二十部,就其关于训诂方法的论述来看,大体可以分为两类:一是基本上沿袭传统所谓形训、声训、义训的三分法;二是在总结前人训诂实践和引进相关学科研究方法的基础上形成的多分法。

先说前一类。为节省文字,现将有代表性的几种列简表如下(以问世先后为序①):

表三

书　　名	类　　　别		
训诂学概论		音　训	义　训
训诂学要略	形　训	声　训	义　训
简明训诂学	以形说义	因声求义	直陈词义
训　诂　学		推原	互训、义界

表面看来,有的著作是将训诂方法二分的,如"齐本"所说:以语言释语言之方式有三:一曰宛述(义界),二曰翻译(互训),三曰求原(推原求根)。"以上三种方式,都不外乎就音或义两方来立说。下面分音训及义训两项述之,形训不与焉。……至解说形体,求其造字之本,虽与训诂有关,然终非训释古语,应属于文字学的范围。"②然而就其本质来看,这种二分法与传统的三分法没有什么差别。

现在看来,这种分类是否科学,不在于是否沿袭过去,也不在于是二分还是三分,而在于义训或直陈词义的具体内容,即直陈词义的义训,还能不能作为一种训诂方法。

所谓方法,从理论上来说,应当是包含所采取的手段或所凭借的条件的。那么训诂方法,就是指我们采用什么样的手段或凭靠什么样的条件,寻求或

---

① 齐佩瑢:《训诂学概论》,北京:中华书局,1984年(下称"齐本");周大璞:《训诂学要略》,武汉:湖北人民出版社,1980年(下称"周本");白兆麟:《简明训诂学》,杭州:浙江教育出版社,1984年(下称"白本");洪诚:《训诂学》,南京:江苏古籍出版社,1984年(下称"洪本")。

② 齐佩瑢:《训诂学概论》,北京:中华书局,1984年,第96页。

揭示某个语词的意义。这种由未知求得已知的手段或条件,我们便称之为"方法"。

以上所引诸家对义训是如何论述的呢? 这里且举有代表性的两家。先看"齐本"的有关论述:

> 以语言解释语言的方式中,求原是音训,上面已经说过了;宛述是义训,翻译则兼而有之,其仅只意义相当而无音声之关系者可以归之义训。①

接着,他把"宛述"又分为两小类:

(1)释一词之义:"高平曰原。""泜,小渚也。""柳,柔脆之木。""觥,所以誓众。"

(2)释对词之义:"谷不熟为饥,蔬不熟为馑,果不熟为荒。""金谓之镂,木谓之刻,骨谓之切,象谓之磋,玉谓之琢,石谓之磨。"

把"翻译"又分为十一小类:

(1)以今语释古语
(2)以通语释方言
(3)以意义相近之词释之
(4)以狭义释广义
(5)以私名释类名
(6)以类名释私名
(7)以"某貌"、"某声"释之
(8)以"辞也"释之
(9)以浅近者比况释之
(10)以今字释古字
(11)以正字释借字

再看"周本"的有关论述:"义训就是直陈词义,而不借助于音和形。"②往下,他把"义训"又分为七小类:

---

① 齐佩瑢:《训诂学概论》,北京:中华书局,1984年,第133页。
② 周大璞:《训诂学要略》,武汉:湖北人民出版社,1980年,第114页。

(1) 同义相训　　(2) 反义相训
(3) 以狭义释广义　(4) 以共名释别名
(5) 设立界说　　(6) 描写形象
(7) 比拟事物

除了与上引异名同实的以外，别的本子还列有"同训、互训、递训"等。

无论是上面所引述的"义训"的定义，还是所列举的二十几种"义训方法"，都没有交代采取什么手段，凭借什么条件。正如"直陈词义"这个短语所表明的，它们都无非"以义说义"，是将已知的词义用各种不同的表达方式（今字，本字，类名，属名，同义词，反义词，一串词语，等等）直接陈述出来罢了。显而易见，这种种表述应该是"训诂方式"，而不是"训诂方法"。

拙著虽然把"同义相训、标明义界、由反知正、增字足意、描述比况"等等说成"直陈词义的方式"，①但终究是把"直陈词义"当作一种训诂方法，因而也未能从根本上脱离传统训诂学的窠臼。

诸如此类的阐述，包括拙著在内，实际上是把训诂方法和训诂方式二者互相混淆了。

这种混淆不清，还表现在有些著作的行文之中。除了前面已经引过的"齐本"在谈到音训和义训时，或用"方术"，或用"方式"，或用"定法"之外，"洪本"在论述"几种常见的训诂方式"时，列举了"互训、推原、义界"三种，并说："以上三种解释词义的方法，是汉代训诂家解释词义的主要手段，任何一个'词'都能拿这三种不同的方法去解释。"②今天，要使训诂学成为现代科学，就必须按照现代思维科学的要求，把训诂方法与训诂方式严格地区分开来。

二、基本方法与一般方法

再说训诂方法的多分法。其中又有两种情况：平列的和非平列的。试看

---

① 白兆麟：《简明训诂学》，杭州：浙江教育出版社，1984年。
② 洪诚：《训诂学》，南京：江苏古籍出版社，1984年。

下列表四[①]：

表四

书　名	类　别
训诂简论	以形说义；因声求义；核证文献语言；考察古代社会
训诂学	据古形；破假借；辨字形；考异文；通语法；审文例；因声求义；探求语源
训诂学纲要	以形索义；因声求义；义训（利用辞书，钩稽旧注，对比文句，参考异文，印证方言）
训诂学导论	以形索义；因声求义；据文证义；折词审义；辨体明义
应用训诂学	以形求义；因声求义；比较互证；目验和统计

显然，"赵本"先把训诂方法划为三类，然后在"义训"之下再列举五种。"郭本"则分训诂方法为八种，而把"形训、声训、义训"视为"条例"，不看作方法。他说："所谓训诂的方法，主要就是释词的方法。有的训诂书把训诂的方法概括为形训、声训、义训，又有的概括为互训、义界、推原，我们认为这些都是训诂的条例或方式，而不是方法。"[②]而"陆本"和"许本"干脆取消了"义训"的提法，只是平列了四种或五种训诂方法。

无论是平列的还是非平列的，他们实际上都不再把传统训诂学所谓"义训"所包含的种种表述看作训诂方法。即使有的保留了"义训"这个名称，但在传统训诂学的意义上也是名存实亡。"郭本"明确地提出："训诂的方式大致可分为三种：一曰互训，二曰推原，三曰义界。"[③]"赵本"辟有"释义的方式"一章，列举了"直训、描写、义界、譬况、举例和插图"六种。[④] 而"许本"也把"互训、义界、推因"放在"训诂的方式"一章里阐述。其中个别提法未必妥当，譬如"推原"或"推因"就不是一种对已知词义的表述方式。但是总的看来，他们都把训诂方法和训诂方式合理地区分开来，尽管还没有阐明什么是训诂方式。这应当说是对传统训诂学一个明显的突破，是训诂学理论体系趋向科学

---

① 陆宗达：《训诂简论》，北京出版社，1980年（下称"陆本"）；郭在贻：《训诂学》，长沙：湖南人民出版社，1986年（下称"郭本"）；赵振铎：《训诂学纲要》，西安：陕西人民出版社，1987年（下称"赵本"）；许威汉：《训诂学导论》，上海教育出版社，1987年（下称"许本"）；程俊英、梁永昌：《应用训诂学》，上海：华东师范大学出版社，1989年（下称"程本"）。

② 郭在贻：《训诂学》，长沙：湖南人民出版社，1986年，第79页。

③ 郭在贻：《训诂学》，长沙：湖南人民出版社，1986年，第65页。

④ 赵振铎：《训诂学纲要》，西安：陕西人民出版社，1987年，第147—161页。

的一个标志。

不过,上述四种专著有关训诂方法的提法,无论是平列的还是非平列的,在逻辑上似乎都不够周密。

先看"陆本"。"核证文献语言"和"考察古代社会",无疑地都是训释词义的一种凭借,但二者都是语言外部环境的利用,是游离于词的内容和形式之外的另一种性质的条件。何况不仅语言学的其他学科,而且语言学以外的学科,只要想探讨本专业的历史,都需要"核证文献语言",需要"考察古代社会"。

次看"赵本"。在谈到"利用辞书"的训诂方法时,列举了《尔雅》、《方言》、《广雅》、《广韵》等辞书。这当然是释义时所凭借的条件。但是,在谈到"以形索义"和"因声求义"的训诂方法时,所凭借的大多是《说文解字》、《尔雅》和《释名》三书。《说文解字》虽然是字书,就释义来说与辞书并无本质区别。即使分析古文字,也无非凭借《甲骨文编》和《金文编》之类。如此说来,为什么不把"以形索义"和"因声求义"也称之为"利用辞(字)书"呢?

在谈到"印证方言"的方法时,书中举了五个例子,其中四个都是凭借"因声求义"的手段。如说"阿堵"和"现在河北山东一带"的方言"伍的","有一定的渊源关系"。① 说"重枣"即"挣枣","现在山西有些地方的方言里'挣''重'两字同音"。② 又说"在这些方言里'胡''扶'同音。可能这个'胡梯'就是'扶梯'"。③ 那么"印证方言"不就是"因声求义"吗?

再看"许本"。在述及"据文证义"的方法时,他说:"用'音同''音近'的方法来解决通假问题和推求词义来源,是不能离开当时的语言实际的。如果离开确凿的文献语言的佐证,仅仅根据声音妄加推测,势必多有谬误。"④其实,岂止运用"因声求义"的方法需要"据文证义",采用"以形索义"的方法又何尝不是如此?"陆本"就指出:"剖析字形、分辨训诂必须以古代文献中生动的语言为本。"⑤著者在引用段玉裁《说文解字注》加以论述之后又说:"由此可知

---

① 赵振铎:《训诂学纲要》,西安:陕西人民出版社,1987年,第144页。
② 赵振铎:《训诂学纲要》,西安:陕西人民出版社,1987年,第145页。
③ 赵振铎:《训诂学纲要》,西安:陕西人民出版社,1987年,第146页。
④ 许威汉:《训诂学导论》,上海教育出版社,1987年,第84页。
⑤ 陆宗达:《训诂简论》,北京出版社,1980年,第117页。

文献语言是训诂的渊源,没有渊源,必流于随意妄说,而有臆测穿凿之弊。"①可见,"据文证义"或"核证文献语言"不过是对"因声求义"和"以形索义"二法的补充手段,是不能与之并提的。

  "郭本"在这方面显得更不周密。首先,他把"形训、声训、义训"归入"训诂的条例"。这"条例"是旧训诂学的一个术语,涵义本来就非常含糊,这里指的是规律,是原则,还是方法,著者也没有明确的界说,只是把它与"方式"、"术语"、"方法"并列。"周本"也使用"训诂条例"一语,其内容却包括"释义的方法"、"行文的格式"和"常用的术语"。② 其次,在具体阐述"形训"时,又说:"用分析文字形体的方法来解释字义,谓之形训。"③这"条例"似乎就是"方法"。而在阐述"义训"时却说:"以通行词训释古语词或方言词的意义,谓之义训。"④这不就是前面提过的"以今语释古语"和"以通语释方言"吗?那么,所谓"条例"又似乎是"方式"了。再次,"郭本"所列举的八种训诂方法中,所谓"因声求义"即"通过字、词的声音线索(主要是指古音)去探求字、词的古义"。⑤ 这与"训诂条例"里的"声训"不是一回事吗?所谓"破假借"和"探求语源",它们所依据的都是"音近义通"的原理,不过是运用"因声求义"的方法所达到的两个不同的目的而已,显然不能与"因声求义"法相提并论。所谓"辨字形",其依据是:"汉字是表意文字,音义寓于形中。"⑥书中举的几个例子,有的是形符相同而声符微别,有的是古今字,有的是正俗字。这似乎是"以形索义"法的具体运用,是由"形训"生发出来的一种方法。

  问题出在哪儿呢?主要是没有划清训诂的基本方法和一般方法的界限。所谓"基本方法",是指某门学科所独有的、最根本的方法,如语音学的音素分析法、音位分析法,词汇学的义素分析法、义位分析法,语法学的成分分析法、层次分析法,等等,它是研究这门学科不可缺少的基本手段,别的学科一般都用不上。形训、音训就是训诂学的基本方法。所谓"一般方法",是指由基本方法生发的或由邻近学科引进的、作为基本方法的某种补充的方法,这些方

---

① 陆宗达:《训诂简论》,北京出版社,1980年,第119页。
② 周大璞:《训诂学要略》,武汉:湖北人民出版社,1980年,第110—126页。
③ 郭在贻:《训诂学》,长沙:湖南人民出版社,1986年,第63页。
④ 郭在贻:《训诂学》,长沙:湖南人民出版社,1986年,第65页。
⑤ 郭在贻:《训诂学》,长沙:湖南人民出版社,1986年,第100页。
⑥ 郭在贻:《训诂学》,长沙:湖南人民出版社,1986年,第86页。

法别的学科也能采纳使用。利用辞书、钩稽旧注、参考异文、审视文例、印证方言、析词审义等,就是训诂学的一般方法。把这两类方法放在同一个平面上或同一个层次里论述,势必造成逻辑上的混乱。在这方面,"程本"就阐述得比较准确。虽然它也没有区分基本方法和一般方法,但在说及"目验"和"统计"时,都明确地指出:"在考证古书、研究名物的时候.目验只能作为一种辅助性验证手段。""统计语言学应用数理统计方法,作为研究语言的一种辅助工具。"

三、比较互证和引申推义

在训诂方法的分类上,除了前面说过的两种之外,还有一种取消了传统所谓"义训"的新的三分法。陆宗达、王宁在《训诂学的复生、发展与训诂方法的科学化》一文里说:"训诂学在探求、证实、训释和整理词义时,便产生了三种方法,即:根据形义关系的规律而有的'以形索义'方法,根据音义关系的规律而有的'因声求义'方法和根据词义本身运动变化与相互联系的规律而有的'比较互证'方法。"①

我们有理由说,该书有关训诂方法的论述,对训诂学理论建设是一个很有价值的贡献。可惜的是,在方法的定名上却存在着不容忽视的缺陷。正如该书所述:"科学的概念需要明确的术语来表达。术语是科学理论形成的基础,又是发展理论的必要条件。术语不仅是消极地记载概念,而且反过来也影响概念,使它明确,并把它从邻近的概念中区别出来。"②

这里所说定名的缺陷,当然不是指"以形索义"和"因声求义",此二者顾名则知义,是符合著者上述要求的。至于"比较互证"的提法就很不明确了。

首先,"比较互证"这个名称不能体现著者所说的"根据词义本身运动变化与相互联系的规律"的涵义。不错,著者在《谈"比较互证"的训诂方法》一文里,曾进一步为它下了比较明确的定义:"运用词义本身的内在规律,通过词与词之间意义的关系和多义词诸义项的关系对比,较其异,证其同,达到探

---

① 陆宗达、王宁:《训诂方法论》,北京:中国社会科学出版社,1983年,第28页。
② 陆宗达、王宁:《训诂方法论》,北京:中国社会科学出版社,1983年,第14页。

求和判定词义的目的,这种训诂方法,可以称作'比较互证'。"①尽管如此,不贴切的名称仍然模糊了它的内涵与外延。《应用训诂学》一书也采纳了"比较互证"的提法,然而给它下了这样的定义:"这里所谓比较互证,是指利用含有同义、近义、相关义成分的不同语言材料,进行比较寻绎,互相证发,以探求和确定词语含义的训诂方法。"②往后的阐述表明,后者所说的"比较互证"指的是比较归纳。因而在"比较互证的资料"一节,列举了"意义相关的上下文"、"方言俗语"、"版本和引书的异文"、"古人名字"、"结构相类、内容相近的文句"、"甲骨文金文"等六项。显然,两书所说的"比较互证"是根本不同的两个概念。这足以说明,一个术语即使有明确的定义来界定其内涵和外延,而如果取名不当,依然不能达到"术语还应当是统一的、固定的、意义单一的"要求。③

其次,"比较互证"这个名称所表述的方法,并非训诂学所独有的最根本的方法,不能与"以形索义"和"因声求义"二法相提并论。比较互证的方法,不仅为其他学科所使用,而且还能作为上述二法的补充手段,因为字形与字音也需要通过比较其异同来互证其所体现的意义。著者在阐述"以形索义"法时,提到传统语言文字学是用"六书"来分析字形的。著者举"口"为例,说它是"围"的原始字形,像包围之状,就是把它与"回""勹"二形相比较而证明的,"回""像回转之形",而"围与包情状近似,包则作勹,以与口区别"。④ 如果不用比较,又如何能这样确认呢? 说到形声,著者以从"辵"、从"走"、从"足"、从"止"的字为例说:"它们字各有别,义各有异,从这些字形中能给我们辨别字义的参考这一点是共同的,那就是它们的意义都与行走有关,而每个字之间意义的差别和更具体的词义特点,只有从声音中去进一步探求了。"⑤这不也是"较其异,证其同"吗? 再看看关于"因声求义"的论述。著者以《左传》杜注"党,所也"为例,说:"党训所是声训。所,古韵在模部;党,古韵在唐部,正是对转之音。"⑥确认"党训所是声训",是把这两个字在所属韵部上加以比较的结果。在谈到"训诂音变"的"对转"和"旁转"时,也多次运用"较其异,证其

---

① 陆宗达、王宁:《训诂方法论》,北京:中国社会科学出版社,1983年,第131页。
② 程俊英、梁永昌:《应用训诂学》,上海:华东师范大学出版社,1989年,第127页。
③ 陆宗达、王宁:《训诂方法论》,北京:中国社会科学出版社,1983年,第14页。
④ 陆宗达、王宁:《训诂方法论》,北京:中国社会科学出版社,1983年,第33页。
⑤ 陆宗达、王宁:《训诂方法论》,北京:中国社会科学出版社,1983年,第34页。
⑥ 陆宗达、王宁:《训诂方法论》,北京:中国社会科学出版社,1983年,第77页。

同"的方法。既然如此,为什么不把"囗,象包围之状"和"党,所也"之类,也说成是"比较互证"法的运用呢?其关键不就在于前者以字形为根本途径,后者以语音为根本途径,而"比较互证"只不过是作为一种补充手段嘛。

"比较互证"的表述虽然不恰当,但著者所提出的训诂方法系统,在训诂学理论上却是一个重大的建树:①

训诂方法 { 通过词形探求词义 { 以字形求义 / 以语音求义 ; 从词义本身规律中探求词义

拙文《试论引申推义》指出过:"形训即以形索义,音训即因声求义。二者都有一个索求词义赖以凭靠的条件,这就是词的外部形式(字形)和词的内部形式(语音),而直陈词义却没有指明一个赖以借助的条件,因而将直陈词义同以形索义和因声求义鼎足三立,是不合逻辑的。我们认为,无论是以形索义还是因声求义,都不过是以词的形式(书写的或口头的)为根据来索求词义,并没有深入词的内容,即从词义本身的运动规律来探明词义。这显然是不完备、不周密的。"②

这段话大体上说明了上述训诂方法系统的重大理论意义。

那么,这个"从词义本身的运动规律来探明词义"的方法,该取个什么样的贴切名称呢?《训诂方法论》的著者曾正确地指出:"词义是词的内容,它总是依托于词形(语音与字形)不断运动着的。词义运动的基本形式是引申。"③正是根据这一点,拙文《试论引申推义》就把它定名为"引申推义",这是"根据词义引申转化的规律来推求和证明词义的方法"。这个方法是训诂学所独有的,同"以形索义"和"因声求义"并列为三,正好与作为汉语书写符号的汉字具有形、音、义三者相切合。

具有表意特点的汉字,有其本义,有其假借义。在古代文献里,除少数多音节的词之外,一个字就表示一个词,字的本义一般就体现词的本义。词在长期使用过程中,又由本义派生出引申义。以形索义法,索求的是字、词的本义;因声求义法,探求的是字的假借义和词的同源义;引申推义法,推证的是

---

① 陆宗达、王宁:《训诂方法论》,北京:中国社会科学出版社,1983年,第28页。
② 白兆麟:《试论引申推义》,《古汉语研究》,1991年第4期。
③ 陆宗达、王宁:《训诂方法论》,北京:中国社会科学出版社,1983年,第139—140页。

词的引申义。这样,训诂学的三个基本方法就同字、词的所有意义完全对应起来了。这不能不说是训诂学方法论的一个完整的体系。

关于词义引申的规律,长期以来中外语言学学者都曾进行过很多积极的探讨。《训诂方法论》的著者也"就古代汉语词义的引申规律"作了"一些尝试性的归纳"。[①] 这些探讨和归纳都有助于训诂学方法论的建设,有助于"引申推义"这一训诂方法的普遍运用。

传统训诂学虽然未能系统地阐述词义引申的规律,但是历代训诂家对古代文献里的词义引申现象十分重视,并进行过细致的考察和具体的研究。他们不仅探索本义这个词义引申的起点,整理由本义的特点所决定的引申义列,而且凭借某些引申规律的观念,运用这种引申系列,来推求词的新义项或论证新义项的合理性。在这方面,清代乾嘉时期的训诂大师们做得尤其出色。为节省篇幅,这里不引戴东原《孟子字义疏证》里不少有关词义引申的精彩的阐述,也不说王念孙《广雅疏证》里曾运用引申义列来求证词义的具体途径,我们且举段玉裁《说文解字注》分析引申义列之数端略加分析:

  《说文·目部》:"眚,目病生翳也。"段注:"引申为过误。如'眚灾肆赦','不以一眚掩大德'是也。又为灾眚。李奇曰:'内妖曰眚,外妖曰祥'是也。"

  《说文·示部》:"祥,福也。"段注:"凡统言则灾亦谓之祥,析言则善者谓之祥。"

  《说文·木部》:"梳,所以理发也。"段注:"器曰梳,用之理发亦曰梳。凡字之体用同称如此。"

  《说文·刀部》:"副,判也。"段注:"副之则一物成二,因仍谓之副。因之凡分而合者皆谓之副。训诂中如此者致多。……《史记》曰:'藏之名山,副在京师。'《汉书》曰:'臧诸宗庙,副在有司。'周人言贰,汉人言副,古今语也。"

  《说文·飞部》:"翼,翅也。"段注:"翼必两相辅,故引申为辅翼。《行苇》郑笺云:'在前曰引,在旁曰翼。'又凡敬者,必如两翼之整齐。故毛传曰:'翼,敬也。'郑笺云:'小心翼翼,恭慎貌。'"

---

① 陆宗达、王宁:《训诂方法论》,北京:中国社会科学出版社,1983年,第145—161页。

《说文·页部》:"顾,还视也。"段注:"还视者,返而视也。……又引申为临终之命曰顾命。又引申为语将转之词。"

段氏在分析词义引申时,有的已指出引申的依据,有的则未指出引申的依据。但是可以肯定,段氏在阐述词义引申系列时,他观念中是有联系相类义项的合理根据的,否则我们今天读来,不会感到那么自然,那么信服。譬如:"眚"由"目病"引申为"过误",是由具体到抽象;"祥"由兼该"福、灾"两面引申为"福",是由兼到偏;"顾"由"还视"引申为"语将转之词"(即转折连词),是由实到虚;"梳"由梳具到梳理,是由静到动;"翼"由"翅"到"辅翼",是所谓同用引申;而由"翅"转为"翼敬",则是所谓同状引申。

由此可见,虽然词义引申的规律是后来归纳的,引申推义的方法是现在提出的,但是前人早已根据此规律,采用此方法来推求、证明和系联词义了。

总结全文,我们把训诂方法系统列表于下:

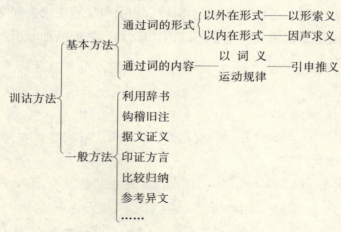

1991年12月

传统"义训"之批判与"引申推义"之提出[①]

训诂,作为学术上的一个特定意义,指的是关于古代文献解释的专门工作。因此,训诂学也就是研究古代文献训释的科学。有一点是学界公认的,即训诂学的研究对象必然要全面涉及古代文献的言语。这就要引出另一个问题:训诂学所要研究的主要内容是什么? 在我们看来,训诂学研究的主要内容是古代文献的言语的意义,而其基础就是字词的意义。当然,独立的训诂学还要总结前人的注疏经验,阐明历代训诂的体制和义例、方式和方法、原则和运用等,以便指导各个方面的训诂实践。我们始终认为,传统训诂学是运用文字、词汇、音韵、语法、修辞等有关知识来解决古代文献释读障碍的应用学科(《简明训诂学》,1984)。但是,上述种种都是以分析古代文献言语的各种矛盾、研究文献字词意义的复杂情况为前提的。当今,我们既要考虑到训诂学的综合性与实用性这两大特征,也要强调训诂学研究文献言语意义的基础性和科学性。本着这种精神来重新思考传统训诂学的方法,才能发扬传统训诂学的优长,才能把握住训诂学的核心。

一、对传统"义训"的批判

传统训诂学在论及训诂方法时,有所谓"形训、音训、义训"三者并列之说,以为"形训"即"以形索义","音训"即"因声求义",而"义训"即"直陈词义"。今天从思维科学的角度来考虑,"义训"之定名、解释及其所赋予的涵义,都是很不符合逻辑的。

[①] 本文是作者在 2003 年 9 月全国词汇训诂学术研讨会上提交讨论的论文。

先看"义训"之名称。如果说"三者并列"的"义训"就是所谓"直陈词义",那么"形训"就似乎是训释形体,"音训"就似乎是注释读音。这显然是很不确切的。因为无论"形训"还是"音训",其目的也都是解释字词的意义,在这一点上与"义训"完全一样。可见"义训"之名称并不怎么恰当。如果仍然要取一个与"形训"、"音训"相对应的名称,那不如借用扬雄《方言》及郭璞注里所用过的"转训"为宜。所谓"转训",即训释与"本义"相对而又有关联的"转义",包括一般所谓"引申义"和"比喻义"。

次看"直陈词义"之解说。顾名思义,所谓"直陈词义"就是把字词的意义直接陈述出来。至于该词义是如何探求出来的,究竟凭借什么条件,都不得而知。不像"以形索义"和"因声求义",其名称即已分别揭示,是凭借记载文献言语的汉字的形体和字词的语音来探求其意义的。

再看传统"义训"所包含的具体内容。无论是按照旧的提法,如"互训、递训、义界"等,还是按照新的说法,如"同义相训、反义相训、描述比况"等,都只是解释字词意义的方式,而并非探求字词意义的方法。如前所说,"形训"即以形索义,"音训"即因声求义,二者都有一个探求字词意义所凭借的手段与条件,这就是语词的外部形式(字形)和内部形式(语音)。而传统所谓"直陈词义"的"义训",却并没有指明一个赖以借助的手段与条件。且看上述几种传统所谓"训诂方法":

"同训",即用当时学者所熟悉的同义词来解释某词。例如《诗》毛传:"晞,干也。"《周礼》郑笺:"佐,犹助也。"《方言》:"崽者,子也。"《尔雅·释诂》:"宪、刑、范、辟、律、则,法也。"又《释鱼》:"蝾螈,蜥蜴;蜥蜴,蝘蜓;蝘蜓,守宫也。"以上所引有单个同义词的解释,有若干近义词类聚的同义词解释,也有几个同义词的辗转递训。但是,这些都是对被释字词的意义了解之后,再选择一个适合的同义词来表述罢了。如果被释词的意义尚未知晓,那就根本无法选择某个同义词来训释。同理,用某词的反义词来解释该词的意义的"反训",如《方言》郭注:"苦而为快者,犹以臭为香、乱为治、徂为存,此训义之反复用之是也。"这也只有在已知该词意义的前提下才能选择某个合适的反义词来表达。可见,无论同义相训还是反义相训,都是对已知词义的表述方式,而不是什么探求字词意义的方法。

所谓"描述比况",是对被释字词所表示的事物加以描写,或用类似的事物予以比拟。例如《尔雅·释鸟》:"二足而羽谓之禽,四足而毛谓之兽。"《说文·水部》:"漏,以铜受水,刻节,昼夜百节。"《尔雅·释兽》:"兕,似牛。犀,似豕。"以上所引为描写也好,比拟也好,都是对被释字词的指称有所见闻之后,才能作出如上的描述与比况。如果无所见闻,那也不可能进行具体的描写与比拟。要说采用的方法,那应当是所谓"目验法",而描述比况不过是一种表达方式而已。

至于"义界",是用下定义的方式来表述被释词的内容和特点。例如《诗》郑笺:"规者,正圆之器也。"《尔雅·释宫》:"宫中之门谓之闱,其小者谓之闺。"《说文·赤部》:"赧,面惭而赤也。"这显然是用共名加上义差的表达方式。试想,如果对被释字词所属的类名及其性质特点一无了解,又如何去表明义界?因此,表明义界本身也并非训诂方法,而仅仅是对已知词义的一种比较准确的表述方式。

总而言之,传统训诂学之"义训",不仅名称不当,解释不妥,而且根本说不上是训诂方法。我们应当从训诂实际出发,重新加以科学的探讨。

二、"引申推义"法的原理

以上分析表明,传统所谓直陈词义的"义训",不仅定名不当,而且与"以形索义"、"因声求义"鼎足三立也不符合逻辑。

首先,无论以形索义的"形训"还是因声求义的"音训",都不过是以字词的形式(书写的或口头的)为根据来索求字词的意义,但尚未从词义本身的运动规律来探明字词的意义。这显然是不完备、不科学的。如果说训诂的产生一开始就存在所谓"形训"、"音训"、"义训"的话,那么这"义训"(当改为"转训")不是什么"直陈词义",而应当是"引申推义"。因为字词意义是字词的内容,而"引申"是词义运动的基本形式。

其次,前人的训诂实践和传统的训诂理论告诉我们,古代文献的字词有所谓本义和引申义,又有所谓语源义以及通假义。以形索义的"形训"法,它所探索的是字词的本义;因声求义的"音训"法,它所探求的是字词的语源义及通假义。而古代文献里大量出现的引申义(转义),传统训诂学的所谓"义训"并没有为我们提供什么探明的方法。这应该说是一个明显的缺憾。古代训诂家的训诂实践可以给我们以启示,探明字词的转义(引申义)是凭靠词义的引申规律。因此,提出"引申推义"的方法,以此探明字词的转义(引申义),

正好可以弥补上述二法的不足。这样,古代文献字词的所有意义就基本上诠释完备了。

再次,汉语词义的演变总是遵循一定的规律的。王宁(1983)曾经提出过训诂方法系统:

$$
\text{训诂方法} \begin{cases} \text{通过词形探求词义} \begin{cases} \text{以字形求义} \\ \text{以语音求义} \end{cases} \\ \text{从词义本身规律中探求词义} \end{cases}
$$

我们(1991)也曾经指出:上述训诂方法系统,在训诂学理论建设上是一个重大的建树。不过,著者当时把"从词义本身规律中探求词义"之方法定名为"比较互证",却是有些欠妥。其一是这个名称模糊了它的内涵与外延;其二是这个名称所表述的方法并非训诂学所独有的根本方法,它也为其他学科所使用。程俊英《应用训诂学》也使用"比较互证"这个名称,但却是另外一种涵义:"这里所谓比较互证,是指利用含有同义、近义、相关义成分的不同语言材料,进行比较寻绎,互相证发,以探求和确定词语含义的训诂方法。"(参《文法训诂论集》)由此可见,"比较互证"的名称,不能表明王宁所提出的"从词义本身规律中探求词义"这一训诂方法的涵义,因而也就不能与"以形索义"和"因声求义"二法相提并论。王宁的贡献在于:把现代词汇学有关词义的科学理论引入训诂学领域,明确地提出了"根据词义引申转化来推求和证明词义的方法",并使训诂学的专门方法构成一个合理的系统。也正是根据这一点,我们把它定名为"引申推义法",以便同"以形索义"和"因声求义"二法并列为三。这不仅与汉语书写符号的汉字具有形、音、义三者正好相合,而且其名称也能显示其特定的涵义。

三、引申规律的探讨

在语言的三要素中,词汇与社会生产与生活的联系最为直接,因而对社会变化的反映也最为敏感。旧词的消亡、新词的产生、词义的演变,都是古今学者明显感觉到并加以考察的语言现象。不过,古代的训诂家是从文献释读的角度来考察,而现代的词汇学家却是从语言建筑材料的角度来研究。虽然有言语和语言的区分,有历史与现代的差异,但毕竟都涉及词义这个核心。所以,训诂学与词汇学在某个方面的结合,不仅完全可能,而且很有必要。

正确地应用引申推义法，须有一个前提，那就是在对所谓"引申"有个明确认识的基础上归纳出若干比较合理的引申规律。这自然需要掌握词汇学的原理。古代并无今之所谓"词汇学"，古代学者对字词的产生与发展，对词汇的内部构造，对词义辗转演变的规律，其探讨往往散见于文献训释之中。譬如先秦时期的《墨经》、《荀子》即有这方面的阐述。且以词义演变引申为例，《韩非子·解老》篇就开始涉及词义之间的联系问题："人希见生象也而得死象之骨，按其图以想其生也。故诸人之所以意想者，皆谓之象也。"这是在探寻"象"的"大象"义与"意象"义之间的联系。唐代训诂家在其注疏中，已经注意探求字词本义与转义之间的关联。例如《诗·豳风·狼跋》："公孙硕肤，德音不瑕。"毛传："瑕，过也。"孔疏："瑕者，玉之病。玉之有瑕，犹人之有过，故以瑕为过。"这是说明"瑕"由"瑕疵"义辗转为"过误"义的理据。宋代学者徐锴在其《说文解字系传》里，也有意识地解说字词的引申义。如《说文》："材，木梃也。"徐锴云："木之劲直堪人于用者，故曰入山抡材，抡可为材者也。人之有才，义出于此。"明末清初的顾炎武，在其《日知录》里更是比较系统地分析某些字词引申的义列，其中对"寺"字辗转演变的解说就是一个突出的例子。后来，乾嘉学者段玉裁、王念孙等还有意识地揭示过字词引申的规律。历代学者和训诂家在这方面的努力，使得借助词义引申规律来探讨与考证字词意义成为可能。

关于词义引申，当代训诂学家陆宗达、王宁(1983)有一段准确的表述："引申是一种有规律的词义运动。词义从一点(本义)出发，沿着它的特点所决定的方向，按照各民族的习惯，不断产生新义或派生新词，从而构成有系统的义列。这就是词义引申的基本表现。"这一段阐述含有三层意思：一层，词义引申是词义不断辗转演变的一个系列；二层，词义引申受各个民族心理习惯的制约；三层，词义引申的结果，或产生新义，或派生新词。其中第二层值得注意，它等于说：词义引申既有各民族语言共有的一般规律，也有各民族语言独有的特殊规律。

关于词义引申的一般规律，词汇学界在过去已经作了很好的归纳，大致有如下四项：一是由个别到一般，二是由具体到抽象，三是由兼该到偏指，四是由实在到虚灵。对此，不少概论性的词汇学著作都有所论及，这里就不再举例分析了。至于古代书面汉语词义引申的特殊规律，王宁以及其他几位学者都有比较系统的论述，譬如所谓"理性引申"(包括因果、时空、动静、正反)、

"联想引申"(包括同状、同用、同所、通感)、"礼俗引申"、"语法引申",等等,值得读者参阅。这里不再赘述。词汇学与训诂学的这些成果,都使得"引申推义"成为一种可操作的方法。当然,词义引申的范畴和规律,是一个十分复杂的课题,其研究还有待于进一步的深入。但是,这并不妨碍我们对引申推义法的运用。

四、"引申推义"法的应用

必须指出,传统训诂学虽然没有为"引申"作过科学的界定,也没有系统地归纳过词义引申的规律,但是如前所述,历代睿智的训诂家对其先前文献里的词义引申现象一向比较重视,有的还进行过细致的考察和具体的研究。宋明以来,不仅有学者依据《说文》探索字词本义这个引申的起点,开始整理由本义的特点所决定的引申义列,而且凭借某些引申规律,运用这种引申系列,来推求字词的新义或论证新义的合理性。清代乾嘉时期的训诂大师们,在这方面作出了尤其出色的贡献。戴震《孟子字义疏证》于"理"字,就有一段精彩的阐述:

> 理者,察之而几微必区以别之名也,是故谓之分理。在物之质曰肌理,曰腠理,曰文理。得其分则有条而不紊,谓之条理。……《中庸》曰:"文理密察,足以有别也。"《乐记》曰:"乐者,通伦理者也。"郑康成注云:"理,分也。"……问:古人之言天理,何谓也?曰:理也者,情之不爽失也,未有情不得而理得者也。天理云者,言乎自然之分理也。自然之分理,以我之情絜人之情,而无不得其平是也。

戴氏从字词出发,紧紧抓住"理"引申为"分理"、"肌理"、"腠理"、"文理"、"条理"、"伦理"、"天理"、"情理"等意义的根据。这种对字义的疏证,实际上已经整理出了"理"字的引申系列。也正因为如此,我们今天读起来仍然感到其疏证是那样的自然可信。

段玉裁为《说文解字》作注,分析引申义列达一千一百余条,为词义引申的研究提供了丰富而可贵的资料。下面举其数端并略加分析:

> 《说文·目部》:"眚,目病生翳也。"段注:"引申为过误。如'眚灾肆赦','不以一眚掩大德'是也。又为灾眚。李奇曰:'内妖曰眚,

外妖曰祥'是也。"

《说文·示部》:"祥,福也。"段注:"凡统言则灾亦谓之祥,析言则善者谓之祥。"

《说文·木部》:"梳,所以理发也。"段注:"器曰梳,用之理发亦曰梳。凡字之体用同称如此。"

《说文·刀部》:"副,判也。"段注:"副之则一物成二,因仍谓之副。因之凡分而合者皆谓之副。训诂中如此者致多。……《史记》曰:'藏之名山,副在京师。'《汉书》曰:'藏诸宗庙,副在有司。'"

《说文·飞部》:"翼,翅也。"段注:"翼必两相辅,故引申为辅翼。《行苇》郑笺云:'在前曰引,在旁曰翼。'又凡敬者,必如两翼之整齐。故毛传曰:'翼,敬也。'郑笺云:'小心翼翼,恭慎貌。'"

《说文·页部》:"顾,还视也。"段注:"还视者,返而视也。……又引申为临终之命曰顾命。又引申为语将转之词。"

段氏在分析词义引申时,有的已经指出引申的根据,有的则未指出引申的根据。但是可以肯定,段氏在阐述词义引申的系列时,他的观念中是有联系相关义项的合理根据的。否则我们今天读来,不会感到那么令人信服。譬如:"眚"由"目病"引申为"过误",是具体到抽象;"祥"由包含"福、灾"两面引申为"福",是由兼该到偏指;"顾"由"还视"引申为"语将转之词"(即转折连词),是由实在到虚灵;"梳"由"器"转为"理发",是动静引申;"翼"由"翅"到"辅翼",是同用引申;而由"翅"转为"翼敬",则是同状引申。

如果说戴震所阐述的,是抓住词的本义的某个特点,以此系联引申义的方法;段玉裁所提供的,是大量的词义引申例证和探索词义引申的规律;那么王念孙在《广雅疏证》里,则是为我们运用引申义列来求证词义指明了具体的途径:

鼻之言自也。《说文》:"自,始也。读若鼻。今俗以始生子为鼻子是。"《方言》:"鼻,始也。"兽之初生谓之鼻。人之初生谓之首。(卷一上)

凯者,《吕氏春秋·不屈篇》云:"《诗》曰'恺悌君子',恺者大也,悌者长也。"凯与恺通。般者,《方言》:"般,大也。"郭璞音盘桓之盘。……郑注云:"胖犹大也。""槃,大也。"槃、胖并与般通。……凡人忧

则气敛,乐则气舒。故乐谓之般,亦谓之凯;大谓之凯,亦谓之般,义相因也。(卷一上)

元、良为长幼之长。《尔雅》:"元、良,首也。"首亦长也。《乾文言》云:"元者,善之长也。"《司马法·天子之义篇》云:"周曰元戎、先良也。"《齐语》云:"四里为连,连谓之长。十连为乡,乡有良人。"是良与乡同义。(卷四下)

对于"鼻"字,王氏除用《说文》、《方言》里的训释材料说明其有"始"义而外,还用"鼻"字与"首"字皆有"初生"的引申义,进一步证明"鼻"字确有"始"义。对于"凯"字,王氏先用因声求义的方法,指出"凯"与"恺"声近义通而有"大"义,"般"与"胖"等声近义通而有"大"义,然后又用"凯"的引申义列与"般"的引申义列相比较,来证明"凯"由"乐"义引申为"大"义是完全合理的。

至于"良"字,《说文》解为"善",《尔雅》训为"首"。如何判定,段注、郭注、郝疏均未涉及。王氏运用引申推义法的分析向我们显示:"良"的本义是"首"而不是"善"。正因为"良"的本义是"首",所以引申为长幼之长。这同"元"的本义是"首"而引申为长幼之长一样。"良"的本义为"首",又引申为首长义,如《国语·齐语》"乡有良人",韦昭注:"良人,乡大夫也。"这也同"首"引申为首长、"元"引申为"元戎"一样。凡为首长,须有声望,因而"良"又引申出"善"义。《说文》训"良"为"善",正是其引申义。这与"元"引申为"善之长"、《左传·文公十八年》杜注"元,善也"引申途径相同。

以上戴、王、段三家对字词意义的推求与考证例都有力地证明,引申推义确实是过去的训诂家用来判定和考证疑难词义的有效方法。

运用引申推义法,不仅能考求字词的意义,还能推求出字词的意义网络来。譬如"节"字,先根据甲骨文字形与《说文》的有关解说,索求其本义当是人的"膝关节"。这是"节"字的引申起点。试看下列例句:

(1)彼节者有间。(《庄子·养生主》)
(2)节,竹约也。(《说文·竹部》)
(3)司马握节以死。(《左传·文公八年》)
(4)夫祀,国之大节也。(《国语·鲁语》)

根据词义由个别到一般的引申规律,可以判定例1的"节"是指一切动物肢体的关节。例2释"节"为"竹约",显然是同状引申的规律起了作用,因为竹节的外形与动物的关节相似。根据中国古代文化常识,作为凭证的信物常用竹片刻字做成,因而判定例3的"节"为"符节",这是词义的同所引申。符节有一定的尺度,又具有一定的约束力,因而"节"又产生"约束"义,这显然是动静引申。根据词义由具体到抽象的引申规范,"节"又派生出"制度"义,例4即是。而"节"的"约束"义用在不同的场合,又派生出许多不同的转义。再看下列例句:

(5)节用而爱民。(《论语·学而》)

(6)仓廪实而知礼节。(贾谊《论积贮疏》)

例(5)"节",指财物上的约束,即"节省"。例(6)"节",指伦理道德上的约束,与"礼"同义。以上都是词义的同用引申。

五、小 结

通过以上对训诂的三个基本方法的论证,可列一简表总结如下:

以形索义法(形训)——依据形义相关原则——索其本
因声求义法(音训)——依据音近义通原理——探其源(假)
引申推义法(转训)——依据词义引申规律——推其流

综合运用训诂三法,既可据本定假,由源及流,亦可以假济本,溯流探源。可谓三法齐备,相辅相成。显然,从训诂学的角度来看,需要分别吸收文字学、音韵学、词汇学的研究成果,以增强自身的理论厚度。

2003年8月

释义和修辞

解释词义不能离开语法分析,也不能离开修辞现象的说明。否则,有些词语的意义是怎么也讲不清楚的。这个人所共知的道理却往往为人所忽视。

譬如毛泽东的《长征》诗,其颈联云:"金沙水拍云崖暖,大渡桥横铁索寒。"对这两句,就有几种不同的解释。其一,将这两句解释为:"金沙水拍云崖,云崖暖;大渡桥横铁索,铁索寒。"即认为原句都是兼语式。其二,以为这两句本应作"金沙水拍暖云崖,大渡桥横寒铁索",两个形容词是为协韵、对仗而倒置句末。其三,把这两句诗分析为:"金沙水拍云崖——暖,大渡桥横铁索——寒。"这是认为"暖"和"寒"分别陈述两个充当主语的主谓结构的。

以上三种解释虽然不同,但是有一个共同点,就是都把"暖"、"寒"二同当作实写,没有注意到其中的修辞现象。我们认为,这是两个紧缩了的复句:"金沙水拍云崖"和"大渡桥横铁索"这两个分句写的都是实景,即从正面描写金沙江和大渡河两处天险;而"暖"、"寒"这两个分句(所谓"独词句")都是运用移觉的修辞方法描写人的感受,描写前边两种场面给亲历其境的红军战士留下的突出的印象。诗里所谓"暖"、所谓"寒",意思是使人有惊心动魄、有胆战心惊之感。通过这一暖一寒的不同感受,从侧面烘托出长征途中所遭到的两种异乎寻常的艰难险阻和红军战胜此天险的壮烈艰辛。这正是移觉这种修辞手法的妙用。

无独有偶,古今同例。唐代诗人杜牧写的《阿房宫赋》有名句云:"歌台暖响,春光融融;舞殿冷袖,风雨凄凄。一日之内,一宫之间,而气候不齐。"对于其中的"暖"、"冷"二词,以下三家的解释是有代表性的:

《古文观止》:"临台而歌,则响为之暖,如春光之融合。舞罢闲

散,则袖为之冷,如风雨之凄凉。"(文学古籍刊行社,316页)

　　王力《古代汉语》:"歌台由于歌唱呼出的气而暖起来,如春光之融融;舞殿由于舞袖引起的风而冷起来,如风雨之凄凄。"(修订本第四册,1308页)

　　《古代散文选》:"台上的歌声一片响,好像充满暖意,就如同春天那样融和。殿中的舞袖飘拂,好像带来寒气,就如同风雨交加时那样凄冷。"(人民教育出版社,中册161页)

　　这三家对"暖、冷"的解释大同小异,都是把它们当作实写;后一种加上"好像"二字,似乎有点不同,但"寒气"之说也是从实感上着眼的。三家注释的不足都在明于训诂而昧于修辞。其实这儿的"暖"、"冷",指的不是气温,指的是由某种气氛的渲染而使人感受到的热烈与冷清。下文所谓"一日之内,一宫之间,而气候不齐"的"气候"也不是实指,这是一种比喻的说法,指的也是宫中烘托的气氛。

　　从字面上来看,前句说的是"歌台",后句说的是"舞殿"。但是,哪有只歌不舞的台榭或只舞不歌的殿堂呢?而且前面说"暖响"如"春光融融",后面说"冷袖"如"风雨凄凄",二者如何得以协调?《古文观止》的编注者倒是考虑到了这个矛盾的现象,因而在解释时,把前一种情况说成是"临台而歌",把后一种情况说成是"舞罢闲散"。矛盾是消除了,然而并不符合杜赋的原意,所以为后二家及其他注本所不取。

　　细细推敲这脍炙人口的两句诗,我们觉得,作者错综地运用了三种修辞方法。"春光融融"、"风雨凄凄",用的是比喻法。上引三家在解释时,或加"如",或加"如同",就是点明这种手法。"暖响"、"冷袖",用的是移觉法,即把本来表示人对气温的感觉的形容词,用来描写人们心理、情绪上的感受。如果直译,就是"热烈的歌声"、"清冷的舞袖"。"歌台"、"舞殿"两句,用的又是互文法。这两句应该交互来读,意思是:"这个舞台上,演奏着欢乐的歌舞,一片热烈气氛,如同春光融融;那个殿堂中,演奏着悲怆的歌舞,一片清冷气氛,如同风雨凄凄。"《阿房宫赋》开头一段,是从各个侧面描写阿房宫建筑的雄伟和规模的宏大。上述解释跟这一段的整个描写也是完全协调一致的。

　　由此便自然地想到释义和修辞的关系。训诂的内容是相当广泛的,正如陆宗达先生所说的,"包括注音、辨字、校勘、释义。释义又包括释词、释句、释篇和发挥阐述思想观点、点明修辞手法等"。(《训诂简论》6页)提起训诂,一般人总以为它是一门注疏古代文献的专门学问,是单纯地解字释义的,跟修辞不会有什么关系。其实,训诂的对象是古代的书面语言,而说明古代书面语言里的修辞手段,本来就是训诂的内容之一。

古代的训诂大师们就是这么做的。例如东汉的郑玄,给先秦的许多经籍都曾作过笺注。郑玄的笺注,有很多不是解字释义的烦琐考据,而是根据经文的表达特点,有针对性地指明其旨意和表达方法。如《诗经·小雅·苕之华》有这么两句诗:"牂羊坟首,三星在罶。"毛亨解释说:"牂羊,牝羊也。坟,大也。罶,曲梁也,寡妇之笱也。牂羊坟首,言无是道也。三星在罶,言不可久也。"郑玄在毛亨解释的基础上,并未作过多的说解,只是联系该诗序文,对其中的修辞手法作了简要的说明:"无是道者,喻周已衰,求其复兴不可得也。不可久者,喻周将亡,如心星之光耀见于鱼笱之中,其去须臾也。"毛亨对那两句诗进行了必要的解词释句,而郑玄则说明这两句诗是两种不同的比喻手法。诗的第一句意思是小母羊长个大脑袋,但事实上只有公羊才是大脑袋的。说"牂羊坟首",等于说"没有那么回事",这相当于今天的"歇后语"。第二句是说"心星"的光辉只能在短暂的时间里照耀在夜里用来捕鱼的鱼笱上。这是借喻的方法,比喻事情"须臾"即过,不会长久。

郑玄的笺注给了我们很大的启发,就是解释词语应该有针对性,有什么语言现象就说明是什么语言现象。有时,只要指明作者运用了什么修辞方法,就把语言障碍扫除了,根本用不着去就词解词,结果费了许多笔墨还说不清楚。古代训诂的这个优良传统,我们应该继承。另外,郑玄的笺注也告诉我们,古代的训诂保存了很多古代修辞的材料。今天从事修辞教学和修辞研究的人们,完全可以从这个宝库中吸取有益的养料。

1983 年 8 月

《金圣叹选批才子必读新注》正误

　　1988年,安徽文艺出版社推出一部《金圣叹选批才子必读新注》①(以下简称《新注》)。诚如该书《前言》所说,"这个古文选本,也是他所留给我们的一份珍贵的文化遗产",自然是件令读者高兴的事。然而,笔者近日就《新注》上册略略翻过,便发现其中句读和注解两方面都存在不少问题。

　　先看句读。今暂撇开选文不谈,仅举其眉批和夹批两端加以分析。

　　(1)后半,功在颍考叔,庄公只是恶人到贯满后,却有自悔改过之时。(1页)

按:这是《郑伯克段于鄢》一文的眉批。前面说"姜氏只是率性偏爱妇人,叔段只是娇养失教子弟",同样,"庄公只是恶人"一句后应当标逗号断开。"到贯满后"是下句时间状语,不宜点断。

　　(2)邵公告王曰:"民不堪命矣!"(命虐,故也。)(136页)

按:夹批"命虐故也"是一句,用来点明原文"民不堪命"的缘由。如此点断,"故也"即不成话。

　　(3)前一气连出三"无恙"耶,中又三次散出三"无恙"耶,后又特变作一"尚存"乎?又两结"何以至今不",又逐段各结是"养其民者也",是"息其民者也",是率其民"出于孝情者也",是率其民"出于无用者也"。章法越整齐,越参差;越参差,越整齐;真可谓奇绝之文!(242页)

---

①　朱一清、程自信:《金圣叹选批才子必读新注》,合肥:安徽文艺出版社,1988年。

按：这是《赵威后问齐使》一文的眉批。其标点，尤其是引号，用得极为混乱。从二"耶"一"乎"这三个疑问语气词均置于引号之外来看，从二"是"、二"是率其民"亦均在引号之外来看，这种混乱绝非出于排字的原因。细察原文之用语，稍品眉批之语气，此段文字的标点当作如下更正：

前一气连出三"无恙耶"，中又三次散出三"无恙耶"，后又特变作一"尚存乎"，又逐段各结"是养其民者也"，"是息其民者也"，"是率其民出于孝情者也"，"是率其民出于无用者也"。章法越整齐，越参差；越参差，越整齐。真可谓奇绝之文！

当然，末尾两句也可作另一种标点，即前一"越参差"与后一"越整齐"的后面，都加逗号。

(4) 再将今日之秦，与前日之秦；今日之陈涉，与前日之陈涉，对比一番，文字最是精神。(343页)

按：这是《过秦论》一文的夹批。二"与"字前后的两对词语，都是相互比较的对象，共同做动词"将"的宾语，"与"字前的逗号都毫无必要。"前日之秦"后面的分号亦以改作逗号为宜。

(5) 此是史公恐后世学者，以讹传讹，愈益失真，故就古文抄撮为篇，以彰信也。(434页)

按：这是《仲尼弟子列传·太史公曰》的眉批。"史公""恐"的，并非"后世学者"，而是他们的"以讹传讹"云云，"学者"后之逗号当删。另外，"以彰信"是连上文一气贯下，"以"是连词，其前的逗号宜不用。

(6) 又反言之，乃愈益明。想史公，作此赞时，最快意。(467页)

按：这是《季布栾布列传·太史公曰》的夹批。总共两句，后一句断得过于细碎。"史公作此赞时最快意"正是金圣叹所"想"的，句意完整，字数不多，不应断作三截。

(7) 又写一不重其死人，大奇！(467页)

按：这也是《季布栾布列传·太史公曰》的一句夹批，读了极易使人误以为"又写一……死人"，这当然不合原意。其实，只消看此《太史公曰》中"栾布哭彭越，趣汤如归者……不自重其死"数语，即知"又写一人"指的是栾布。他与

"重其死"的季布正相反,是"不自重其死",所以说"大奇"。夹批"不重其死"四字应加引号,否则意思不显豁。

> (8)史公凡于人隐忍不死时,必留连不置口,却从不曾说到死,又实不足重一意,故知此赞,是其得意煞时。(467页)

按:这段夹批也出自上述一文。如上句读,除首尾外,当中几句不知所云。此《太史公曰》文字不长,却一连三次写到死,金圣叹怎么说"却从不曾说到死"呢?下句"又实不足重一意",指的又是哪"一意"?眉批云:"只是贤者必自'重其死',又有时'不自重其死',二意也。"(单引号为笔者所加,与《新注》原标点不同)"二意"即两层不同意思。联系眉批和前句夹批来看,金圣叹是说:"死又实不足重一意"乃史公"从不曾说到"。仅"说到死"之后多一逗号,就给读者带来迷惑,可见标点古文绝非"雕虫小技"!另外,末句"故知"的不仅是"此赞",而是"此赞是其得意煞时",逗号当删。

> (9)不问即胡敢言,问而非所宿闻,亦胡可浪言?既蒙问及,宿又稔闻,即又胡敢不言。(473页)

按:这是《田叔列传·太史公曰》一文的夹批。三句皆有疑问代词"胡"字,何以一句加逗号,一句打问号,一句标句号?两个"即"字都是承接连词,为何前者不断开,而后者又断开?殊难索解。"不问"是假设,其后应加逗号;"胡敢言"、"胡敢不言"都是问句,其后应打问号。

再看注解。《新注》之解释,几乎全依所选古文已有的旧注,并未吸收训诂学方面后来的新成果。至于当注而未注的地方,也有不少。下面仅选取若干误注予以评析。

> (1)"不如早为之所,无使滋蔓!"早为之所:及早安排他的处所。(4页)

按:释"所"为"处所",是过去最为流行的说法。此前,庄公已经使叔段居京,为何还要说"及早为他安排处所"呢?这不仅与上句"姜氏何厌之有"不相连贯,与下句"无使滋蔓"亦相违背。《书·无逸》:"君子所。"郑玄注:"所犹处也。"此"处"即"处位",引申为"处置"。《国语·晋语》作"早处之",与此传文异而义同。故"早为之所"当训"及早对他处置"。《古文观止》于此句下云:"或裁抑,或变置",也就是"处置"之义。

(2)"三军以利用也,金鼓以声气也。"意为军队应凭借有利时机进行作战,金鼓是用来壮大军队声势和鼓舞士气的。(27页)

按:上引串讲反映了注者对所引两句原文的理解。这两句上下相对,结构相同。然而注者把上句的"利"看作介词"以"的宾语,释为"有利时机",却把下句的"声气"视为并列结构,一律当作动词。这显然忽视了上引两句原文的句法特点。其实,下句的"声"和上句的"利"一样,也是"以"的宾语,指"金鼓之声";"气"即勇气、气势,在句中用作动词。故杨伯峻《春秋左传注》云:"此气即勇气……金鼓以声为用而制其气。"(中华书局版,第一册,398页)

(3)"晋侯、秦伯围郑,以其无礼于晋,且贰于楚也。"贰:对晋有二心,并同楚亲近。(37页)

按:此注必使读者迷惑不解:"贰"究竟是"二心"还是"亲近"?原文明言"贰于楚",怎么说是"对晋有二心"?据金文字形,"贰"字本义为用大斧将贝一劈两半。故《说文·贝部》云:"贰,副也。"又《刀部》云:"副,判也。"引申为剖分、分属、二心。《左传·郑伯克段于鄢》:"既而大叔命西鄙北鄙贰于己。"《新注》据杜预注"两属"而发挥说:"意为表面属于庄公,实际属于叔段。"此说大谬。所谓"贰于己",是说大叔把西北二鄙一分两半,这两半个归自己,另两半个归庄公。下文所谓"又收贰为己邑",是说把归庄公的两半又收归己有。此文所谓"贰于楚",是指把原来亲晋之心分一半给楚国,即分别归服晋、楚两个大国。

(4)"写商臣语,是三句,二句二字;一句一字,妙于硗辣。"硗:丑陋。(43页)

按:这是《商臣弑父本末》一文的眉批。"硗"字虽有"丑陋"义,但此处安不上。原文明明说"写商臣语",而非写商臣貌,何丑陋之有?硗,甚也,很也。例如明人李开先《宝剑记》:"你看那壁厢离梅轩颇远,有竿竹子,比梅花又瘦的硗。""瘦的硗"即"瘦得很"。又冯惟敏《朝天子·四术》:"扇鼓儿狠敲,背膊儿硗摇。""硗"与"狠"对文,即"甚"也。再看金圣叹于此文之夹批:"二'不能'一'能',写得辣甚,疾甚……""硗辣"即"辣甚",这是十分明白的。

(5)"〔董叔〕曰:'欲为系援焉。'"欲为系援:想借婚姻的联系,得到援助。(178页)

按:很明显,这是释"系"为"联系",释"援"为"援助",并把"系"当作"为"的名词宾语。细考原文,不仅词义解释不切合原义,而且文意训释也有背于原句结构。"为"是介词,在古文中后面常省去代词"之",指代"亲事"。而"系援"是两个并列的动词:"系"即"联系","援"即"攀附"。正因为董叔结这门亲事的目的在于"系援",所以当他被绑在槐树上而对叔向求救时,叔向才语意双关地说:"求系,既系矣;求援,既援矣。欲而得之,又何请焉?"这儿的"系"另有"绑系"义,这儿的"援"另有"攀援"义。

(6)"且秦灭韩亡魏,而君以五十里之地存者,以君为长者,故不错意也。"错意:同措意,放在心上的意思。(226页)

按:据上注,"不错意"即"不放在心上",在口语里有"不去想"、"不看重"、"不计较"等意思。这些都与秦王当时对唐雎说话的原意相违背。原文的"不措意"是"不置意于安陵君",用今天的口语说,即"没有打安陵君的主意"。《古文观止》于此句下云:"言非不能取安陵。"(文学古籍刊行社版,161页)是"不能"而不是"不愿",颇得原句旨意。

(7)"太后曰:'诺,恣君之所使之。'"恣:任凭。使之:派遣他。

按:《新注》于"所"字未注。查阅北京大学中文系《先秦文学史参考资料》、隋树森等《古代散文选》、王力《古代汉语》等所选《触龙说赵太后》一文之解释,亦未注"所"字。盖注家皆以"所"为常义。其实大误。《汉书·曹参传》:"窋既洗沐归,时间自从其所谏参。"师古注:"自从其所,犹言自出其意也。"近人杨树达云:"从者,由也;所者,意也。"(《古书疑义举例续补》,第二十三)《汉书·佞幸传》:"上有酒所,……"王先谦《汉书补注》释"酒所"为"酒意"。"恣君之所"即"任君之意",此非常义,不可无注。

(8)"郑、卫之女不充后宫,而骏马駃騠,不实外厩。"充后宫:充当嫔妃。(317页)

按:上引两句是对文。"后宫"与"外厩"相对,当然不是指嫔妃,而是指嫔妃所居住的宫室。"充"与"实"相对,是互文见义,释为"充当"自然背离原义,当训为"充满"才是。

(9)"泰山之溜穿石,单极之绠断干。水非石之钻,索非木之锯,渐靡使之然也。"渐靡:逐渐磨损。靡:摩擦。(513页)

按：释"靡"为"摩擦"，有旧注为据；释"渐"为"逐渐"，却是望文生义。索"断干"，可以说是"摩擦""使之然"；水"穿石"，岂能说是"磨损"的结果？"靡"字是就"索非木之锯"一句而言，"渐"字则是就"水非石之钻"一句而言，"渐靡"是两个并列的动词。渐，即浸，引申为侵蚀。

上文写过以后不久，再读《金圣叹选批才子必读新注》又发现不少错误。

先说标点。正确地理解古书的文意，是古书断句标点的前提。而要正确地理解原意，就必须具备训诂、语法等有关基本知识。

(1) 又曰："民不易物，惟德系物。"如是，则非德民不和，神不享矣。(15页)

按：以上断句完全沿袭旧注，"则非德民不和"一句便成费解。宫之奇为反驳虞公，连引《周书》之句，意在强调"鬼神非人实亲，惟德是依"。"则"字以后一句仍在突出"德"字，不过是从反面申说。因此，其正确标点应该是："则非德，民不和，神不享矣。""非德"是一种假设，而"民不和，神不享"这两个并列的小分句，是陈述在"非德"的情况下所出现的结果。

(2) 气最遒，调最婉。婉与遒本相背，今却又遒又婉，须细寻其婉在何处？遒在何处？又不得云此句遒，此句婉，须知其句句遒，句句婉也。

按：这是《子产论币重》一文的眉批。除首尾外，按句中所加的标点符号读来，不仅与原来的语调不合，而且致使原意层次混乱。首先，"婉在何处"和"遒在何处"两个短语都是"细寻"的宾语，"细寻"前又有表示肯定语气的副词"须"字，自然是陈述语气，两个问号应该改为逗号。其次，"今却又遒又婉"和"……此句婉"二句语意已完，两处逗号应当改成句号。

(3) 此篇，……乃是认得清，咬得定文字。千载忠臣含笑入地，只是此篇文字，烂熟于胸中。(115页)

按：这是《吴蹶由对楚子》一文的眉批。末句之断句，使"烂熟于胸中"成了游离部分。"此篇文字烂熟于胸中"是一完整句子，用来点明"千载忠臣含笑入地"的原因，当中不该点断。另外，"认得清"和"咬得定"二语都是用来形容"文字"的，其间当用顿号。

(4)岂不善始善终哉！非知谋孰能当此者乎？(427页)

按：这是《陈丞相世家·太史公曰》的最后两句，断句全依中华书局标点本，因而沿袭了原来的失误。末句"非知谋"是一假设，"孰能当此者乎"是反问兼感叹的句子，其间应该加逗号断开。

(5)史公恨商君，并恨其书。如此，而谓史公书，过喜游侠、货殖，岂理也哉？(435页)

按：这是《商君列传·太史公曰》一文的眉批。"而谓"的不仅是"史公书"，"史公书过喜游侠、货殖"一句整个是动词"谓"的宾语，中间不该点断而点断。

(6)此"然"字，与下"及"字，俱不照常用。然，乃从"一切辩士"转，不从二人转。及，亦从"一切辩士"及，不从无遇及。(449页)

按：这是《范雎蔡泽列传·太史公曰》一文的夹批。"与"是连词，连接"此然字"和"下及字"两项，当中不能点开。另外，所引词语，或加引号，或不加引号，自乱其例。所以单用的"然"、"及"和"无遇"(即原文之"无所遇")都应补上引号才是。

(7)又反言之，乃愈益明。想史公，作此赞时，最快意。(467页)

按：这是《季布栾布列传·太史公曰》的夹批。总共两句，而后一句断得过于细碎。"史公作此赞时最快意"正是金圣叹所"想"的，句意完整，字数不多，不该断作三截。

(8)然陵一呼劳军，士无不起，躬自流涕，沫血饮泣，更张空眷，冒白刃，北向争死敌者。(490页)

按：《报任安书》一文，《文选》所载文字与《汉书》略有出入。上引一段文字全依《文选》，并未如该书《前言》所说的，"参照他本予以校勘，择善而从"。"躬自"即"亲身"，说"亲自流涕"显然令人费解。若依《汉书》删去"自"字，"起"字后不点断，"士无不起躬流涕，沫血饮泣"，"起躬"即"起身"，读来就顺畅多了。

再看注解。《新注》之解释，几乎全依所选古文已有之旧注，不仅没有吸收最近十年来古籍训诂方面的新成果，甚至沿袭旧注而出现了不少常识性的错误。至于当注而未注的地方，也在所不少。

(1)"姜氏只是率性偏爱妇人，叔段只是娇养失教子弟。"率性：

禀性。(3页)

按:"率性"释为"禀性",依据《词源》,但此义与"偏爱"不相类,亦与彼语境不相合。《尔雅·释诂》:"率,循也。"率性,即任性。姜氏"任性偏爱",叔段"娇养失教",上下两两相对。

(2)"大叔完聚,缮甲兵,具卒乘。"完聚:意为修葺城郭,积聚粮草。(4页)

按:释"聚"为"积聚粮草",这正是王引之所批评的"增字强释"。此种弊病在于原文并无此意,所增加的字是外在的,随意的。如此文"聚",杜预注为"聚人民",杨伯峻注为"聚粮食"。①《史记·五帝本纪》:"一年而所居成聚。"张守节云:"聚,谓村落也。"枚乘《上谏吴王书》:"禹无十户之聚。"《新注》:"聚,村落。"(511页)"完聚"即"巩固村落城郭"。这与下文"缮甲兵,具卒乘"同为述宾结构。

(3)"晋不可启,寇不可玩。"启:开。意指开启晋国的野心。(15页)

按:以"开"释"启",于训有据,但"开启野心"不成词。"开"是概括义,其具体义为"开导"。《经籍纂诂》:"启,发也。"不可启,即不可开导,不可诱发。《左传·定公四年》:"管蔡启商。"杜注:"管叔、蔡叔开道纣子禄父,以毒乱王室。"道,即导。

(4)"一之为甚,其可再乎?"一之:一次,指僖公二年借道之事。(15页)

按:释"一之"为"一次"从未见过,可能源于王力主编《古代汉语》对此句的串讲:"一次已经算是过分了,还可以来个第二次吗?"②然而释词不同于串讲。"一"即"一次";而"之"是助词,其作用是使句子形式词组化,表示句意未完。

(5)"皇天后土实闻君主言,群臣敢在下风。"敢在下风:自谦之词。因人在下风,则闻语倍切。……言外之意希望他要说话算话。(21页)

---

① 杨伯峻:《春秋左传注》,北京:中华书局,1981年,第13页。
② 王力(主编):《古代汉语》,修订本第一册,北京:中华书局,1981年,第17页。

按：此处释义及串讲完全来自《先秦文学史参考资料》。① 细细体会原文，"敢"是谦词，即"请"；而"在下风"系委婉语，是一种修辞的说法，绝非谦词。

(6)"若从君惠而免之,三年将拜君赐。"将拜君赐：将来拜谢晋君的恩赏。(42页)

按：释"将"为"将来"是望文生训，"三年后将来"亦不成话。将,欲也,是助动词而不是时间副词,即今之口语"打算"。

(7)"对曰：'臣不任受怨,君亦不任受德。'"不任：犹担当不了。(66页)

按：王力《古代汉语》解释此句为："我担当不了受怨,你也担当不了受德。"② 释"不任"为"担当不了"显然来源于此。然而"受怨"是什么意思？"担当不了受怨"这明显地讲不通。任,当也；受,承也。"任受"为同义连文,即"承担"的意思。

(8)"厉王虐,国人谤王。"谤：指责。(137页)

按：词义有时代性,将上古汉语的"谤"释为"指责",不妥。大凡用"谤"之处,非指一人,如此文即言"国人"。《战国策·齐策》："能谤讥于市朝,闻寡人之耳者,受下赏。""市朝"皆公共场所,则"谤讥"者绝非一人。确切地说,上古之"谤"是"公开议论"的意思。

(9)"董叔将娶于范氏。"范氏：即范宣子之女,范献子之妹。(178页)

按：此释似是而非,不仅混淆了上古时家族称"氏"与后世女子称"氏"这两个涵义不同的概念,而且忽视了介词"于"的作用。"娶于范氏"与《郑伯克段于鄢》里的"娶于申"是同一句式,"范氏"即范姓家族,并非"董叔将娶"的对象。"董叔将娶"的是范献子之妹范祁,即下文之"董祁"。正因为"范氏"并非"范献子之妹",所以"娶"字之后用了介词"于"字。对此,金圣叹在下文夹批中说得很清楚："董祁,即董叔所娶于范氏之妻,献子之妹也。"

---

① 北京大学中国文学史教研室(选注)：《先秦文学史参考资料》,北京：中华书局,1962年,第140页。

② 王力(主编)：《古代汉语》,修订本第一册,北京：中华书局,1981年,第37页。

(10)"凡我父兄昆弟及国子姓,有能助寡人谋而退吴者,吾与之共知越国之政。"国子姓:国君的同姓,泛指老百姓。(205 页)

按:说"国子姓"是"泛指老百姓",看来是根据北大《先秦文学史参考资料》:"子姓,犹言子民,即百姓。"①其实,二注皆误。《国语·越语下》韦昭注:"国子姓,言在众子同姓之列者。"②《汉书·礼乐志上》:"国子者,卿大夫之子弟也。"显然,"国子姓"是指与国君同姓的贵族子弟,与"子民"和"老百姓"皆无涉。

(11)"秦王使人谓安陵君曰:'寡人欲以五百里之地易安陵,安陵君其许寡人。'"其:副词,将。(226 页)

按:训诂的原则之一是以今语释古语,这里的"将"当然是"将要"的意思。可是,"将许寡人"显然不合秦王使者对安陵君说话的口气。"曰"后共两句话,前句是提出交换的条件,后句是向安陵君提出要求。这后一句是祈使句,不是陈述句,"其"是表示祈使语气的副词。这句的语义是:"安陵君可要许诺我!"

(12)"此三子者,皆布衣之士也,怀怒未发,休祲降于天。"休:吉祥。祲:凶兆。(227 页)

按:就字面来说,以上注释并无不妥,但未掌握古人行文之特点。"休祲"是由两个反义词素构成的偏义复词。杨树达《汉文文言修辞学》指出:"此种对待之词,一正一负,连类用时,往往意在负而连及其正。"③如"缓急"主"急","祸福"主"祸"。"休祲"并非说"休和祲",而是说"祲"。前文所说"彗星袭月"、"白虹贯日"、"仓鹰击殿"都是"凶兆"可以为证。

(13)"左师触詟愿见太后。"触詟:据……《战国策》帛书残本作"触龙"。应作"触龙"为是。(246 页)

按:此说未明究竟。远在清代,王念孙即在其《读书杂志》中,就以大量确凿的

---

① 北京大学中国文学史教研室(选注):《先秦文学史参考资料》,北京:中华书局,1962 年,第 268 页。
② (吴)韦昭(注):《国语》,上海古籍出版社,1978 年,第 631 页。
③ 杨树达:《汉文文言修辞学》,北京:科学出版社,1954 年,第 166 页。

证据考定"龙、言二字误合为詟"。1973年出土的《战国策》帛书本更证明了王氏的推断。如《新注》所说,"龙"似乎误写作"詟"。这与原来情况有出入。王氏是说,竖写"龙言"二字误作一"詟"字,原句当作"左师触龙言愿见太后"。

(14)"先趋而后息,先问而后默,则什己者至。"先趋:勤勉在人先。后息:后人休息。先问:抢先向人请益。后默:最后停止请教。(273—274页)

按:以上所引是郭隗回答燕昭王如何"得贤士与共国"时的一段文字。《先秦文学史参考资料》注云:"先趋而后息,此言自己先人而劳动,后人而休息。先问而后默,言自己抢先向人请益,其他的人已经不再向人请教,自己仍不中止。"①《新注》所释盖出于此。从郭隗答话的首尾几句来看,他所说的都是如何对待贤士的问题,同国君如何"勤勉在人先",与如何"先人而劳动"并无关系。原文所说的"先趋"、"先问",意思是积极地向贤士请教,而"后息"、"后默"是说虚心地静静地听取贤者的指教。息即止息,默即沉默,既不是"最后停止请教",更没有"自己仍不中止"的意思。

(15)"蜻蛉其小者也,黄雀因是以。……不知公子王孙,左挟弹,右摄丸,将加己乎九仞之上,以其类为招。昼游乎茂树,夕调乎酸咸。倏忽之间,坠于公子之手。"倏忽:顷刻。以下十字,王念孙认为是后人妄加的。因前文已言烹了,无须加此二语。又据《艺文类聚》和《太平御览》的引文均无此十字。刘向《新序·杂事》篇亦无此十字。(299页)

按:《新注》仅据王氏所说即下断语,未免失之片面。王氏明言:"姚云三同集无此十字,曾云一本有。"②后来诸书引此或许皆据姚见本,不足以证明曾见本必误。说是衍文,多出一二字犹可,多出十字于理不合。其实,金正炜《战国策补释》卷三指出,此二语十字系错简,应移于"昼游乎茂树"之前。这样就自然文从理顺了。

1990年8月

---

① 北京大学中国文学史教研室(选注):《先秦文学史参考资料》,北京:中华书局,1962年,第339页。

② (清)王念孙:《读书杂志》,南京:江苏古籍出版社,1985年,第53页。

《〈盐铁论〉简注》释义商榷

拙著《〈盐铁论〉注译》的撰写工作全部结束之后,我才有幸读到马非百先生的《〈盐铁论〉简注》(以下只称《简注》)。这部由中华书局于1984年出版的《简注》,很多注释相当详尽,不少地方还加以评论;就内容而言,其评注的确不乏作者的个人创见,有些地方还弥补了前人说解的一些不足。笔者在研读此书之后,仍然感到有不少释义未必确当。今按原书顺序一一予以解析。

(1)平准则民不失职,均输则民齐劳逸。(9页)注⑦失职,失业。

按:释"职"为"业",这是望文生训。王念孙《读书杂志》指出:"职非职事之职,职犹所也。……哀十六年《左传》:'克则为卿,不克则烹,固其所也。'《史记·伍子胥传》作'固其职也'。是职与所同义。……《赵广汉传》曰:'广汉为京兆尹,廉明,威制豪强,小民得职。'师古注曰:'得职,各得其常所也。'是其证。"(第四册之十五)看来,"得职"、"失职"是汉人习惯用语。不失职,即得其所,也就是今天安居乐业的意思。

(2)故乃万(商)贾之富,或累万金,追利乘羡之所致也。(18页)注⑦乘,守。羡,余。

按:既是"追求利润",就不会"守着羡余"。而且"守着羡余",也绝不会获得"累万金"的最大利润。《周礼·宰夫》:"乘其财用之出入。"郑玄注:"乘,犹计也。"乘羡,即筹划羡余。

(3)若夫外饰其貌而内无其实,口诵其文而行不犹其道,是盗固与盗,而不容于君子之域。(64页)注⑥与,党与。

按:无论从"与"这个词所处的位置,还是从该词前面的"固"是个副词来看,释"与"为"党与"都是说不过去的。"与"是个动词,应当解释为"相与"、"结伙",因而这句话应当翻译为:这说明盗贼本来就跟盗贼是一伙。

(4)一人失职,一官不治,皆公卿之累也。(72页)注②失职,失业。

按:《简注》解释此类"职"字大多欠妥,其理由如前所述,这里不再重复。在文学这一段发言的开头,有一句可以作为"职"当释为"所"的佐证:"禹稷自布衣,思天下有不得其所者,若已推而纳之沟中。"所谓"失职",不就是"不得其所"吗?

(5)自周室以来千有余岁,独有文、武、成、康,如言必参一焉,取所不能及而称之,犹躄者能言远不能行也。(87页)注⑦参,选。

按:"参"字有好几个读音,无论是哪一种音读,似乎都没有"参选"的意思。从"参"字的几个义项与上下语境来看,应当是"参照"、"参比"的意思。在这儿顺便提一下,御史这一段发言的最后一句是:"今硁硁然守一道,引尾生之意,即晋文之谲诸侯以尊周室不足道,而管仲蒙耻辱以存亡不足称也。"原文标句号,只要稍稍品味,就觉得语气不妥,应当改为问号。像这样标点符号不很妥当的地方还有好几处,本文就不一一指出了。

(6)诸生议不干天则入渊,乃欲以闾里之治而况国家之大事,亦不几矣。(95页)注④几,同"讥",查察。

按:释"几"或"讥"为察,于训诂确有根据。不过,这里大夫说诸生"议不干天则入渊",显然是讽刺儒生们的议论不切合实际,而"欲以闾乡之治而(比)况国家之大事",也是挖苦他们的治国方略不接近情理,根本不是说他们是"查察"还是不"查察"。释"几"为"近",岂不更直截了当?

(7)严法任刑,欲以禁暴止奸,而奸犹不止,意者非扁鹊之用针石,故众人未得其职也。(106页)注④未得其职,不得尽其职分。

按:释"职"为"职分",用来说"扁鹊"似乎还可以,用来说"众人"就不合情理。如前所述,"未得其职"即"未得其所",用白话来讲,就是没有得到应有的合适的治疗。

(8)然则民不齐出于南亩,以口率被垦田而不足,空仓廪而赈贫乏……(115页)注④以,用。口率,人口总数。

按:"而"字是连词,连接两个谓述性的词语。若释"率"为"总数",不仅于训诂缺乏根据,而且"而"字前没有动词,"以口率"也没有附着之词,于句法也不符合。"率"当释为动词"比较",该句意思是用人口与已耕地相比,已耕地就显得不够。

(9)是以百姓劝业而乐公赋。(116页)注⑪业,事业,职业。

按:训诂的一条原则是以今语释古语。把这句里的"业"解释为今天所谓的"事业"和"职业"都不贴切,而且"事业"与"职业"二词也并非同义,一起用来释"业"也不妥当。其实,"业"即"事",劝业就是努力生产的意思。这不仅与"而"字后面的"乐公赋"相协调,而且这一句前面的"田家又被其劳,故不齐出于南亩也"也是佐证。

(10)今公卿以其富贵笑儒者,为之常行,得无若太山鸱吓鹓雏乎?(138页)注⑬之,同"其"字。为之常行:这是说公卿以取笑儒者作为日常的行为。

按:释"之"为"其"已经不妥,注释后面的串讲更是把原句的句法结构弄得支离破碎。前一分句的"公卿"是主语,"以其富贵笑儒者"是谓语,而在谓语里,"以其富贵"是介词结构附在述宾词组"笑儒者"之前作状语。前面的"以"跟后面的"为"根本没有什么句法关系,怎么能把它们硬拉在一起呢?"为"通"谓",是古文中常见的用法。"为之常行"意思是"说他们是庸俗的行为","之"字在这句里是不必说成"同'其'字"的。

(11)方李斯在荀卿之门,阘茸与之齐轸,及其奋翼高举,龙升骥骛,过九轶二,翱翔万仞,鸿鹄华骝且〔不〕同侣,况跛牂燕雀之属乎!(140页)注④轶二,即超过了二,达到了第一位。

按:如《简注》所说,"过九,就是说比九天还高,承'龙升'而言"。"九"代表天,并非由于有"九天"之说。据《周易》,九是阳数之极,因而代表天,二是阴数之始,因而代表地。所谓"过二",绝不是"超过了二"的意思。就这一句来说,"九"代表"龙","二"代表"骥","过九轶二"就是超过龙和马。如果说"过九"是超过九天,"轶二"是达到第一,这两样并提就显得不伦不类了。

(12)夫智不足与谋,而权不能举当世,民斯为下也。(144页)注⑥举,举起,担当。当世,指当代大事。

按:后句的"权"同前句的"智"相对,自然是"权术"、"权谋"的意思。说某人的"权谋""不能担当当代大事",不仅不符合情理,而且与前文所说的"苏秦、张仪""一怒而诸侯惧,安居而天下息"也不相一致。"举"在这里应当是"左右"的意思,说"权谋不能左右当世",那就文从字顺了。

(13)至美素璞,物莫能饰也。至贤保真,伪文莫能增也。(166页)注②伪文,虚伪的文饰。

按:从前一句可以看出,后一句说的是要文饰还是不要文饰,而不是要真正的文饰还是虚伪的文饰。《荀子·性恶》篇在论述"性伪之分"时就说过:"可学而能、可事而成之在人者,谓之伪。"可见"伪"字原本是"人为"的意思。所谓"伪文莫能增",是说人为的美化不能再给他增添风采。原文这一句的下面说道:"今仲由、冉求无檀柘之材,隋、和之璞,而强文之,譬若雕朽木而砺铅刀、饰嫫母、画土人也。""强文"便是"伪文"最好的注脚。

(14)近世主父偃行不轨而诛灭,吕步舒弄口而见戮。……全身在于谨慎,不在于驰语也。(195页)注⑥弄口,搬弄是非,造谣惑众。⑧驰语,用言语挑拨是非。

按:丞相史的这段发言,是为了驳斥文学关于"孝养"的观点,提出"孝养"在于"全身",而"全身在于谨慎"。无论是从发言的针对性还是所举陈余、伍被、主父偃、吕步舒四人的事例来看,都不是强调是否搬弄是非、造谣惑众。因此以上两条注释都欠妥。弄口,是玩弄唇舌;驰语,是夸夸其谈。其涵义比"搬弄是非、造谣惑众"要轻,却符合原文意旨。

(15)仆虽不敏,亦当(尝)倾耳下风,摄齐句指,受业径于君子之涂矣。(198页)注⑨句,章句。指,指要。这是说逐句了解书中要旨。"受业"当在"径"字下。径,直接。

按:把"句指"解释为"章句指要",这是望文生训,因而不可能同"摄齐"相连贯。摄齐,即提起衣服的大襟。句指,即拘指,拘谨谦卑的样子。"摄齐句指"都是用来形容"受业"这个谓述性词语的,因此"句指"后不应当断句,其后之逗号当移至"受业"的后面,这句是说恭恭敬敬地接受教育。"径"用于介词

"于"字之前,当是动词,应释作"行","径于"就是"走上"。这样,"受业"不必移至"径"字下,全句也就完全讲通了。至于注者所举的两个例子应当分别看待。《淮南子·修务》云:"今取新圣人书,名之孔、墨,则弟子句指而受者必众矣。"这里的"句指"也是"拘谨恭敬"的意思。《北齐书·邢邵传》云:"晚年尤以五经章句为意,穷其指要。"这里说的是"章句""指要",跟前面所说的联绵词"句指"显然不是一回事,怎么能混为一谈呢?

(16)夫佛过纳善者,君之忠臣,大夫之直士也。(200页)注①
佛,同"悖",逆,不顺从。

按:释"佛"为"逆",与"过"字不相连属。从下面的"纳善"一语来看,"佛"当同"拂",亦通"弼",匡正的意思。"佛过",就是纠正过失。《简注》所谓"佛过纳善,犹言规过劝善",正与此一致,为什么又要拐弯抹角地把"佛"解释为"悖"呢?

(17)有舍其车而识其牛,贵其不言而多成事也。(204页)注⑫
舍车识牛,即轻视牛、重视车的意思。

按:这正好解释倒了。注者可能认为"不言而多成事"的是"车"不是"牛"。然而"舍"是舍弃,"识"是赏识,这是明明白白的。"贵其"的"其"是代词,称代的是"牛"而不是"车"。因为牛埋头拉车,没有叫声,而"车"运载时便发出吱吱呀呀的声响,就像自吹自夸一样。

(18)夫骥之才千里,非造父不能使;禹之知万人,非舜为相不能用。(205页)注③禹之知万人,禹有超过万人的知识。

按:前句说"骥之才",后句说"禹之知",这"知"当然就是"智"。所谓"知万人",就是智慧胜过万人。

(19)何者?以其首摄多端,迂时而不要也。(206页)注④首摄多端,即《史记·灌夫传》"首鼠两端"之意。鼠性怕人,出穴时常是一进一退,迟疑不决。

按:用"首鼠两端"来解释"首摄多端",这当然是对的,但"鼠性怕人"云云却是拘泥旧说。其实"首鼠"和"首摄"都是联绵词,《后汉书·邓训传》又写作"首施",都是"踌躇"一词的音变,因而有多种书写形式。"首摄多端",意思是模棱两可,头绪繁杂。

  (20)诚心闵悼,恻隐加尔,故忠心独而无累。(219页)注③闵,忧患。悼,哀念。

按:古代书面语言中常常见到一种用词通例,就是两个意义相同或相近的词平列构成"复语",对这种"复语"是用不着分开解释的。"闵悼"就是一个复语。清人王引之在其《经义述闻》里就曾指出:"古人训诂不避重复,往往有平列二字上下同义者,解者分为二义,反失其指。""闵悼"就是哀伤,无须分解。

  (21)《诗》云:"忧心如惔,不敢戏谈。"(219页)注⑥戏,儿戏,开玩笑。这是说……不敢开玩笑地讲些不负责任的话。

按:从后面的串讲可以看出,《简注》是把"戏谈"当作两个词来分解的:"戏"是开玩笑,"谈"是讲话。其实"戏谈"也是"复语",不必分开解释。王引之曾就"戏谈"一语指出:"谈亦戏也。《玉篇》《广韵》并云:'谈,戏调也。'"这说得再明确也没有了。

  (22)今故陈之,曰……(221页)注③故,所以。

按:把这里的"故"字说成是"所以",似是而非。"故"应当是故意、特意的意思,这完全符合原文的语气。释为"所以",连同"今"字,反而觉得不顺。

  (23)故圣人非仁义不载于己,非正道不御于前。(245页)注⑬载,饰,引申为修。

按:联系下句来考虑,"御"有进义,即使用,"载"有行义,即施行。"载"、"御"皆以御马驾车为喻。"载"释为"饰",远不如释为"行"贴近。不载于己,就是不由自己来实行的意思。

  (24)故士修之乡曲,升诸朝廷,行之幽隐,明足显著。(258页)注②幽隐,暗地。这是说他的行动举止虽然在暗地里进行,但结果还是显而易见的。

按:"修"即学习,"行"即实践。士人"修行"为什么要"在暗地里进行"?令人费解。其实这四句应当交错理解:"修之乡曲,行之幽隐,升诸朝廷,明足显著。"这里"修"与"行"同义,"乡曲"与"幽隐"互文。"乡曲"即乡里,"幽隐"谓无人知晓、不声不响。说"结果还是显而易见的",仅仅是从字面上串讲了"显著"二字,而对"明"字却未作出解释,这显然是个疏忽。此句的"明"是"朝廷之明"。贤良在这一大段发言的开头就说:"古之进士也,乡择而里选,论其才能,然后官之,胜职任然后爵而禄之。"因此,"明足显著"一句不能作字面上的串讲,其实际意思是:朝廷所实行的"乡择里选"的高明办法足以使才士显耀。

(25)以世俗言之,乡曲有桀,人尚辟之。(285 页)注②桀,恶霸。

按:这一句的前面说"贤者容不辱",这一句的后面说"今明天子在上,匈奴公为寇……",那么这一句所说的"桀"不当是贬义词。桀,同杰,指杰出的人。

(26)衣皮蒙毛,食肉饮血,会市、行牧、竖居,如中国之麋鹿耳。(286 页)注③会市,指匈奴到边境关市与汉人进行交易。行牧,匈奴以畜牧为业,逐水草迁徙。竖,童仆,居,居住。比喻匈奴所居毡帐和僮仆一样。实指三事而言。

按:贤良在这一段发言中,先指出"匈奴"是"天所贱而弃之",接着从"衣、食、居、行"四个方面来说明他们的生活习性。这里根本不涉及什么"匈奴……与汉人进行交易"的内容。《简注》说什么"会市"等"实指三事而言",是毫无根据的。第一个分句说"衣",第二个分句说"食"。接着六个字应分作两句点断:"会市行"说的是"行",意思是"像赶集一样行动不定";"牧竖居"说的是"居",意思是"像牧童一样随牧而居"。

(27)夫用军于外,政败于内,备为所患,增主所忧。(287 页)注③为,与"于"通。备为所患,即备于所患。

按:这么一注释,反而义不可通,令人费解了。此句显然是针对前面大夫所说"欲释备,如之何"而来的。"备"即武备,军备,是名词,而不是动词。备为所患,是说武备成了祸害。因而增加武备,也就增加了君主的忧虑。

(28)利则虎曳,病则鸟折,辟锋锐而牧罢极。(291 页)注②罢极,指疲敝到了极点的军队。

按:释"极"为"极点"是望文生训。"罢极"是复词同义,即疲惫、疲倦。《广雅·释诂》:"疲、惫,极也。"可见"极"有疲义。《史记·屈原列传》亦有类似说法:"人穷则反本,故劳苦倦极,未尝不呼天也;疾痛惨怛,未尝不呼父母也。"

在这里,"劳苦倦极"显然同"疾痛惨怛"对文,"疾痛"、"惨怛"和"劳苦"都是并列结构,那么"倦极"也自然是并列结构,就是说这四个词语都是同义词连用。

　　(29)故春使使者劳赐,举失职者,所以哀远民而慰抚老母也。(291页)注⑬举,检举。失职者,不称职的。

按:前面把"失职"解为"失业",这里又把"失职"注为"不称职",都因为对汉代"职"字的古义未能明了。至于释"举"为"检举",那是以今度古,由于受了误解"失职"影响的结果。"检举不称职的",既与前句"使使者劳赐"不相属,也与后句"所以哀远民而慰抚老母"不相连。其实,"失职"仍作"失所"解。所谓"举失职者",意思是安置未能得到正常安排的人。这既是派遣使臣去慰劳的主要目的,也是关心边远人民和安抚老母的有效方法。

　　(30)昔商鞅之任秦也……从军旅者暴骨长城,戍漕者辇车相望,生而往,死而旋。(303页)注㉗辇车,运输粮食的车。相望,可以互相望得见,犹言沿途到处都可看到。

按:"相望"原意是彼此都能看见,如《老子》:"邻国相望。"那是表示距离很近。引申开来,"相望"就不再表示这个意思了。拙著《简明训诂学》在论及"词义的社会性"这一训诂原则时,曾列举过含有"相望"这个词语的四、五个例句加以分析,可以参看。这里"辇车相望"是个主谓词组,"运输粮食的车"又怎么"可以互相望得见"?"相望"在这里应当是"一辆接着一辆"的意思,"相望"已经引申为"相连"了。

　　(31)先帝绝三方之难,抚从方国,以为藩蔽,穷极郡国,以讨匈奴。匈奴壤界兽圈,孤弱无与,此困亡之时也。(309页)注⑤无与,没有党与。

按:这一段说的是汉帝国"抚从方国,以为藩蔽"的政策与效果,这与匈奴有无"党与"风马牛不相及。这里的"与"是"与国",即盟国。《左传·僖公三十年》:"失其所与,不知。"此"与"字就是"结盟"的意思。"孤弱无与",就是孤立衰弱,没有什么盟国。因此,大夫才建议趁此"困亡之时"予以"扫除",以免"巨患"。

　　(32)其后周衰,诸侯力征,蛮貊分散,各有聚党,莫能相一。(329页)注⑥相一,互相统一起来。

按：把末句"相一"的"相"解释为"互相"，这是拘泥于"相"字的常用义。其实"相"字除有"互相"义外，还有"递相"义和"偏相"义。前面既然说"蛮貊分散，各有聚党"，能统一他们的只能是一方，不可能是各方"互相统一"。所谓"莫能相一"，即"莫能一之"，译成白话就是没有谁能统一他们。"相一"的"相"应当是"偏相"的意思。

(33)故明王知其无所利，以为役不可数行，而权不可久张也，故诏公卿大夫、贤良、文学所以复枉兴微之路。(334页)注⑧复枉，恢复受冤屈人的地位或名誉，犹今言平反。兴微，起用微贱的人。

按：此篇名为"西域"，所记载的是大夫和文学双方就"兵据西域"的政策而展开的一场辩论，其内容根本没有涉及什么"平反冤屈"和"起用微贱"的问题。既然辩论的是"兵据西域"，那么"役"即"兵役"，"权"即"兵权"。这跟引文前面的"金鼓未闻，旌旗未舒，行阵未定，兵以接矣"，"今匈奴牧于无穷之泽，东西南北不可穷极，虽轻车利马不能得也，况负重赢兵以求之乎"两段文字是完全一致的。正因为"明王知其无所利"，才认为兵役"不可数行"，兵威"不可久张"。这样由篇到句，由句到词，"枉"绝不是指什么"受冤屈的人"，而是指"兵据西域"之策的过错，"微"也绝不是指什么"微贱的人"，而是指文学所维护的"衰微的王道"。纠正"兵据西域"的过错，复兴衰微的王道，正是文学、贤良所向往的道路。

(34)阻险不如阻义。(364页)注①阻，解已见上注。

按：所谓"已见上注"，指的就是同一篇第二段"诚以行义为阻，道德为塞"一句里"阻"字的解释，《简注》释"阻"为"险阻"(358页注⑤)。这就是说，《简注》把这一句里的"阻险"看作同义并列。结合此句里的"阻义"这个词语来看，这样解释显然不妥。此句"阻险"与"阻义"对文，都是述宾词组，"阻"当是动词。《左传·隐公四年》："夫州吁阻兵而安忍。"疏："阻，恃诸国之兵以求胜而征伐不已。"所谓"阻险不如阻义"，就是说"依靠形势的险要不如依靠仁义的实施"。下面两句"使关梁足恃，六国不兼于秦；河山足保，秦不亡于楚、汉"，说的正是"险"不足"恃"，"险"不足"保"，而"恃"和"保"也是凭靠的意思。

(35)志善而违于法者免，志恶而合于法者诛。念伤民未有所害，志不甚恶而合于法者，谓盗而伤人者耶？将执法者过耶？(393

页)注⑰念,常常地思考。意思是说想到那些伤了民没有危害,动机不很坏而行为又合于法的案件,难道都可以说成为盗而伤人吗?或者是主持法令的人的过失呢?

按:如果把"志不甚恶而合于法者"串讲成"动机不很坏而行为又合于法",那怎么称得上是"案件"呢?"念"字之下明明说是"伤民",自然是违法,又怎么说是"合于法"呢?"念"字之前的两句,"志善"如何,"志恶"如何,说的是两个极端,那么"志不甚恶而合于法者",自然说的是处于前两种之间的一种情况。所谓"志不甚恶而合于法"的"合于法",是指"伤民"的违法行为"符合"某条法令的规定,即触犯某条法令,也就是"违法"。正因为如此,所以紧跟着提出两个问题:是判为"盗而伤人"而处死呢,还是"执法者"判过头了呢?这样理解才符合文学强调按动机定罪的本意。

(36)周国用之,刑错不用,黎民若四时各终其序,而天下不孤。(399页)注④错,通措,置。孤,同"辜",辜负的意思。

按:"之"是代词,称代开头一句"况礼决乎"的"礼"。天下不"辜负",不仅同"以礼治国、刑罚不用"没有联系,而且同"黎民若四时各终其序"不相连贯。"各终其序"说的是"四时"自然交替,这显然是比喻"黎民"由少而长、由老而死的。因此合理的解释,这儿的"孤"当是"幼而无父母曰孤"的"孤"。所谓"天下不孤",意思是天下不再有因父母受刑而扔下的孤儿了。这样解释,不仅与上文的"刑措不用"相联系,而且与下文的"颂曰:'绥我眉寿,介以繁祉'"相贯通。

(37)今之所谓良吏者,文察则以祸其民,强力则以厉其下,不本法之所由生,而专己之残心。(401页)注③专己,自信。

按:把"专己之残心"说成是"自信的残暴的心意",这实在令人费解。其实"专"的常用义是擅自、听凭。后两句是说:不从制定法律的本意出发,却专凭自己残酷的心意。

(38)二尺四寸之律,古今一也,或以治,或以乱。《春秋》原罪,《甫刑》制狱。(416页)注⑥原罪,即《刑德篇》"论心定罪"之意。《汉书·薛宣传》:"《春秋》之义,原心定罪。"义与此同。制狱,判断案件。

按:训诂的原则之一是以今语释古语。如果以古语释古语,对今天的广大读者来说就等于没有注释。"原"即根源,"原罪"就是按动机定罪。用"判断案件"来解释这里的"制狱",并没有揭示出其真正的意蕴。因为"原罪"也是"判断案件",像《简注》那样解说,二者也就没有什么区别了。这里"制狱"与"原罪"对文,实指按法制判案。说《春秋》按动机定罪,《甫刑》据法制判案,这正是大夫所揭示的两种根本对立的法律观念。

(39)今欲以敦朴之时治抚弊之民,是犹迁延而拯溺,揖让而救火也。(418页)注⑦迁延,却退,拖延。

按:"是犹"之后是两个骈偶句子,其间"拯溺"与"救火"相类,"迁延"也自然与"揖让"相近。"延"当是"延请"的意思,"迁延"即你推我让。前句说彬彬有礼地拯救落水,后句说打拱作揖地扑灭火灾。这正是大夫用来挖苦文学、贤良"欲以敦朴之时治抚弊之民"的愚蠢行动。

(40)扁鹊攻于凑理,经邪气,故痈疽不得成形。圣人从事于未然,故乱原无由生。是以砭石藏而不施,法令设而不用。断已然、凿已发者,凡人也。治未形、睹未萌者,君子也。(421页)注④凑理,同腠理。⑦断、凿,这里皆指行刑言。犹言断头、凿骨。

按:上引数句皆以医生治病比喻圣人治乱,喻意与本意两两并说。后二句的所谓"凡人"和"君子",都是既指医生,又指圣人。前句的"断已然"是承"扁鹊"句而言,"凿已发"是承"圣人"句而言。同样,后句的"治未形"与"睹未萌"也分别承"扁鹊"句和"圣人"句而说的。因此,"断"应当注释为"诊断"。至于最后一句的"治"是治疗,而"睹"是审处。

(41)若失群丞相[史]、御史,不能正议以辅宰相,成同类,长同行,阿意苟合,以说其上。(427页)注㉑成,生成。长,成长。同行,行为相同。

按:这是编者以"客"的名义对丞相史和御史进行的评论,说他们"生成同类,成长行为相同的人",这究竟是什么意思?从下文"阿意苟合,以说其上"的话看来,"成"是"成全","长"是"助长"。前句说"同类",后句说"同行",这"同行"即"同道",是指走在同一条道路上的人。只有这样解说,才能真正表达出"丞相史和御史为桑弘羊帮腔助势"这层意思来。

1999年1月

古代文选误注札记之一

笔者在高校执教"古代汉语"课程近30年。20世纪60年代初,先以南开大学汉语教研室所编之《古代汉语读本》为教本;不久,王力先生主编之《古代汉语》(中华书局1962)出版,便一直以此为教材。在其"文选"的备课与教学过程中,自然要参考各种古籍原本的历代训释以及相关教材和选本的注解,参互比较,据理思索,发现其中有误注者随手笔以记之。今稍加整理成文,以与同道切磋并求正焉。这里,先就先秦散文部分予以分析,其顺序基本按照王力《古代汉语》的编目,并参照《古代散文选》(人民教育出版社)之编次。

(1)今京不度,非制也。(左传·隐公元年)《古代汉语》(修订本,中华书局1981,以下只标"中华")注:"不度,不合法度。"《古代汉语》(北京出版社1981,以下只标"北京")注:"不度,不合法度。非制,不是先王的制度。"

按:释"度"为"法度",是以抽象释具体,略嫌词义宽泛,且与后面的"制"语义重复。这里的"不度"只就"都城过百雉"而言,"度"指"尺度"。其后的判断语"非制也"之"制"才是"制度"、"法度",是说明"今京不度"一事的性质。如此训释,"度"与"制"之涵义才不致重复。

(2)对曰:"姜氏何厌之有?不如早为之所,无使滋蔓。"(同上)《古代汉语》(中华)注:"不如早点安排他个地方。为,动词,在这里指'安排'之类的意思,所,处所。"《古代汉语》(北京)注:"为之所:为,动词,这里是安排的意思。所,处所,'为'的直接宾语。"

按：把"为之所"解释为"安排他个处所"，与上下文义不相连贯。上文已说"请京，使居之"，即已经"安排"了"处所"。只是因为姜氏不满足，才说出"不如早为之所"的话来。可见，"所"并非指"处所"，而是说要"处理"。"为之所"，意谓"对此进行处理"，其目的是"无使滋蔓"。如此解释，方顺理成章。

(3) 子封曰："可矣。厚将得众。"（同上）《古代汉语》（中华）注："厚，指土地扩大。众，百姓，这里指民心。"

按：释"众"为"民心"，于理不合，因为"土地扩大"未必就"得民心"。"厚"指"土地"，"众"当指"民众"，具体说来是指"劳力"和"兵员"。得"土地"与得"劳力"才有必然联系。

(4) 不及黄泉，无相见也。（同上）《古代汉语》（中华）注："黄泉，地下的泉水，黄色，这里指墓穴。"

按："黄泉"一词又见于《荀子·劝学》，《古代散文选》（人民教育出版社）上册注云："黄泉，浊水，地下的泉水。"以上注释大致源于杜预注："地下之水，故曰黄泉。"而杜预并未说"地下之水"为"黄色"，更未说是"浊水"。焦循《孟子正义》于"夫蚓，上食槁壤，下饮黄泉"（滕文公下）注引杜预，并云："黄泉至清而无浊。"《说文解字》"黄"下云："地之色也"。由此可见，是以"地"之黄色代替"地"，从而得"黄泉"之名。此于修辞为借代之法也。

(5) 颍考叔为颍谷封人，闻之，有献于公。（同上）《古代汉语》（中华）注："有献，有所献。"《古代汉语》（北京）注："献，恭敬地送给。这里用作名词，进献的东西。"

按：释"有献"为"有所献"，不仅是增字释义，而且与句法不合。"有献"之后有介词"于"字，"献"自然不是名词，而是动词无疑，句首之"有"当为虚指代词，与"或"相当，称代不必明言的事物。"有献于公"，意谓"有东西献给庄公"。

(6) 君能有终，则社稷之固也。（左传·宣公二年）《古代汉语》（中华）注："社稷就巩固了。之，介词。"

按：这显然是翻译，意思不错，但句式不合。原句不是叙述句，而是判断句，所以句末用语气词"也"字。这里的"固"用其本义，当为名词。全句是说：君王能有始有终，那就是国家的保障。

(7)若不获命,而使嗣宗职,次及于事,而帅偏师以修封疆,虽遇执事,其弗敢违。(左传·成公三年)《古代汉语》(中华)注:"其,将。违,躲避。不敢违,这是委婉的说法,暗指我将跟你打起来。"

按:释"违"为"躲避",显然勉强,因而不得不以"委婉的说法"来弥补。其实"违"即"违背",指"违背晋君之旨",亦即"帅偏师以修封疆"之"旨"。说"弗敢违",自然是要顺从晋君之旨,而不得不与对方作战了。

(8)小大之狱,虽不能察,必以情。(左传·庄公十年)《古代汉语》(北京)注:"虽然不能做到一一明察,但一定要根据实情处理。情,情况,实情。"

按:前句明言"不能察",又何从谈起"根据实情处理"呢?释"情"为"实情"非是。"情"当通"诚",意思是"诚心诚意",亦即不徇私情。如是则与下文"忠之属也"相互照应,"忠"即尽心尽意。如《墨子·非攻》:"情不知其不义也,故书其言以遗后世。"此"情"亦通"诚",义为"果真、实在"。

(9)能谤讥于市朝,闻寡人之耳者,受下赏。(战国策·齐策)《古代散文选》(人教版)注:"谤讥于市朝,在公共场所议论(君王的缺点)。"《古代汉语》(北京)注:"谤讥,不当着本人的面进行批评议论。市朝,泛指公共场所。"

按:以上两种注释大体不错,然欠准确。原文"谤讥"分别对应"市朝",意为"谤于市,讥于朝"。"市"指集市,"朝"指朝廷,并非泛指。"市""朝"有别,"谤""讥"亦不同。"谤"通"磅",有"大"义;"讥"通"几",有"小"义。再联系"市""朝"可知,"谤"谓大声议论,"讥"谓窃窃私语。这才是准确的理解。

(10)令初下,群臣进谏,门庭若市;数月之后,时时而间进;期年之后,虽欲言,无可进者。(同上)《古代汉语》(北京)注:"时时:经常,往往。间:间断,间或。"《古代散文选》注:"间进,偶然进谏。"

以上二书对"间进"的注释一样,正确无误。再反过来看前者对"时时"的解释,自然就觉得有矛盾,既然是"间或进谏",又怎么会"经常,往往"呢?前面说"门庭若市",后面说"无可言者",这里说的"时时"自然是介乎二者之间。由此看来,原文所谓"时时"并非今日之"时时",即并非"经常、往往"之意,而是"有时"的意思。这说明,文献词义的训释,往往要受语境的制约。

(11)齐人有冯谖者,贫乏不能自存。(齐策)《古代汉语》(中华)注:"存,存在,这里指生活。"《古代散文选》注:"存,生活。"

按:释"存"为"存在"与"生活"似乎都有些牵强。"存"字古有"养"义。如《淮南子·时则篇》:"季夏,存视长老……仲秋,养长老……"又《春秋繁露·治水五行篇》:"土用事,则养长老,存孤幼,矜寡独,施恩泽。"王念孙指出,"存"与"养"对文,可证"存"即"养"也。(参《读书杂志》"淮南内篇第三")

(12)狗马实外厩,美女充下陈。(同上)《古代汉语》(中华)注:"下陈,指堂下。"(1962)修订本改为:"下陈,等于说后列。"《古代散文选》注:"下陈,后列。"

按:原释"下陈"为"堂下",虽不够准确,但大体说得过去。后改为"后列",不知何据。《尔雅·释言》:"堂途谓之陈。""下陈"即阶下。"阶"又称"墀",而"陈"与"墀"古时同音通用。当时奏乐在"堂",歌舞在"庭","庭"即阶下。故"下陈"即"庭"也。

(13)君家所寡有者以义耳。(同上)《古代汉语》(中华)注:"以,疑是衍文。"《古代散文选》注:"这里的'以',用法特殊,大致有'只是''只有'之类的意思。"

按:"以"并非衍文。"以"古同"已",裴学海曰:"已,止也,仅也。"此谓"君家所寡有者仅仁义而已"。

(14)苟无岁,何以有民?苟无民,何以有君?故有问,舍本而问末者耶?(同上)《古代汉语》(中华)注:"大意是:有问话不问根本而问末节的吗?本,指岁与民。末,指君。"

按:"故"字当注而未注。"故"通"胡",即"何"也。《墨子·尚贤》:"故不察尚贤为政之本也。"《管子·侈靡篇》:"公将有行,故不送公。"《吕氏春秋·淫辞》:"罪不善,善者故为畏。"俞樾《古书疑义举例》云:"故,当读为胡。"因此"故有问"之后不当标逗号,意谓"何有问舍本而问末者耶?"

(15)不知夫公子王孙,左挟弹,右摄丸,将加己乎十仞之上,以其类为招。昼游乎茂树,夕调乎酸咸。倏忽之间,坠于公子之手。(楚策)《古代汉语》(中华)注:"据王念孙说,这句(指最后一句)是衍文,因前面已说了'夕调乎酸咸',就用不着再说这句了。"

按:要说"衍文",如何竟多出十个字? 王说不确。金正炜《战国策补释》卷三指出,此句为错简,当移于"昼游"句之前,即"……以其类(颈)为招(的)。倏忽之间,坠于公子之手。昼游乎茂树,夕调乎酸咸"。如此读来十分顺当。

(16)将加己乎百仞之上……折清风而殒矣。(同上)《古代汉语》(中华)注:"从清风中掉下来了。折,因为是由上向下坠落,有如折断,所以用个'折'字。"

按:这样解释过于迂曲。北大《先秦文学史参考资料》注"折"为"逆"。《中国历代文学作品选》上编(上海版)注"折"为"亡"。其实《说文》已云:"折,断也。"引申为"伤"。古代中常见"折、坏"互文、"折、毁"互文。如《盐铁论》:"折翅伤翼。"《诗·将仲子》毛传:"折,言伤害也。"上句当谓"伤于清风之中而陨落"。

(17)饭封禄之粟,而载方府之金。(同上)《古代汉语》(中华)注:"方府之金,四方所贡纳于国库之金。"

按:释"方"为"四方",这是望文生训。金正炜《战国策补释》卷三云:"方府,楚藏名,犹鲁之长府。"可见"方府"是楚国国库之专名,不当分解。

(18)不知夫穰侯方受命乎秦王,填黾塞之内,而投己乎黾塞之外。(同上)《古代汉语》(中华)注:"填,指填满军队。"(1962)修订本改为"指布满军队"(1981)。

按:无论释"填"为"填满"还是"布满",皆不准确。其实"填"通"镇",谓"镇守"也。

(19)辛垣衍曰:"燕,则吾请以从矣;若乃梁,则吾乃梁人也。"(战国策·赵策)《古代汉语》(中华)注:"请,客气话,有请求允许的意思。"

按:原文辛垣衍之答话,毫无"请求"之意。在先秦典籍里,"请"多通"诚"。前文已表明。孙诒让《墨子间诂》谓"吾请以从"即我诚然认为它会听从的。

(20)鲁连曰:"彼则肆然而为帝,过而遂正于天下,则连有赴东海而死耳。"(同上)《古代汉语》(中华)注:"过而遂正于天下,这句话不好懂,疑有误字。《史记》作'过而为政于天下'。司马贞《索隐》:'谓以过恶而为政也。'以备参考。"

按:司马贞释"过"为"过恶",就《史记》来说能勉强讲通,但就《战国策》一句来说则不可通。《古文观止》云:"犹甚也。正天下,即下文易大臣、夺憎予爱诸事。""过甚"即"再进一步"。"遂"为"竟","正"为"政"(即"控制")。读成"再进一步而竟然控制了天下",更为顺畅。

(21)老臣今者殊不欲食,乃自强步,日三四里。少益嗜食,和于身也。(战国策•赵策)《古代汉语》(中华)注:"少,副词,稍稍。益,副词,更加。"《中国历代文选》上册注:"少,同稍。益,增加。"《古代汉语》(北京)注:"少益,两个副词连用,稍微渐渐地。"

按:以上三种解说,都嫌牵强迂曲,而且"稍微"与"更加"二义相背。古代训诂家早有"复语单义"之说,"少益"即为同义并列,"益"亦"稍"也。杨树达《词诠》卷七即曰:"益,稍也,渐也。"如《史记•李将军列传》:"广乃令持满毋发,而广身自以大黄射其裨将,杀数人,胡虏益懈。"《汉书•苏武传》:"武益愈,单于使使晓武。"此两处"益"字均作"稍"解。因此,"少益嗜食"即"渐渐喜欢吃点东西"。

(22)太后曰:"诺,恣君之所使之。"(同上)《古代汉语》(北京)注:"所使之:指支使他的方式。'所':指示代词,指代'使之'的方式。"

按:如上所释,"所使之"即为名词性词组,作"恣"的宾语,这显然文不成义。而且"所"作为指示代词,单独用于动词前,并不指代行为的"方式",而是指代行为的"对象"。这种用法的"所",杨树达早就用排比法考证过,是为"意"也。"恣君之所使之",即"恣君之意使之",如此文通意顺。

(23)颜渊曰:"愿无伐善,无施劳。"(论语•公冶长)《古代汉语》(中华)注:"伐,夸耀。无施劳,指不把劳苦的事加在别人身上。"

按:上引对后一句的串讲,于理虽通,但于境不合。"施劳"与"伐善"对文,其义当相似。"善"是"优长","劳"当是"劳绩"。"伐"是"夸耀","施"则为"表白"。《淮南子》:"功盖天下,不施其美。"高注:"施,犹著也。""著"即显示。

(24)子路对曰:"由也为之,比及三年,可使有勇,且知方也。"(论语·先进)《古代汉语》(中华)注:"方,道义的方向。"

按:释"方"为"方向",又增"道义"二字,略嫌迂曲。这可能是因误解古人训"方"为"义方"的缘故。其实古代训诂家所谓"义方"并非"义之方",而是同义复语,"方"即"义"也,"理"也。"知方"就是"懂得道理"。

(25)五亩之宅,树之以桑,五十者可以衣帛矣。(孟子·梁惠王上)《古代汉语》(中华)注:"宅,宅院,人们居住的房舍。"

按:对古代文献进行随文释义,不能就词解词,应当联系上下文。"宅"字前有"五亩"之修饰语,后面又有"树之以桑"的述说语,古人"居住的房舍"岂有如此之大?上引注释显然不合情理。"五亩之宅"的"宅",当指房舍及院子周围空地。

(26)然,诚有百姓者。(孟子·梁惠王上)《古代散文选》等注曰:"的确有这样(对我误解)的百姓!"

按:把孟子时代的"百姓"理解为今日之百姓,是不合"词义的时代性"原则的。(参拙著《新著训诂学引论》,2005)这样注释,极易引起误解。战国以前,"百姓"是对百官宗姓的总称。《诗·小雅·天保》:"群黎百姓,偏尔为德。"郑笺:"百姓,百官族姓也。"《楚辞·哀郢》:"何百姓之震愆?"此句"百姓"与下句之"民"对举,可见"百姓"不同于"民",原句当译为:"竟有这样(对我误解)的百官宗姓!"

(27)孟子曰:"管仲,曾西之所不为也,而子为我愿之乎?"(孟子·公孙丑上)《古代汉语》(中华)注:"为,做。所不为,有做的那种人。"

按:释"为"为"做",在此句似能讲通,但就语境和情理来说不够准确。下文云:"管仲以其君霸,晏子以其君显,管仲晏子犹不足为与?"此"为"若训为"做"就显得更加勉强。如果再联系下文"今言王若易然,则文王不足法与"来看,可知上文之"为"即"不足法"之"法"。"法",效法也。如此则上下文相应。因此,"曾西所不为"即"曾西所不效法之人"。

(28)管仲以其君霸,晏子以其君显。(同上)《古代汉语》(中华)

注:"以,介词,凭着。霸,指行霸道。"

按:把此处的两个"以"解释为"介词,凭着",那这两句就成为"管仲霸,晏子显"了。这显然违背原意。赵岐于此注云:"管仲辅桓公以霸道,晏子相景公以显名。"孙氏疏云:"管仲以佐其君为霸,晏子以佐其君而显名。"因此这里的"以"是动词,当训为"使"。这在古籍中不乏其例。如《战国策·秦策》:"向欲以齐事王",高诱注:"以,犹使也。"以上两句是说:"管仲使其君称霸,晏子使其君显耀。"

(29)当今之时,万乘之国行仁政,民之悦之,犹解倒悬也。(同上)《古代汉语》(中华)注:"好比解下倒吊着人的绳子。"

按:仔细揣摩,这样串讲似乎把意思说反了。因为这句的主语是"民","犹解倒悬"是比喻"民之悦之"的程度。所以这里不是说"民"去"解倒悬",而是说"民"从"倒悬"中被解救下来。由此看来,上述串讲是误把"解倒悬"当作动宾结构,而其实应当是动补结构,即"解"后省略一介词"于"字。"犹解于倒悬",意谓"民"好比"从倒悬中被解救下来"那样喜悦。这样串讲才符合原意。

(30)如必自为而后用之,是率天下而路也。(孟子·滕文公上)朱熹《集注》:"路,谓奔道路,无时休息也。"杨伯峻《孟子译注》:"路,奔走道路。"

按:以上二注皆误。《左传·昭公元年》:"于是乎节宣其气,勿使有所壅闭湫底以露其体。"吴锴生注:"露,疲露也。"《方言》:"露,败也。""败"即"疲"。《战国策》:"诸侯见齐之罢露。"《史记》作"罢弊"。是"露"、"弊"同义。可见《孟子》之"路"即《左传》之"露",皆"累"之语转,即"疲累"也。

(31)放勋曰:劳之来之,匡之直之,辅之翼之,使自得之,又从而振德之。(同上)《古代汉语》(中华)注:"来,使……来(来归顺)。"《古代汉语》(北京)注:"劳之来之:使民劳,使民来。来:通徕,招徕的意思。"

按:上引注释显然是受《论语》"既来之"一句的影响而误解。原句并非指"远人",且"劳""来"连用,"劳之"不是"使之劳","来之"也不是"使之来"。《尔雅》:"劳、来,勤也。"《诗·下武》:"昭兹来许",郑笺:"来,勤也。"《史记·周本纪》:"武王曰:'日夜劳来,定我西土。"王念孙《广雅疏证》云:"皆谓勤也。《孟子·滕文公》'放勋曰劳之来之',亦谓圣人之勤民也。"依上下文义,王说极是。正因为如此,故下文云:"圣人之忧民如此,而暇耕乎?"

  (32)舜发于畎亩之中,傅说举于版筑之间,胶鬲举于鱼盐之中,管夷吾举于士,孙叔敖举于海,百里奚举于市。(孟子·告子下)《古代散文选》注:"士,狱官。举于士,指从狱官手里释放并举用。"《古代汉语》(中华)注:"发,起,指被起用。"其余与上同。

按:释"士"为"狱官",虽有训诂依据,但不合此段文意。此段共言及六人,除"管夷吾"一句,其余五句之"畎亩之中"、"版筑之间"、"鱼盐之中"、"海"与"市",点明的都是被"举"之处所,意在强调其身份之低贱,而不在交代被什么人举荐。因此所谓"士"亦非指人,而是指"监狱"。正因为如此,孟子才接着说"故天将降大任于是人也,必先苦其心志,劳其筋骨,饿其体肤"云云。至于训"发"为"起"是对的,但说是"被起用"则不对,这也是未考虑上下文的结果。以上六句,说"舜"独用"发",说以下五人皆用"举",可见孟子之用意在于突出"舜"是自己"奋起",其余五人才是"被举用"。

2005 年 10 月

王氏父子训诂的科学性

在有清乾嘉学派当中,王念孙、王引之父子,其训诂成就卓著,世所公认。这与他们考释方法的科学性有着直接的关系。综观其《读书杂志》、《广雅疏证》、《经义述闻》、《经传释词》四种,我们可以大体概括出以下三个方面。

一、从声转中考求字词的意义

王氏常说:"训诂之旨,存乎声音。"因而在清代朴学中号称"以声音通训诂"。

首先,解说连绵词组成的特点,以声不以形。王氏不但用"求诸声而不求诸字"来阐明连绵词双声叠韵的规律,而且用这一规律来驳正古人对连绵词的误解。如《广雅疏证·释器》中对"干将、莫邪"的考证,王氏认为,西汉以前,未有以"干将、莫邪"为人名者,实皆连语以状其锋刃之利,而并非人名,故亦为剑戟之通称。自《吴越春秋》始以"干将"为吴人,"莫邪"为其妻。此条考证足正千年之惑。这是用声转说对古代名物作确诂的最好例子。

与此相关之规律,则是单词之义延伸为连绵词。例如:

《礼记·玉藻》:"造受命于君前,则书于笏。"
《论语·里仁》:"造次必于是。"
《楚辞·九叹》:"行叩诚而不阿兮。"
繁钦《定情诗》:"何以致叩叩,香囊悬肘后。"

王氏指出,"造"即"造次",皆仓促义。(《广雅疏证·释诂·卷二下》)"叩"即"叩叩",皆诚恳义。(《释训·卷六》)并批评王逸注《九叹》之"叩"为

"击"非是,确有见地。他还列举以下之例:

> 《声类》:"锉镥,小釜也。"(《群经音义,卷十六》引)
> 《说文》:"痤,小肿也。一曰族累病。"
> 《左传·桓公六年》:"谓其不疾瘯蠡也。"
> 《尔雅·释木》:"痤,接虑李。"郭注:"今之麦李。"
> 《齐民要术》:"麦李细小。"

王氏指出,锉镥、族累、瘯蠡、接虑,一声之转,皆物形之小而圆者也。(《释器·卷七》)王氏把小圆之釜、小圆之疮、小圆之李等归结为一个语音的变化。字形虽不同,其得名之故却是相同的。这是因声求义法的继续。他之所以能够独辟蹊径,创解新说,是因为把传统的因声求义法与科学的类比法紧密结合起来,因而切实有用。

其次,王氏善于用声近、声转来说明古代字词的通假现象。而且其立论大多有根有据,例证也大多可信。如《广雅》训"农"为"勉",王氏云:"农犹努也,语之转耳。""农、努"皆泥纽字,音易讹变。在阐明音转之理后,还举出大量例证:

> 《洪范》:"农用八政。"谓勉用八政也。
> 《吕刑》:"农殖嘉谷。"谓勉殖也。
> 《左传·襄公十三年》:"小人农力以事其上。"
> 《管子·大匡》:"耕者用力不农,有罪不赦。"
> 王氏指出,此皆古人谓"勉"为"农"之证,解者多失之。

再次,王氏常用音转来说明方言之间的歧异。例如:

> 《汉书·韩信传》:"有一漂母哀之。"
> 《庄子·逍遥游》:"世世以洴澼絖为事。"
> 《说文》:"潎,于水中击絮也。"

王氏曰:"漂、潎、洴澼"为"一声之转",皆重唇音之"滂、并"二纽字,义皆为漂洗。这显然是说明声纽相同而发生区域性音变的道理。(《释言·卷五》)又如引《释名》:"枷,加也。或曰罗枷。"王氏云:"罗、连一声之转。今江淮间谓打谷器为连枷。皆、枷亦一声之转。"

此外,王氏还凭借音转来考古证今,释雅证俗。例如:

《广雅》："斯,分也。"《疏证》："今俗语犹呼手裂物为斯。"斯,后作撕。

《广雅》："蹬,履也。"《疏证》："今人犹谓足趾物为蹬,又谓马鞍两旁足所趾为蹬,其义一也。"按:履,践也。足趾物是动词,足所趾为名词。

《广雅》："秸,稿也。"《疏证》："《广韵》:'秸,麻秆也,古谐切。或作稭。'今江淮之间又通呼秫茎为秫秸,豆茎为豆秸,麦茎为麦秸,声正如皆矣。"按:皆,一读街,一读该。

以上说明,王氏非常重视古代文献与当时口语之间的联系。

二、从结构中考求词语的意义

王氏父子具有较强的语法观念,对古代汉语用词造句的规律有较深刻的认识,因而能从语言结构的角度去揭示文句的讹错及其训释的是非。例如:

《史记·勾践世家》："允常之时,与吴王阖庐战而相怨伐。"

王氏云："'怨伐'二字义不相属,诸书无以'怨伐'连文者。"(《读书杂志》)他又根据《文选·鹏鸟赋》李善注引此段文字无"伐"字,认定是衍文。所谓"义不相属",所谓"诸书无以连文",显然是从古代汉语构词法的角度考察文句,发现问题。

《晏子春秋·内篇卷上》："乃令出裘发粟与饥寒。"

据王氏考证,此段文字,《群书治要》作"以与饥寒"。《文选·雪赋》注引作"以与饥人"。《艺文类聚·天部下》等作"以与饥寒者"。王氏云："按'与'上有'以'字,'寒'下有'者'字,而今本脱之,则语意不完。"从校勘的角度来看,他是用他校法来补缀脱文。但是,所谓"语意不完",说明王氏是从句法的角度看出原句的结构残缺不全的。

王氏不仅从结构考察中纠正原文的讹误,而且以此来训释文献字词的意义。王念孙常言"古人自有复语",王引之也强调"经传往往有平列二字上下同义者"。这讲的就是古代的一些特殊的构词法。前代学者不明此理,因而导致误解。不仅实词如此,虚词亦如此。例如:

《礼记·曾子问》:"子游之徒,有庶子祭者,以此若义也。"

王氏指出,"此若"连读,"若"即"此"也。这是揭示代词复语。

《左传·襄公二十五年》:"将庸何归？"

杜注以"庸"为"用",即不解这种特殊结构。王氏指出,"庸"即"何",是同义复语,因而扫清迷雾。类似的结构,他列举有：

《左传·文公十八年》:"庸何伤？"
《大戴记·曾子制言》:"庸孰能亲女乎？"
《庄子·齐物论》:"庸讵知吾所谓知之非不知邪？"
《荀子·坐宥》:"庸安知吾不得之桑落之下？"

以上引例之"庸何、庸孰、庸讵、庸安",都是同义连文,为疑问代词复语。王氏父子深知此理。

王氏还指出一种句法现象,即某一单字与叠用两字者,其意义与用法完全一样。

例如：

《史记·货殖列传》:"没于赂遗也。"
《左传》:"何没没也,将焉用贿？"

王氏云:"没"与"没没",皆"昧"之借,贪也。又如：

《楚辞·九章》:"壹心而不豫兮。"
《汉书·贾谊传》:"虑亡不帝制而天子自为者。"

王氏指出,"豫"即"犹豫","虑"即"无虑"。前者双声,后者叠韵,亦作"莫略"。王氏无异于归纳了一条构词法则,即"单词延伸为复词,复词紧缩为单词"。

王氏父子在解说古代文献时,不仅涉及构词法,而且正面谈到造句法,足见其较强的句法观念。其中最典型的例子如：

《左传·昭公十九年》:"私族于谋而立长亲。"杜注:"于私族之谋,宜立亲之长者。"

王引之指出:"杜说非也。'私族于谋而立长亲'者,私谋于族而立长亲也。倒言之,则曰'私族于谋'矣。《十一年传》'王贪而无信,唯蔡于感',言'唯憾于蔡'也。本年《传》'谚所谓室于怒市于色'者,言怒于室色于市也。文义并与此相似。"(《经义述闻》卷十九)

《左传》反映出,当时的语序还不十分稳定。王氏判定杜注之非,并按后来的行文惯例自觉调整语序以解说全句。其说虽然不如《马氏文通》所言"谋于私族",但比杜注接近语言事实,这是毫无疑义的。又如:

《书·尧典》:"父顽母嚚象傲。克谐以孝。烝烝乂。不格奸。"
孔传:"谐,和;烝,进也。言能以至孝谐和顽嚚昏傲,是进进以善自治,不至于奸恶。"

王引之指出:"训'烝'为'进',虽本《尔雅》,然以'烝烝乂'为'进进治',则不辞甚矣。三复经文,当读'克谐'为句,'乂不格奸'为句。"接着,王氏列举《列女传》、蔡邕《九疑山碑》、陆贾《新语》、《论衡》、《后汉书》、张衡《东京赋》、《艺文类聚》、《孔子家语》等众多语料证明孔传旧读之误,并说明:"经言'以孝烝烝','烝烝'即是孝德之形容。"(《经义述闻》卷三)

显然,所谓"不辞"即不合句法。他十分清楚,"以孝烝烝"即"以烝烝之孝"。其句法意识由此可见。再如:

《史记·张仪传》:"惟大王有意督过之也。"《索隐》:"督过,是深责其过也。"王氏以为,"督过,皆责也","若以'过'为过失之过,则当言'督过',不当言'督过之'矣。"(《读书杂志·史记》)

这是从"督过"后有"之"字,进一步判定"督过"为复合动词,不当以"过"为名词。不仅如此,他还列举数例以证明"过"有"责"义。例如:

《晏子春秋·杂篇》:"临事守职,不胜其任,则过之。"
《楚辞·惜往日》:"盛气志而过之。"

"过"之动词"责"义既能确立,在句法上其后殿以"之"字即为合理。

此外,王氏父子还论及句法上的省略。《经义述闻》卷三十二辟有"上文因下而省"之专题,自是从句法着眼。例如:

《诗·小雅·天保》:"禴祠烝尝,于公先王。"
《论语·卫灵公》:"躬自厚而薄责于人。"
《孟子·滕文公》:"夏后氏五十而贡,殷人七十而助,周人百亩而彻。"

王引之云:"'公'者,先公也。因下'先王'而省'先'字。""'躬自厚'者,躬自厚责也。皇疏引蔡谟云'厚者,厚其德也',失之。因下'薄责于人'而省'责'字。""'五十''七十'者,五十亩、七十亩也。因下'百亩'而省'亩'字。"

三、从语境中考求字词的意义

王氏父子深深懂得,字词的意义,在文献典籍里和在字典辞书里是有区别的。字词的意义往往随语境的不同而有所改变。前人如有不解此理而训释不妥,王氏常言"文不成义","某说于文义不合","揆之文义,颇为不安","依某说则隔断上下语脉"等等,强调要"寻文究理"。这就是要探明,所解释字词之意义与上下文相应与否,与字词之具体涵义相合与否。例如:

"周",有训为忠信者,《小雅·皇皇者华》篇"周爰咨诹",《鲁语》释之曰"忠信为周"是也。有训为亲、为密、为合者,《文十八年左传》"顽嚚不友,是与比周",杜注曰"周,密也"。《哀十六年传》"周仁之谓信",注曰"周,亲也"。《离骚》"虽不周于今之人兮",王注曰"周,合也"是也。《论语·为政》篇云:"君子周而不比,小人比而不周。"盖"周"与"比"皆训为亲、为密、为合,故辨别之如是。以义合者周也,以利合者比也,其"合"同,其所以合者则异。……《晋语》:"吾闻事君者比而不党。夫周以举义,比也;举以其私,党也。"(《经义述闻》卷三十一)

王氏从文献语境出发,不仅细致地分析了"周"字在不同上下文里所显示的不同意义,而且还把"比"与"周"、"比"与"党"两两相较,指出其间有同也有异("周"与"比"相对,"比"为贬义,"比"与"党"相对,"比"有褒义),因而断定孔注、韦注不问上下文,一概"训周为忠信,皆失之"。又如:

《孟子·公孙丑》:"不肤挠,不目逃。"赵注:"人刺其肌肤,不为挠却。"

王氏云:"人之颜色见于皮肤,故古人以'肤色'并言。《管子·内业篇》'和于形容,见于肤色',《列子·汤问篇》'肤色脂泽',《七发》'今太子肤色靡曼'是也。'肤色'相连，故'色'亦可谓之'肤'。《孟子·公孙丑篇》'不肤挠，不目逃'，肤挠，色挠也。《魏策》'唐且挺剑而起，秦王色挠'，《韩子·显学篇》'不色挠，不目逃'，正与《孟子》同义，故知肤即色也，挠、弱也。面有惧色则示人以弱，故谓之色挠。"（《经义述闻》卷三十一）

也是根据诸多文献之语境，王氏指出：或者"肤色"并言，或者"肤"、"色"单用，都是指"人之颜色"（即"面色"）。据此而认定赵注失误。

正因为王氏着眼于语境，而语境又随着时代的变化而改变，所以他们父子在考释字词意义时，也就自然具有一种朴素的历史演变的观点。例如：

《史记·五帝纪》："尧二女不敢以贵骄事舜亲戚，甚有妇道。"
《正义》云："亲戚，谓父瞽叟、后母、弟象、妹颗首等也。"

王念孙引《史记考异》曰："古人称父母为亲戚。《大戴记·曾子疾病篇》'亲戚既没，虽欲孝，谁为孝。'《孟子·尽心篇》'人莫大焉亡亲戚、君臣、上下。'《楚世家》'楚人皆怜之，如悲亲戚'，犹言如丧考妣也。《孟尝君列传》'使使存问献遗其亲戚'，亦谓其父母也。《正义》兼弟妹言之，非史公之旨。"王氏云其说"是也"。（《经义述闻》卷十九）其下，王引之又列举大量用例，尤其是同书异文。如《左传》"亲戚为戮"，《史记·楚世家》作"父戮"；《管子·九变篇》"亲戚坟墓之所在"，《小问篇》作"父母坟墓之所在"；《荀子·议兵篇》"其民之亲我欢若父母"，《汉书·刑法志》作"欢若亲戚"；《贾子·保傅篇》"无恩于亲戚"，《大戴礼》作"无恩于父母"。并云："此尤其明证也。"

王氏父子十分清楚，"亲戚"一词在上古文献里，只谓"父母"，不同于后世泛指亲属族党，而《史记正义》却以后世之含义来解释，因而不合"史公之旨"。

王氏父子考察古书字词的虚实用法，也是善于从语境着眼，尤其王引之注重辨明古书里的助词，终使文义涣然冰释，怡然理顺。例如：

《左传·僖公九年》："以是藐诸孤。"杜注："言其幼稚，与诸子县藐。"

《经义述闻》云："杜以'藐'为'县藐'，'诸'为'诸子'，以是'县藐诸子孤'，斯为不词矣。今按：'诸'即者字也，'者'与'诸'古字通。《郊特牲》曰：'不知神之所在，于彼乎，于此乎，或诸远人乎。'或诸，即或者。《大戴礼·卫将军文子篇》:'夫子之施教也,先以诗世,道者孝悌,说之以义而观诸体。'者,亦诸也。《尔雅·释鱼》:'龟:俯者灵;仰者谢;前偃诸,果;后偃诸,猎。'诸,亦者也。又《诗》言'彼茁者葭','彼姝者子','彼苍者天',文义并与此相似。"(卷十七)

此段考证充分地说明,王氏完全从文献上下文出发,判定其"诸"字并非用作形容词,而是用如虚词"者"字,"是藐诸孤"即"彼小者孤"。如此训解,文从字顺。又如:

《左传·襄公十四年》:"吾令实过,悔之何及,多遗秦擒。"杜注:"军师不和,恐多为人所擒获。"

王念孙曰:"多,读为'亦祇以异'之祇。祇,适也。言我若不归,则适为秦所禽获而已。'多'与'祇'古同声而同用。"(《经义述闻》卷十八)王引之又举其他例证:《定十五年传》"存亡有命,事楚何为,多取费焉"。言适自取贡献之费而已。《哀八年传》"不足以害吴而多杀国士,不如已也"。言不足以害吴,而适伤鲁之国士也。《哀十三年传》曰"无损于鲁而祇为名",文义正相合也。这也是依据语境来断定"多"在上引例句里,不用作形容词,而是情态副词,用来限制谓语动词。

王引之不仅于《经义述闻·通说》有"语词误解以实意"专论,还另有《经传释词》一书,专门剖析古代虚词,解说精辟,多有新见,纠正不少前代注疏家因不明虚实而导致的失误。其书之一大特点,便是贯穿一条"语境规定性"的原则。

总而言之,王氏父子不仅利用当时古音学的研究成果,借助声转的理论来考释文献,而且还注重句子内部语序的排列和词语的组合,注意句子外部语句的连贯和语意的完整,又始终坚持语境、语用的原则来考证字词的意义,因而在训诂学领域取得了卓越的成就。

2006年9月

传统训诂和语义分析

拙著《简明训诂学》(1995)曾经指出,文献解释和词义引申,是传统训诂学的两个主要内容,二者都要涉及语义分析。本文就传统训诂学与现代语义学的相互结合谈一点粗浅的意见。

一

传统训诂学对字词意义的解释,不仅文字简明扼要,而且方法多种,方式多样,如有所谓形训、音训、比况、界说等。这些在解读典籍和辞书编纂上都是行之有效的,值得我们去继承和发扬。但是毋庸讳言,一般说来它未能深入到词义的微观层次,难以使人全面掌握语义的系统。譬如在训诂文献里,经常出现以下字词的解释:

《论语集解·序》:"论,理也。"
《广雅·释诂》:"理,道也。"
《广雅·释诂》:"类,法也。"
《尔雅·释诂》:"则,法也。"
《尔雅·释诂》:"律,法也。"
《尔雅·释诂》:"刑,法也。"
《荀子·大略》注:"方,法也。"
《说文解字》:"式,法也。"
《说文解字》:"规,有法度也。"
《说文解字》:"法,刑也。"

以上解释只能表明,"理、法"等10个字词是同义或近义的关系,但是,如果要运用传统训诂学的原理和方法来辨析其中相同或相异之所在,就显得有些薄弱。清代乾嘉诸老在这方面虽然也作了些辨析,但毕竟零星单薄。因此20世纪70年代末以来,西方语义学有关义素分析的理论和方法便引进到我国,这在一定程度上使训诂学和词汇学的语义分析走上了比较科学的轨道。

"义素分析"又称"语义成分分析",是语义分析的一种方法。这个概念,是由美国描写语言学派的奠基人布龙菲尔德在其《语言论》里提出来的。丹麦语言学家叶姆斯列夫也提出过"义素分析法"的设想,主张把语音学中音素分析的原则扩大到语法和语义中去。他们深入词的内部,把词义分成若干个元素(成分),然后分析一个一个词的元素构成情况,以便达到认识、比较、辨别词义的目的。《语言学动态》1978年(4)发表周绍珩的《欧美语义学的某些理论与研究方法》一文,详细介绍了义素分析法。此后,有些现代汉语词汇学家和汉语史训诂学家便把这种理论与方法分别运用于今古汉语的语义分析。

从语法角度来看,词的构成单位是语素;从语义角度来看,词义的构成单位是语素义。如果对词义进行隐含状态的纵向切分,词义可分为词义、义位、义素三级。所谓"义素",是对词义或义位进行分析而得出的更小的语义单位,它是由语义的"区别性特征"构成的。义素分析,就是把词义或义位(义项)分解为若干个语义元素。不同的词,彼此意义之间的近或远是由相同义素的多寡来决定的。譬如把由上述10个字词构成的合成词分解出下列7个义素,再去考察它们的远近异同,即可得出下表(+号表示该词有此义素):

	普遍性	经常性	不可违反	违反则失败	违反则失自由	违反则起破坏作用	同时具有灵活性
理论	+		+	+			
方法	+		+	+			
公式	+	+	+	+			
定律	+	+	+	+			
法律	+	+	+		+		
法规	+	+	+			+	
规章	+	+	+			+	+
规则	+		+			+	
原则	+	+					+
道理	+		+				+
方式	+			+			+
办法				+			+

以上表格所标之十号,揭示了相关语词的区别性特征。由此可见,对词的理性意义的辨析和解释的准确性来说,义素分析法确实有其作用。显然,义素不是语义的现实单位,而是隐含在词义或义位之中的。运用"义素"的概念可以使语义显示出结构性,便于进行描写。利用常用义素,还可以组合大量的词义。譬如一些常用动词,其词义可分析为:

予＝＝[＋使(人)＋具有]
取＝＝[＋使(己)＋具有]
得＝＝[＋开始＋具有]
失＝＝[＋停止＋具有]

义素分析的理论和方法虽然来自西方的现代语义学,但是,我国古代有见识的学者和训诂家在解释词义及其本源和关联时,往往包含义素分析的某种观念和成分,如果用义素的理论去观照他们的训释尤其是再度注释,我们就会发现其中有着某些深刻的见解。例如:

《孟子·梁惠王下》:"老而无妻曰鳏,老而无夫曰寡,老而无子曰独,幼而无父曰孤。"

据此,其义素可离析为:

鳏＝＝[＋人＋男＋成年＋未婚]
寡＝＝[＋人＋女＋成年＋未婚]
孤＝＝[＋人＋幼年＋无父母]
独＝＝[＋人＋老年＋无子女]

再如前面所提到的"法、刑、则、律"等,传统训诂也有比较准确的辨析:

《说文解字》:"法,刑也。"段注:"刑者,罚罪也。引申为凡模范之称。木部曰'模者法也'。竹部曰'范者法也'。土部曰'型者铸器之法也'。"

又:"律,均布也。"段注:"律者,所以范天下之不一而归于一。故曰'均布也'。"

又:"则,等画物也。"段注:"等画物者,定其差等而各为界画也。"

又:"规,规矩,有法度也。"段注:"法者,刑也。度者,法制也。

《广雅·卷三下》:"刑、立……成也。"王念孙《疏证》云:"《王制》云:'刑者,侀也。'侀者,成也。一成而不可变。"

又:"刑,正也。"《疏证》:"刑者,《周官·大司徒》:'以佐王刑邦国。'郑注云:'刑,正人之法也。'"

又:"井,法也。"《疏证》:"井与刑相通。《越绝书》:'井者,法也。'井训为法,故作事有法谓之井井。《荀子·儒效》:'井井兮其有理'。"

《尔雅·释诂》:"法、则、律,常也。"又:"宪、刑、律,法也。"郝懿行《义疏》云:"既云常,又云法者,法必有常,有常可以为法也。《管子·禁藏》篇云:'法者,天下之仪也。'"(21页,北京中国书店)

用义素的理论来观照,以上所谓"凡模范之称"即揭示其"规范性"或"标准性","范天下归于一"、"正人之法"即揭示其"不可违反性","天下之仪"即揭示其"普遍性",而"一成不变"与"法必有常"即揭示其"经常性",所谓"定其差等"、"有法度"即含"具体性","井井有理"即是"条理性"。如果说"法"所隐含的"规范性"或"标准性"是以上各词的中心义素的话,那么"天下之仪"、"一成不变"、"正人"、"定其差等"、"有法度"、"井井有理"等便是以上各词的限定义素。再如:

《说文通训定声·丰部》:"周垣之内统名曰宫,正中曰堂,堂之后曰室。"

上述"周垣"、"正中"与"堂后",即分别揭示了上古"宫"、"堂"、"室"三词的潜在义素。正是这些潜在义素,才使得"宫"、"堂"、"室"三词后来分道扬镳了。又如《说文解字》,许慎运用"形训"的方法解说以下汉字的本义:

构,盖也。(段注:此与冓音同义近。冓,交集材也。凡覆盖必交集材。)

购,以财有所求也。(段注:悬重价以求得其物也。)

遘,遇也。

覯,遇见也。(段注:覯从见,则为逢遇之见。)

媾,重婚也。(段注:重婚者,重叠交互为婚姻也。)

冓,绛也。(段注:《广韵》曰:"熏笼"。《广雅》:"篝,笼也。")
讲,和解也。(段注:不合者调和之,纠纷者解释之,是曰讲。)

以上七字(词),如《说文》所说解,都含有一个共同的义素即"交合(会合)"(案"冓"甲骨文象两鱼相遇。其辞例有"～风"、"～雨"等,可见其本义为两物相遇,与《尔雅》所释"遘,遇也"吻合),而其形符"木、贝、辶、见、女、竹、言"则分别暗示各自的限定义素为"木材、钱贝、路途、目见、妇女、竹编、言语"。这对词义辨析无疑也很有助益。遗憾的是,这些深入细致的解析虽然闪现过与现代义素分析相一致的学术光辉,但由于始终停留在具体字词的训释及其比较上,尚未进一步去归纳、抽象,因而终究未能上升为理论。

借助于现代语义学关于义素分析的理论和方法,可以使传统训诂学的词义训释科学化,避免其主观随意性。但是毋庸讳言,义素分析也有其自身的局限和弊端。对此,已有学者在其论著中作了比较公允的评价。综合来说:其一,它不能直接地、确切地表明事物反映在意义中的外延;其二,它完全以个人对词义的了解和剖析为基础,有相当的主观性;其三,汉语没有概括性较高的形态体系,词语的语法意义难以分解为义素;其四,汉语的词和语素、短语的界限并不完全清楚,因而分析出的"义素"是否属于字词的意义构成成分就很难断定。正如蒋绍愚所言,义素分析法还是一种不成熟的方法,其使用范围是很有限的。譬如虚词和不少表示抽象概念的实词,就无法进行义素分析。

二

传统训诂学在阐述词义引申(派生)时,往往与词的分化或转化混为一谈。尽管二者之间有牵连瓜葛,但从现代语义学的角度来看,就需要将二者区分开来,因为它们毕竟属于两个不同的语义范畴。

词义的引申(派生),是基于联想作用而产生的一种词义的发展。运用现代语义学的义素和义位来解说词义的引申就显得非常明确。义素构成义位,可以由一个义素单独构成,也可以由几个义素构成。一个义位中的各个义素都是该义位的不同变体。粗略地说,一个词的一个意义(即词典里所列的义项)就是一个义位。由甲义派生出乙义,甲乙二义之义素必然有共同的部分。

一个义位引申出另一个义位,从新旧义位比较来看,其结果便有所谓"扩大、缩小、转移、易位"四种。

(1)扩大,是指一个义位在发展中减少了限定性义素,由下位义变成上位义。如"响"由回声变为一般声音;"涉"由渡河变为一般涉及,"强"由弓强变为一般强大。其他如"雄、嘴、唱、洗"等。

(2)缩小,是指原来的义位增加了限定性义素,由上位义变成下位义。如"谷"古指百谷,今仅指粟;"宫"本指宫室,后指宫殿;"诏"原指诏告,后指帝王诏令。其他如"臭、恶、吃、肥"等。

(3)转移,是指一义位某一限定义素保留,其他义素特别是中心义素变化而引起的词义变化,由一语义场转入另一语义场。如"兵"本指兵器,变为指持兵器者;"本"由树根义变为农业义;"狱"原指诉讼,变为指监狱。

(4)易位,是指一义位之中心义素不变,而限定义素发生变化,即同位义之间的变易。如"涕"古为"目液",今为"鼻液";"走"原为"快跑",今为"行走";"红"本为"粉红",今为"大红"等。

词义的引申,可以从不同的角度来考察。因此,讨论词义的引申,要以义位为单位。如"唱",古代为"领唱",如果着眼其"唱",那么引申为"歌唱"是扩大;如果着眼其"领",那么引申为"倡导"(《史记》:"为天下唱")则是转移。

所谓词的分化,是指词义引申的结果产生了主体的变异。王凤阳(2001)根据其特点把它分为四种:

(1)邻近分化:如"颇(头偏)——跛(足偏)"、"融(冰雪)——熔(矿石)",这是主体变异;"杀(人众)——弑(君上)"、"伐(敌人)——罚(罪人)",这是客体变异;"雁(野生)——鹅(家养)"、"乞(向人)——祈(向神)",这是手段变异。

(2)比喻分化:如"止(人足)——址(物基)"、"豆(瓦登)——头(人头)",这是形状相似;"囟(天窗)——窗(通风)"、"监(盛水见形)——鉴(照形工具)",这是功用相似;"陨(物落)——殒(人亡)"、"软(物软)——懦(人软)",这是行为相似。

(3)连带分化:如"夕——汐(夕时海潮)",这是时间关联;"人——仞(成人之高)",这是空间关联;"角——觚(角制酒器)",这是原料与产品之关联。

(4)两歧分化:如"围(对受攻者)——卫(对进攻者)"、"求(向人)——救(向所求者)",这是施受分化;"祝(求遂己愿)——咒(求人遭殃)"、"攘(排斥对方)——让(避开对方)",这是正反分化;"智(多知)——痴(无知)"、"寡(女子丧夫)——鳏(男子丧妻)",这是两极分化。

至于词的转化,不仅与词义引申不同,也与词的分化有别,它是由于组合关系的变化,即通过语法手段产生新义而转化为新词。就是说,由于组合关系使一个词具有某种新的语法功能,使该词改属另一词类,即该词的词义发生了语法性质的变化。一般所谓"词类活用",从语法角度讲,是由于汉语无严格意义上的形态变化所造成的语法现象。而实际上,它也是一种语义转移,不过这种转移同时还牵涉到词性转化,即某类词在意义转移过程当中可能改变其词类性质。通常所说的"实词虚化",是指词的词汇意义消失,变成表示语法关系的虚词。这只是"转化"的一种。传统训诂学把它列入"引申(派生)",显然不很恰当,因为"引申(派生)"是词汇的意义变化,而"转化"却是词汇的语法变化,二者不应当混淆。从训诂学角度来看,词有概括义和使用义。因此,将词类活用与兼类现象放在更广泛的词义转化的层面上来考虑,更能看出词汇意义的系统性质,而不仅是一种语法意义。

关于词的"转化"问题,古代训诂家、现代中外学者多所论及。概括起来有以下几种:

(1)行为与其相关事物互相转化。例如:

秉——柄(所秉曰柄),封——邦(所封曰邦),古——诂(训古曰诂),宾——傧(导宾曰傧),等等。

(2)行为与相关主体互相转化。例如:

率——帅(统率者),唱——倡(歌唱者),蹄——踢(用蹄踢),咽——嚥(用咽之动作),等等。

(3)工具与相关行为互相转化。例如:

扇——煽(以扇扇),研——砚(所以研曰砚),围——帏(所以围曰帏),等等。

(4)行为与相关处所互相转化。例如:

听——厅(听事之处),教——校(施教之所),道——导(引导于道),田——畋(畋猎于田),等等。

(5)行为与相关时间互相转化。例如:

徇——旬(天干一巡之时),饷——晌(中午饷田之时),冥——眠(天暮睡眠),冬——终(冬时终结),等等。

(6)行为与其特征互相转化。例如:

澄——清(杂质下沉),树——竖(树立结果),浸——渐(浸水结果),平——评(公平的判断),永——咏(长声吟诵),等等。

(7)事物与其特征互相转化。例如:

墨——黑(烟灰之色),环——圆(玉环之形),疏——梳(齿疏之工具),兼——缣(并丝之帛),宜——义(合宜的行为标准),等等。

"转化"有两种情况:其一是稳定的转化,转化后的新义得到社会的承认,成为一个词的固有的义位,这是所谓"兼类";其二是临时的转化,转化后的新义没有形成固定的词义,这是所谓"活用"。以上诸多语例已经说明,"转化"不是"活用",应当区分二者的界限,而不应当扩大"活用"的范围。

词语的转化之所以形成,首先是因为有些词经常处于某种语法位置,因而取得新的词性与词义。如"是"本为指代词,由于常处于被指代词语之后,便逐渐转化为判断词;"为"本为动词,由于常处于疑问句末尾,便渐渐转化为语气词。其次是因为某些词经常用于使动,也会逐渐形成某一固定的词义,如"闻"由"使听"转化为"报告","纳(内)"由"使入"转化为"交纳"等。

总之,派生(引申)与转化,是从旧义(旧词)产生新义(新词)的两种途径。派生是通过义素的增减变化而产生新义(新词);而转化是通过语法位置的改变而产生新义(新词)。

除上述两种途径能产生新词而外,还有所谓"音变构词"。这三种在上古时都是非常能产的构词方式。但到中古以后,就逐渐让位给"合成"这种构词方式了。

2004 年 12 月

训诂与训诂学复议

《古籍整理研究学刊》2004年第3期登载过一篇题为《20世纪训诂学学科名称定义的争论》①(以下简称《争论》)的长篇文章,其《摘要》云:"关于学科名称定义的讨论主要经历两个阶段,即20世纪20年代至40年代学科研究的发轫阶段,以及70年代末直至今天的学术锐进和日趋兴盛阶段。在这两个阶段,主要有'字义学'、'语义学'、'解释学'和'语义学加解释学'等几派观点。通过分析……可以发现,'训诂学即解释学(注释学)'的观点较为科学……"

且不说文中所谓"发轫"和"锐进兴盛"的"两个阶段"的划分与概括是否符合实际,也不说"争论"的提法是否过甚其辞,《争论》至少在有关"训诂学"的界说方面作了一番梳理的工作,而且其作者也在尽量采取不偏不倚的态度。但由于客观上与主观上各种不可避免的原因,对各家界说的学术背景似乎还不甚了了,因而对其界说的理解也就必然会产生某些偏差。这是不足为怪的。

一

承蒙作者也把拙著《简明训诂学》有关"训诂学"的界说列入其中,并评价说:"注意从整体出发,去给'训诂学'这个概念做出界定,尤其是定义(即拙著定义)更是分别从训诂学的工作对象、工作任务、工作内容等方面分别予以阐述,并指出'综合性'和'实用性'是训诂学的两大特征。"可同时却又引用某人

---

① 王涛:《20世纪训诂学学科名称定义的争论》,《古籍整理研究学刊》,2004年第3期。

文章,认为拙著界定的"不足之处"是"存在混淆'训诂'和'训诂学'概念,缩小训诂学研究对象范围等毛病"。这前后评述显然自相矛盾,既然说是"注意从整体出发""做出界定",怎么又说成"混淆概念"、"缩小对象范围"呢?这里有必要声明一下,学术研究应当提倡批评,但一定要合乎事理逻辑,否则不仅不能自圆其说,而且有可能误导读者。

拙著《简明训诂学》于20余年前出版,不敢说有多高水平,但早已分清了"训诂"和"训诂学"却是事实:

"作为一个专门术语,'训诂'有其特定的涵义。陆宗达先生在其近著《训诂简论》里指出:'以扫除古代文献中语言文字障碍为实用目的的一种工具性的专门工作,叫做训诂。'(1980年版,2页)这个提法,不仅符合我国训诂发展史的事实,而且揭示了训诂作为一门学术的本质特性。"①

以上引文表明,拙著已经给陆先生为"训诂"所下的定义以充分的肯定,丝毫没有一点含糊。不仅如此,还特别强调:

"这门学术发展到今天,学术界不采用更为通俗的如'解释''注释''注疏'等名称,而仍然沿用这个一般人感到生疏的传统的惯用语来命名,就是因为'训诂'这个词具有历史赋予它的特定的涵义。"(同上)

这已经说得十分清楚,"训诂"并不等同于"解释"。既然如此,"训诂学"当然也不等同于所谓"解释学"。接着,拙著这样概括对"训诂学"的认识:"训诂学是以古代书面语言的训诂为研究对象,以语义为主要研究内容的一门独立的科学。"(同上)简言之,训诂学是研究训诂的科学。如此阐述,不敢说十分完备,但至少没有混淆"训诂"与"训诂学"这两个概念。这是应当肯定的。

经过20余年之后,另一部拙著《新著训诂学引论》已面向读者。关于"训诂",这部新著从"起始意义"、"常用意义"、"学术意义"三个方面作了简明扼要的分析与概括,从而梳理了一些纠缠不清的问题:

"一个名称术语从产生到成熟,一般总是包含着三个层面的意义,即起始意义、常用意义或一般意义、学术意义或特定意义。"

"起始意义,即语源学上的意义。'诂'当指古词古语,因而解释古词古语也称作'诂'。'训'加言旁,当指本为难懂致碍之词语,通过说释使之顺畅,因而注疏疑难之词语亦谓之'训'。"

---

① 白兆麟:《简明训诂学》,杭州:浙江教育出版社,1984年。

"黄侃所云'训诂者,用语言解释语言之谓',正是揭示了它的常用意义。"

"作为一个学科的专门用语,'训诂'有其特定的含义,即学术意义。……训诂是在古代文献的范围内,为克服语言文字障碍而进行的专门性的学术工作。"①

总而言之,笔者依然认为:所谓"训诂",是针对古代文献,用已知或易知的语言对未知或难知的语言进行科学解释的专业性的工作。

在未知或难知的语言现象中,古代的语言文字和不同地区的方言及其用字最为突出,其数量也巨大。因此,排除语言文字上时间和空间的差异所造成的隔膜,科学地解释古语和方言,即成为训诂工作的主要内容。《老子》云:"无名,天地之始;有名,万物之母。"这显然是说,如果没有称谓对天地万物加以区别和归类,无差别的万事万物只能存在于一团混沌之中;只有有了称谓,天地万物才能在理性秩序中寻找到适当的位置。循此思考训诂学,即使有了语言文字,如果不能得到准确的解释,那么人类依然处于混沌思维;如果有了语言文字而又能得到适当的解释,那么人类才能转向理性思维。这样说来,语义作为训诂学研究的中心内容,是十分自然的了。众所周知,人类文明的建立,是以语言的书写符号——文字的发明和应用为标志,而以消除时空隔阂、科学解释古代文献为目的的训诂工作在其中所起的巨大作用,也就可想而知了。

列宁曾深刻地指出:"语言是思维的直接现实。"由"训诂"定义的讨论,可以给我们以下几点启发:一、要把一个词语的一般涵义与特殊涵义区分开来;二、一个概念的形成,是一个历史过程,确定一个专门术语所表示的概念,应当考虑历史所赋予它的特定涵义;三、人类的认识是逐渐深化的,因此有些术语要慎重考释;四、概念的明确和定义的科学性,是学科研究之深入与准确的基础。

二

关于"训诂学即解释学(注释学)"的定义是否"最为完备、科学",很值得辨析。说到"训诂学"的界说,在学术史上,不能不提及章太炎、黄季刚两位学

---

① 白兆麟:《新著训诂学引论》,上海辞书出版社,2005年,第4—6页。

者,是他们奠定了训诂学之现代化的基础,初步建立了训诂学的学科体系,使训诂学彻底摆脱了经学附庸地位而成为一门独立的学科。

20世纪初,章太炎即组织国学讲习会,为当时青年开讲《说文解字》、《尔雅》、《广雅疏证》、《毛诗》等,早期受业的就有黄侃、钱玄同、沈兼士等。不久即撰成《文始》、《新方言》、《小学答问》、《国故论衡》等重要著作,并倡导改"小学"为"语言文字之学"。① 这反映了太炎先生在语言学方面的现代化意识。他以语义为核心,以"变易"和"孳乳"(《文始·叙例》)作为语言和文字演变的两大规律,并运用比较和音义结合的方法,进而探索语言起源与发展规律,提出了由"直训、语根、义界"三者构成的专门方式。在此基础上,沈兼士于1920年提出建立训诂学的设想,然而未能如愿。

章太炎之后,对训诂学学科建设最具影响力的学者当首推黄季刚(侃)。他作为太炎先生的弟子,在文字、音韵、训诂领域独树一帜,其著述由黄焯整理出版的有:《手批白文十三经》、《文字声韵训诂毫记》、《尔雅音训》、《说文笺识四种》、《黄侃论学杂著》等。20年代初,黄侃讲授训诂学,并草拟《训诂学讲词》,是为教学大纲,包括"训诂述略"和"十种小学根柢书"两大部分。② 首次明确了"训诂"和"训诂学"的定义,认为"训诂"即"用语言解释语言之谓",而训诂学则必须"论其法式,明其义例,以求语言文字之系统与根源";划分了"本有之训诂与后起之训诂"、"独立之训诂与隶属之训诂"、"说字之训诂与解经之训诂"等界限,提出了"互训、义界、推因"的三种训诂方式,勾画了由"求证据、求本字、求语根"构成的训诂原则;从而创立了独立的训诂学理论体系。③ 这个体系框架虽然比较粗疏,但毕竟标志着训诂学已经处于真正独立的地位。显然,训诂学的真正奠基人是黄季刚,这已成为学界之共识。他所推荐的十种根柢书是:《尔雅》、《小尔雅》、《方言》、《释名》、《广雅》,《说文解字》、《玉篇》、《类篇》,《广韵》、《集韵》。其中前五种属于训诂之义书,中间三种属于文字之形书,后两种则属于声韵之音书。此外还有六种辅助书。由此可以看出,季刚先生为训诂学学科所作的思考是全面而又精细的。这对后来陆宗达、王宁的学术思想的形成产生了重大影响。

---

① 陆宗达、王宁:《训诂与训诂学》,太原:山西教育出版社,1994年。
② 陆宗达、王宁:《训诂与训诂学》,太原:山西教育出版社,1994年。
③ 黄侃:《文字声韵训诂笔记》,上海古籍出版社,1983年。

如此说来,作为我国历史悠久的训诂学,与西方后来所形成的语义学或解释学都性质不同。西方的语义学,要么研究话语(符号)的本源,根据是否真实、在逻辑上是否一致,去研究话语(符号)能否成立,这是哲学的语义学;要么根据话语行文与说话人的物质环境以及智力环境的关系,去研究语言的意义,这是语言的语义学。无论是前者还是后者,都不具备训诂学之"训诂"的性质。因为传统训诂学是适应汉语、汉字特点而产生的我国特有的一门学科,它研究用语言解释语言的原理、方法、方式、体式、条例、规律以及运用。传统训诂学对当代语言学的最大贡献,是其以语文的实际运用形态(而不是备用状态)为释义的最高原则;它尤其重视章法和语境,即认为各个字词的应用不能脱离辞句而独立地显示意义,这正是近代以来所提倡的语用学的理念。

显而易见,西方的解释学根本不同于我国的训诂学。西方的解释学是对其经典的进一步发挥,是在经典原本基础上的重新创造;而我国的训诂学,是在汉民族独特的语言文字和社会历史条件下产生和发展起来的,它是一门具有综合性特征的实用的学术,其理论部分主要是解释字词意义的方法论。就是说,传统的训诂学主要是作为一种解读古代文献字词音义的方法学,其目的是为后人更好地理解与学习前人的经典,恢复古文典籍的原义。因此不能把训诂学与解释学二者混为一谈。即使已开始融入我国哲学的解释学,也与传统的训诂学有所不同。训诂学侧重于对中国古籍的整理和开掘,而解释学则是为中国文史哲之学术在未来的发展提供广阔的空间。毋庸置疑,训诂与解释都应当成为继承和发展中国传统文化的两种重要手段和途径。面对新的世纪,既需要对典籍的疏证工作,也需要对经典的再创造活动,这是继承并发展我国传统文化的历史责任。但无论如何,两门学科各有侧重,是不能混为一谈的。

任何一门学科,大都主要由三部分构成:一是原理,二是方法,三是材料。所谓"原理",即一些基本概念,一些基本公理;所谓"方法",即包括一般方法和专门方法;所谓"材料",对文科说来即文献资料等。在这三个方面,训诂学都有别于解释学。就训诂学而言,其基本概念如:字形、字音、词义、引申、假借、通假、声转等。其基本公理如:约定俗成,历史演变,形义相关,音近义通,音随义转等。其专门方法如:以形说义(形训),因声求义(音训),引申推义(义训)等。其学科材料如:历代字典辞书,古代文献注疏等。以上种种,都不是一般所谓的"解释学"所具备的。如果有人硬是把这里所说的"训诂学"改称为"解释学",那也只是改改名称而已,其实质还是两种不同范畴的学术。

传统训诂学虽然以时代为界限,以对象为范围,但它更加注重工具和方法。其优良传统,为以汉学为主导的清代乾嘉学派所继承,并总结了不少有益的经验。主要有五:一是注重古今变化,如段玉裁所谓"形有古形今形,音有古音今音,义有古义今义,举一可得其五"。这已经是初步具备历史变化的观念了。二是区分本义和转义,段玉裁即于《经韵楼集》云:"凡字有本义焉,有引申、假借之余义焉。守其本义而弃其余义者,其失也固;习其余义而忘其本义者,其失也蔽。"这是基于对词汇意义的深刻理解而触及现代词汇学理论了。三是分别隐括与随文,如段玉裁针对《说文解字》"彻,通也"之解而注云:"按《诗》传曰:'裂也……毁也……道也……治也。'各随文解义,而'通'字可以隐括。"这种把专书训诂与经籍传注加以分别,显然是具有分析与概括的科学思维了。四是形、音、义互求的考证方法,如"故训音声,相为表里"(戴震《六书音韵表序》);"疑于义者,以声求之;疑于声者,以义证之"(戴震《转语二十章序》);"学者之考字,因形以得其音,因音以得其义。治经莫重于得义,得义莫切于得音"(段玉裁《广雅疏证序》);"训诂之旨,本于声音"(王念孙《广雅疏证序》)等等。这已经是把归纳与演绎结合起来运用的综合法了。五是分清虚实而贯通经训的原则,如王引之所说"依文作解,较然易明"(《经义述闻》),阮元所谓"贯通经训,兼及词气"(《经传释词序》)等。这说明小学家已经具有语法观念了。[①]

这里且就训诂家区别"随文"与"隐括"来看对文献解读的意义,即训诂不仅要指明词语的具体义,还要揭示其概括义。早在唐代,孔颖达于《五经正义》即有所揭示。如《诗·角弓》:"婚姻,无胥远矣。"郑笺云:"胥,相也。"又"尔之远矣,民胥然矣,尔之教矣,民胥效矣。"郑笺云:"胥,皆也。"《正义》曰:"上章'胥'为'相',此章'胥'为'皆'者,'胥''相'并《释诂》文也。上以'王于族亲',故为相与之辞;此言天下之民非一,故为皆。观文之势而为训也。"所谓"文势",即今之语境也。古人所谓"隐括"即指词语的概括义,所谓"随文"即指词语的具体义。词语的概括义反映词语的实质,而词语的具体义则反映其灵活性与生命力。例如《孟子》有言:"吾王之好鼓乐,夫何使我至于此极也?"句中"极"字是"顶端"、"极点"的意思,本无所谓好坏。而东汉赵岐解此

---

① 白兆麟:《新著训诂学引论》,上海辞书出版社,2005年。

句为:"故民穷极而离散奔走也。"这是因为上述文献中孟子所说"极"的具体内容是"父子不相见,兄弟妻子离散"。赵岐加一"穷"字,"极"的"困窘"这个具体意义就显现出来了。黄侃云:"诂者,故也,本来之谓也;训者,顺也,引申之谓也。"前者为求其达诂,后者为求其专训。达诂则词有定义,专训则句有定解。由小见大,古代训诂家的论述的确值得深思与梳理。

以上简述表明,古代训诂家不仅具有历史的观念,而且深切地认识到语音对于语言的研究具有第一性的意义,并重视从具体语境中研究语言的一般原则。毫无疑问,这些观点与理念对训诂学的理论建设具有重要的意义。当然,训诂学同样需要"与时偕行"(《周易》),即应当摒弃旧训诂学中那些陈旧落后的弊端,注意吸取现代语言学(包括语义学)的科学的观点与方法,使传统训诂学充满活力,并在理论、方法上有所创新。

写到这里,笔者不禁联想起当代著名语言学家何九盈先生的两段极其精当的论说:

"所谓'中国传统语言学',其研究对象主要是古文字、古文献,也就是以古代汉语书面语为主。我说'为主',是因为研究古代汉语也必然会涉及现代方言乃至汉语的亲属语言,甚至涉及'汉文化圈'中的非亲属语言。……但是,我们应该有一个统一的提法,这个统一的提法还是以'传统语言学'为最好。因为这个提法包含更为丰富的文化内容,而且能唤起我们的责任感、使命感。"

"在西方语言学史中,以索绪尔为现代语言学的奠基人。我们尊马建忠、章炳麟为现代语言学的奠基人,这不是以研究对象来界定的,而是根据理论与方法来界定的……我们所说的现代语言学和西方所说的现代语言学,在时代上大体差不多,而内涵不完全一样。传统语言学跟现代语言学的根本区别是研究对象不同,另一点就是理论与方法有别。"[①]

以上论述同样适用于训诂学与解释学的关系,训诂学属于"传统",而解释学属于"现代",其间能够等同吗?当今学习传统训诂学依然有其巨大的作用:其一是提高用语言解释语言、分析语言的水平;其二是培养阅读、整理和研究古籍的基本能力;其三是为古典文献与文化史(文学史、学术史、中医学

---

① 何九盈:《正确认识和评价中国的传统语言学》,《陆宗达先生百年诞辰纪念文集》,北京:中国广播电视出版社,200 年。

等)的研究提供资料与手段;其四是为文献语言学以及各种学术史的充实与创新提供条件,尤其是提供一个比较细致、比较准确的分析问题和解决问题的方法。

三

以上两大部分,论述的是两个附带要解决的具体问题,这一部分所论,才是本文的重点。即如文章开头所引,自20世纪70年代末至今是所谓"学术锐进兴盛阶段",作者指出:"特别是中国训诂学研究会成立以来,涌现出诸多训诂学大家,各种训诂学专著和教材相继问世。在当代训诂学人的共同努力下,训诂学学科体系、理论体系的建设和学科名称的界定都取得了很大的进步。"对训诂学界的这个总体概括,应当说是符合事实的。遗憾的是,下文在探讨"这一时期对训诂学名义的界定"时,只是就界定说界定,并未以上述概括为其学术背景,深入思考某些界说提出的意旨及其相关的成就,因而其结论自然远离训诂学界的事实。

《争论》一文曾引述陆宗达、王宁合著的《训诂方法论》中的界说:"这实际上就是古汉语词义学。如果把它的研究对象范围扩大到各个时期的汉语,包括现代方言口语的词义,就产生汉语词义学。""可见,训诂学就是科学的汉语词义学的前身。"①很有意味的是,该文作者又依据某人之说,也给陆、王之界说扣上"完全混淆了'训诂'和'训诂学'的概念"的帽子。这不能不说有"先入为主"之嫌。

本文前面曾论及章太炎、黄季刚在奠定与建立训诂学学科上的重大贡献。而在所谓"锐进兴盛阶段",就不能不提到陆宗达、王宁在推进训诂学学科之现代化建设方面的突出成就。陆先生于上世纪下半叶在传统语言文字学研究中造诣深厚、久负盛名。笔者曾这样评价:"陆宗达先生,是从传统小学的学术营垒中走出来,又接受了新时代科学洗礼的一位国学大师,在当代中华学术史上曾起过承前启后、举足轻重的作用。"②而作为陆先生的助手与

---

① 陆宗达、王宁:《训诂方法论》,北京:中国社会科学出版社,1983年,第5页。
② 北京师范大学民俗典籍文字研究中心:《陆宗达先生的年诞辰纪念文集》,北京:中国广播电视出版社,2005年。

继任者的王宁教授,则是在传统文字学、训诂学、字源学领域继往开来,传承创新的领军人物。

众所周知,在先后"西化"、"苏化"风潮造成传统训诂学断裂的时期,陆先生率先以《谈谈训诂学》、《训诂浅谈》呼唤训诂学的复苏;"文革"结束后,其《说文解字通论》、《训诂简论》的出版,则正式宣告了训诂学的"凤凰涅槃"。① 80年代初,王宁忠实地继承并谨严地发展了陆先生的学术思想,先后发表《训诂学的复生发展与训诂方法的科学化》、《谈训诂学的理论建设》等系列论文,论述"训诂学在当代的理论价值与实用价值",强调训诂学"奠定了汉民族语言词义学的基础",提出要总结出切合汉语实际的规律,"路子还要从本民族的传统科学中去找"的战略设想。② 在陆先生逝世后的10余年里,王宁上承章、黄,下继陆先生,在推进传统学术之科学化方面,付出了一系列创造性的劳动。拙著《新著训诂学引论》后记曾有一段表述:"王宁先生是当代文字训诂学家,她为训诂学的理论建设、文字学的现代归趋、传统训诂学和现代词汇学的融合,已经并仍在作出巨大的努力和贡献。"③当时限于体例,不可能展开论述。今借本文之论题稍事阐述以发挥其意旨。

首先,她进一步梳理了训诂学的术语,总结了训诂学的原理。80年代末,由于训诂学术语之概念层次逐渐清晰,王宁即着手建立训诂学术语体系:一是清理旧有的概念,二是联系同类相关的概念,三是辨明异质概念的内在差异,四是理顺上下位概念的层次。④ 所撰写的文字训诂方面的论著,即显示了训诂术语体系的严密及其功效。在此基础上,她总结了训诂学、文字学、字源学方面的原理。所谓训诂学原理,是指她所说的文献词义理论,其中包括对训诂现象的科学解释,对文献词义的存在形式、运动规律、性质特点的科学论述。所谓字源学原理,是指对传统字源理论的辨正,提出汉语词汇积累

---

① 陆宗达、王宁:《纪念我的老师陆宗达先生》,《训诂与训诂学》,太原:山西教育出版社,1994年。
② 王宁:《训诂学原理》,北京:中国国际广播出版社,1996年。
③ 白兆麟:《新著训诂学引论》,上海辞书出版社,2005年,第4—6页。
④ 王宁:《谈训诂学术语的定称和定义》,《训诂学原理》,北京:中国国际广播出版社,1996年。

的原生、派生、合成之三阶段说①。与此相联系的,是由传统语文学继承并发展起来的语义观,即语义中心论、词汇意义系统论、语义独立研究价值论。

其次,她从理论上阐释了训诂方法及其程序分解上的科学依据。王宁吸收了西方普通语言学和语义学的理论与方法,又从传统文献训诂的实际出发,提出区分词与词项这两个具有应用意义的概念,设置"义位"与"义素"这两个层次不同的分析概念,从而建立关于词义内部结构的层次分析法。如此操作与检验,才能使同义词的意义异同、同源词的意义关系、义界的构成原理、直训在言语中成立的性质等一系列问题都得到清晰的说明。

再次,她确立了训诂学在当代学科体系中的地位,并开始重建汉语词汇语义学。早在20多年前,王宁就发表了《试论训诂学在当代的发展及其旧质的终结》②和《再论训诂学在当代的发展》③两篇极有份量的论文,根据训诂学的历史状况和现代语言学已经形成的学科结构,高屋建瓴地指出:在语言学领域,训诂学应当与汉语词汇学和语义学衔接。20多年之后,她又发表《汉语词汇语义学的重建与完善》(2004年)一文,系统论述汉语词汇语义学应当在自己的传统中加以总结,因为其传统含有全面而又彻底的科学语义观,因而有可能产生先进的方法。她提出,在语义层面的研究上,既要坚持内容决定形式、形式对内容起反作用的观点,又要坚持科学的系统论,这是语言研究无数成功的事实已经验证了的。应当说,训诂学的这种学科定位,不失为世纪之交的一种全新的思路。

此外,她着手创建汉字构形学的体系,开展了汉字史的系统研究。王宁从系统论思想出发创建汉字构形学,认定科学的汉字学应当是对汉字本体即字形的研究,在共时历史层面的汉字总体有其自身的构形元素,这些元素有自己的组合层次与组合模式,而汉字的个体字符是相互关联的、内部呈有序性的符号系统(《系统论与汉字构形学的创建》)。据我所审阅的多篇博士生学位论文来看,近十几年来,她有计划、有步骤地指导她的十余位博士生用统

---

① 王宁:《汉语词源的探求与阐释》,《训诂学原理》,北京:中国国际广播出版社,1996年。
② 王宁:《试论训诂学在当代的发展及其旧质的终结》,《中国社会科学》,1998年第2期。
③ 王宁:《再论训诂学在当代的发展》,《中国语文研究四十年纪念文集》,北京语言学院出版社,1992年。

一的术语和操作程序，先后对历代各种各样的汉字形体进行了认真的整理，逐一描写其构形系统，考察其总体演变规律，从而完善了汉字构形学体系。这个使汉字学与汉字史都进一步科学化的壮举，已经得到学术界的高度称许和教育部有关部门的积极肯定。[①]

　　以这样的学术大背景来观照其关于"训诂学"的界说，我们就会有更为深刻的解读。陆、王是说训诂学"实际上就是古汉语词义学"，这显然是就传统训诂学的实质而言，接着又说："如果把它的研究对象范围扩大到各个时期的汉语，包括现代方言口语的词义，就产生汉语词义学。"请注意，说的是"如果""包括现代方言口语"！可见，前一句说的是传统训诂学的本质，后几句说的是训诂学未来的定位。这与何九盈先生的见解完全一致。如果像《争论》的作者那样，仅仅把它单纯当作"训诂学"的界定，那是由于没能准确理解陆、王两位的深刻思考所致。

　　总括以上所述，一个以汉语词义学为主体、以说文学和字源学为辅翼的学科新体系，正在中华学术的地平面上呈现。这就是王宁教授献给当代学术界的丰厚之礼，无疑是具有里程碑式的意义的。

2006 年 9 月

[①] 宋永培：《陆宗达、王宁先生学术的渊源、传承与发展》，会议提交论文，北京，2005 年。

校勘是释义的前提

——评《〈盐铁论〉简注》

《盐铁论》是桓宽根据汉宣帝时盐铁会议的记录而整理编著的,是一部对话体的政论性著作。经过清人卢文弨、张敦仁和近人杨树达、郭沫若、王利器的拾补、考证、释要与校注,已经大体可读。1984年由中华书局出版的马非百先生的《盐铁论简注》(以下只称《简注》),是关于这部古籍的最新注本。就篇幅说,马先生谦称"简注",其实很多注释相当详尽,不少地方还附加评论,总字数已近26万,注释部分几乎超过原文的两倍。就内容说,书中的评注确实不乏个人创见,弥补了前人说解中的一些不足之处,使《盐铁论》一书的整理和研究又朝前迈了一大步。

笔者在研读此书之后,同时也感到仍有不少释义未必确当。这些未必确当之处,有些与校勘不精有关。古籍的整理工作,就是对以往典籍进行辑佚、校勘、标点、注释和今译。辑佚、校勘,是为了求善存真;标点、注释,是为了求懂趁浅。注释是其中心环节,而校勘却是注释的前提。今按《简注》原书顺序,就其释义失误与校勘有关的地方一一予以剖析,以求教于马先生并有关专家和广大读者,使这部古籍的整理更臻完善。

(1)纵然被坚执锐,有北面复匈奴之志,又欲罢盐铁、均输,忧边用,损武略,无忧边之心,于其义未便也。(页4)注⑨"然"当作"无"。⑩忧边用,是说废除盐铁、均输政策,就有边用困乏的忧虑。

按:以上是大夫一段发言的最后几句,前面说匈奴"犯厉中国","宜诛讨之日久矣",只是陛下"不忍暴士大夫于原野"。这怎么能理解为"没有……抗击匈奴入侵的志气"呢?显然,说"然当作无"与文意不合。总观全句,前半是说朝廷当局,后半是说贤良文学,把"忧边用"之"忧"说成是"指政府当局而言"(注⑪),有割裂文意之嫌。再就语气来看,"纵然没有"同"又欲罢去"也不相连贯;而且"罢盐铁、均输,忧边用,损武略"三个述宾短语一气贯下,后二者是前者所导致的后果。《简注》说"上'忧'字指政府当局而言",是迁就"忧"字而作曲解。其实,"纵"通"既","然"当作"难"(据杨树达说),上"忧"当作"扰"(据王利器说)。这样,全句文意显豁,语气连贯。

(2)故工不出则农用乖,商不出则宝货绝。(页6)注⑤乖,事与愿违。

按:就"乖"字训释,显然于义未安,而且,"乖违"义无论如何也引申不出"生产工具就不能随时买到"这样的意思来。清人卢文弨早就指出,"乖"为"乏"字之误。紧接以上引句的下面一句便是证明:"农用乏则谷不殖,宝货绝则财用匮。"后面的"宝货绝"一句承上引"商不出"一句而言,前面的"农用乏"一句自然是承"工不出"一句而来,这是十分明显的。

(3)商则长诈,工则饰骂。(页16)注③骂,当作"马",同"码"。饰马,所标的物价码子不老实。

按:上句言"商",下句言"工"。标价码子不实,指"商"犹可,言"工"则非。说"商""长诈",即包括标价不实。王绍兰指出:"骂,当作偶",巧偶也。文学在这段发言的开头就说:"古者,商通物而不豫,工致牢而不伪。"不豫,即不欺诈;不伪,即不饰巧。王绍兰对"骂"字的校改是完全符合上下文意的。

(4)虽有凑会之要,陶室之术,无所施其巧。(页19)注⑦陶室,用土烧造房子。

按:首先,文学的这句话是针对大夫的发言而说的。大夫说:"……诸殷富大都,无非街衢五通,商贾之所臻,万物之所殖者。"又说:"宛、周、齐、鲁,商遍天下。"所谓"凑会之要"是指都会,"陶室之术"自然是说的经商。其次,文学所说这句话的前一句是"耕不强者无以充虚,织不强者无以掩形",这跟"用土烧造房子"又有什么必然联系呢?清人孙诒让曾指出,"室"为"宛"字之误。"陶宛"分别指陶县的范蠡和宛县的孔氏,他们都因经商与冶铁而成为巨富。"凑会之要",是说集聚贸易的要地;"陶宛之术",是说经营工商的途径。文学强调以农为本,所以才说什么"耕织不强",都会也好,工商也好,都"无所施其巧"。

　　(5)宇宙之内,燕雀不知天地之高也,坎井之蛙不知江海之大,穷夫否妇不知国家之虑,负荷之商不知猗顿之富。(页47)注①宇,四方上下。宙,往古来今。宇宙,比喻天地,指所有的空间和时间。

按:以上共四句,由后三句里的"坎井"、"穷否(鄙)"、"负荷"来推测可以断言,"宇宙"本意是言其小,是指"燕雀"停栖之处。如果"宇宙"字面说是比喻天地,那同后半句的"天地之高"就不能形成鲜明的对比,因而也就不符合大夫说话的原意。王利器指出,"宙"当改作"栋"。虽然未必有充分的根据,但比起就"宙"字误释要妥贴,因而合乎情理。笔者以为可取。

　　(6)乘利骄溢,敦朴滋伪,则人之贵本者寡。(页67)注⑩敦朴,解已见《禁耕篇》注。敦朴滋伪,是说忠诚朴实的人也变得虚伪了。

按:从全句来看,前两个分句是客观叙述几种消极现象,后一分句才指出由此而导致的恶果。因此,把"敦朴"解释为"……的人"是增字强释。从前两个分句的内部结构来看,"乘利"、"滋伪"是述宾短语,"骄溢"是形容词连用,是谓述性词语,那么"敦朴"一词也应当与此同类。再从《禁耕篇》相关一句来看,"人怀敦朴以自相接而莫相利","敦朴"用于动词"怀"字之后,当然是体词性词语,不应当将二者相混淆。孔贻谷早就指出,"敦"应当改作"散"。"敦""散"二字形体相近,极易致讹。改"敦"为"散",从上下文意来说,是十分贴切的。

　　(7)今晚世之儒勤德,时有乏匮,言以为非困此不行。(页87)
　　注⑥困,当作"因",说不这样做不行。

按:"困"与"因"字形相近而讹,不是没有这种可能。但是,校勘有一条原则,字句不是扞格不通而非改不可时,一般不轻易校改。何况改"困"为"因"还不及原字通畅呢?再说,"非因此"也绝没有"不这样做"的意思。在上引一句之前,御史曾以孟轲、孔子为例说:"孟轲守旧术,不知世务,故困于梁、宋。孔子能方不能圆,故饥于黎丘。"说到"晚世之儒"时,也指出他们"时有乏匮"。因而"非困此不行"一句的意思是:不是如此困厄就不能实行孔孟之道。这样训释岂不更符合原意?

　　(8)三辅迫近于山河,地狭人众,四方并臻,粟米薪菜不能相赡。

(页101)注⑭菜,蔬菜。

按:就"菜"字作解,值得怀疑。首先,"粟米"为同类,而"薪菜"却异类,不合该书行文特点。其次,紧接上引一句之下又说:"公田转假,桑榆菜果不殖,地力不尽。"这里又提到"菜",明显重复,而且"桑榆"同类、"菜果"同类,十分自然。其实,张敦仁已经指出,"菜"当作"采"。"薪采"同类,而且与下文不相重复,此校确凿无疑。

　　(9)奉禄赏赐,一二筹策之积,浸以致富成业。(页129)注③浸,逐渐。一作"寖",义同。

按:根据后面的注释,"之积"后面的逗号是注者原来点断的。但是,若仔细斟酌便觉不妥,这"筹策之积"该如何解释呢?"之"字应当看作代词,称代前句说的"奉禄赏赐",是"筹策"的宾语。而"积"字后面的逗号应当移在"积"字之前。"积浸以致富成业",不仅文意顺畅,而且读来毫无滞碍之感。

　　(10)故原宪之缊袍,贤于季孙之弧貉;赵宣孟之鱼食,甘于智伯之刍豢;子思之银珮,美于虞公之垂棘。(页134)注⑨鱼食,以鱼为食。

按:把"鱼食"注释为"以鱼为食",就是看作谓述性词语,这与前一句的"缊袍"、"狐貉"不相协调,也与后一句的"刍豢"、"银珮"、"垂棘(之玉)"不伦不类,因为后五个都是体词性词语。卢文弨依据《公羊传·宣公六年》传文,以为"食"当作"飧"。"鱼食"即"鱼飧",指一般俭仆的食物。顺便说一下,释"鱼食"为"以鱼为食",这是增字强释,而增字强释却是古人训诂上的一大弊病。

　　(11)文学不足与权,当世亦无累负之殃也。(页180)注⑧此言"当世亦无累负之殃",是说文学虽然不配与你们商议权变之计,但也没有负累当世的灾祸。

按:根据《简注》的断句标点,"当世"二字在"亦无累负"之前,而串讲时却又移到"负累"二字之后去了,主语竟然变成了定语!这显然是因为注者也觉得原句标点讲不通,而不得不来个大搬家。其实,问题出在断句上,应当把"与权"后面的逗号移到"当世"二字之后,上述滞碍也就消除了。上引一句的意思是:我们文学虽然不配同你们权衡当代之事,可也没有犯罪的灾祸。

(12)无端绔,虽公西赤不能以养为容。无肴膳,虽闵、曾不能以养卒。(页191)注⑤以养为容,当作"以容为养"。⑥养卒,当依张之象校作"卒养"。

按:上引两句前后相对,"无端绔"说的是容饰之事,而"无肴膳"说的是奉养之事。丞相史的这两句话,是针对前面文学一段发言的最后两句而说的:"事亲孝者,非谓鲜肴也,亦和颜色承意尽礼义而已矣。"可见前句不当有"养"字。张之象、张敦仁不仅指出"养卒"当作"卒养",也曾指明"以养"之"养"为衍文。容即容饰,"不能以为容"意思是不能穿戴得合乎礼仪。如果把衍文强作解释,那必定与原意相背。

(13)丞相曰:愿闻散不足。(页 220)注②散不足,当作"聚不足"。此下直至篇末"丞相曰"之前,都是贤良列举所谓"聚不足"的事实。……因此丞相才再有"治聚不足奈何"的提问。若作"散不足",则贤良的结论和丞相的提问皆无的放矢的了。

按:说"散"字是"聚"字之误,这未免武断。除了丞相在这儿说"散不足"以外,本篇篇名即作《散不足第二十九》,下篇《救匮》中大夫一段发言的最后一句也作"何散不足之能治乎?"试问哪有这样一误再误的?而且"散"与"聚"二字字义正相反,字形又极不相近,如何致误?"散"即散列,说"散不足",是着眼于个体,即各个方面;"聚"是聚合,说"聚不足",是着眼于总体,即总的方面。二者似乎并不矛盾。因此,《国疾第二十八》篇末一句"前不足"的"前"即"前述"之意,《简注》页 217 注㊶"前,当作'聚'"之解说也是没有根据的。

(14)休劳用供,困弊乘时。(页 312)注⑥困弊,困乏,疲弊。

按:拙著《简明训诂学》曾提及"词义的语境规定性"这一训诂原则,这是说一个词的意义是受上下语言环境的制约的。《简注》把这里的"困弊"解释为"困乏,疲弊",就没有考虑到语境的问题。试想,前句"休劳用供"是两个述宾短语,后文"乘时"也是一个述宾短语,完全可以推定"困弊"也应当是个述宾短语。可能因为这个缘故,陈遵默指出"困"当作"因"。这是很有见地的校正。"困"、"因"二字形体相近,极易致误。"因弊乘时","因"与"乘"义近,"弊"与"时"互文,这四字与前句的"休劳用供"恰成对文,十分妥贴。

(15)故曰:"天时地利。"(页 358)注⑥这是双承上文"修地利"

和"顺天时"而言,说明两者不可缺一的意思。

按:《简注》如此注释"天时地利"一句,完全没有考虑到这一篇的主旨。首先,此篇篇名题为《险固》,即本于《孟子·公孙丑》下篇所说"固国不以山溪之险"一句。这显然是大夫和文学双方进行辩论的中心问题,即如何看待"险固"这个地利。其次,在所引这一句之前,大夫说:"三军顺天时,以实击虚,然(固)〔困〕于阻险,敌于金城。""然"是转折连词,这就表明语意是偏重于"阻险"、"金城"这个"地利"方面。紧接着下文所举的两个事例,"楚庄之围宋"承"敌于金城"而言,"秦师败崤嶔"承"困于阻险"而言。这当然是说"天时不如地利",与《孟子》的原意没有什么不同。再次,文学在反驳大夫这段发言时,一开头便说:"地利不如人和,武力不如文德。"这一句是针锋相对。反过来也足以证明大夫说的"天时地利",正如清人张敦仁所考证的,是脱漏了"不如"二字,应当补上才是。

总之,校勘是注释的前提,如果原文有脱衍讹错,那么强作注解是不可靠的。

1993 年 4 月

关于校勘的性质与对象

陈垣先生的《元典章校补释例》(后更名《校勘学释例》)于1931年问世。如何实事求是地评价这部著作,关系到校勘学何时形成独立的学科问题,应当是我国校勘学史上的一个重大问题。前几年,有人宣称:"中国历代虽有较丰富的校勘实践,但缺少系统的理论总结,没有形成一门独立的校勘学。"①这恐怕是囿于见闻,当然不符合历史的实际。

从古代到近代,我国不仅具有极为丰富的校勘成果与校勘经验,而且在校勘理论上,诸如校勘原则、校勘通例、校勘方法等方面,也有许多规律性的概括。尤其《校勘学释例》,是在《校补沈刻元典章》的基础上抽绎出来的一部独立的校勘学著作,其特点是以沈刻《元典章》为典型资料,融汇清代乃至近代校勘学的成果,具体而又全面地通过归纳和解释各类通例,来阐发校勘学的理论。通览全书,既有专一的研究对象和系统的操作方法,又有可依据的原理和可遵循的规则,我们完全可以说,这部著作已经初步建立了校勘学的理论体系。倪其心先生对此有过客观而公允的评述:"《释例》全面总结了校勘一种古籍的理论、方法、原则和通例,初步建立了校勘学体系。它……突破了以经典古籍为主的传统,把校勘学运用于中古白话古籍,并广涉异族语言,使校勘学具有更为普遍的概括性、理论性。它继往开来,影响深广,是标志校勘学建立的里程碑。但也毋庸讳言,《释例》……由于只以一种古籍为例,因此也不免局限,不能更为广泛地选择各类古籍的典型事例,也不能在理论上作更为充分的阐述论证。"②

---

① 管锡华:《校勘学》,合肥:安徽教育出版社,1991年,第512页。
② 倪其心:《校勘学大纲》,北京大学出版社,1987年,第77页。

笔者大略地考察了历代校勘成果,涉猎了 30 年代以来校勘学方面的旧著新论,树立了上述基本认识。本文正是从这个基本认识出发,对校勘的性质和对象问题作进一步的论述。

一门学科能否独立,首先取决于其研究对象是否专一,是否具有特殊的性质。毫无疑问,校勘学是以古籍的校勘为研究对象的,具体地说,就是总结历代学者校勘古籍的经验与条例、原则与方法,研究古籍校勘的规律和法则。

校勘,两汉时称"雠校"或"校雠"。雠,义为"对"①;校,义即"较"②。"校雠"连称,用作古籍校勘的术语,并非由所谓"考核"义引申而来,而是源于对比、相较之义。西汉刘向是这个术语的创造者,他在《别录》里的解释可以证明:"雠校:一人读书,校其上下,得谬误为'校';一人持本,一人读(一本作'析')书,若怨家相对,故曰'雠'也。"③这显然是说明校对古籍的两种工作方式:独自比较上下文为"校",两人相对比较或分析异本为"雠",合起来统称为"校雠"。

校读古籍的"校雠",东汉以后又称"校勘"。勘,古亦作"刊",当训为"定"。④ 应劭《风俗通义》即说:"刘向为孝成帝典校书籍二十余年,皆先书竹,为易刊定。"可见所谓"校勘",当初是指对古籍进行校读改定。

人文科学的任何一个术语,在历代学者的长期使用中,都有一个错综复杂的演变过程。"校雠"和"校勘"二语也不例外,其义或狭或广,或同或异,直至近代才逐渐定型。"校雠"用来指称整个古籍整理工作,包括古籍分类、编撰目录、版本考证、文字校定、内容提要等。南宋郑樵《通志·校雠略》、清代章学诚《校雠通义》和近代范希增《校雠杂述》等,即是包括目录、版本、校勘在内的"校雠学",即今之所谓"古典文献学"。而"校勘"则用来指称搜集不同传本,比较文字异同,订正讹误,审定次序,完成一部可供刊印出版的稿本的工作。清末梁启超《清代学术概论》的有关论述、近人陈垣的《校勘学释例》等,

---

① 段玉裁:《说文解字注》:"雠者,以言对之"。
② 《说文解字》:"校,木囚也。"段注:"木囚者,以木羁之也。"按:此解与"校雠"义并无关涉。朱骏声《说文通训定声》云:"交,交胫也,从大象交形。《广雅·释诂二》:'交,合也。'……凡交兵、校雠,皆互相接两相比之义。"
③ (唐)李善:《文选注》,《太平御览》卷 618。
④ 钮树玉《说文新附考》:"勘,古亦作刊。古书用竹简,故校勘字作刊。《广雅》'刊'训'定'。《玉篇》:'刊,削也,定也,除也。'义并与勘合。"

即是具有特定范围的"校勘学"。由此可见,作为校勘学研究对象的"校勘",内容更为专门,也更加深入。

校勘,在现代意义上,是指针对一种古籍进行校读勘定,使其复原存真,为阅读或研究提供一个接近原稿的善本。因此,校勘工作的特殊性质就在于:第一,校勘有特定的范围。校勘古籍当然要纠正讹误,但此种"纠误"是有特定范围的限制的。在这方面,李山博士的一段论述可谓鞭辟入里:"校勘学的纠误,不是指向体现在典籍中的作者的识见谬误,也不是针对因作者治学态度、素质欠佳所导致的错误,它只指向文献因流传失真所出现的版本中的错误。"①第二,校勘有根本的原则。校勘工作的目的,仅仅在于努力消除同一典籍由于经历不同版本的变化而滋生的讹误,尽可能恢复和保护文献本身的原貌。即使是作者的错误,它也无须为之遮掩。否则,就违反了存真复原这一校勘的根本原则。

清代学者段玉裁曾经提出:"必先定其底本之是非,而后可断其立说之是非。"又说:"不先正注疏释文之底本,则多诬古人;不断其立说之是非,则多误今人。"②他显然认为,校勘典籍的原则,首先必须恢复"底本"即"著书者之稿本"的本来面目,否则,就可能歪曲原稿而"多诬古人",或者曲解本意而"多误今人"。

稍后而属于不同校勘学派的顾广圻和王引之都同样遵循这一原则。王引之在言及校改经籍之误时,强调说:"吾用小学校经,有所改,有所不改。周以降,书体六、七变,写官主之,写官误,吾则勇改。孟蜀以降,椠工主之,椠工误,吾则勇改。唐、宋、明之士,或不知声音文字而改经,以不误为误,是妄改也,吾则勇改其所改。若夫周之末,汉之初,经师无竹帛,异字博矣,吾不能择一以定,吾不改。假借之法,由来久矣,其本字什八可求,什二不可求,必求本字以改假借字,则考文之圣之任也,吾不改。写官、椠工误矣,吾疑之,且思而得之矣,但群书无佐证,吾惧来者之滋口也,吾又不改。"③可见,王引之的"校改"是针对抄写官、刻字匠及妄改者的错误,对于"异字"、"假借字"以及"群书无佐证"之误,他一概"不改"。这些体现存真复原的改字原则,是很有见

---

① 李山:《陈垣"四校法"疏解》,载《传统文化与现代化》,1994年第4期,第80页。
② 见《经韵楼集与诸同志论校书之难》。
③ 引自龚自珍《定庵文集·工部尚书高邮王文简公墓表》。

地的。

至于顾广圻,他曾提出"相形而不相掩"的校勘原则。近代思想家冯桂芬称赞他:"先生记识,精力绝人,所见益广,辄为之博综群本异同,折衷一是,尤不肯轻改,务存其真,遂以善校雠名。"①

总而言之,校勘的特殊性质在于它的纠误求真有特定的界限,是以保存、恢复原作的真相为目的。因此不能将校勘与考据混为一谈,否则不仅是误解了它的学术性质,而且会干扰它的存真复原。

说起校勘的对象,自然是历代的典籍。校勘工作就是针对古籍中的误字、脱文、衍文、倒文、错简等现象进行校析勘定以恢复固有的面目。独立的校勘学,如果在论述校勘的对象时,只是罗列古籍中所出现的种种讹误,将它们加以简单的排比归类,并泛泛地分析其改误的原因,这仅仅是一种表层的研究,并不是真正意义上的科学研究。

前面说过,校勘工作的特性在于尽力消除同一文献因版本变换所产生的讹误,因此,校勘古籍的目的之所以能够实现,正是因为同一文献的不同版本上的讹误具有某种错落性和差异性。认真研究并准确说明这种讹误的错落性和差异性及其形成的原因,应当是科学的校勘学所必须包含的内容。

任何古籍都是历史的产物。一部具体的古籍,是由一定时代学者的学识和该时代的语言文字所构成的。然而这种单层次的构成,仅限于完整保存而流传至今的原著原版古籍。对于那些年代久远而又影响深广的重要典籍来说,情况远非如此简单。

倪其心在其《校勘学大纲》中,曾以《诗经》为例,说明了重要典籍的多层次构成的过程:"一种重要古籍问世以后,在流传过程中不免产生文字语句的错误和不同理解的纷歧。……经过漫长历史的反复解释和来回校勘,最后可能产生一种多数公认的接近原稿的定本。实质上,这样的定本是历史改定的定本,与原著必然有一定差别,不可能完全符合这一古籍产生时代的知识内容和语言文字形式。也就是说,它的基本构成实际上是多层次的复杂重叠构成。"②拿《诗经》来说,假定"诗三百"的《诗》是孔子编定的,秦火以后,先出齐、鲁、韩三家诗的传本。这三个传本不但解释有分歧,而且字句也不相同。

---

① 《恩适斋文集序》,见《显志堂稿》卷2。
② 倪其心:《校勘学大纲》,北京大学出版社,1987年,第77页。

后来又出现《毛诗》,是汉代唯一有古文文本为根据的《诗经》,其文字和解释都与三家诗有明显的差异。就汉代《诗经》的四个传本来说,每一家传本都具有双重建构,第一层是孔子编定时的知识和文字的理解所构成的,第二层是四家传授时对《诗经》的知识和文字的理解所构成的,这两层之间的重叠不可能没有差异。东汉郑玄为《毛诗》作笺,兼采三家诗的异文和异说,实际上提出了一种综合四家诗的新的版本。这样,在传本《毛诗》的双重建构中又增加了一层。其后,屡经陆德明的《经典释文》、颜师古的《毛诗定本》、孔颖达的《毛诗正义》,直到宋代把毛传、郑笺、《释文》和《正义》合在一起成为合刊本,至少重叠了六个层次。可见,今天所见的各种《诗经》的白文及注疏本,实质上已经成为一种多层次的重叠构成。从语言文字上看,已经不是孔子编定时的原貌,其中已经化合了古代文字、音韵发展变化的各个阶段的成分,也掺杂了历代名物知识发展变化的成分,其具体的表现形式便是大量的异文和众多的解释。

对于古籍的重叠构成,年代久远是历史的原因,而内容价值却是更为深刻的社会原因。因此,大多数古籍的重叠构成并不像经典文献那样错综复杂。例如《盐铁论》,它是桓宽根据汉昭帝盐铁会议的记录而整理的一部政论性著作,出在秦火之后,又非经典,因而成书后没有形成一家之言的不同传本。宋元之时,虽各有刻本流行,而校注则盛起于明清。今存最早刻本为明代涂祯本,最早注本为明代张之象《注》。可见明清以前,《盐铁论》虽然存在传抄刊印中滋生的字句讹误,但仍保持其基本构成,这是第一层。明清之时,注本纷纷出现,诸如明代金蟠《辑注》,清代卢文弨《群书拾补》,张敦仁、顾广圻《考证》,俞樾《校》等。这样也就对异文的判断和内容的解释产生分歧,从而出现了字句有所差别的不同版本。此类注本对《铁盐论》原文而言均大同小异,都属第二层。到了近代和现代,如黄季刚《校记》、杨树达《盐铁论要释》、郭沫若《盐铁论读本》、王利器《盐铁论校注》及马非百《盐铁论简注》等,或汇集前人的校注成果,或作出自己的校勘与解释,因而都是三层重叠构成。同《诗经》那样的主要典籍相比,一无四家传本的分歧,二无古今文字的交替,属于简单的重叠构成,因而整理校勘的依据比较切实。

从校勘学理论来看,分析上述古籍构成不同层次的特点是十分必要的,它能使校勘工作者从宏观上正确理解并切实遵循校勘的根本原则。如果忽视古籍基本构成的类型,不辨析校勘对象的层次特点,就有可能脱离原著的历史时代的实际,产生替古人订正文字的偏向。王引之对《尚书》"光被四表"一句的分析,就是个颇有说服力的例子。①《尧典》:"光被四表,格于上下。"光,孔安国传为"充",郑玄注为"光耀"。就汉代学者的传注而言,仅有歧解,并无异文。戴震根据《尔雅》、《经典释文》、《乐记》郑注、《汉书·王褒传》、《后汉书·冯异传》等文字训诂,断定《尧典》古本必作"横被四表","横"转写为"桄",脱误为"光"。王引之提出异议,指出"光、桄、横古同声而通用,非转写讹脱而为光也,三字皆充广之义"。他还列举了大量其义皆本于《尧典》而作"光"以及"光与广亦同声","皆充廓之义"的例子来证明,戴氏独取歧解中训"充"之说见识卓越,而认定"横"字为古文《尧典》之正字显系错误。显然,就校勘而言,王说正确,戴说失实。从古籍重叠构成层次来分析,其实孔传本、郑注本都是双层构成,它们与原稿之间的重叠参差并不在于文字形式,而在于内容理解,即没有异文,只有歧解。这种歧解是由于词的多义性造成的,即"光"字具有"充"和"光耀"两个义项,前者为通假义,后者为引申义。汉代正处于古文隶定为今文时期,声义相同而字形不同的通假字甚为流行,因而戴氏据以改经文本字,是替古人正字,并不符合汉代文字使用的特殊情况,也不符合校勘学复原存真的根本原则。

1995年2月

---

① 王引之:《经义述闻》卷三,南京:江苏古籍出版社,1985年,第65页。

再论校勘的方法

陈垣先生的《校勘学释例》于1931年问世,至今已经有半个多世纪了。但是,漫长的岁月恰好证明,他所归纳并界定的"校勘四法",越来越显示出自身体系的科学性。这部著作并不丰厚,然而它不仅具有专一的研究对象,可以遵循的通例规则,而且具有系统的操作方法,因而无疑是现代校勘学的奠基之作。

概论性质的校勘学,在论述校勘的方法时,必须分析与探讨这样几个问题:一、校勘方法的确立过程;二、校勘方法的相互关系;三、校勘方法的科学依据。

一

历代学者在校勘古籍时,都在运用一定的方法。但是,校勘方法的运用和校勘方法的建设,毕竟属于两个不同的范畴:前者是经验的,后者是理论的。

清代学者章学诚虽然提出过"校雠之法不可不立"[①],但是在其《校雠通义·校雠条理第七》里,只有"广储副本"一条稍涉校勘之法,其余不过是描述校勘的条件与方式而已。直到近代,叶德辉和梁启超才先后提出过校勘方法,但是既无确切的名称,又无明确的界说。

叶德辉《藏书十约》论"校勘"云:"书不校勘,不如不读。……今试言其法:曰死校,曰活校。死校者,据此本以校彼本,一行几字,勾乙如其书,一点

---

① (清)章学诚:《校雠通义》,北京古籍出版社,1956年,第12页。

一画,照录而不改,虽有误字,必存原文,顾千里广圻、黄尧圃丕烈所刻之书是也。活校者,以群书所引,改其误字,补其阙文,又或错举他刻,择善而从,别为丛书,版归一式,卢抱经文弨、孙渊如星衍所刻之书是也。斯二者,非国朝校勘家刻书之秘传,实两汉经师解经之家法。"

所谓"死校"与"活校",提法就不科学,既不能概括其所说的内容,又未能揭示该法的特点。实际上它只是对刻书流派或校书态度的粗略分类,如顾广圻、黄丕烈之"必存原文",卢文弨、孙星衍之"择善而从"。就是顾广圻,若以刻书而言,把他列入"死校"尚可;若以校勘而论,他是合所谓"死校"与"活校"为一而成就极大的校勘家。他本人在校残宋尤袤椠本《文选》的跋语中就说过:"意欲准古今通借以指归文字,参累代声韵以区别句逗。经史互裁者,考其异;专集尚存者,证其同;而又旁综四部,杂涉九流;援引者,沿流而溯源;已佚者,借彼以订此。"①顾氏所用的校法,显然不是叶氏的粗略分类所能概括的。

梁启超对清儒校勘方法的总结,自然比叶氏有了很大的进展。他在其《中国近三百年学术史》里论道:"第一种校勘法是拿两本对照,或根据前人所征引,记其异同,择善而从。……第二种校勘法是根据本书或他书的旁证反证校正文句之原始的讹误。……这种办法又有两条路可走:第一条路是本书文句和他书互见的……他书的同文便是本书绝好的校勘资料……第二条路是并无他书可供比勘,专从本书各篇所用的语法字法注意,或细观一段中前后文义,以意逆志,发现出今本讹误之点……第三种校勘法是发现出著书人的原定体例,根据他来刊正全部通有的讹误。……第四种校勘法是根据别的资料校正原著之错误或遗漏。……换言之,不是和抄书匠、刻书匠算账,乃是和著作者算账。……以上四种,大概可以包括清儒校勘学了。别有……专在书籍的分类簿录法,或者也可以名为第五种。"

由以上引文便可看出,梁氏不仅没有为五种校勘法确定一个合适的名称,而且混淆了校勘学与目录学之间的界限,似乎还没有把校勘学完全从旧的校雠学(即今之文献学)里剥离出来。即如前面所谓四种校勘法,也大都停留在具体的描述,没有抽象的概括,其分类也不符合逻辑。如第一种所说,既指版本对校,又指他书比勘。所谓"前人所征引",不也是第二种所说的"他书的同文"吗? 又如第二种所谓"专从本书各篇所用的语法字法注意",与第三

---

① 见《集外书跋》集部。

种所谓"发现出著书人的原定体例"相比,除了具体内容、具体材料有所不同之外,其方法的实质不都是依据"本书"吗?至于第四种所说的"校正原著之错误或遗漏","和著作者算账",那更是越俎代庖,违背了校勘学存真复原的根本宗旨了。

在总结前人校勘经验与校法条例的基础上,陈垣第一个明确而系统地归纳了四种校勘方法[①]:

> 一为对校法。即以同书之祖本或别本对读,遇不同之处,则注于其旁。刘向《别录》所谓"一人持本,一人读书,若怨家相对者"即此法也。
>
> 二为本校法。本校法者,以本书前后互证,而抉摘其异同,则知其中之谬误。
>
> 三为他校法。他校法者,以他书校本书。凡其书有采自前人者,可以前人之书校之;有为后人所引用者,可以后人之书校之;其史料有为同时之书所并载者,可以同时之书校之。
>
> 四为理校法。段玉裁曰:"校书之难,非照本改字不讹不漏之难,定其是非之难。"所谓理校法也。

二

陈氏"四校法",为建立校勘方法的科学体系奠定了坚实的基础,在校勘学史上是一个卓越的贡献。第一,他给历代校勘学者所使用过的校勘方法进行了高度的抽象与科学的分类。第二,他给每种校勘方法规定了确切的名称,其定名能够揭示该方法的特征。第三,他把四种校勘方法看作一个完整的体系,并对它们之间的关系与层次作了简明而精要的分析。

对校即版本校。陈氏指出:"此法最简便,最稳当,纯属机械法。""故凡校一书,必须先用对校法,然后再用其他校法。"在陈氏看来,对校法在整个校勘方法体系中是前提,是基础,是核心,其余三法不过使其校勘建筑更加完善,使其校勘内核更加圆满。

---

① 陈垣:《校法四例》,《校勘学释例》,北京:中华书局,1959年。

本校法和他校法同对校法性质一样,都有所凭借。区别在于:对校法所凭借的条件是"版本",这版本可以是抄本、石刻、刊本或另外某种形式,它是校勘工作富有成效的理想条件;本校法"于未得祖本或别本以前,最宜用之",它所凭借的是著述者的写作义例与文辞习惯,这种义例与习惯虽有优劣之分,但一经确定和形成,便具有一种连著述者本人都必须遵循的客观独立性,他校法所凭借的条件是与典籍有着源流关系的征引或被征引的资料,即利用这些资料在内容和文辞上的相同或相近,来消除典籍在版本流传中所滋生的讹误。"此等校法,范围较广,用力较劳,而有时非此不能证明其讹误",其实质不过是间接、曲折地实现版本校而已。李山博士说得好:"如果说本校法沿着版本校规定的方向,在纵深维度上延伸了校勘学理的话,那么,他校法对校勘学理的延伸则表现在广度上。"①

　　在说明理校法时,陈氏特别引用了段玉裁的言论。段氏所谓"定是非之难",是指难于确定"底本"之是非。陈氏指出:"遇无古本可据或数本互异而无所适从之时,则须此法。此法须通识为之,否则卤莽灭裂,以不误为误,而纠纷愈甚矣。故最高妙者此法,最危险者亦此法。"显然,在陈氏看来,前三法性质相同,皆有所凭依,旨在"校异同";而此法之所以"最危险",即在于无所凭依,其所以"最高妙",即在于"定是非"。校勘工作的最终目标毕竟是去误存真,陈氏在对前三法的说明中未曾言及如何取舍,却在对后一法的说明中暗暗地予以补述。这正表明,陈氏的确是把他的"四校法"当作一个方法体系来看待的。

三

　　从方法论的角度来看,陈氏所说的前三法是一般的比较方法在校勘学中的具体运用,所借重的是材料实证;而理校法则是一般的推理方法在校勘学中的巧妙应用,所借助的乃是逻辑论证。因此,在陈氏校勘四法的内涵中,实际上包含了来自经验和来自理性两个不同的层次:前者在于寻找实证,后者则在于作出判断。理校法也并非没有任何凭依,它所凭依的是校勘工作者的学识。陈氏特别强调."此法须通识为之",就是看到了此法在校勘方法体系

---

① 李山:《陈垣"四校法"疏解》,载《传统文化与现代化》,1994年第4期。

中处于最高层次的特点。

从材料论证的角度来看,对校法和他校法是求证于本书以外,是从众多版本或其他相关记载或实物等直接、间接的材料来证明讹误,这是"外证",也称"旁证";而本校法和理校法是求证于本书以内,是从本书的写作义例、前后文气以及文字、训诂、语法、声韵的规律等方面寻找线索来论证讹错,这是"内证",也称"本证"。正因为陈氏"四校法"是一个科学的比较完整的方法体系,所以早就为学术界所接受并普遍采用。

有人提出所谓"文物校勘法",以与陈氏"四校法"并称。① 其实这种提法既无任何必要,又不合乎逻辑。首先,"文物"作为考古学的特定术语,大多用来指称所有地下出土的实物。这实物是考古研究的对象或者可供其他学科研究的材料,本身无所谓方法。其次,就出土的实物来说也是各种各样的。即使与传世典籍有关的,也包括甲骨卜辞、金石刻辞、简牍缣帛等,著名的如西晋时汲郡魏襄王墓的《竹书纪年》、《穆天子传》,1972年山东临沂银雀山汉墓的竹简本《孙子兵法》、《孙膑兵法》、《尉缭子》,1975年湖北云梦睡虎地秦墓的秦简,1973年长沙马王堆汉墓的帛书《老子》、《战国纵横家书》等。其中有些就属于校勘学的"版本",如果用来与同一种传世典籍对勘,那就是陈氏所说的"对校法"。再次,陈氏在说明他校法即"以他书校本书"时,所举可供利用的材料有"前人之书"、"后人之书"和"同时之书"。陈氏如此称说,那是因为其《校勘学释例》是以沈刻《元典章》为典型资料,作了麻雀式的解剖。对此,我们不应当坐实理解。与传世典籍不存在"版本"关系而有着某种源流关系的所有"文物",应当都是可资"他校"利用的材料,如同类书、引文、古注、典故等,其方法自然属于陈氏之"他校法",这是毫无疑义的。

关于这一点,著名文献学家张舜徽先生早在《中国古代史籍校读法》一书中就说得十分明白:"就过去学者们校书工作言,大半是采用许多较早、较好的本子来供校勘。……但在今天,便不应停留在这一境地;所根据的底本,也不应局限于宋元旧椠了。就实物言,有龟甲和金石刻辞;就纸本言,有六朝隋唐的写卷;都可以拿来校订古书。所以取材的范围自然比过去广阔得多了。"②他还举了两个事例:一是孙诒让据龟甲文字订正《尚书》"肜日"当为

---

① 管锡华:《校勘学》,合肥:安徽教育出版社,1991年,第182页。
② 张舜徽:《中国古代史籍校读法》,上海古籍出版社,1981年,第101页。

"曷曰";一是颜之推据秦权铭文指出《史记·秦始皇本纪》"丞相隗林"系"隗状"之误。由此可见,利用文物进行校勘,只是取材,并非方法,而且前人不仅使用过,也明确地总结过。

1996 年 2 月

论校勘史之科学分期

"校勘",作为人文科学的一个术语,在历代学者的长期使用中,其涵义或广或狭,直至近代才逐渐定型。广义之"校勘",包括古籍分类、目录编撰、版本考证、古书辨伪、内容提要、文字校定等,如南宋郑樵之《通志·校雠略》、清代章学诚之《校雠通义》和近代范希增之《校雠杂述》等;狭义之"校勘",仅指搜集不同传本、比较文字异同、订正讹误、删补衍脱、乙正错简、审定次序,完成一部可供印刊之稿本和可资研究之善本的工作,如清末梁启超之《清代学术概论》的有关论述、近人陈垣之《校勘学释例》等。前者即今之所谓"校雠学"或"文献学",后者才是具有特定范围和专门内容的"校勘学"。本文是在后一种涵义上论述其历史的分期。

近十年来出版的校勘学著作,在专章叙述校勘的历史时,大多是按照我国朝代更迭的历史来陈述校勘工作的事迹与兴衰,如进行过哪些校勘工作,出现过哪些校勘专家,刊印过哪些校勘成果,等等。对这些校勘史料,如果仅限于一般簿记式的叙述,而不进行一番认真的爬梳和辨析,那就谈不上是科学的研究。也有把校勘学史划分为所谓"建立期、衰落期、复兴期、全盛期"四个时期的,如赵仲邑的《校勘学史略》[①]。且不说该书混淆了"校勘史"和"校勘学史"的界线,就是对时期的划分以及各章节的标目与材料,几乎完全出自蒋元卿的《校雠学史》一书[②]。蒋氏说的是"校雠学史",就历代整个古籍整理事业的轨迹而言,自有其一定的道理。若是将它原封不动地移入"校勘学史",那就不能不令人惊讶了。

---

① 赵仲邑:《校勘学史略》,长沙:岳麓书社,1983年。
② 蒋元卿:《校雠学史》,北京:商务印书馆,1934年。

在这方面,倪其心先生所著《校勘学大纲》①中的有关阐述,在内容上显得比较中肯切实,但是读来仍有分期欠妥、眉目不清之感。

科学的校勘学既然有其特定的研究范围,那么在论述校勘的历史源流时,应当在这特定的范围内,既要考察所在时代的政治、文化、科技诸因素的影响,又要考察校勘作为一种特定的文化学术活动自身的发展规律;既要考虑其连续性和继承性,又要考虑其阶段性及特殊性。划分校勘历史时期的主要目的在于:揭示各个时期的主要特点,分析其经验成果,展现其最高成就,阐明其优良传统。只有这样,对今天的校勘工作和校勘事业的发展,对校勘学的研究,才真正具有借鉴和指导的作用。根据以上所说的考察与考虑,我国校勘历史以划分为五个时期为宜。

第一时期是公元前2世纪以前,即先秦时期,其主要特点是校勘仅限于零星记载。

夏商时代,文献典籍主要集中于官府,由史官掌管并兼做整理工作。春秋后期,这种文化垄断的局面开始改变,学术下移,典籍渐散民间,私人讲学风气兴起,所谓"天子失官,学在四夷"②。世代更迭,文献典籍难免散失、错乱,这就需要考校和整理。据《国语·鲁语下》:"昔正考父校商之名《颂》十二篇于周太师,以《那》为首。"《诗·商颂·那》小序亦叙述此事。正考父是周宣王时的宋国大夫,当是我国史书记载的最早一个知名的校勘家,但未曾涉及有关校勘的具体内容。

历代学者皆尊崇孔子为校雠鼻祖。《孔子家语》所言孔子"删诗述书,定礼理乐"等不足为据,因为该书系魏晋人王肃所伪造。而《公羊传》记载,孔子校理"先王典籍"或许可信。如《公羊传·庄公七年》:"不修《春秋》曰:'雨星不及地尺而复。'君子修之,曰:'星陨而雨。'"所谓"不修"即未经整理,而"君子"即指孔子。孔子以为其记怪诞而改之。联系"子不语怪、力、乱、神"③之说,孔子崇尚一种平实的学风。又如《公羊传·昭公十二年》:"伯于阳者何?公子阳生也。子曰:'我乃知之矣。'在侧者曰:'子苟知之,何以不革?'曰:'如尔所不知何?'"孔子明知"伯于阳"乃"公子阳生"之误而不轻改,这显然是为

---

① 倪其心:《校勘学大纲》,北京大学出版社,1987年。
② 见《左传·昭公十七年》。
③ 见《论语·述而》。

保存史书原貌而存疑。孔子还说："吾犹及史之阙文也……今亡矣夫！"①这种对待史料的审慎态度和严谨学风，对后世的学者和校勘家产生了重大而深远的影响。

为了适应教学的需要，孔子及其弟子曾整理过典籍文献。据载，他们搜集古书的不同传本，删去重复，改正讹误，编成定本，进而说解意义。据《论语·先进》，孔子的弟子有所谓"四门十哲"，其中擅长"文学"即古代文献的有子夏。历来认为《毛诗》、《公羊传》、《穀梁传》皆传自子夏。《吕氏春秋·察传》载："子夏之晋，过卫，有读史记者，曰：'晋师三豕涉河。'子夏曰：'非也，是己亥'也。夫'己'与'三'相近，'豕'与'亥'相似。至于晋而问之，则曰：'晋师已亥涉河'也。"子夏熟悉古代文献，又通晓文字形体和干支纪日的体例，因而能发现卫人所读史记之讹误。不仅如此，他还结合晋国史实的考察做出定论。

子夏之学传于荀子，而荀子又传于韩非。《韩非子·外储说左上》所载"郢书燕说"的故事即与校勘有关，它不仅批评了穿凿附会的可笑，而且生动地揭示了古书出现衍文的一个原因。

总之，先秦时期不过是校勘的萌芽时期。而真正有目的、有系统地进行校书，还是从汉代开始的。

第二时期是公元前2世纪至公元5世纪初，即两汉魏晋时期，其主要特征是校勘完全依附于典籍传注。

汉承秦制，出于政治、军事、思想统治之需要，注意吸取秦亡之教训，对文化建设十分重视，因而展开了大规模的文献整理工作。在校勘史上，堪称开创校理事业的是西汉刘向父子。他们受诏校理群书，诸如搜罗异本、审定篇章、删除重复、确定书名、校正讹脱，然后分门别类，撰写叙录，使大批散乱、舛牾的文献典籍成为可供阅览的读物。这在《汉书·艺文志》和一些经史诸子的《叙录》里都有丰富而具体的记载。这些记载表明：一，校勘在当时是文献整理的一个组成部分；二，校勘古籍所必需的程序和内容已大体具备；三，对导致古籍文字讹误的原因与某些通例已有所归纳。就校勘来说，有两点值得特别提出：一是广储众本，相互参校；二是推举专家，校勘专书。刘向《别录》说："雠校：一人读书，校其上下，得谬误为'校'；一人持本，一人读（一本作

---

① 见《论语·卫灵公》。

'析')书,若怨家相对,故曰'雠'也。"①这显然是说明校勘古籍的两种工作方式。刘向校书,搜求版本甚多,如《列子目录》即交代:"所校中书《列子》五篇,臣向谨与长社尉臣参校雠,太常书三篇,太史书四篇,臣向书六篇,臣参书二篇,内外书凡二十篇。"所谓中书、太常书、太史书等皆官家藏本,其余皆私人藏书。刘向以博学闻名,但从不独揽专断,而是与各科专家合作。刘向只校理自己所精通的六艺、诸子、诗赋,而举荐步兵校尉任宏校兵书,太史令尹咸校数术,侍医李柱国校方技。后世大多引为范例而加以效法。

刘向父子之后,最能体现该时期校勘成就的,是东汉末年的郑玄、高诱和西晋的杜预。郑玄是一位兼通今古文经学的文献学家。他笺注了许多儒家经典,今存《十三经注疏》的就有《毛诗》笺和《三礼》注,其他经注也有辑本。从《毛诗》笺和《三礼》注来看,他在校勘上的贡献是兼录异文,考订误字,指明衍脱,整理错简,分析致误原因,并作出范例性的说明,在一定程度上体现了校勘的基本原则。特别值得提出的是:一,承袭汉代古文家校注古书所用的通例,使术语之用法渐趋定型,如用"当为"校其误;二,遵循一定程序以校古书,根据语言文字规律以定是非。清代学者段玉裁在其《经义杂记序》中,对郑玄的成就和影响即作了充分的肯定:"千古大业未有盛于郑康成者也。郑君之学,不主于墨守,而主于兼综;不主于兼综,而主于独断。其于经字之当定者,必相其文义之离合,审其音韵之远近,必定众说之是非,而已为之补正。"

高诱是汉末魏初的学者,其注疏较为可靠者有《淮南子》和《吕氏春秋》二种。他的校勘成果虽然不多,但他创立了异文并存而两通的校勘类例,表现了谨慎而不武断的态度。

杜预精通历数,其撰《春秋左传集解》,根据历法知识和《春秋》、《左传》的书法和义例,来订正日月时节之失误以及经传其他重要文字之讹误,扩大了校勘典籍所依据的材料范围,并且务求简明扼要。这是他的精到之处。

综观该时期之校勘成果,它们都掺合在大量的典籍传注之中。也就是说,这个时期是校勘的兴盛时期,但校勘仍然是作为专书训诂的附庸而存在的。

第三时期是公元 5 世纪至 10 世纪初,即南北朝隋唐时期,其主要特点是

---

① 转引自《文选·魏都赋》李善注引《风俗通》,又《太平御览》卷六一八。

校勘趋向独立。

南北朝时,战争频仍,政权更迭,动乱的局势对古代文献的流传和整理带来了极为不利的影响。但是,传统文化毕竟有其强大的生命力,历朝统治者对校雠事业并未摒弃,而是不同程度地进行了一些倡导和组织。在文化学术方面,经学衰落,玄学兴盛,私家修史之风盛行。与前一时期相比,这个时期的学者不仅把校勘对象扩展到经典以外的史学杂著,而且使校勘这门学术脱离了专书注疏的附属地位。这后一种趋势尤其重要。作为前者代表的成果,有裴松之的《三国志注》、裴骃的《史记集解》和刘孝标的《世说新语注》。此三人注解对象皆非经典,而《三国志》和《世说新语》又系近人著作,但他们作注时都不忽略校勘,或正讹误,或列异文。尤其《三国志注》,一律出校记而不轻改,极为审慎。裴骃《史记集解》以徐广《史记音义》为基础,而徐氏《音义》详于校勘,成果颇丰。正如《集解序》所说,徐书之最大特色是"研核众本"、"具列异同",从而保存了《史记》一书丰富的异文材料,给后人研究和判断其文字正误提供了有力的根据。不过,他们三人的校勘成果仍散见于补史注解之中,在体例上并没有什么变化。

真正突破原有体制的是颜之推和陆德明。这两位著名学者一北一南,遥相呼应。

北朝的颜之推精通语言文字之学,其主要贡献是使古书校勘理论化和系统化。所撰《颜氏家训》是一部笔记体的杂著,并无严格体系。全书20篇,其中《书证》篇汇集有关典籍及诗歌俗文的训诂校勘,开创了一种脱离专书而广泛论述各种书籍所见错讹的札记体式。颜氏于《勉学》篇,不仅论述了校勘工作的重要意义,认为误书以讹传讹,害人非浅,而且指出做好校勘工作的先决条件是熟悉典籍,广征博考:"观天下书未遍,不得妄下雌黄。或彼以为非,此以为是,或本同末异,或两文皆欠,不可偏信一隅也。"在《书证》篇,他还对校勘中的字体规划提出了在今天看来也十分合理的见解。他认为典籍流传,往往讹误,文字应以《说文》为宗,因为"许慎检以六书,贯以部分,使不得误,误则觉之";同时又指出不可拘泥《说文》篆体,"西晋以往,字书何可全非?但令体例成就不为专辄尔。考校是非,特须消息"。他提出"不从怪体,不改借字,规范俗体,而又更加变通"的处理原则。在校勘实践方面,颜氏不仅能凭借广博的古代文献和语言文字的知识,综合运用各种校勘方法,精确地订正古书的讹误,而且还依据金石文字材料来校正文献,在校勘资料的运用上也明显地有所突破。清代学者黄叔琳认为，《书证》"此篇纯系考据之学，当另为一书"①。这正说明此时期之校勘已经独立。

陆德明身历陈、隋、唐三朝，所撰《经典释文》原是一部汇集经典文字注音的重要著作，由于注音涉及字义与字形，因而同时备录相关异文而精于校勘。该书有序录一卷，包括《自序》和《条例》二篇。《自序》申明著述宗旨："循省旧音，苦其太简，况微言文绝，大义愈乖，攻乎异端，竞生穿凿。……遂因暇景，救其不逮，研究六籍，采摭九流，搜访异同，校之苍雅。"《条例》介绍本书音义、校勘之凡例，不仅视校勘为释义之前提，而且提出校是非与校异同并重、反对轻改和臆改的原则；不仅表明陆氏在音韵、训诂、文字诸方面所达到的学术成就，也表明当时已经能够自觉运用这些知识于古籍校勘，作为说明异文产生与文字致误的原因及其判断是非的科学依据。

《家训》和《释文》这两部专著，都以脱离专书的形式，专门阐述校勘的凡例和原则，显然带有总结的性质。它们的接踵出现绝非偶然，而是有力地证明这个时期确实出现了一种明显的趋势，即校勘开始成为一种独立的学术。

第四时期是公元10世纪至19世纪，即宋元明清时期，其主要特点是校勘学术已经具备理论性质。

宋元明清四代，在政治上基本上都是中央集权制的大一统局面，这在不同程度上促进了经济、文化的发展。在文化学术上，一方面宋、明理学长期占居主导地位，疑辨之风盛行，在一定程度上反映了学术的解放；另一方面由于印刷技术的发达，使图书出版事业空前发展。两宋时，由于政府的提倡和重视，校勘的对象从经史典籍扩大到作家作品的总集和别集，进一步表现出独立发展的趋势，不仅有洪兴祖《楚辞考异》、方崧卿《韩集举正》、张淳《仪礼识误》、毛居正《六经正误》等校勘力作，而且还有总结条例的专著，如彭叔夏的《文苑英华辨证》，廖莹中、岳浚的《刊正九经三传沿革例》②。

洪氏之《楚辞考异》原独立成卷，附于《补注》书末。据《直斋书录解题》说，是集宋代《楚辞》校勘成果之大成。方氏著《韩集举正》，所举校勘资料十分丰富，朱熹称"方氏校定本号为精善"，所用校勘符号尤值得注意：其于改正

---

① 引自王利器《颜氏家训集释·前言》。
② 据近年研究，《沿革例》为元初岳氏在南宋廖莹中刻九经原有《总例》之基础上增补而成，与岳珂无涉。详参王云海、裴汝成《校勘述略》，河南大学出版社，1988年，第68页。

字,则用朱笔(刻本用阴文);衍去之字,则用圆围圈之;增入之字,以方围圈之;颠倒之字,以墨线曲折乙之,相当精细显明。据《四库提要》载,张淳校定《仪礼》,"因举所改字句汇为一编","核订异同,最为详审"。朱熹亦称其"所校《仪礼》甚仔细,较他本为最胜"。毛氏撰《六经正误》,为廖莹中所推重:"取六经三传诸本,参以子、史、字书、选、粹、文集,研究异同,凡字义音切,毫厘必校,儒官称叹,莫有异词。"①

《文苑英华辨证》是彭氏在其太师周必大校勘基础上再行加工的成果,其自序即提出了"实事是正,多闻阙疑"的校勘法则。全书"荟粹其说,以类而分",共分为20个类目,各类不仅有丰富实例,而且有简括说明,旨在总结校勘经验。概括起来,如《四库提要》所说,大致有三类疑误及处理方式:一是确乎讹误,应当是正;二是别有依据,不可妄改;三是义可两存,不必遽改。这显然具有校勘类例的作用。彭氏提出"不可以意轻改",联系所举类例,实际上是要求校对异文和判断正误时,必须具有版本和小学知识的依据,广泛查考,仔细分析。

《九经三传沿革例》是岳氏根据廖莹中旧刻、旧例而重新校刊"九经"、"三传"的总的例言,说明校勘刊印的缘由和目的。所谓"例",即指这套经典的编印体例。全文共分"书本"、"字画"、"注文"、"音释"、"句读"、"脱简"、"考异"七条。如"书本"条简述九经版本问题,并交代自己校勘所用的各种版本;"字画"条说明审定字体的必要和原则,以及与校勘有关的古籍文字致误的历史原因;"注文"条提出据疏文、正文、校注文以及据注疏校正文的方法;尤其"考异"条实即校勘记,是属于校勘的异文考证判断,其中列举各类具体例证,分别说明处理异文的原则。这些条理化、系统化的内容,明显地具有将校勘经验总结为校勘理论的作用。

以上两部著作,都包括经验的总结、类例的归纳和原则的说明,因而颇具校勘理论的色彩和性质,是校勘学术发展到这个时期已趋成熟的标志。

学术史的发展是曲折的。前一时期的唐代,只重经典注疏的统一而忽视校勘。这一时期的元明两代学术空疏,校勘也停滞不前。直至有清一代才又活跃起来。王鸣盛校勘与考证并重的《十七史商榷》,阮元主持的《十三经校勘记》,卢文弨包括校正和补遗的《群书拾补》,应当说是这一时期校勘实践辉

---

① 参《沿革例·书本》条所述。

煌的标志,而校勘理论的倡导者当推明末清初的方以智和顾炎武。

方以智是明末著名的唯物主义哲学家和承上启下的考据学家。他在《通雅·凡例》中指出:"考究之门虽卑,然非比性命可自悟,常理可守经而已,必须学积久,特征乃决。"其卷首《音义杂论》又说:"书不必尽信,贵明其理,或以考事,或以辨名当物,或以验声音称谓之时变,则秦汉以来所造所附亦古今之征也。"这虽然是就考据学而言,亦可视为校勘学之指导性理论。以此指导校勘实践,态度必定严谨,方法自然科学。如《刊落折中说》即涉及典籍文字的校勘:"汉时载籍,类多别本,石经碑刻,文画假借。然后世好古之士,宜博稽广参,取其近理者从之,疑则阙之,异则并存之。"这显然是主张对异文的考订和讹文的更正要实事求是,反对"直去本文,径加改字"(《注释正字说》)。《四库提要》论及《通雅》时曾评说:"明之中叶,以博洽著称者杨慎,而陈耀文起而与争。然慎将伪说以售欺,耀文好蔓引以求胜,次则焦竑,亦喜考证,而……伤于芜杂。惟智崛起崇祯中,考据精核,迥出其上。风气既开,国初顾炎武、阎若璩、朱彝尊沿波而起,始一扫悬揣之空谈。"

顾炎武是明末清初的著名思想家和清代考据学派的祖师。他针对明代空疏的"心学"之弊,倡导恢复"古学":"今之学者生于草野之中,当礼坏乐崩之后,于古人之遗文,一切不为之讨究……以空学而议朝章,以清谈而干王政,是尚不足以窥汉儒之里,而何以升孔子之堂哉!"① 又说:"五经得于秦火之余,其中固不能无错误。学者不幸,而生乎二千余载之后,信古而阙疑,乃其分也。"② 主张"信古"和"阙疑"相互结合,究其实质,就是清除后人的穿凿歪曲,恢复经籍文献的原貌原义。顾氏还提出:"读九经从考文始,考文自知音始。"③ 明确地把"知音"作为"考文"即校勘的先决条件。所谓"知音",即通晓音韵学等小学知识。他批判万历年间的空疏学风,分析文献致讹的原因,认为"多好改窜古书,人心之邪,风气之变,自此而始"④。他说:"凡勘书必用能读书之人……苟如近世之人据臆改之,则文益晦,义益舛,而传之后日,虽有善读书者,亦茫然无所寻求矣。"不仅如此,他还致力于金石文字资料的搜

---

① 《日知录》卷六《檀弓》。
② 《日知录》卷二《丰熙伪尚书》。
③ 《顾亭林诗文集》。
④ 《日知录》卷十八《改书》。

集与研究,并自觉地利用来为古籍"补阙正误"。

方、顾二氏之后,乾嘉时期出现了两个主要的校勘流派:一派以卢文弨、顾广圻为代表,注重版本依据和异文比较,强调保存古籍原貌,主张说明异文正误而不作更改;另一派以戴震、段玉裁、王念孙、王引之、俞樾为代表,强调在广搜异文的基础上,根据古书体例和义理,运用文字、音韵、训诂、版本等有关学识,考证异文,分析正误,明确主张刊误订正。在校勘学史上,前者称为"对校学派",后者称作"理校学派"。

卢文弨精通版本和小学,不仅仿照《经典释文》之体例而撰著《群书拾补》,约取群书讹误脱漏之严重者,摘抄字句,加注校语,而且在其《抱经堂文集》中,对致误规律、校勘方法与校勘原则都有所总结。他强调"校书与自著书不同",提出"相形而不相掩"的校勘原则和校异同、正误、考异三种校勘体例,指出异体与通俗字不属异文,不当列入校勘范围,力求恢复古书行文、款式及篇第之原貌。

顾广圻是精通版本、目录的校勘名家。他广交当时著名的藏书家,亲见版本甚富,因而能够考察版本之源流和系统,较其得失,兼采众长,因而创获尤多。他在《思适斋集》中指出:"校雠之弊有二:一则性庸识暗,强预此事……一则才高意广,易言此事……二者殊途,至于诬古人,惑来者,同归而已矣。"他痛感书籍之讹,由于轻改妄改,因而奉行"不校校之"的原则,即校勘时保存原书误文,不轻改字,或综其所正定者为考异,如《骆宾王文集考异》,或附校勘记于书后,如《韩非子识误》。

戴震是清代考据学派的集大成者。他以毕生精力校勘《水经注》,即从归纳原书体例入手。他治学必追根求原,指出一字之义"当贯群经,本六书,然后为定"。① 这不仅是训诂的基本原则,也是校勘古籍的理性依据。他以切身体会全面地概述了研究和整理古籍所必须具备的学识,包括文字、音韵、训诂、名物、典制、天文、地理等诸多方面。这都是为获取"巨细必究,本末兼察"的"十分之见"寻求理论根据。

段玉裁是戴氏弟子,擅长小学,在文字、音韵、训诂和校勘诸方面皆有专精深入的研究。于古人著述,他往往考察通例,总结规律,用以指导古籍整理。《周礼汉读考》就是他的一部总结汉人注音、释义、校勘体例的专著。其

---

① 《戴震集·与是仲明论学书》。

自序云："汉人作注，于字发疑正读，其例有三：一曰读如、读若，二曰读为、读曰，三曰当为。读如读若者，拟其音也。……读为读曰者，易其字也。……当为者，定为字之误、声之误而改其字也，为校正之词。"他曾为阮元主持校勘十三经，辑《十三经校勘记》等校勘专著。他强调凭学识以判断是非，勇于改定。他在《答顾千里书》中说："夫校经者将以求其是也，审知经字有讹则改之，此汉人法也。汉人求诸义而当改则改之，不必有佐证。"他主张区分"底本之是非"与"立说之是非"，而以定底本之是非为前提。

王念孙与段氏同出戴震门下，王引之又承其父学。王氏父子精通小学和校勘而尤其谨严。王念孙的《读书杂志》，是关于校勘兼训诂的札记汇编，在校勘对象上遍及经史和诸子，在方法上能综合利用多种校法以正讹误。其中《淮南内篇杂志后序》即为总结校勘之力作，不仅"推其致误之由"，而且归纳出六十四种条例。王引之的《经义述闻》是研读经籍的札记，兼及训诂与校勘。其中《通说》下篇十二条，即为归纳校勘通例之作，如"衍文"、"形讹"、"上下相因而误"、"后人改注疏释文"等。他还提出了改字的原则："吾用小学校经，有所改，有所不改。周以降书体六七变，写官主之，写官误，吾则勇改；孟蜀以降，椠工主之，椠工误，吾则勇改；唐宋明之士，或不知声音文字而改经，以不误为误，是妄改也，吾则勇改其所改。若夫周之没，汉之初，经师无竹帛，异字博矣，吾不能择一以定，吾不改；假借之法由来久矣，其本字什八可求，什二不可求，必求本字以改假借字，则考文之圣之任也，吾不改；写官椠工误矣，吾疑之，且思而得之矣，但群书无佐证，吾惧来者之滋口也，吾又不改。"①

此外，俞樾亦以小学校释古书，撰有《群经平议》、《诸子平议》两部有关经子群书的校释札记。其《古书疑义举例》是一部总结古书校释等规律的专著，涉及校勘的即有三十二例，如"两字义同而衍例"、"两字形似而衍例"、"涉注文而误例"、"因误字而误改例"、"一字误为二字例"、"上下两句互误例"、"上下两句易置例"、"字以两句相连而误脱例"、"文随义变而加偏旁例"、"两文疑复而误删例"等等，不仅看出用心之细，亦显出归纳之精。

以上两派之间还展开了激烈的学术论争，对校勘理论的建立都作出了一定的贡献。不过，前一派偏重于版本依据原则的归纳和版本对校方法的申述，后一派侧重于校勘通例和方法的总结。

---

① 见龚自珍《工部尚书高邮王文简公墓表铭》。

独立于乾嘉两派之外的学者章学诚,亦以目录、校勘学见长。其《校雠通义》是一部专讲古籍目录、校勘、辑佚的著作。在校勘方面,他总结了刘向父子及郑樵的经验,提出了比较系统的见解:一是广储副本以资对校,二是编制索引以备检用,三是撰写校记以备采择,四是延请名家以胜专任。《校雠条理第七》中这些概括而明确的论述,显然具有相当的理论色彩了。

第五时期是公元19世纪末以来,即近现代时期,其特点是已经独立的校勘学理论的建立和成熟。

如前所述,清代几辈学者在校勘规律的总结和校勘理论的建设上,已经超越前人。但是,由于他们没有完全摆脱传统观念,仍把校勘当作解经的手段,因而始终未能建立起独立的校勘理论体系。到了近代,大多数学者在校雠学和校读法上特别用力,只有少数学者比较自觉地接受西方治学思想和治学方法的影响,注重校勘材料的开掘、校勘方法的归纳和校勘理论的建设。王国维不仅十分重视考古资料和文献资料的新发现,而且还提出了以考古资料与文献资料互证的"二重证据法"。他在《静庵文集续编》所收的一篇讲演稿中说:"自汉以来,中国学问上之最大发现有三:一为孔子壁中书;二为汲冢书;三则今之殷虚甲骨文字、敦煌塞上及西域各处之汉晋木简、敦煌千佛洞之六朝及唐人写本书卷、内阁大库之元明以来书籍档册,此四者之一已足当孔壁、汲冢所出。"他于《古史新证》开篇又指出:"吾辈生于今日,幸于纸上之材料外,更得地下之新材料。由此种材料,我辈因得据以补正纸上之材料……此二重证据法,惟在今日始得为之。"显然这不仅是一种科学的研究方法,而且在方法论上也为开始独立的校勘学提供了新的启示。

梁启超不仅在其《清代学术概论》一书中将校勘学完全从经学和小学中剥离出来而与之并列,宣告了校勘学的独立;而且在其《中国近三百年学术史》的讲义中,谈到"清代学者整理旧学之总成绩"时,首次把校勘之方法归纳为五种,并分别进行了比较详尽的阐述,还列举了运用此五校法而显示出较高水平的代表著作。遗憾的是,梁氏不但没有给这五种校勘法确定名目,而且在其分类上也不甚科学①。尤其应当指出,梁氏在阐述第四种校勘法时说:"根据别的资料,校正原著之错误或遗漏。……换言之,不是和抄书匠、刻书匠算账,乃是和著作者算账。"这种提法就与"存真复原"的基本原则相互违

---

① 参本书《再论校勘的方法》一文。

背了。

　　校勘作为一门学术的相对独立和深入发展,为校勘方法的更加完善和校勘理论的逐渐成熟提供了坚实的基础。史学家陈垣总结其校勘《元典章》的丰富成果,于1931年写成《元典章校补释例》(后更名为《校勘学释例》)。这是一部独立的校勘学著作,其特点是以沈刻《元典章》为典型资料,融会清代乃至近代校勘学的成果,具体而又全面地通过各类通例的归纳和解释,来阐发校勘理论。通览全书,既有专一的研究对象和系统的操作方法,又有可依据的原则和可遵循的规则,完全可以说,这部著作已经初步建立了校勘学的理论体系。倪其心先生在其《校勘学大纲》一书中,对陈氏《释例》的特点和体例作了具体而准确的分析,称"它继往开来,影响深广,是标志校勘学建立的里程碑"。

　　陈氏《释例》问世以后的几十年,由于战乱、政治等众所周知的原因,与古代文献相关的几门学术大都停滞不前。尤其是校勘学,在其实践成果上颇多建树,但在理论建设上几无长进。直到70年代末,由于传统文化研究的发展和邻近学科的影响,校勘学才又复苏起来,史论两方面的论著不时出现。其中值得称道的是倪其心先生的《校勘学大纲》。

　　校勘学作为一门成体系的学科,必须研究校勘的对象和历史,内容和方法,操作和原则。倪其心先生称其著作为"大纲",表明内容有待于进一步充实;但是就其理论建设而言,不仅构筑完整,而且具有相当的力度和规模。

　　在论述校勘的对象时,著者不是一般地阐述古籍情况,而是首先就指出:"事实上,可以称为'古典文献'的古籍和篇章,基本构成都是多层次的。"接着,他以《诗经》为例,详尽地分析了"经典古籍的复杂重迭构成";又以非经典的《墨子》和《文心雕龙》为例,分别从年代久远与否,分析了"一般古籍的简单重迭成"[①]。这无疑是从理论上阐述这两类古籍基本构成的不同特点,以便校勘工作者从宏观上把握校勘"存真复原"的根本原则。

　　在论述校勘的内容时,著者明确指出:"作为把握校勘正误准则的一个重要保证,就是对文字致误原因进行具体分析。"在分析致误原因时,该书不像某些校勘学著作那样,仅限于误字、脱文、衍文、倒文等各类现象的简单罗列,而是归纳其种种通例,并从理论上予以分析:"错误基本上可分为两大类……

---

① 倪其心:《校堪学大纲》,北京大学出版社,1987年,第79—84页。

从不同版本的对校中发现不同文字,既有异文,则肯定其中必有正误,这是有形可见、容易发现的错误;另一类是对校各本俱同,并无异文,表面上没有错误痕迹,但实际上其中确有错讹,这是无迹可寻、较难发现的错误。前一类即是异文,后一类则属疑误。"[1]这就从理论上区分了文字致误的两种不同性质,有助于提高校勘工作者谨慎处理的理性认识。

该书又是怎样论述校勘方法的呢?著者说:"从理论上说,校勘的一般方法就是,搜集各种版本和有关资料……然后择其善者、要者,进行比较,列出异文,分别类型,予以分析,说明理由,举出证据,作出正误是非的判断。从方法论而言,校勘的一般方法的实质就是比较分析和科学考证。"谈到陈垣所归纳和定名的四种校勘方法时,著者认为:"陈氏四法实则是校勘的一般方法在不同条件下的具体运用。""总之,陈氏四法总结了校勘在两个具体步骤中的两类具体方法,'对校'属于搜集异文时必经步骤和必用方法,'本校'、'他校'、'理校'属于校定正误时根据不同条件所采取的几种分析考证方法。"[2]把校勘方法划分为一般方法和具体方法,又从方法论上指出校勘的一般方法包括比较的方法、分析的方法和考证的方法。不仅如此,在阐述校勘的考证必须有科学的依据时,又从"理论依据"和"材料依据"两个方面进行了或略或详的论述,其理论之深度是十分明显的。

如果说半个多世纪以前的《校勘学释例》,是初步建立起校勘学的理论体系;那么半个世纪以后的《校勘学大纲》,完全有理由说,已经构筑了体系完整而颇具规模的校勘学理论,是校勘学理论达到成熟的标志。

1999 年 12 月

---

[1] 倪其心:《校堪学大纲》,北京大学出版社,1987 年,第 145 页。
[2] 倪其心:《校堪学大纲》,北京大学出版社,1987 年,第 101—104 页。

第三编 文字

论传统"六书"之本原意义

传统"六书"是一个极有吸引力的问题。近两千年来，有人推崇，有人否定，有人具体分析，有人加以改造。毋庸置疑，这是一个古老而草创的理论。然而至今，我们是否真正地把握了这个旧理论的精髓？近代文字学史上有一桩重大事件可以给我们以启示。甲骨文出土以后，刘鹗的《铁云藏龟》于1904年拓印出版，晚清著名学者孙诒让当年获睹，兴奋不已，"辄穷二月力，校读之"，撰就我国第一部考释甲骨文字的专著《契文举例》，为"开辟中国近代学术史的新纪元"揭开了序幕。毫无疑问，这凭靠的是他深厚的旧学根柢和较高的鉴别能力，其中主要是他长期攻治《说文解字》的素养，不仅具有分析小篆形体的丰富实践，而且基本上把握了许慎有关"六书"理论的精髓。可以说，《契文举例》是依托旧理论处理新材料的典型例证。就当代而言，裘锡圭先生的新"三书说"、孙雍长先生的十种"思维模式"、王宁先生的十一种"构形模式"等，都是关于汉字构形问题的最新理论，是对传统"六书"的改造与创新。因此，如果能够吸收历来众多学者有益的思想，进而把握"六书"所反映的先民"造字"的思维历程和思考方式，就能够深入理解传统"六书"的本原意义。这对进一步明确汉字的性质与演化，理清古今字的产生，类化字的形成、音译字的转化，完善符合汉字实际的文字学理论，确立当前汉字简化的原则，都具有十分重要的意义。

附带要说的是，本文意在理性辨析，不在文字考证，加之排版困难，所以举例时不出现古文字，而以能说明问题的楷字为例。

一、汉字的性质

汉字是一种最古老而又最具个性的文字符号。对于它的性质,至今说法不一。明确汉字之性质和揭示"六书"之真谛,可以说是两个相辅相成的问题。

科学语言学的奠基人索绪尔指出,世界上"只有两种文字体系。一是表意体系……这个符号和整个词发生关系,因此也就间接地和它所表达的观念发生关系。这种体系的典范例子就是汉字。二是通常所说的表音体系,它的目的是要把词中一连串的声音模写出来"。(《普通语言学教程》)索绪尔的这个论断,不仅着眼于文字记录语言的本质特性和文字构形的基本依据,而且也着眼于汉字的整体系统和构形特点。

在记录语词的职能上,表意文字和表音文字并无根本区别,其区别只在于连接词的纽带是词义还是语音。汉字在表义与表音的相互促进中,一直顽强地坚持固有的表意特点,不断采用新的方式增强其表意功能。这表现在三个方面:1.当汉字所记录的词所指的事物发生了变化,汉字总是及时地调整其字符。如"寺"原从"又"(表主持),后改从"寸"(表法度);"炮"原从"石",后改从"火"等。2.汉字中的假借字向形声字转化,成为汉字演变的一种规律。如"辟"转为"避"、"僻"、"璧","因"转为"茵","舍"借为舍弃加"手"旁,"须"借为等待加"立"旁,等等。3.从早期形声字的来源看,它们不但不是表音性的产物,而且明显是汉字顽强地维持其表意体系的结果。如"考"为加"老"而成、"祝"为加"示"而成,等等。即使形声字里的声符,有一部分还具有区别词的作用。如"逃"与"迢","鹄"与"鹃","没"、"漠"与"沫",等等。由此可见,汉字,包括形声字,是以意符为纲的。

二、《说文》与"六书"

首先必须明确,《说文解字》是处在语文学时代,其起始目的是为了"正字",即为了正确地认字和写字。《说文叙》就是阐明认字和写字两大问题。不过,由于许慎博学多能,对汉字形体又深思熟虑,全面考察,因而使其成就在客观上突破了原来的目的,以至于引起后来学者浓厚的兴趣,并据此而作进一步的探讨与钻研,把它看成一部文字学的专著。传统文字学称作"小学",开始也表明其起点是很低的识字教学,只是由于两汉经学今古文斗争中古文经学家的推崇,"小学"才上升为考证和释读儒家经典的津梁,即讲解古代文献的不可或缺的工具,因而有了崇高的地位。

其次,对于"六书",班固引刘歆称为"造字之本"。所谓"造字",当有两层含义:一是就汉字的整体系统而言,即把语词转化为文字;二是就汉字的单个形体而言,即单个字形如何体现所记载的语词。许慎所说"作书"当指后者,且云"厥意可得而说"。因此,"六书"在当时是对"著于竹帛"之"书"的说解条例,即许慎心目中"说字解经"的"字例之条"。解读古代文献的实用目的,也造就了"小学"固有的形、音、义互求的传统方法,其分析对象是秦代规范过的小篆,而汉代学者所说的"六书"就成了传统文字学分析汉字构形的法则。

对《说文解字》及其"六书"的原本性质,后人缺乏真正完整的理解,因而形成了言人人殊的复杂局面。

班固所谓"造字",许慎所谓"作书",其实质即为语词构造一个书面形体,也就是"汉字构形"。可以想见,这是一个十分漫长的摸索过程。在这个过程中,起主导作用的显然是当时人的思维方式。上古时期,人类认知思维的特点必定是重形体、重感知。在汉字初创时期,先民的构形思维必然只着眼于语词所指称的意义内容上,即用字形直接显示词义,以达到"目治"的目的。但是,作为"造字"的这种构形方式明显地有其局限性,因而古人构形思维的着眼点必然转向词的语音上。汉语是单音成义的词根语(孤立语),音节的有限必然带来同音字的增多,因而引起表义上的困扰。为摆脱这种困扰,先民的构形思维便自然发生逆转,从着眼于词的语音又回复到着眼于词的意义。这一曲折的构形思维历程,给先民带来新的启迪,到最后,在汉字构形上,便同时兼顾词的意义和语音两个方面。根据这种构形思维历程的合理推测,"六书"作为构形方式,其出现的先后顺序大体是:象形—象意(指事、会意)—假借—转注—形声。

应当指出,许慎在《说文》里对汉字字形的编排,已经表现出明显的系统论思想,但是,他对"六书"(作为构形方式)产生的顺序从未经过深入的思考,其排列也就自然不会着眼于汉字演化的历史事实。因此,我们有必要从系统性和历时性两个层面来重新思考并加以解释,方能揭示传统"六书"之真谛。

三、传统"六书"再剖析

许慎于《后叙》云:"仓颉之初作书,盖依类象形,故谓之文;其后形声相益,即谓之字。"又云:"文者物象之本,字者言孳乳而渐多也。"这是许氏对九千多小篆形体的基本分类,即区分为"文"和"字"两大类:"象形、指事、会意"是对"依类象形"(后二者含有象形因素)的"文"的解说;"假借、转注、形声"是对"孳乳渐多"的"字"的解说。因为前三者是"本于物象",而后三者是以"文"为根而孳生的。这就是说,许慎所谓"六书"并不是对汉字形体结构的完备的分类。他处在语文学时代,即使是对汉字构形的解说,也不可能没有局限。这至少表现在三个方面:一是对作为说解的"六书",分类比较粗疏;二是对"六书"本身的界说过于简略,又受了当时骈体文风的消极影响;三是每书所举例字太少,又未加以具体分析。正是这些,给后来的论争留下了极大的空间。因此,有必要对"六书"重新加以剖析,以再现其本原意义。

1. 象形:许氏云"画成其物,随体诘诎,日月是也"。象形即取象于物形。过去,曾有学者把象形分为独体与合体两类。其实按构形方式来说,独体象形就是绘形象物,即用简洁的笔画描绘语词所指称的物体,构成一个独立的图像。例如"子、自、止、贝、它、晶、网、行"等。合体象形就是烘托显物,即借助一个相关物像的陪衬,来显示所要表达的物体。例如"页、眉、果、聿、牢、须、血、州"等,其中"人、目、木、又、牛、页、皿、川"都是用来衬托其余所要表示的主要部分的。这两类象形字,是绝大多数汉字构形的基础。

2. 指事:在许氏的解说中,"见意"二字是其关键。参照《说文》正文里所举的例字,其构形方式应当分为两类:一类是符号见意,例如"一、三、上、下、口、○"等;另一类是加标指物,例如"刃、本、末、亦、朱"等。前者大多取象于上古原始记事方式中的契刻记号和记绳之法,后者所加记号只具有指示部位的作用。这是"六书"中争议最少的,无须多说。

3. 会意:许氏所云"比类合谊"较为确切。"会"有"会比"、"领会"二义。所谓"比类",自然是会比两个或两个以上的部件,这部件可以是图像(不能独立成字的),也可以是字形。因此,"会意"也包括两类:一是会比图形,二是会合字形。前者是把两个或两个以上的图形,按照事理关系形象地比配在一起,以表示某一语词的意义,其内容大多是某种事物过程的表象。例如"丞

(后作'拯')、正(后作'征')、韦(围)、各(佫)、立、既(会食已)、即(会就食)、莫(暮)"等。后者是组合两个或两个以上能独立的字在一起,凭借构件字的意义关联,使人领会出新的意义。例如"从、牧、取、占(以口卜卦)、鸣、轰、炎、淼"等。

4. 假借:许氏云"本无其字,依声托事,令长是也"。就当今严密的思维而言,许氏所定界说似指因音同而借字,许氏所举例字却是指因引申而借字,因而引起了后来的各种争议。其实是误解了许慎。许氏原意是界说和例字彼此统一而相互发明。也就是说,其"假借"包括两类:一类是同音借字,其假借字的本义与借义毫无关联,只有音同或音近的关系;一类是转义借字,其假借字的本义与借义有联系,即通常所谓的引申关系。前者如"难",本义为一鸟名,借为难易之"难";"莫",本义为朝暮之"暮",借为表虚词之"莫";其他如"辟、孰、汝、而"等。后者如"令",本义为命令,借为(今言"引申")县令之"令";"褊",本义为"衣小",借为(引申为)狭小之称;其他如"因"(茵席—因凭)、"字"(育子—文字)等。许氏以"令、长"为例说假借,显然是把词义引申而未分化之"共字"亦视为"假借",这在语文学时代是完全合情合理的。

5. 转注:许氏云"建类一首,同意相受,考老是也"。后世对"转注"的解说,总共不下几十种之多。其中"主义派"有代表性的就有三家:江声主"形声即转注"说,戴震倡"转注即互训"说,朱骏声为"转注即引申"说。要想探明许慎之原意,只有采取"以许证许"的原则。《说文叙》曰:"其建首也,立一为端;……方以类聚,物以群分……据形系联,引而申之……毕终于亥。"又解说"会意"云:"比类合意,以见指挥。"据此,所谓"建类"之"类",应当是"方以类聚"、"比类合谊"之"类",也就是"事类",即语词意义的事类范畴。"一首"之"首",即《叙》所言"建首"之"首",也就是大致标志事类范畴的部首字。因此,"建类一首"就是建立事类范畴,统一部首意符。所谓"同意",指与部首意符所代表的类属相同。"相受"即"受之"。如此说来,"转注"之"转"谓义转,即由词义引申或音同假借而字义转变;"注"谓注明,即注入部首意符以彰明原来字形的义类。孙诒让于其《名原·转注揭橥》云:"凡形名之属未有专字者,则依其声义,于其文旁诂注以明之。"此深得许氏之旨。故简言之,转注者即字义转变而注入相关意符也。

转注当包括两类:其一是追加意符,例如"考、纠、蛇、娶、燃、暮"等,其中"老、系、虫、女、火、日"即为后加的意符;其二是改造意符,例如"悦(说)、讹

（赴）、间、措（错）、赈（振）"等，其中"心、言、日、手、贝"即取代了原来的"言、走、月、金、手"，以适应字义的改变。有一点容易引起学者误会，需要作点说明："六书"中每书所举例字，除"转注"外都是平列二字；而"考、老"并非平列关系，"老"是类首字（建类一首），而"考"是转注字（同意相受）。许慎谓"考从老省"，即是佐证。

6.形声：许氏云"以事为名，取譬相成，江河是也"。以往学者一般都把"以事为名"当作"形"，把"取譬相成"当作"声"。这不一定符合许氏的原意。《说文》云："名，自命也。"而且其《叙》中"名"字仅此一见。当言及文字时，或曰字，或曰文，或曰书，皆不用"名"。据此，所谓"以事为名"之"名"当指名号、名称，即字音。这与"依声托事"之说也相一致。后一句"取譬相成"自然指意符。因为"譬"者喻也，使人晓喻也。这与"比类合谊"也相一致。上个世纪20年代的文字学家顾实，就曾提出过类似的看法（参见其《中国文字学》）。

从历时观点来看，形声当包括两类：一是追加声符，例如"齿、星、凤、饲、圃"等，其中"止、生、凡、司、有"即为后加的声符；二是音义合成，即同时使用形符和声符而构成的形声字，也就是孙诒让所谓"形声骈合"，例如"江、河、陵、陆、芹、菜"等。

四、"四体二用"说评析

清代乾嘉以来，戴震、段玉裁所倡导的"四体二用"说，对学界影响极大，一般都认为前"四书"是所谓"造字法"，而"转注"与"假借"只是所谓"用字法"，其性质根本不同。基于上述重新剖析，我们认为，"六书"无论是在说解条例还是在汉字构形的意义上，其性质都完全一样。

先说"转注"。如前所说，无论是追加意符还是改造意符，转注都是汉字构形的方式，用前人的话来说就是能"造出"新字。如果这样去理解"转注"，那么我们常说的"古今字（区别字）"、"类化字"、"音译意化字"的出现，就得到了合理的解释。古今字如"弟"为"悌"、"竟"为"境"、"陈"为"阵"、"奉"为"捧"等；类化字如"凤皇"为"凤凰"、"遮鸪"为"鹧鸪"、"次且"为"趑趄"等；音译字如"师子"为"狮子"、"匍陶"为"葡萄"等。以上三种后出的字，都是新"造出"的所谓"转注字"，按照"转注"构形法去解释也完全能讲得通。这与前四书哪有什么区别呢？

在讨论"转注"时,前面曾经提到清人江声,他认为:所谓"建类一首"是指《说文》部首,而《说文》在每一部首下都说"凡某之属皆从某",那就是"同意相受"。江氏看到了转注字与形声字的"同构"关系,有其积极的一面;但是,他把同形符字都看作转注字,毕竟混淆了形声与转注的界限。其原因在于他缺乏历时的观点。如果着眼于静态分析,是指结构类型,那么用转注法构形的字都属于形声结构。这是共时观点。如果着眼于动态分析,是指汉字构形的演化,那么转注是改造旧形体的构形法(构成之前已有原体字),而形声是受其启发而出现的创造新形体的构形法(构字之前并无原型)。这是历时观点。转注与形声,从共时平面来看,二者同构而易混;从历时演化来看,二者异构而易分。

再说"假借"。它能否作为一种构形方式即所谓"造字法",意见根本对立。认为"假借"不能"造出"新字,几乎是一边倒的声音。表面看来似乎如此,但我们还须再冷静地思考。许氏所谓"假借"之界说,是着眼于需要"造字"的那个语词的意义,而不是汉字的形体结构。所谓"本无其字",是就语词需要造字的前提来说的;所谓"依声托事",这"声"首先指语词的声音,然后才兼及那个借字的读音;这"事"当指语词的意义,然后再赋予那个借字。作为一种构形方式,"假借"似乎没有造出新的文字形体,但是,从语言里需要造字的那个语词来说,从先民造字心理的初始事实来说,"假借"又确实使原无字形可"目治"的语词终于取得了一个能代表它的书写符号。从这个角度来看,"假借"何尝不是利用原有形体的构形法(即前人所谓"造字法")。"四体二用"说,既忽略了先民造字历程中的思维特点与心理事实,也并不符合许慎"假借"界说的原意。我们应当历史地看待这个问题,把"假借"视为"不造新字的构形法"。这样,既承认了它的实质,又看到了它的特点。

章太炎有言云:"转注者,恣文字之孳乳也;假借者,节文字之孳乳也。二者消息相殊,正负相待,造字者以为繁省大例。"就此"二书"后来的客观作用而言,章说很有道理。可是,就构形模式的演化而言,章说不合史实。应当说,假借是救助"象形、象意"之穷尽,而转注是适应"假借(包括引申)"(其结果是一字多义)之繁多。受"假借"而为"转注"之启发,"形声"便应运而生。这一演化规律证明:汉字始终在强烈地维护着自身的表意体系和基本格局。

2002 年 2 月

关于"右文说"的再思考

一

第一个明确提出"右文"说的,是北宋的王圣美(子韶)。据宋人沈括《梦溪笔谈》记载:

> 王圣美治字学,演其义为右文。古之字书皆从左文,如木类,其左皆从"木";所谓右文者,凡字,其类在左,其义在右。如"戋",小也。水之小者曰浅,金之小者曰钱,歹而小者曰残,贝之小者曰贱,如此之类,皆以"戋"为义也。

汉字里的形声字,其结构大部分是形符在左,声符在右。所谓"右文说"就是从声符求字义的学说。

与"右文说"相类似的,在南宋还有"字母"说和"右旁多以类相从"说。"字母"说见于王观国的《学林》:

> 卢(盧)者,字母也。加金则为鑪,加火则为炉(爐,今简化为"炉"——引者),加瓦则为甋,加黑则为黸。凡省文者,省其所加之偏旁,但用字母,则众义该矣。亦如田者,字母也。或为畋猎之畋,或为佃田之佃。若用省文,惟以田字该之。他皆类此。

"右旁多以类相从"说见于张世南的《游宦纪闻》:

> 自《说文》以字画左旁为类,而《玉篇》从之。不知右旁亦多以类相从。如"戋"有戋小之义,故水之可涉者为浅,疾而有所不足者为

残,货而不足贵者为贱,木而轻薄者为栈。"青"字有精明之义,故日之无障蔽者为晴,水之无涸浊者为清,目之能明见者为睛,米之去粗皮者为精。凡此皆可类求,聊述两端,以见其凡。

应该指出,后二说虽然也是片段论述,且属举例性质,但王观国不提"右文",而取"字母",张世南不言"凡",而说"多",他们分别在定名和阐述两个方面比前说显得准确,使"右文说"渐趋完善。

从声符求字义,单就方法来说,并非从北宋开始,早在晋代就有人采用来解释汉字。杨泉在《物理论》里说:"在金石曰坚,在草木曰紧,在人曰贤。"① 他的意思是说,"臤"这个声符有质地好的意思,所以"坚、紧、贤"三字都从它得声。这个说法已开"右文说"的先河。

其实更早一些,东汉许慎编撰《说文解字》之时已初露端倪。《说文》立五百四十部首,据形系联,"分别部居,不相杂厕"。可是,其中有三个部首没有依形收字。譬如"拘、笱、钩"三字,按照全书体例,应该分别归入手部、竹部、金部,而许氏却为此三字单立句部,因为这三个字都有钩曲的意思,都从"句"得声。又如"坚"不在土部,"紧"不在系部,却归入臤部。显然,杨泉所说是从《说文》得到启示的。

对于"右文说",历来学者大多评价不高,论其功者少,指其弊者多。章炳麟在其《文始·略例庚》中说:

> 昔王子韶创作右文,以为字从某声,便得某义。……及诸会意形声相兼之字,信多合者。然以一致相衡,即令形声摄于会意。夫同音之字,非止一二,取义于彼见形于此者,往往而有。若"农"声之字多训厚大,然"农"无厚大义;"支"声之字多训倾邪,然"支"无倾邪义。盖同韵同纽者别有所受,非可望形为谂。况复旁转对转,音理多涂,双声驰骤,其流无限,而欲于形内牵之,斯子韶所以为荆舒之徒,张有沾沾,犹能破其疑滞。

章氏所说,虽不无中肯之语,但指责"右文"说把形声归入会意,视与王安石的《字说》为一派,实际上是推翻了右文之说。

黄侃在《声韵略说·论字音之起源》中,举从"果"得声的"裸、踝、课、敤、

---

① 见《艺文类聚·人类》。

够、稞、窠、裹、颗、课、鲲、婐"诸字为例,说:

> 此诸文者,论字形,则偏旁皆同;而论声义,乃各有所受。宋人王子韶有右文之说,以为字从某声,即从某义,展转生说,其实难通。如知众水同居一渠而来源各异,则其谬自解矣。故治音学者当知声同而义各殊之理。①

这当然是批评"右文说"的缺陷在于以偏概全,局限形体。

著名语言学家王力对"右文说"曾多次提出严厉的批评。他在《中国语言学的继承和发展》一文中说:

> 凡按右文讲得通的,若不是追加意符的形声字,就是同一词族的字,并不是存在着那么一个造字原则,用声符来表示意义。②

不久,在《中国语言学史》第五节中,他又指出:

> 声训对中国后代的语言学既产生不良的影响,又产生良好的影响。不良的影响的结果成为"右文说"。这是认为谐声偏旁兼有意义……③

把"右文说"说成上古声训"不良影响的结果",这当然是全盘否定了。

对于这些批评应该怎样来看待呢?如果孤立地考察王圣美的"右文"说,以上诸家的批评当然是正确的,是有道理的。然而,假如把二王一张所说综合为一个时代的"字母"学说,再以历史的眼光去考察,我们也许不会"或执偏以该全,或舍本而逐末"(沈兼士语)了。

二

在"右文说"之前,有所谓"声训"。声训是采取音同或音近的字来解释词义的训诂方法。这种方法萌芽于先秦,广泛运用于汉代。早期的声训有下面三种方式:

---

① 黄侃:《论学杂著》,上海古籍出版社,1980年,第97—98页。
② 王力:《中国语言学的继承和发展》,《中国语文》,1962年第10期。
③ 王力:《中国语言学史》,《中国语文》,1963年第4期。

(1)利用同形字,如《诗·大序》:"风,风也。"《孟子·滕文公》:"彻者,彻也。"

(2)利用音同、音近字,如《易·说卦》:"乾,健也;坤,顺也。"《孟子·滕文公》:"校者,教也;序者,射也。"

(3)利用形声字,如《论语·颜渊》:"政者,正也。"《荀子》:"君,群也。"

第一种声训方式原出于耳提面命,在当时虽然有效,但终究违背以已知推未知的训诂原则,因而后世废弃不用了。其他两种声训方式,在汉代使用得十分广泛。不仅《史记》、《汉书》、《春秋繁露》、《白虎通义》采用此法,就是随文释义的传注如《诗经》毛传、郑笺,通释语义的专书如《尔雅》、《方言》、《说文》也采用这种方法。到了东汉末年刘熙的《释名》,更是全面使用声训的方法来解释词义,推求事物命名的由来。

早期的声训是训诂家个人主观的推断,只从读音相同或相近来猜测,没有任何其他的根据。因此,不同的人所作的声训会不尽相同。试以"地"字为例:

《春秋元命包》:"地者,易也。言养物怀任,交易变化,含土应节也。"

《春秋说题辞》:"地,媲也。承天行其义也。"

《淮南子·地形》:"地之所载。"许慎注:"地,丽也。"

《释名·释地》:"地,底也。其体底下,载万物也。亦言谛也。五土所生,莫不宰谛也。"①

同一个"地",一共有五个不同的声训,其中《释名》一书就有两个。不用说,这五个声训不可能都正确。又如:

《乡饮酒义》:"东方者春,春之为言蠢也。"

《尚书大传》:"春,出也,万物之出也。"

《说文·艸部》:"春,推也。"

同一个"春",也有三个不同的声训。很难判断究竟哪一个正确。

---

① 赵振铎:《训诂学纲要》,西安:陕西人民出版社,1987年。

出自刘熙一人之手的《释名》,对于同一个词而作不同声训的,还有下面一些例子:

> 天,豫、司、兖、冀以舌腹言之,天,显也,在上高显也;青、徐以舌头言之,天,坦也,坦然高而远也。(《释天》)
>
> 风,兖、豫、司、冀横口合唇言之,风,氾也,其气博氾而动物也;青、徐言风跛口开唇推气言之,风,放也,气放散也。(《释天》)
>
> 袖,由也,手所由出入也;亦言受也,以受手也。(《释衣服》)
>
> 剑,检也,所以防检非常也;又敛也,以其在身拱时敛在臂内也。(《释兵》)

"天"、"风",由于方言读音不同,声训也跟着改变;"袖"、"剑"由于解释不同,语源也随之而异。

可见,早期的声训虽然表明当时的学者对语音和语义之间的关系开始有了一定的认识,但这认识大多是感性的,个别的(限于一个一个的词)。而且,当时的学者在使用声训的方法时,也大多是随心所欲地抓一个音同或音近的字来解释,因而必然支离散漫,穿凿附会。其中可能有些声训接近事实,那也只是偶然巧合罢了。

现代著名语言学家沈兼士于1933年写了《右文说在训诂学上之沿革及其推阐》的长篇论文,曾就《释名》作了实事求是的评价:

> 知其应用声训之法,独能阐明理论之为难能可贵。但惜其拘于事物之类别,枝枝叶叶而为之,不能尽得语势流衍纵横变化之状态。且声训之法任取一字之音,傅会说明一音近字之义,则事有出于偶合,而理难期于必然,此其法之有未尽善者。①

沈兼士将早期的声训分为两类:一是"泛声训",即泛用一切同音或音近(双声或叠韵)之字相训释;二是"同声母字相训释",其中包括用声符字训释形声字(如"政者,正也"),用形声字训释声符字(如"君,群也"),用两个同声符之形声字互相训释(如"消,削也")。他认为:前者只取音近,别无条件,"范围最广";后者虽然已有限制,然而在若干同声符之形声字中仅随意取二字相比

---

① 沈兼士:《右文说在训诂学上之沿革及其推阐》,《沈兼士学术论文集》,北京:中华书局,1986年,第79页。

较,"条件犹觉过宽"。

这样说来,"右文说"是在早期声训泛滥之后,为限制其条件、匡救其流弊而应运产生的。沈兼士在上述那篇著名论文中指出:

> 惟右文须综合一组同声母字,而抽绎其具有最大公约数性之意义,以为诸字之共训,即诸语含有一共同之主要概念,其法较前二者为谨严。①

他还列出了一个著名的公式。假设 x 为声符,ax,bx,cx,……为同从一声符的形声字,为表示训释符号,则右文之公式如下——

$$(ax, bx, cx, dx, \cdots\cdots) : x$$

这样一来,就把右文说同形声兼会意说、泛声训说等,从根本上区分开来了。

三

在"右文"说之后,有所谓"音近义通"说。"音近义通"作为一种理论,盛行于有清乾隆、嘉庆时期。社会的发展和西学之东渐,使这一时期的学者具有比较科学的头脑。首先提出这种见解并使之理论化的是戴震。他在《六书音韵表序》里说:"训诂音声,相为表里。"指明语音和语义的关系是形式和内容的关系,二者密切结合,互相依存。后来他又在《转语二十章序》中说:"各从其声,以原其义。"这表明他已深知"音近义通"的规律。《转语》这部失传的著作即是在此说基础上,根据字的声纽来推阐词语通转的。他说:

> 凡同位则同声,同声则可以通乎其义。位同则声变而同;声变而同,则其义亦可以比之而通。②

所谓"同位"就是声纽的发声部位相同,"位同"就是声纽的发声方法相同。戴氏提出的"古声同纽义多相通"这一学说,在当时深受学者重视。

段玉裁、王念孙继承其师戴震的学说,并且有所发展和创获。段氏在为

---

① 沈兼士:《右文说在训诂学上之沿革及其推阐》,《沈兼士学术论文集》,北京:中华书局,1986年,第82页。
② (清)戴震(撰):《戴震集》,上海古籍出版社,1980年,第107页。

王念孙《广雅疏证》作的序中说：

> 学者之考字，因形以得其音，因音以得其义。治经莫重于得义，得义莫切于得音。

这无异于一篇"音近义通"说的宣言，旗帜是鲜明的。王氏在他的《广雅疏证·自叙》中更明确地提出了自己的主张：

> 窃以训诂之旨本于声音，故有声同字异，声近义同。……今则就古音以求古义，引申触类，不限形体。

"就古音以求古义"，是要注意语音的发展变化，"不限形体"，是要打破"右文说"局限于谐声偏旁的框框。

其后，郝懿行、黄承吉对"音近义通"说作了进一步的研究。郝氏说："凡声同、声近、声转之字，其义多存乎声。"①这把"音近义通"说概括得更为确切。黄氏在《字义起于右旁之声说》一文中指出：

> 古书凡同声之字，但举其右旁之纲之声，不必拘于左旁之目之迹，而皆可通用。并有不必举其右旁为声之本字，而任举其同声之字，即可用为同义者。……且凡同一韵之字，其义皆不甚相远；不必一读而后为同声，是以古人闻声即已知义。……是故凡同声之字皆为一义。试取每韵之字精而绎之，无不然者。②

这段话说得详尽透辟，不仅道出了宋人"右文说"的精髓，而且有所发展，突破了"右文说"的历史局限。

王力对"右文说"严加批评，而对"音近义通"说极为称赞。他说：

> 这种重形不重音的观点，控制了一千七百年的中国文字学。直到段玉裁、王念孙才冲破了这个藩篱。……这是训诂学上的革命，段、王等人把训诂学推进到崭新的一个历史阶段，他们的贡献是很大的。③

其实，乾嘉学者不仅在理论上发展了"右文说"，在古音学研究取得重大

---

① （清）郝懿行（撰）：《尔雅义疏·释诂》，上海古籍出版社，1983年。
② （清）黄承吉：《字诂义府合按》，北京：中华书局，1984年，第75、81页。
③ 王力：《中国语文学史》，上海古籍出版社，1987年。

成果的基础上提出了"音近义通"的理论,而且在实践上吸取了"右文说"的合理内核,因而取得了卓越的成绩。

段玉裁注《说文》,按照"右文"以说明词义的,据沈兼士统计,共有六十八处,其运用之广泛远远超过宋人,而且能从中提出一些规律性的条例来。例如:

《言部》:"诐,辩论也。"段注:"皮,剥取兽革也。柀,析也。凡从皮之用字皆有分析之意,故诐为辩论也。"

《牛部》:"犥,牛黄白色。"段注:"黄马发白色曰骠。票、麃同声,然则犥者黄牛发白色也。"

《艸部》:"蔈,一曰末也。"段注:"金部之镖,木部之标,皆训末。蔈当训艸末。"

"右文说"的原则和方法,在段氏笔下可谓触类旁通。尤为可贵的是后二条:"麃、票同声"一条说明,形体不同的谐声偏旁,只要音同,其义可能相通;而"票"声字有末义又有发白色义一条表明,同一声符可以表示不同的意义。

王念孙同段氏一样,他在《广雅疏证》中既利用"右文说"的原理,而又不受其束缚。试看下条:

《释诂一》:"般,大也。"王疏:"般者,《方言》:般,大也。……《大学》:心广体胖。郑注云:胖,犹大也。《士冠礼》注云:弁名出于槃,槃,大也,言所以自光大也。盘、胖并与般通。《说文》:槃,覆衣大巾也;鞶,大带也。《讼·上九》:或锡之鞶带。马融注云:鞶,大也。《文选·啸赋》注引声类云:磐,大石也。义并与般同。"

这就是王氏所说的"引申触类,不限形体"。诚可谓"青出于蓝而青于蓝"矣!

王力在他的晚年写了一部《同源字典》,在论及什么是同源字时,一共举了十五组例子,其中就有十三组显然与"右文说"的原理有关。例如:

"句"(勾)是曲的意思,曲钩为"钩",曲木为"枸",轭下曲者为"軥",曲竹捕鱼具为"笱",曲碍为"拘",曲脊为"痀"(驼背),曲的干肉为"朐"。"驚"是马驚(惊),引申为警觉。"警"是警戒,"儆"是使知所警戒,都和驚义相近。"敬"是做事严肃认真,警惕自己,免犯错误。

"皮"是生在人和动物体上的,"被"是覆盖在人体上的。"被"的动词是"披"(也写作"被"),一般指覆盖在肩背上。"帔"是古代披在肩背上的服饰。①

显而易见,王力在这里采纳了乾嘉学者"引申触类,不限形体"的原则,但也充分利用了"右文说"的成果。不消说,因为有现代语言学理论作为指导,再加上缜密的思考与科学的方法,王力的成就远远地超越了前人。

四

前有早期声训,后有音近义通,二者都不局限形体,当中横隔着一个"右文说",却注重谐声偏旁。这在训诂学史上,究竟应该如何评判呢?

早期声训,没有也不可能建立在对语言事实的科学研究的基础上,因而是支离散漫的,是不可靠的。它只表明,当时学者对音义关系的认识还停留在零散的、感性的阶段。

音近义通说,是在古音学研究取得重大成就并在日臻完善的理论的基础上提出的,因而具有科学的根据。它表明,当时学者对音义关系的认识开始达到系统的、理性的阶段。

"右文说"或"字母说"呢?它虽然还没有从根本上摆脱形体的束缚,但是,此说的倡导者不仅认识到声符有义,而且进一步循此探明谐声偏旁的"意义公约数"。应该承认,这不能不是训诂学史上的一个飞跃。这个学说表明,当时的倡导者似乎把形声字的声符朦胧地看成类似今天所说的语根。在语言发展的过程中,语根由单义词变成多义词,其音未变,其义分化,为了在文字上明确表达它所包含的引申义或假借义,于是以原有的形体为核心,另外加上偏旁作为意符,表明事物的类别。这就是所谓"其类在左,其义在右"。"右文说"不是就形声字的形符那一半立说,而是就声符这一半立说,并且不是着眼于单个的声符而是研究一组声符所包含的意义核心。因此,"右文说"是高于早期声训的一种半自觉的、初具系统的声训。只不过他们还没有认识

---

① 王力:《同源字典·同源字论》,北京:商务印书馆,1982 年,第 3—4 页。

到汉字形音义三者之间错综复杂的关系,更不可能从语源(同源字)这个高度来分析形声字,因而目光有限,以偏概全,尤其是未能展开论述,不能完满地实现因声求义的目的。

尽管如此,我们也不能"舍本而逐末"。沈兼士在他那篇著名论文中对"右文说"所作的全面分析,揭示了这个学说所包含的科学内核。从学术发展史的角度来看,"右文说"是对不科学的早期声训的一个反动,一个借助声符以限制其支离散漫的反向运动。就像畜牧时代藩篱野禽、野兽一样,这种反动无疑是一个进步,因为它在当时为古代语言文字的研究指示了一条新的途径,即通过字族来研究汉语字词的途径。

"右文说"处于早期声训和音近义通说之间,显示出它的过渡性质,即由早期声训的感性阶段,经由"右文说"的半理性阶段,而到达音近义通说的基本理性阶段。传统训诂学并没有因此发展到理想的境地,但是"右文说"的历史功绩应当充分予以肯定。

1987 年 4 月

转注说源流述评

"六书"是前人分析古汉字造字方法而归纳出来的六种条例。旧的六书理论不免粗疏,但是,它仍然是我们后人通向古汉字的必经的桥梁。为了能够给旧的六书理论以恰如其分的评价,用历史观点全面考察六书问世以来的有关解说和论述,理清其中悬而未决的问题,想来是很有意义的。

作为六书之一的转注,其定名,班固、郑众、许慎三家没有歧异;其界说,惟许慎一家略有陈述。《说文解字·叙》云:"转注者,建类一首,同意相受,考老是也。"应当指出,许慎所定的界说已比较简单,所举的例字又不很明确,因而后世学者众说纷纭,莫衷一是。于是转注成了六书研究中争论最大而又长期不得解决的一个问题。汉字具有形、音、义三个方面。研究转注的学者从各个不同的角度来探讨,便构成有关转注的种种解说。

一、主形说

此派拘泥于汉字的形体结构。持此说比较早的是唐代的贾公彦,但他说得比较含混:"转注者,考老之类是也。建类一首,文意相受,左右相注,故曰转注。"①贾氏把许慎的"同意相受"改为"文意相受",并强解"考老"二字形体为"左右相注"。稍后的裴务齐提出的"考字左回,老字右转"之说(《切韵序》),可能由此化出。这当然是由于执著于字形来考察许慎"考老"二字字例而形成的一种穿凿附会的解释。

五代宋初的徐锴对转注的解说似乎有些模棱两可。他一方面说:"转注

---

① 见《周礼义疏·保氏》。

者,建类一首,同意相受,谓'老'之别名有'耆',有'鬉',有'寿',有'耄',又'孝,子养老也'是也。一首者,谓此'孝'等诸字皆取类于'老',则皆从'老';若'松','柏'等皆木之别名,皆同受意于'木',故皆从'木'。"① 这是把《说文》同部首之字皆得意于部首看作是转注。但是他另一方面又说:"属类成字,而复于偏旁加训,博喻近譬,故为转注。人毛匕(音化)为老,寿、耆、鬉亦老,故从老字注之。受意于老,转相为注,故谓之转注。"② 这似乎是把《说文》同部同训之字当作转注。这种解说上的不一致,反映了徐锴思想上的矛盾:完全拘泥于字形,似乎与许慎的界说不能吻合,因而不得不求助于字义。

南宋的郑樵思虑虽细,但仍是拘泥字形。他说:"四曰转注,别声与义,故有建类主义,亦有建类主声,有互体别声,亦有互体别义"。③ 他既把形声字所从得形之字而省其笔画当作转注,如考从老省、屦从履省、瘖从瘭省,等等;又把二字所从之字相同而配置之位不同当作转注,如本与末、唯与售、裹与裸、犹与猷,等等。朱骏声批评郑樵"既无条理,且多俗字,舛缪庞杂",是很有道理的。④

到元代,戴侗著《六书故》,周伯琦著《六书正讹》,认为"老"字属会意,"考"字属形声,因而主张改换许慎转注的例字;但他们仍承用"左回右转"之说,别举"侧山为阜,反人为匕,倒子为㐬,反正为乏"等例。这是把转注看成是取一现成字而反过来或倒过去的变体。

明代的杨桓则以为"老"字是"人、毛、匕"三文之合体,因而主张"三体以上,展转附注,是曰转注",⑤ 如"春"为"午卉日"三字合体,"碧"为"玉石白"三字合体。这样一来,六书中的会意字也就所剩无几了。

与此相类似的还有饶炯和王鸣盛两人的解说。饶氏认为古字简略,后人加其形体造为重文,即为转注,如甘加丌作其,网加亡作罔。⑥ 而王氏则认为形声字所从形符是象形即为形声,所从形符是会意则为转注。如江河所从之"水"是象形,故江河为形声字;考耆所从之"老"是会意,故考耆为转注字。⑦

---

① (唐)徐锴:《说文解字系传》,北京:中华书局,1987年。
② (唐)徐锴:《说文解字系传》,北京:中华书局,1987年。
③ 《通志·六书略序》。
④ (清)朱骏声:《说文通训定声》,北京:中华书局,1984年。
⑤ 《六书统则》。
⑥ 高亨:《文字形义学概论》,济南:山东人民出版社,1963年。
⑦ 高亨:《文字形义学概论》,济南:山东人民出版社,1963年。

前者把汉字发展过程中形成的古今字现象当作转注,后者则将形声字一分为二,其结果是给六书带来了新的矛盾和新的混乱。

清代的江声申发徐锴之说,明确地提出了同部首字即转注字的转注说。他认为:"立'老'字以为部首,即所谓建类一首,'考'与'老'同意,故受'老'字而从'老'省。……由此推之,则《说文解字》一书,凡五百四十部,其分部即建类也;其始一终亥五百四十部之首,即所谓一首也;下云凡某之属皆从某,即同意相受也。"①

主形这一流派走了一条漫长的道路,走来走去,又回到徐锴"同部为转注"的论点上去了。对此,朱骏声的评论极确:"木部有植物,有器物;水部有地事,有人事;日部有日星之日,有日时之日;尸部有横人之尸,有屋宇之尸:首虽一而意不同焉。"②

二、主音说

此派注重于汉字的读音。宋代的张有首倡"转声为转注"之说。他提出:"假借者,因其声借其义;转注者,转其声注其义。"又说:"转注者,展转其声注释他字之用也。如'其、无、少、长,之类。"③这是说一字读此音为一义,读彼音为别一义,即为转注。如"少"训不多,本读上声,而用为老少之少,则读去声;"长"训久远,本读平声,而用为长幼之长,则读上声。

明代的杨慎指出:"六书象形居一,象事居二,象意居三,象声居四。假借此四者也,转注此四者也。四象为经,假借转注为纬。四象有限,假借转注无穷也。"在"四经二纬"之说指导下,他认为"假借者,借义不借音;转注者,转音而注义"。④ "四经二纬"之说虽新,而"转音注义"之说仍旧。

戴震曾指出:"古今音读莫考:如好恶之恶,今读去声,古人有读入声者;美恶之恶,今读入声,古人有读去声者。宋魏文靖论观卦云:'……窃意未有四声反切以前,安知不为一音乎?'据此言之,转声已不易定,转注、假借何以

---

① (清)江声:《六书说》,北京:中华书局,1985年。
② (清)朱骏声:《说文通训定声》,北京:中华书局,1984年。
③ 《复古编》。
④ (明)杨慎:《六书索隐》,济南:齐鲁书社,1997年。

辨？"（引文同①）

三、主义说

此派着眼于汉字的意义。首创此说的是清代的江慎修。他提出："本义外，展转引申为他义，或变音或不变音，皆为转注；其无义而但借其音或相似之音，则为假借。"②这是说，转注是本义的引申，假借是同音的替代。

戴震也着眼于字义，但与江慎修不同，是从另一角度来考察转注。他指出："考老二字属谐声、会意者，字之体；引之言转注者，字之用。转注之云，古人以其语言立为名类，通以今人语言，犹曰互训云尔。转相为注，互相为训，古今语也。《说文》于考字，训之曰老也；于老字，训之曰考也。是以序中论转注举之。《尔雅·释诂》有多至四十字共一义，其六书转注之法欤？别俗异言，古雅殊语，转注而可知，故曰'建类一首，同意相受'。"③他在考察转注而通观六书系统之时，提出了"四体二用"的理论。这可能是受了杨慎"四经二纬"之说的影响。直到今天，这个理论在六书研究中还起作用。在戴震看来，文字中的转注，犹如训诂中的互训。戴震的"互相为训"说，显然与徐锴的"转相为注"说有着渊源关系。

此后，说文家桂馥、段玉裁、王筠等人皆持此说。段氏认为："建类一首，谓分立其义之类而一其首。……同意相受，谓无虑诸字意旨略同，义可互受，相灌注而归于一首。……其类见于同部者易知，分见于异部者易忽，如人部'但裼也'，衣部'裼但也'，之类。"④显而易见，段氏的解释完全师承于戴震的互训转注说。此说虽符合"同意相受"，却不能解释"建类一首"。

另一个说文家朱骏声，在检查了《尔雅》里数字共一义的互训之后，发现并非如戴震所谓皆"六书转注之法"而加以驳正。他发展了江慎修的论点，提出了自己的见解："窃以转注者即一字而推广其意，非合数字而雷同其训。"他不仅改了许慎的定义，而且还换了许慎的例字："转注者，体不改造，引意相

---

① （清）戴震：《答江慎修先生论小学书》，《戴震集》，上海古籍出版社，1980年。
② 《与戴震书》。
③ （清）戴震：《答江慎修先生论小学书》，《戴震集》，上海古籍出版社，1980年。
④ 《说文解字·叙》段注。

受,令长是也。假借者,本无其意,依声托字,朋来是也。……假借,数字供一字之用而必有本字;转注,一字具数字之用而不烦造字。"①这是把词义的引申看作文字的转注。

四、形兼音说

徐锴、郑樵都有从形声字中分出转注字的倾向。如徐氏认为:"若江河同从水,松柏皆作木,有此形也,然后谐其声以别之,故散言之曰形声。江河可以同谓之水,水不可以同谓之江河。松柏可以同谓之木,木不可以同谓之松柏。故散言之曰形声,总言之曰转注。"②赵宧光亦从此说,不过他发觉这样一来就把形声字和转注字混同起来了,因而联系字音来寻求圆满的答案。他提出,凡形声字,其读音与其声符之音稍异,即为形声,如"耉"从句声,而耉句之音稍异,故耉为形声字;其读音与其声符之音相同,即为转注,如"考"从丂声,而考丂之音相同,故考丂转注字。③ 如戴震所批评的:"今区分谐声一类为转注,势必强求其义之近似。况古字多假借,后人始增偏旁,其得尽证之使自为类乎?"

五、音兼义说

明代的赵古则承用张有的"转声为转注"说而兼及字义。他写道:"转注者,转其声而注释为他字之用者也。有因其意义而转者,有但转其声而无意义者,有再转为三声用者,有三转为四声用者……"④他说的因义而转者,如恶本善恶之恶,以有恶也则可恶,故转为憎恶之恶;无义而转者,如荷乃莲荷之荷,而转为负荷之荷;因转而再转者,如行本行止之行,行则有踪迹,故转为德行之行(去声),行则有次序,故转为行列之行(音杭)。此说虽触及汉语音义相转的规律,但混淆了转注和假借的界限。

---

① (清)朱骏声:《说文解字通训定声》,北京:中华书局,1984年。
② (唐)徐锴:《说文解字系传》,北京:中华书局,1987年。
③ (明)赵宧光:《说文长笺》,济南:齐鲁书社,1997年。
④ (明)赵古:《转注论》。

六、形兼义说

从字形和字义两方面来解释转注,徐锴的同部同义转注说已发其端,到近人刘师培,在这个基础上又加了个同义互训的条件。他认为:既云"建类一首",则必二字同部;既云"同意相受",则必二字互训;考老二字同部互训,故许氏举以为例。推之,如草部茅菅互训,木部梅楠互训,人部何儋互训,系部缠绕互训,皆为转注。①

高亨先生在罗列各家说法之后认为,如果根据许慎的定义来讨论转注,转注应当就是同部互训。② 他提出:"转注者,乃二字同旁互训,展转相注者也。建,犹造也;类,谓字类也。一首,犹云同旁也。建类一首者,谓造此二字其偏旁相同也。同意相受者,谓二字之意相同,此字可以受彼字之意,彼字可以受此字之意也。"③

七、形音义兼及说

完全拘泥于字形的同部转注说漏洞很大,章太炎反对此说:"类即声类,不谓五百四十部也。首谓声音,不谓凡某之属皆从某也。""首者今所谓语基。……考老同在幽类,其义相互容受;其音小变,按形体,成枝别,审语言,本同株,虽制殊文,其实公族也。"他主张从汉字形音义三方面来研究转注和假借,明确表示"余以转注、假借悉为造字之则。泛称同训者,后人亦得名转注,非六书之转注也。同声通用者,后人虽通号假借,非六书之假借也。盖字者孳乳而浸多,字之未造,语言先之矣。以文字代语言,各循其声,方语有殊,名义一也。其音或双声相转,或叠韵相递,则为更制一字,此所谓转注也。孳乳日繁,即又为之节制,故有意相引伸、音相切合者,义虽少变,则不为更制一字,此所谓假借也"。④

---

① 高亨:《转注说》,见《文字形义学概论》,济南:山东人民出版社,1963年。
② 高亨:《文字形义学概论》,济南:山东人民出版社,1963年,第248页。
③ 高亨:《文字形义学概论》,济南:山东人民出版社,1963年,第81页。
④ 章太炎:《国故论衡·转注假借说》。

但是,章氏既把"方语有殊,名义一也"看成是转注字产生的原因,那自然就混淆了转注字和方言同义字、古今同义字、或体字的界限。刘博平先生继而补正章氏的转注说,认为转注字即"音义同原而相生"之字,所谓"同意相受"即"字异而音义相通"。① 想以此把同义字、或体字排除在转注字之外。

梁东汉先生原先认为:"所谓建类一首,是指的同一个部首,声音又相近;同意相受,是指的意义相同可以互相注释。"②他也是主张从字的形音义三个方面来考察转注.但和章氏立说不同;他是在刘师培、高亨"同部互训"说的基础上补充了"字音相近"这个条件。他以"考老"、"顶颠"两对转注字为例,提出转注字有两类,"一类是象形的符号加注音符而成的转注字,另一类是由形声字改换音符而成的转注字"。还说,"转注字采用的也是标音的一形一声的结构形式",所以"转注产生新字,假借只是借用已经有的字当作纯粹表音的符号使用,并没有产生新字"③。

但是,他后来并没有坚持这种主张。他最近在提交给全国训诂学会的一篇论文《论转注》中修正了自己的论点:"有人认为转注必须具备声音相同或相近的条件,这种看法甚不稳妥。许慎给转注下的定义没有一个字是牵涉到语音方面的。"他考察了《说文解字》里的114对转注字(如包括方言和通语、方言和方言互训的转注字,多达160对)之后,得出如下结论:"(一)它们任何一对都'同意相受'。由于'同意',所以各自成为一'类'。因此一对就是一'类'。""(二)从各'类'转注字的字形结构看,所谓'一首'之'首'指的是部首,不可能是别的。……许慎所谓的'建类一首'意思是'建类于一首'。""(三)每一'类'的两个字都同义互训,而且可以互相替代。'同意'是转注必不可少的条件。"因此,他把转注归结为"同义词等义词的问题",把假借归结为"同音词(音同或音近)的问题"。这么一来,他又返回到"同部互训"的转注说上去了。

语言研究所的王伯熙同志最近发表了《六书第三耦研究》一文,④很值得大家注意。他认为,根据文字是记录语言的书写符号这一本质,应以形为主,密切结合音义来全面考察转注和假借。他从徐锴的转注假借一耦说出发,以

---

① 王伯熙:《六书第三耦研究》,中国社会科学,1981年第4期,第167—184页。
② 梁东汉:《汉字的结构及其流变》,上海教育出版社,1959年,第148页。
③ 梁东汉:《汉字的结构及其流变》,上海教育出版社,1959年,第148页。
④ 王伯熙:《六书第三耦研究》,中国社会科学,1981年第4期,第167—184页。

章太炎、刘博平的转注假借说为基础,提出了自己的新见解。他写道:"当语言中某个词经过词义引申衍化出一个同源的新词,或某个词分化出新的义项来时,在文字上人们为了区别词义或词性,便以记录那个旧词的现成字为基础,转换注入部分构件符号(如义符、声符等),构成一个新字,用来记录衍化出的同源新词或分化出的新义项(实际也是一个和旧词共一个语言形式的新词)。这种构制新字的构形法,就称转注造字法。"

至于同转注匹对着的假借,他认为是借用现成字字符作为记录新词的新字的构形法。

王伯熙同志说得很清楚。就字形来说,转注字之间,是原有的现成字和以那个现成字为基础经过"转换注入"而构成的某个新字的关系;由于它们所记录的是同源词或多义词,所以它们的读音总是相同或相近的,它们的字义总是相通或相关的,它们的字形一般是有联系的(如老和考皆从"耂"),字形没有联系是转换整个字形的结果(如"五"和"午")。在王伯熙看来,"建类一首"讲的是字音,即转注字之间音同一类,语共一首。"同意相受"即"文意相受",讲的是转注字之间字义相通相关。

显然,王伯熙同志吸取了章氏解说中他认为合理的内容。如转注"盖字者孳乳而浸多"、"则为更制一字";而假借系"孳乳日繁即又为之节制""则不为更制一字"。不过他作了更科学的说明。应该指出,就转注字字形的"更制"来说,不能说他没有受到郑樵的"形声省体"说、戴侗和周伯琦的取现成字而反之、倒之说的启示。

上述种种解说涉及一些带根本性的问题。如果对这些问题能够取得比较一致的看法,那么,研究和讨论转注就不会各持一端了。

第一,文字的本质,文字和语言的关系。语言是音和义的结合体,而文字是记录语言的书写符号,是形音义的结合体。过分拘泥于字形来探讨转注,如"左回右转"说,"侧山为阜"说,同从异字说等,都不是把文字当作记录语言的书写符号来对待,因而穿凿附会在所难免。但是,完全撇开字形来研究转注,像主音说或主义说那样,当然就离开了文字学的范围了。

第二,文字学同音韵、训诂、词汇各个学科的研究范围及其界限。文字既然是形音义的结合体,文字学自然以研究字形为主,兼及音义。可是,传统"小学"熔文字、音韵、训诂三者于一炉,浑然不分。在科学的语言学尚未建立以前,在各学科分工不明确的情况下,张有、杨慎以音韵学的研究对象代替文字学的研究对象,提出"转声为转注"说,戴震、段玉裁以训诂学的研究内容取代文字学的研究内容,提出"同义互训"说,而江慎修、朱骏声混淆词汇学和文字学的界限,提出"展转引申"说,这是没有什么奇怪的。

第三,作为体系之六书的性质。六书是"造字之本"还是"四体二用"? 这直接关系到对转注和假借的性质和理解。东汉班固本刘歆之说,提出"六书者,造字之本也"。① 班、郑、许三家虽然于六书之名称和次序稍有区别,但是于"造字之本"一说并无分歧。此后诸家多承其说,绵延不断。直到戴震提出"四体二用"之说,才把六书截然分为造字之法和用字之法两类。清代四大说文家段、桂、王、朱无不持此说以治《说文》。段氏对此说尤其推崇备至:"赵宋以后言六书者,胸襟狭隘而不知转注、假借所以包括训诂之全,谓六书为仓颉造字六法,说转注多不可通。戴先生曰:指事、象形、形声、会意四者,字之体也;假借、转注二者,字之用也。圣人复起,不易斯言矣。"② 段玉裁有一点说对了,自《说文》问世以来,后世学者为转注纷纷立说,摸索了上千年而"不可通",仿佛"山穷水尽",而今戴氏别树一帜,似乎"柳暗花明",因而在很长一段时间影响极大。但是,段玉裁把"说转注多不可通"的原因,归于"谓六书为造字六法",并非深思之论。"四体二用"和"转注为互训"二说本为纲目,因为按照戴、段诸人的说法,"互相为训"的转注和"依声托事"的假借,既然"不更制字",③既然"包罗一切训诂音义而非谓字形",④那么六书为"四体二用"之说自能成立。然而,"转注为互训"说作为"四体二用"说的前提,其本身并不可靠。章太炎首先明确提出异议:"余以转注、假借悉为造字之则。"王伯熙同志更是以章太炎的主张为基础而作了科学的推衍和论证,如果王伯熙同志所论符合许慎的原意,即转注和假借作为六书的第三对,都是利用固有之字的造字法——转注是改造现成字而多造字的造字法,假借是借用现成字而不造字的造字法(如同语言里有同音词一样,假借字就是文字中的"同形字"),那么,六书自然都是"造字之本",而所谓"四体二用"之说也就不是什么"不易"之论了。

1980 年 12 月

---

① 《汉书·艺文志》。
② 《说文解字叙》段注。
③ (清)戴震:《答江慎修先生论小学书》,《戴震集》,上海古籍出版社,1980 年。
④ 《说文解字叙》段注。

孙诒让论"转注"
——重读《名原·转注揭橥》

几近 20 年前,我写过一篇题为《转注说源流述评》的文章,开首即说:"作为六书之一的转注,其定名,班固、郑众、许慎三家没有歧异;其界说,惟许慎一家略有陈述。《说文解字·叙》云:'转注者,建类一首,同意相受,考老是也。'应当指出,许慎所定的界说已比较简单,所举的例字又不很明确,因而后世学者众说纷纭,莫衷一是。于是转注成了六书研究中争论最大而又长期不得解决的一个问题。汉字具有形、音、义三个方面。研究转注的学者从各个不同的角度来探讨,便构成有关转注的种种解说。"[①]

有清以前的众多学者,如贾公彦、裴务齐、郑樵等主形说,张有、杨慎等主音说,这些略而不论。即以清代乾嘉时期的戴震以及《说文》四大家段玉裁、桂馥、王筠、朱骏声而言,几乎无不是主义说者。戴震于《答江慎修先生论小学书》中云:"转注之云,古人以其语言立为名类,通以今人语言,犹曰互训云尔。转相为注,互相为训,古今语也。"[②]段氏则完全师承戴氏的转注互训说。这显然混淆了文字与训诂的界限。朱骏声提出己见:"窃以转注者即一字而推广其意,非合数字而雷同其训。"他不仅改了许慎的定义,而且还换了许慎的例字。"转注者,体不改造,引意相受,令长是也。"[③]这是把词义的引申看作文字的转注,距离许慎之说更远。

[①] 白兆麟:《转注说源流述评》,《安徽大学学报》,1982 年第 1 期,第 93—99 页。又《文法训诂论集》,北京:语文出版社,1997 年。
[②] (清)戴震:《答江慎修先生论小学书》,《戴震集》,上海古籍出版社,1980 年,第 74 页。
[③] 朱骏声:《说文通训定声》,北京:国学整理社,1936 年。

清末孙诒让在完成其考释甲骨文的著作《契文举例》之后,又于光绪三十一年(1905)撰成《名原》一书。由于孙氏具有深厚的汉学根柢和传统的朴学精神,又敢于融入崭新的文字资料和科学的比较方法,从而使《名原》成为一部古文字研究的总结性的理论著作。该书有专篇论述六书之"转注",他说:

> 盖仓、沮制字之初,为数尚尠,凡形名之属未有专字者,则依其声义,于其文旁诂注以明之。其后递相沿袭,遂成正字。此孳乳浸多之所由来也。自来凡形声骈合文,无不兼转注。……盖转注以形著义,与假借以声通读,其例皆广无畔岸,故古文偏旁多任意变易。①

表面看来,孙氏似乎采纳徐锴《说文解字系传》所述"转注"的观点:"属类成字,而复于偏旁加训,博喻近譬,故为转注。"即所谓"形声骈合文"。而其实徐氏是从汉字的形体结构着眼,孙氏则是从汉字的历史发展来讨论转注的。这一点若联系《名原》其他各篇的论述则更为鲜明。

首先,《叙录》开篇即声明:"余少耆读金文,近又获见龟甲文,咸有撰录。每惜仓、沮旧文不可复睹,窃思以商周文字展转变易之迹,上推书契之初轨。""今略摭金文、龟甲文、鼓文、贵州红岩古刻与《说文》古籀互相勘比,揭其歧异,以著省变之原;而会最比属,以寻古文、大小篆沿革之大例。"②孙氏的目的显然是通过甲骨、金文至籀文、小篆的演变发展,来探究汉字的原始状况,寻求汉字字形的演变规律。

其次,《原始数名》作为首篇,是探讨数字的符号性及其变化的,而孙氏却撇开六书之"指事"不提,这表明他并非十分崇信而固守《说文》,相反地倒是汲取《说文》"六书"之精髓来解释汉字的起源与演变的。其第二篇《古章原象》为讨论记事图画到形意文字的演变与发展,指出"盖书契权舆本于图像,其初制必如今所传巴比伦、埃及古石刻文,全如作绘"。这足以显示孙氏已初具对汉字的现代意识。第三篇《象形原始》论述象形字的演变规律,他把象形字分为原始象形字、省变象形字和后定象形字三类,而且所说象形已包括传统所谓会意字和指事字中象形性强的古汉字。这说明孙氏亦未过于拘泥传统

---

① (清)孙诒让:《名原》(下),济南:齐鲁书社,1986年,第13页。
② (清)孙诒让:《名原》(下),济南:齐鲁书社,1986年,第1—2页。

"六书"而有所突破。

再次，第五、第六两篇《古籀撰异》和《奇字发微》则分别探讨与考释古文、籀文的讹变现象及其原因和先秦古文字中由于偏旁之繁化或简化以及传写错异而形成的各种变体。

以上简要的分析可以证明，孙氏对汉字的确具有比较明确的全面系统的认识和历史发展的观点。在这样的背景底下再来考察孙氏有关"转注"的解说，我们不能不承认，其解说不仅超越了在他之前的戴震、段玉裁和朱骏声，而且也胜过在他之后的章炳麟。在这一点上，甚至可以说最切近许慎《说文解字》的本意。

要真正理解许慎在《说文解字》中对"转注"解说的原意，而不是回避它，以下几方面值得我们注意：

第一，《说文解字》是语文学时代的文字学著作，不能把它放到语言学时代来看待。在语文学时代，字和词的界限尚未十分严格地区分开来。脱离这个时代的学术背景，侈谈什么造字之法与用字之法的区别，确立"六书"的明确界限，不仅不现实，而且也不符合《说文解字·叙》的本意。

第二，许氏于《说文解字·叙》云："仓颉之初作书，盖依类象形，故谓之文；其后形声相益，即谓之字。"这才是许氏对所收录九千多小篆汉字的真正的分类，即分为独体文与合体字两大类。而"六书"仅仅是对上述小篆形体的"说"和"解"，并不是对汉字的六种分类。孙诒让在其《叙录》里引用许氏的上引一段文字，而不纠缠于"六书"之界限，应该说，这相当符合许氏的本意，是一种实事求是的做法。

第三，许慎关于"六书"的排列顺序，显然是基于他对汉字小篆形体的认识和由其哲学观决定的文字观。今天，我们自然应当根据小篆形体之前古文字的实际状况和对汉字形体发展的科学认识，重新排定"六书"之顺序："指事、象形、会意"—"假借"—"转注"—"形声"。这也是多数文字学家所公认的。

第四，联系许氏关于假借的界说——"本无其字，依声托事"和例字——"令、长是也"来看，应当包括义不相关的"音同假借"和与义相关的"引申假借"两种。这是对许氏所谓"假借"的全面认识，否则即为片面。这已为多数文字学家所认同。

如果以上述四种认识为前提，再来考察许慎关于"转注"的界说和孙氏对

"转注"所提出的独特观点,我们就会感到十分亲切了。

许慎所谓"转注",转即变也,谓因假借而义变和因引申而义变;注即诂注、注入也,谓于其文旁注入义符或声符而明之。所谓"建类一首",是指"形名之属"因假借或引申而义变,以至"未有专字者",为其建造义类或声类,然后加上义符或声符,使其偏旁部首统一,而成为"形声骈合"之字。所谓"同意相受",是指原"形名之属"所获得假借之义或引申之义与注入之义符或声符"相受"。

前面说过,许氏是把小篆形体的汉字分作两大类:一为独体文,包括指事字、象形字、会意字;一为合体字,包括转注字和形声字。所谓"形声相益",应当包括两种:一是对"形名之属未有专字者",或以"其文"为声符,则注明义符,或以"其文"为形符,则注入声符;二是受转注造字法之启示,为某一新词造字时形符和声符同时赋予,即形、声共同"骈合"。

同理,孙氏所云"形名之属未有专字者",应当包括音同假借之字和词义引申之字;孙氏所云"依其声义,于其文旁诂注以明之",当然是或注以义符,或注以声符。然而孙氏又云:"自来凡形声骈合文,无不兼转注。……盖转注以形著义,与假借以声通读。"这不仅把"转注"与"假借"并提,而且使"转注"与"形声"相混,未能始终坚持其历史发展的观点,不知不觉地又着眼于汉字的形体结构了,不能不令人遗憾。

如果我们始终坚持以历史发展的观点来看待"六书","转注"是因"假借"(音同假借和引申假借)而生,"形声"是以"转注"而起。转注为"历时"造字法,而形声为"共时"造字法。前者造字前有一"原体",即孙氏所谓"凡形名之属未有专字者";后者造字时并无"原体",孙氏所云"形声骈合"较为确切。转注和形声的界限是十分清楚的。

2001 年 2 月

第四编

文献

试论国学的三个层面

"国学",按我的理解,是指体现中华民族特色的古代文化、民族精神与思维方式的传统学术。"国学"是在西方文化大举侵袭的情况下,于近代产生的、与"西学"相对的一个学术概念和一种文化格局。其内涵至少包括三个层面:一是载体,主要指汉字;二是形态,即用汉字记载的经典;三是方法,即由经典传承所体现的重训释、重考证、重综合的方式和方法。因此可以说,国学就是由汉字记载的古代经典及其以训诂为主要传承方式而构成的汉民族的传统学术。

国学是传统学术,但是,既不同于泛泛所说的传统文化,也不同于一般所说的学术史。还是梁启超在《什么是文化》一文中说得简明,"文化"指的是"人类心能所开释出来之有价值的共业",包括物质的与精神的,学术的与非学术的,就某一民族而言,是该民族成就的复合整体。"学术"指的是系统而专门的学问,具体来说就是各门学科的论著,其中不少自然不是国学所能容纳的。国学的基本内涵,当指发自本土的、体现本民族特点的、构成民族文化核心的经典及其阐释与研究,其中当然离不开前人所说的"经学"。

毋庸讳言,用现代眼光来看,国学既有正面的、积极的、很有价值的内容,也有负面的、消极的,甚至僵化腐朽的东西。但是,其基本内核是前者,而不是后者。譬如《易经》所揭示的"阴阳和谐"、"自强不息"、"厚德载物"等,儒家所倡导的"仁、义、礼、智、信"以及忧患意识与人文关怀等,老子所强调的"顺其自然"、"有无相生"等,荀子所提倡的"人定胜天"、"后天教育"等,古文经学所推崇的注重历史、"实事求是"等,今文经学所重视的关注现实、"经世致用"等等,对我们民族精神的形成与发展都产生过极为深远的影响,造就了我们民族的整个价值观。我国古代学者曾经通过"阴与阳"、"有与无"、"天与人"、

"动与静"、"形与神"等一套属于我们民族的概念术语,向世界展示博大精深的中国文化。显然,对国学应该采取科学分析的态度,汲取其精华,弃除其糟粕。经过历代国学大师的努力"扬弃",国学已经以其特有的稳定性、因袭性、自足性,形成了一种经久不衰的传统学术。

"五四"运动以来,我国不少知识分子存在着一种强烈的反传统心态,有些人甚至于把国学当作包袱想把它摔掉。对于其中的批判精神,我们应该有所肯定,但我们又需要保持理性来维护国学所体现的民族文化的自信心。国学的积极向上的核心内容,不仅为我国古代文化提供了一个总体框架,而且为古代学术提供了坚实的学理论证。把握国学的总体特质与核心内容,是我国学术文化研究深入发展的需要。我们在吸收外来先进科学的同时,还得从国学中寻找失去的话语权,并用现代的科学理念重新建构各种学术的新体系。这既是为了展现我国学术的个性,也是为了给世界文化研究作出新的贡献。

一、国学之源头——《周易》

国学的物质形态自然是那些影响巨大而又深远的经典,而《周易》则被列为"群经之首"。《周易》这部最古老的典籍,由两部分组成:其一是《易经》,即华夏文明始祖伏羲所画八卦、周文王所演六十四卦及所作卦爻辞;其二是《易传》,即战国中晚期孔门后学解说《易经》所撰十篇文章。作为"众经之首"的《周易》,其价值主要体现在以下三个方面①:

首先,《易经》虽乃卜筮之书,是古代宗教巫术的产物,但在漫长的不断冲破巫术的束缚中已孕育出哲学的意蕴,表现出对整个宇宙的终极性的关怀与解释。所谓八卦代表八种自然界的物质:天地、风雷、水火、山泽。这八种物质都是两两相对,相互依存。整个八卦以及由此推演的六十四卦,都是讲排列组合的道理,有的是优化组合,有的则不是。这种占卜,实际上是远古之人认识世界的方法之一,其中包含着古人的生存智慧。《易·贲》云:"观乎天文以察时变,观乎人文以化成天下。"这种"仰观天文,俯察地理,中知人事"的所谓《易》学"宇宙三才",构筑了我们民族认知与理论上的叙述框架(天道、地

---

① 余敦康:《中国智慧在〈周易〉》,载《光明日报》,2006年8月24日。

道、人道），并由此展示其宇宙观及其学术演绎。这里虽然给人"混沌一体"的感觉，但是对"天文、地理、人事"的全面关注也表明《易经》对世界问题有着无所不包的传统。《易》学在"人事"（社会生活领域）方面的内容，可以用后来由此生发的儒家经典《礼记·乐记》中"礼乐刑政四达而不悖，则王道备矣"一句的"礼乐刑政"四字来概括（"刑"指一般律令、律例）。《礼记·中庸》曰："天命之谓性，率性之谓道，修道之谓教。"这正是由《易》学而来的"礼乐文明"和"人文教化"的优秀传统。

其次，《易经》之吉凶休咎的占问，曲折地反映出先民观察自然与社会矛盾运动的某些理性认识，其中显示着辩证法的因素。譬如《易经》概括出的一系列对立抽象的哲学概念和范畴"乾坤、泰否、损益、剥复"，等等，是强调矛盾对立的思想；又如"乾卦"之"潜、见、跃、飞"及"亢"，体现了先民对自然与社会事物运动变化规律的认识与总结；又如"乾卦九三"所谓"君子终日乾乾，夕剔若厉，无咎"，"谦卦九三"所谓"劳谦，君子有终吉"等，说明人的主观奋斗、谦虚真诚，不仅决定着事情的成败，甚至能改变天意。可见，《易经》就其内部所蕴藏的思想而言，实际上是孔子以前关于天地万物变化的哲学著作，并非如后来阴阳家所推演的迷信书。

最后，《易传》所反映的孔子及后学对《易经》的解读与诠释颇具创造性，其内容完全屏弃了宗教巫术，从而使《周易》成为一部内容丰富、思想深刻、结构完整的哲学论著。其思想内容大致有三：一是吸取了《易经》中所蕴涵的阴阳观念以及道家、阴阳家的阴阳学说，确立了"阴""阳"为《周易》的最高哲学范畴，所谓"一阴一阳之为道"即其最高哲学命题；二是关注春秋以来的"天人关系"，提出了一套关于自然与社会普遍规律的"天地人"三才之道的完整的思想体系；三是继承了《易经》中的辩证思想，吸取了老子辩证法学说，建构了一个比较完整的辩证法体系。这些一直成为后来国学乃至文化史的核心思想。《周易》云："一致百虑，殊途同归。"这说的就是"整合""和谐"的道理，体现了中华民族用以解决矛盾的智慧。

可以想见，易学对中国文化的发展影响至深，使《周易》之研究蔚然成风。千百年来，易家辈出，学派林立，著述浩瀚，学说繁多，形成了一种专门学问——易学。如魏晋玄学鼻祖王弼以《老》释《易》，唐初儒学领袖孔颖达折中汉易与玄易，构筑了通向宋明理学的桥梁；南宋理学集大成者朱熹重象数，倡义理，使以"易"言"理"之风盛行；清初唯物主义哲学家王夫之立足于易学的哲学创新,标志着宋明道学的终结。由此可见,易学对国学乃至中国文化之核心的发展起到了举足轻重的作用。可以说,《周易》这部书,深刻地体现了中华民族的精神发生、成长、定型的整个历史。孔子、老子这些大思想家,不断用其哲学思想来解释《周易》,所以说《周易》是儒家和道家发生学的源头,而《周易》提供的思维方式也深刻地影响了儒家和道家。这样的哲学自战国末年形成之后,两千五百年来,一直是中国文化的主流。从17世纪开始,《易经》被介绍到欧洲,逐渐引起西方哲学家和科学家的重视。

二、国学之载体——汉字

国学的载体是汉字。古代小学是从识字开始,于是就把研究文字的学问也称为"小学"。因为汉字有形、音、义三个成分,于是分别研究汉字形、音、义的就各形成了文字学、音韵学、训诂学。传统所谓"小学"即包括这三门学问,后来经过章太炎先生的整合,就成为今天所说的汉语言文字学。这是"国学"的根基。

说起汉字,自然应该提到殷商时代的甲骨文,它们至少有着五千年左右的历史,也最能体现汉字的特点。不过,甲骨文的发现只有一百余年的历史,已经识别而又无争议的字数不过三分之一,而通向甲骨文等古文字的桥梁却是东汉许慎所著的《说文解字》一书。我们知道,记录语言的书写符号是文字,记录国学典籍的则主要是汉字。文字最早称"文",本指彩色交错的现象或图形。《易·系辞下》:"物相杂,故曰文。"花纹、纹理就是彩色交错的具体表象。因为文字最初是古人模仿各种事物的轮廓而画成的图形,犹如花纹,所以就把它称作"文"。《说文解字·叙》曰:"盖依类象形,故谓之文。"①在字形上,甲骨文的"文"就像一个叉腿站立而胸口画着花纹的人形。至于"字",本来也不是指文字,而是指怀孕、生育。《易·屯》:"女子贞不字,十年乃字。"虞翻注:"字,妊娠也。"在字形上,"字"的上半部像房子,房子里有"子",表示生育、哺育孩子。而文字的"字",也是由"文"滋生的结果。《说文解字·叙》又曰:"其后形声相益,即谓之字。字者,言孳乳而渐多也。"②《说文解字》之

---

① 段玉裁:《说文解字注》,上海古籍出版社,1981年,第753—756页。
② 段玉裁:《说文解字注》,上海古籍出版社,1981年,第753—756页。

书名,其意即"说明独体之'文',解析合体之'字'"。由"文"、"字"二字可以看出,汉字的形体就包含了形象、声音和意义,甚至包含了逻辑关系,其本身即代表了一种直接揭示事物范畴的思维方式,标志着民族文化的个性与特色。

《说文解字》之所以能成为通向古文字的桥梁,是因为它提出了一套"六书"的传统理论和分析汉字结构的固有方法,并且运用这种理论与方法来解说所汇集的九千多个小篆形体。其《叙》曰:

> 古者庖牺氏之王天下也,仰则观象于天,俯则观法于地,视鸟兽之文与地之宜,近取诸身,远取诸物,于是始作《易·八卦》,以垂宪象。①

以上所引,除"以垂宪象"一句外,皆原出自《周易·系辞》。可见以许慎为代表的两汉学者皆尊崇《周易》。其说未必完全真实,但也透露出同样作为符号的八卦与汉字的某种联系。在分析"文"与"字"之后又曰:

> 《周礼》:八岁入小学,保氏教国子,先以六书。一曰指事。指事者,视而可识,察而见意,上下是也。二曰象形。象形者,画成其物,随体诘诎,日月是也。三曰形声。形声者,以事为名,取譬相成,江河是也。四曰会意。会意者,比类合谊,以见指挥,武信是也。五曰转注。转注者,建类一首,同意相受,考老是也。六曰假借。假借者,本无其字,依声托事,令长是也。②

以共时的眼光来观照,许慎如上排列"六书"的顺序,有其一定的道理,因为"指事"、"象形"皆独体文,"形声"、"会意"皆合体字,"转注"、"假借"皆利用已有之字形。但是,若以历时观点来看,以上排列顺序就不符合汉字演化的事实了。不难想见,在汉字初创时期,先民当首先关注语词所指称的事物之形体,即以目治而见义;由于"画成其物"、"察而见意"、"比类合意"毕竟受局限,便不得不转向语词之读音,"依声托事"即应运而起;然而人类之发音亦有限制,汉语有限的音节必然带来同音字的增多,为摆脱表意上的困扰,先民又不能不返回求助于语词之意义,于"依声托事"之上"建类一首";此种造字方式十分简便,由此启发,制字时即兼顾"音""义"两个方面。根据此种合理推

---

① 段玉裁:《说文解字注》,上海古籍出版社,1981年,第753—756页。
② 段玉裁:《说文解字注》,上海古籍出版社,1981年,第753—756页。

测,"六书"出现之先后次序当为:

象形—指事、会意—假借—转注—形声①

传统"六书"自问世以后,论争不断,众说纷纭。这是因为其学说本身就有些"先天不足":一是分类比较粗疏,二是界说过于简略,三是所举例字太少。如果对"六书"重新加以剖析,以再现其本原意义,其争论自然化解。

象形:可分为"绘形"与"衬托"两小类。绘形是用简捷的笔画描绘语词所指称的物体而构成图像,如"子、自(鼻)、止(趾)、贝、它、晶(星)、网、行"等。衬托是借助一个相关物象的陪衬,来显示所要表达的物体,如"页(以人衬首)、眉、果、聿(以手持笔)、牢、须、血(以皿托血滴)、州"等。

指事:可分为"符号"与"加标"两小类。符号即纯用抽象符号以见意,如"一、三、上、下、囗(方)、〇(圆)"等。加标是在绘形基础上加一记号指示其部位,如"刃、本、末、亦、朱(株)"等。

会意:可分为"会形"与"合字"两小类。会形是会合两个或两个以上的图形,以表示某一语词的意义,如"丞(后作'拯')、正(后作'征')、韦(围)、各(后加双人旁)、立、既(会食已)、即(就食)、莫(暮)"等。合字是组合两个或两个以上独立的字在一起,使人领会出新义,如"从、牧、取(以手取耳)、占(以口卜卦)、采(从爪从木)、鸣、轰、炎、森"等。

假借:可分为"音借"与"义借"两小类。音借即音同借字,其假借字的本义与借义毫无关联,如"难(难鸟—困难)、莫、辟(辟法—开辟)、孰(生熟—孰何)、汝、而(而须—而且)"等。义借即义转(引申)借字,如"令、因(茵席—因凭)、字、长、褊(衣小—狭小)"等。

转注:可分为"追加意符"与"改造意符"两小类。前者如"考、纠、蛇、娶、燃、暮"等,其中"老、系、虫、女、火、日"即为后加的意符;后者如"悦(说)、讣(赴)、间、措(错)、赈(振)"等,其中"心、言、日、手、贝"即取代了原有的"言、走、月、金、手",以适应字义的改变。这里需要作点说明:"六书"中各书所举例字,除"转注"外都是平列二字;而"考、老"并非平列关系,"老"是"建类"(类首字),而"考"是"一首"而"同意相受"(转注字)。许慎即云"考从老省"。

---

① 孙雍长:《汉字构形的思维模式》,载《湖北大学学报》,1990年第4期,第129—138页。

形声：可分为"追加声符"与"音义合成"两小类。前者如"齿、星、凤、饲、圃"等，其中"止、生、凡、司、有"即为后加的声符。后者如"江、河、陵、陆、芹、菜"等，是同时使用形符和声符骈合构成的形声字。

按照以上分析与解说，就使传统"六书"建立在比较科学的基础之上而获得新的生命力，而且使得某些遗留问题也能得到合理的解决。譬如"转注"，根据上述理解，我们常说的"古今字（区别字）"、"类化字"、"音译意化字"的出现，就能得到比较圆满的解释。古今字如"弟"为"悌"、"竟"为"境"、"陈"为"阵"、"奉"为"捧"等；类化字如"凤皇"为"凤凰"、"遮鸪"为"鹧鸪"、"次且"为"趑趄"等；音译字如"师子"为"狮子"、"匍陶"为"葡萄"等。以上三种后出的字，都是或追加意符、或改造意符的所谓"转注字"。这样解释既简捷又合理。

再从整体来看，如上理解传统"六书"，那么假借是救助"象形、指事、会意"之穷尽，而转注是适应"假借"之繁多，其内部自然构成一个比较严密的体系。而且这一演化规律也证明：汉字始终在强烈地维护着自身的表意体系和基本格局。由此可见，汉字和汉语的单音词发生着神韵相合的关系，构成了一种形象性和表意性。这就是说，汉字不是单纯作为一种视觉符号出现于人们的眼前，而是满负荷地反映语言信息的自足的实体。因此，汉字在保存和提供历史文化信息方面，具有我国其他文献和世界其他文字所不能替代的价值，反过来说，通过汉字形体结构的分析与解说，即能清楚地获得许多历史文化的信息。

对此，有些外国学者比我们有些人还看得清楚。德国当代著名语言学家库尔马司就说过："汉字系统是在所有现存语言中，为历史最长、从未中断过的文化传统服务的书写系统。它是人类无可置疑的最伟大、最具特色的一种文化的重要组成部分。汉字系统将过去和现在联系在一起，连续不断地使用汉字的时间已超过三千年之久，这一点是世界上任何别的文字系统都未能做到的。"①

三、国学之传承——训诂

前面说过，国学的物质形态是用汉字记载的历经两千余年的经典。其传

---

① 转引自张恬：《硅时代的仓颉篇》，载《十月》，1992年第2期，第106—117页。

承如此久远而从未中断,关键在于我们民族有一种独特的传承方式,这就是历代学者对前世典籍的训诂,他们凭借这种形式来表达种种有价值的理念和思想。

纵观训诂学史,两汉时就出现了两种训诂的基本体式——随文释义的传注和通释语义的专书,前者如毛亨传《诗》、贾逵、马融、郑玄注《周易》、《尚书》、《周礼》等,后者如《尔雅》、《方言》、《说文解字》等;至魏晋,训诂不仅扩大了范围,使得经、史、子、集四部的重要著作乃至佛经都有了注解,而且又产生了两种新的体制——集注和义疏,前者如何晏《论语集解》,后者如孔颖达《五经正义》等;宋代学术一变,创发新义,王圣美倡立"右文说",王若虚以语法评点古文献,朱熹征引彝器铭文以注疏典籍等,开拓了训诂的新途径;清代恢复朴学传统,奠定厚实的古音学,使"小学"得到了空前全面的发展,训诂学也随之达到鼎盛时期,可谓学者辈出,著述如林,新见涌现,体式完备。

传统训诂,概括说来至少有三大优长:一是强调实证,如乾嘉大师戴震所云,"一字之义,必本六书,当贯群经";二是区别古今,段玉裁说得好,"有古形,有今形;有古音,有今音;有古义,有今义",所谓"古今者,不定之名也";三是讲究方法,即传统所谓"形训、音训、义训"、"形、音、义三者互相求"的综合方法以及唐代已初具规模的考据学方法。如同对传统"六书"一样,对传统训诂所固有的三个方法,也需要用现代科学理念来诠释,使其更符合逻辑以发挥更大的作用。

形训:即以形索义,就是通过汉字形体结构的分析来索求字义,从而探明词义的方法。其作用主要在于揭示字词的本义。如《说文解字》所云,"气,云气也。象形";"二,高也。此古文上,指事也";"企,举踵也。从人止";"穹,穷也。从穴弓声"等等。

声训:即因声求义,就是寻求读音相同或相近的字,来解释文献词义的方法。其功能主要在于探词源和破通假。前者如《广雅疏证》所云"居、踞、跽、启、跪,一声之转,其义并相近也"等;后者如《诗·毛传》所云"调,朝也"、"干,涧也"等等。

义训:过去解释为"直陈词义",当改称为"引申推义",就是根据词义引申的规律来推求和证明词义的方法。其职能主要在于探明字词的引申义,正好弥补上述二法的不足。如《论衡·量知》所云"能斫削柱梁,谓之木匠;能穿凿穴坎,谓之土匠;能雕琢文书,谓之史匠",此"匠"义由个别引申为一般。又如

《尚书·酒诰》所云"人无于水监,当于民监",后一"监"义由具体引申为抽象,等等。戴震《孟子字义疏证》中对"理"字词义的阐发,就是"引申推义"运用得最为精彩的例子。

以上训诂三法综合运用起来,既可据本定假,由源及流,亦可以假济本,溯流探源。汉唐以来,不少学者大家又都熟练地运用本证(内证)、旁证(外证)、理证(推理)相结合的考据学方法,解决了大量历代文献中的疑难问题。他们既反对"望文虚造而违古义",也反对"墨守成训而鲜会通",为了立说有据而十分重视考证,力求"淹博、识断、精审"(戴震语),不出空言以定其论,不据孤证以信其通。这一优良传统,深刻地影响着我国古代学术的思维方式,即追求对不同质的事物之间的联系、影响与综合,明显地有别于西方那种分析的、割裂的、局部的、以形式逻辑见长的思维方式。诚如近代国学大师梁启超所指出的:"自清代考证学二百余年之训练,成为一种遗传,我国学子之头脑渐趋于冷静缜密。此种性质,实为科学成立之根本要素。"①

正因为传统训诂学注重汉字这一表意体系的特点,又巧妙地运用其固有的方法,所以不断地打开古代文献异常丰富的"信息库",通过它可以了解远古的文化状况。试看《说文解字》里的几条说解:

夏,中国之人也。
夷,东方之人也。
羌,西戎牧羊人也。

联系史书的记载和语言的演变,即能窥出其中的远古信息。《史记·匈奴传》:"匈奴,其先夏后氏之苗裔也。""匈奴"又译为"胡",上古音"胡"、"夏"十分接近,古音无等呼则完全同音。夏人由西北进居中原,可知为胡狄系。《史记·殷本纪》:"殷契,母曰简狄,有戎氏之女。""殷人"又称"商","殷"与"夷"古音接近。这表明商人祖先是以夷越为主而融进胡狄的混血。周人祖母为姜原,"姜"与"羌"同一语源。

考古成果表明,公元前五千年左右,中国境内新石器时代三大考古文化体系大致形成:青莲岗水耕文化系统,仰韶(含半坡)旱耕文化系统,河套游牧文化系统。此三大考古文化体系的创造者皆蒙古利亚人种,但体质特征有

---

① 梁启超:《清代学术概论·结语》。

别。东南文化之创造者为太古夷越人,西北文化之创造者为太古羌人,北方文化之创造者为太古胡狄人。① 再联系远古神话传说里的伏羲氏、神农氏、轩辕氏(黄帝),即可印证:伏羲氏兴于江淮而发展至黄河下游,是夷越的始祖;神农氏兴于渭水而发展至黄河中游,是羌的始祖;轩辕氏兴于北方草原而后南下中原,是胡狄或阿尔泰的始祖。

由此可见,《说文解字》对"夏"、"夷"、"羌"三字的解说,正是提供了有关三大考古文化系统与中国古史传说中的三大氏族的信息。

又如道家学说中的"道"字。这"道"取象于什么?《说文》云:"道,所行道也。古文'道'从首寸。"然而有人以为,"道"之道路义并非初始义。考"道"之字形,右为"首",左为"辵"。据甲骨文,"止"为脚趾,"彳"为"止"之变体。二者相合当为双足移步之形。"道"有上首与下肢,《老子》之"道"当指婴儿之形。《说文》"道"之异体作"首寸","寸"为"肘"之初文,因而"道"之本义依然与人形有关。《说文》又云:"导,引也。"以手引子即接生。再联系《老子》文本里常用"玄牝"、"婴儿"、"雌"为比喻,而婴儿顺产时"首"必先出,"肘"(肢体)为后出,故老子所谓"道"当取象于生育之"道",又演化为万物出生之道。看来,老子提倡阴柔,主张无为,其道德哲学的原型当为华夏先民的母子化育。

看来"国学"依然有着强大的生命力和解释力,这比用"水土不服"的纯西方理论来硬套我国文化学术的史实要自然得多。总而言之,学术是一种循序渐进的事业,传承与创新互为因果。以上表明,传统训诂学及考据学的研究路数,具有非同寻常的学术价值,只要我们运用科学的理念对"国学"进行现代之转换,就能重新建构中国本土的学术话语,提高中国学术的科学品位,在国际学术界发出中国学者自己的声音。

2006 年 9 月

---

① 格勒:《中华大地上三大考古文化系统和民族系统》,载《新华文摘》1988 年第 3 期。

试论古代汉语汉字的隐性和显性

1921年,美国语言学家沃尔夫在其《语法范畴》一文中提出了"显性范畴"和"隐性范畴"两个概念。他说:"一个显性范畴是一个具有形式标志的范畴。"①在尚未接触这个学说之前,我只是感觉到古代汉语有"隐性语法"的存在。2000年,为了讨论古代汉语实词的"活用"与"兼类"之间的界限问题,我曾撰写过一篇题为《关于词类转化问题》的论文,其中第四节的标题即是"功能变异与隐性语法",开头即有这样一段文字:

> 汉语是单音成义的分析型的孤立语。尤其是古代汉语,组词造句并不像西方语言那样,按照"主语—谓语"的语法框架来填充,而是以意义完整为目的,重于内容,略于形式,句子里词与词的联系大多是靠意念,成分与成分的语法关系是隐含的,没有外在的形态标志。正如19世纪德国语言学家洪堡特在《论语法形式的性质和汉语的特点》一文中所说的:"在汉语的句子里,每个词排在那儿,要你斟酌,要你从各种不同的关系去考虑,然后才能往下读。由于思想的联系是由这些关系产生的,因此这一纯粹的默想就代替了一部分语法。""以默想代替语法"这句话,正是对汉语语法的隐含性特点最好的描述。换句话说,汉语语法是一种隐性语法。②

哲学常识告诉我们,"显性"和"隐性"是一对对立的概念。这种对立,早在《老子》一书里就已经有过近似的说法:"无,名天地之始;有,名万物之母。

---

① 沃尔夫:《论语、思维和现实》,长沙:湖南教育出版社,2001年,第83页。
② 白兆麟:《文法学及其散论》,北京:九州出版社,2004年,第297页。

故常无,欲以观其妙;常有,欲以观其徼。""无"即隐性,"有"即显性。"无"和"有"的对立统一,也就是隐性和显性的对立统一。

作为方法论的原则,显性和隐性早已运用于语言学领域。索绪尔最先提出语言和言语的区分。他说:语言,"这是通过言语实践存放在某一社会集团全体成员中的宝库,一个潜存在每一个人的脑子里,或者说得更确切些,潜存在一群人的脑子里的语法体系;因为在任何人的脑子里,语言都是不完备的,它只有在集体中才能完全存在。"[①]显然,语言在本质上就是一种隐性存在,并不是直接呈现在我们面前的;而同语言相对立的言语,则是一种显性存在,是看得见摸得着的。语言隐藏在言语的背后与底层,人类的语言是显性言语和隐性语言的对立统一。索绪尔把语言和言语区分开来,强调隐性的语言系统,极大地促进了现代语言学的发展。

语言系统是多层次的,其表层是显性的,其深层则是隐性的。如果说,显性和隐性的对立存在是各民族语言的共性,那么,对汉语尤其古代汉语的考察和研究更要注重于"隐性范畴"。如上所说,汉语没有外在的形态标志,书面汉语词儿不分写,古代文献句与句之间又无标点,句子中词与词的意念联系和成分与成分的语法关系大都是隐含的。只有着眼于"隐性范畴",才能如老子所云而真正"观其妙"。例如《礼记·礼运》篇里的一段:

> 大道之行也,天下为公。选贤与能,讲信修睦。故人不独亲其亲,不独子其子,使老有所终,壮有所用,幼有所长,矜寡孤独废疾者皆有所养。男有分,女有归。货,恶其弃于地也,不必藏于己;力,恶其不出于身也,不必为己。是故谋闭而不兴,盗窃乱贼而不作,故外户而不闭,是谓大同。

以上引文,我们已经加了标点,但是依然在两个方面显示出"隐性"的特点:一是字词的"词汇义"、"语法义"与"功能义"不一致。如:"与"字,置于"贤"和"能"之间,其显性意义(语法义)是连词,然而其隐性意义(功能义)却是动词"举";又如"能"字,其词汇义(显性意义)是"能力"、"能够",而在句中的功能义(隐性意义)却是"能者(有能力的人)"。透过隐性意义,才认清"选贤与能"是两个述宾词组。二是不少句子不是"主语—谓语"的句法框架,而是"话

---

① 索绪尔:《普通语言学教程》,北京:商务印书馆,1982年,第35页。

题—叙说"的线性排列。如"货"、"力"二词后面之所以要加逗号隔开,就因为该二词并非句中主语,而是话题,其"深层句法"是在句中作两"恶"字的宾语。如此等等。由此可见,汉语以及记载它的汉字,都有显性和隐性之分。今作一粗浅的分析于下,重点放在句法上。

一、汉字中的显性和隐性

传统有"六书"之说,如果"象形字"是显性的,"指事字"里的抽象符号就是隐性的。古代学者有所谓"独体象形"与"合体象形"之分。"独体象形"即"绘形象物",例如"子、止、贝、行、它、晶"等;"合体象形"即"烘托显物",例如"眉、须、果、牢、州、血"等,其中"目、页、木、牛、川、皿"是用来衬托其余部分的(参孙雍长说),应当视为"隐性存在",而其余部分是"显性存在",这样才能理解那些字也是象形字,而不是会意字。"会意字"的各个构成部件是显性的,其会合的字义却是隐性的。汉字在隶化(楷化)以后,"转注字"未加上"意符"(如"它、取、然、莫"等)是隐性的,加了"意符"(如"蛇、娶、燃、暮"等)才是显性的。"假借字"在文献里所呈现的意义(如"因—因为"、"难—困难"、"孰—孰何")是显性存在;而由其字形所显示的意义(如"因—茵席"、"难—难鸟"、"孰—生熟")在文献里则是隐性存在。过去在这方面之所以有误训,就是混淆了"显性"与"隐性"的界域。

一般常说的古今字(区别字),更有隐性和显性之分。如"辟",就其所表示的"逃避"、"邪僻"、"开辟"、"譬喻"等义而言,那是隐性意义;在分别加上意符"之"、"人"、"门"、"言"之后则是显性意义了。其他如"说—悦"、"错—措"、"赴—讣"、"振—赈"等,前者为隐性字,后者为显性字。

二、语音中的显性和隐性

人类发音器官能够发出的声音是大量的。赵元任先生通晓数种语言和汉语数种方言,就充分显示人的发音器官的巨大潜能。但是任何一种具体语言实际所利用的语音是很有限的。一种语言中所采用的全部声音是显性语音,而它尚未开发利用的声音则是隐性语音。譬如汉语里的送气和不送气的对立,是显性语音现象,在英语中则是一种隐性语音现象。汉语方言的对比也同样显示这种对立,在区分前鼻音与后鼻音的方言中,这一对立是显性存在,在没有这种区分的方言中,这一对立便是隐性存在。古代韵书的韵图(如《韵镜》)更能说明这一点,其中有汉字的格子是显性的,而没有汉字的空格则是隐性的。

语音的演变,其实是一种隐性和显性相互转化的关系。在上古汉语里,轻唇音(唇齿音)是一种隐性现象,而在中古汉语里却是一种显性语音。与此相反,以辅音结尾的音节在上古汉语是一种显性现象,而在现代汉语却是一种隐性语音。又譬如入声,在古代汉语里是一种显性存在,而在现今某些北方话里已经消失,转为隐性存在。

三、词汇中的显性和隐性

词有本义与转义(引申义和比喻义)。当某个词尚未引申出某个新义之前,某个新义是隐性的;引申出某个新义之后则是显性的。词义派生的结果会产生主体的变异,那是词的"分化"。在没有分化出新词以前,那个新词是隐性的;在分化出新词以后,该新词则是显性的。例如:

《诗·颂·我将》:"我将我享,维羊维牛。"毛传:"将,大"。郑笺:"将犹奉也。我奉养我享祭。"

《诗·小雅·四牡》:"王事靡盬,不遑将父"。毛传:"将,养也。"

《诗·小雅·楚茨》:"以往烝尝,或剥或亨,或肆或将。"毛传:"将,齐(剂)也。"郑笺:"冬祭曰烝,秋祭曰尝。"

"将"的本义当为祭祀献享中主持烹调事宜,这不仅为其字形结构所显示,也为上引《我将》《楚茨》二诗皆与祭祀有关所表明。因此才隐含并有可能派生出"奉养"和"大"(《左传》:"国之大事,唯祀与戎。")的引申义来。这种可能性即是"隐性词义",当文献使用此引申义而又为毛传、郑笺所揭示时,则为"显性词义"。

训诂学有所谓词的贮存义和使用义。贮存义是语言系统里的词义,即隐性词义;使用义是言语作品里的词义,即显性词义。例如:

《礼记·乐记》:"乐行而民乡方。"郑注:"方犹道也。"孔疏:"而民归乡仁义之道。"(《五经正义》)

《荀子》:"君子设辞,请测意之。"杨注:"请测其意。"引之曰:"杨以'意'为意志之意,非也。意者度也,言请测度之也。"(《读书杂志》)

前一例,郑玄释"方"为"道",是注释其概括义,孔颖达疏"方"为"仁义之道",是疏解其具体义。就《礼记》而言,前者是隐含性,后者是显明性。后一例,杨氏释"意"为"意志",这是解释语言词汇的贮存义;王引之训"意"为"意度",这是训释言语的使用义。贮存义是隐性的,使用义是显性的。

成语典故之所以不能照字面来理解,就是因为其意义不完全取决于它的表层结构,而是由其深层结构所显示的。例如"郢书燕说",其表层结构(显性成分和显性结构)是"郢、书、燕、说",即三个名词和一个动词的并列,而其深层结构(隐性成分和隐性结构)却是"郢书""而""燕说",一个偏正词组和一个主谓词组之间含有转折关系,其深层的语义关系是"郢相之书""而""燕相臆说"。

四、语法中的显性和隐性

语法现象里的显性和隐性之分则更为常见。语法学中常说的"表层结构"与"深层结构"就是显性与隐性的对立。20世纪80年代,朱德熙等语法学家提出了"隐性"的概念,在汉语语法研究中强调对隐性语法意义的研究,语法结构的语义关系的探索便成了汉语语法研究的一个热点。语法结构是显性的,而语义关系则是隐性的。伍铁平教授主编的《普通语言学概要》"语法"一章在论述"句子"时,就对"显性结构和隐性结构"作了理论上的总结。[①] 语法学研究语法形式(语法手段)和语法意义(语法范畴)。二者相对,语法形式或语法手段是语法中的显性现象,因为它直接呈现在我们的面前,而语法意义或语法范畴却是语法中的隐性现象,因为它是隐藏在形式或手段的背后和底层的。

训诂学家在解释古代典籍遇到有词性转化时,往往通过串讲揭示其中隐含的语法意义。例如:

《诗·颂·那》:"先民有作"。毛传:"有作,有所作也。"

---

① 伍铁平:《普通语言学概要》,北京:教育出版社,1993年,第106—107页。

《吕氏春秋·期贤》:"君何不相之?"高诱注:"何不以段木干为相也?"

《左传·僖公二十八年》:"晋师三日馆,谷。"杜注:"馆,舍也。食楚军谷三日。"

前一例,毛传增添一"所"字,使"作"用如名词的隐性意义得以显现。中间一例,高注用"以……为……"句式,使"相"的动词意义由隐性变为显性。后一例,杜注以"舍"释"馆",以"食谷"训"谷",也是揭示"馆"、"谷"二词所隐含的动词意义。又如:

《书·盘庚》:"邦之臧,惟女众。邦之不臧,惟予一人有佚罚。"王引之云:"言'邦若臧','邦若不臧'也。"

《左传·宣公十二年》:"楚之无恶,除备而盟,何损于好?若以恶来,有备不败。"王云:"上言'之'而下言'若','之'亦'若'也,互文耳。"

对以上王氏有关"之"字的训释,马建忠不以为然。他说:"凡起词坐动有'之'字为间者,皆读也。而凡读挺接上文者,时有假设之意,不必以'之'字泥解为'若'字也。"[①]王氏是用训诂手段,马氏是用语法手段,其目的都是为了揭示上引二例隐含的"假设之意"。当然,马氏说得极是。

说到词性转化,过去总是以"词类活用"去解释。这大致也能讲通,但往往捉襟见肘,与"实词兼类"纠缠不清。不仅如此,有时还遇到比较复杂的情况。例如:

杜牧《金谷园》:"繁华事散逐香尘,流水无情草自春。"
苏洵《易论》:"食吾之所耕,衣吾之所蚕。"

以上二例的"春、蚕",即一般所谓"名词活用为动词",然而真要改用一个动词性词语去解释它却十分困难。譬如"春"是"变成春天"吗?"蚕"能讲成"养蚕"吗?显然都说不通。因为其中都隐含着单纯的动词所不能包含的意义,如"春"隐含着草木由枯到荣、由黄变绿的过程,而"蚕"则隐含从养蚕到抽丝、到纺织、到织成绸衣的复杂内容。究其实质,作者是把某些需要用词组,

---

[①] 马建忠:《马氏文通》,北京:商务印书馆,1983年,第249页。

甚至用句子所表达的意思加以高度浓缩,只用一个关键词表达出来。"词类活用"说显然不能圆满解释以上的语言现象,因为它实际上是词在言语作品里的一种"功能变异"。这种现象就不如用词转化后的"隐性语义"去说明更为恰当。

　　总而言之,显性和隐性的对立统一,是古代汉语里的普遍现象,我们应当用新的视角予以关注。

2005 年 8 月

《易经》之重言叠字辨析

拙作《试论国学的三个层面》曾论及"国学"之内涵,至少包括载体、形态、方法这三个层面。其中形态是指那些影响巨大而又深远的古代经典,而被列为"群经之首"的就是《周易》。这部最古老的典籍由两部分构成:其一是《易经》,即体现华夏文明的六十四卦及其爻辞;其二是《易传》,即孔门后学对《易经》的解说。《易经》虽然是远古宗教巫术的产物,但在漫长的不断冲破巫术的束缚中已孕育出哲学的意蕴,表现出对整个宇宙的终极性的关注与解释,其中包含着古人的生存智慧。

《易经》之"易",变易也,简易也。《易经》所含有的"与时偕行"即变易之理。从《易经》里的重言叠字着眼诠释相关之上下文,以便悟出其中所蕴涵的变易哲理,自然不失为简易有效的途径。在《易经》里,重言叠字的使用共有24次之多,除去其中重复的以外,仍有21种。《易经》是散文作品,其重言叠字之用例,大多是韵文的《诗经》所未曾出现的,而其语法性质与功能并无区别。其中有些重言叠字,历来训释者可谓见仁见智。笔者依然遵循"文本语境"的原则,结合上下文予以辨析,企望有助于对《易经》哲理的理解,并求教于大方之家。

(一)《乾卦·九三》:"君子终日乾乾。夕惕若厉,无咎。"

按:"乾"本为卦名,又代表天,自然具有刚健之性质。这里用来形容"君子"的心态与品行,于是变单字"乾"为叠字"乾乾",即由名词而转为形容词,形容君子刚健磊落、勉励自强。而闻一多《周易义证类纂》却认为"乾乾"当读为"涓涓",是形容忧愁的样子①。这不仅与上下文不相联贯,而且也有违不可滥用通假的训诂原则。帛书本作"键键"亦为佐证②。《象》曰:"天行健,君子以自强不息。"这个解说符合经文本意。下文进而说,即使如此,至"夕"依然要忧惕反省,最终始能"无咎"。

(二)《履卦·九二》:"履道坦坦。幽人贞吉。"

按:"履道"即践行之道。《玉篇》云:"坦,平也。"单字"坦"不足以状"道"之性状,故而重叠为"坦坦",即平坦舒缓而无险厄的意思。王弼注:"履道坦坦,无险厄也。"孔颖达亦疏云:"坦坦,平易之貌。"而据《说文》,"坦"亦有"安"义。下文"幽人"即幽闲恬静之人,则与其道平坦无险之义相关。因此,这里含有"坚守安适"的主观努力与"行道平坦"的客观条件相互一致,始能得到"贞吉"的意思。《象》曰:"幽人贞吉,中不自乱也。"内心平静坚守,外界自然就不能扰乱了。故《正义》云:"已能谦退故履道坦坦者,易无险难也。"

(三)《履卦·九四》:"履虎尾,愬愬,终吉。"

按:"履虎尾"自然是接近危险之象。《说文·心部》云:"愬,诉或从朔、心。"此为动词。而"愬"又读作"色",《玉篇》云:"惊貌。"《广韵》云:"惊惧貌。"叠字"愬愬"正是形容危惧之心理状态。处危险之地,而能保持谨慎、悚惧之心,自然终获吉祥。故《正义》云:"初虽愬愬,终得其吉,以谦志得行,故终吉也。"

(四)《泰卦·六四》:"翩翩,不富以其邻,不戒以孚。"

按:《说文·羽部》云:"翩,疾飞也。"则"翩"是动词。而叠字"翩翩"为形容词,是飞翔的样子。"不富"即不实,谓谦虚而不自满。"孚"训为信,"不戒以孚"是说凭借诚信而无须警戒。如此,则"翩翩"是向下飞翔,有君子处上位而居安思危之意。故《象》曰:"翩翩不富,皆失实也:不戒以孚,中心愿也。"既然是发自内心,相互诚信,志同道合,那么上下左右皆通行无阻。这正是《泰卦》之主旨。

(五)《谦卦·初六》:"谦谦君子,用涉大川,吉。"

---

① 闻一多:《闻一多全卷》第2卷,北京:三联书店,1982年。
② 吴新楚:《〈周易〉异文校证》,广州:广东人民出版社,2001年,第35页。

按:"谦"本为卦名,其品性是虚。这里用来形容"君子",自然叠其字为"谦谦",有谦而又谦之意。《象》曰:"谦谦君子,卑以自牧也。"既是有道德、有地位的君子,而又以"谦谦"之品性"自我牧养",为人处事皆不与人争先,自然是无不吉利,任何险难皆可克服。故下文曰:"用涉大川,吉。"

(六)《颐卦·六四》:"颠颐吉,虎视眈眈,其欲逐逐,无咎。"

按:"颐"是卦名,含颐养之义,所谓"颐养天年"是也。"颠颐",有两种对立的解释:《周易正义》曰,"初以上养下得颐之义,故曰颠颐吉也";而《周易全解》云,"以上求养于下,叫颠颐"①。"颠"既有"顶"义,又有"倒"义。《正义》取前者,《全解》取后者,何者为优? 则须结合下文之"虎视眈眈"来定。"虎视"是一种取象,意为"雄视"。眈,《说文》:"视近而志远。"段注:"谓其意深沉也。""眈眈"为盯视貌。既是"雄视"而又"志远",则当由上而下才合文义。《正义》又云:"虎视眈眈,威而不猛,不恶而严。"其说更合经文之意。"逐逐",《经典释文》:"子夏传作'攸攸',《志林》云'攸当为逐。'荀作'悠悠',云'远也'。""逐"是动词,这里用来形容"其欲",则须叠字而成义。"逐逐"是形容不断追求之情,与"悠远"义近。既有雄视专一之志,又有持续不断之情,其结果自然"无咎"。《象》曰:"颠颐之吉,上施光(通'广')也。"正与经文相合。

(七)《咸卦·九四》:"贞言悔亡,憧憧往来,朋从尔思。"

按:"咸卦"之"咸"同"感",为"感应"之义。"贞"即"正","亡"即"无",得正则吉,守正无悔。"往来",就《易经》而言,当指天地交感、男女感应、朋友来往,这本是自然规律或自然需求,无须过于用心,只当顺应即可。《说文》:"憧,意不定也。"唐·玄应《一切经音义》引作"憧憧,意不定也"。今用来状"往来"之情态,自当叠字而为形容词。《经典释文》引王肃云:"憧憧,往来不绝貌。"联系下句"朋从尔思",似含上述两种意义,即意念不定、过分算计。如此则违背自然规律与自然需求,其结果物极必反。故《象》曰:"憧憧往来,未光大也。"

(八)《家人卦·九三》:"家人嗃嗃,悔厉吉。妇子嘻嘻,终吝。"

按:"家人"系卦名,即一般所谓家庭。《易经》是儒家经典,儒家强调所谓"修身齐家治国",故《象》曰:"家人,君子以言有物而行有恒。""齐家"讲究适中,

---

① 金景芳、吕绍纲:《周易全解》,长春:吉林大学出版社,1989年,第25页。

过严则会引起"家人嗃嗃",过宽自会博得"妇子嘻嘻"。而前者虽嗃嗃而叫,却有"悔厉",最终吉利;后者虽嘻嘻而乐,最终"吝凶"。故《象》曰:"家人嗃嗃,未失也;妇子嘻嘻,失家节也。"

(九)《蹇卦·六二》:"王臣蹇蹇,匪躬之故。"

按:"蹇"为卦名,《说文》:"蹇,跛也。"《易·蹇》:"象曰,山上有水,蹇。"王弼注:"山上有水,蹇难之象。"据《周易全解》,"王臣"谓王之臣;"蹇蹇"是以蹇济蹇。① 那么"蹇蹇"就不是叠字,而是两个词,前者用如动词,后者用如名词。此解有自圆其说之嫌。根据卦象,"山"为险阻,"水"为凹陷,上下皆险难。"王臣"似为并列词组,而"蹇蹇"当为形容词,状"王臣"险而又险。下文"匪躬之故",是包括"王"与"臣"两方面而说的。故《象》曰:"山上有水,蹇。君子以反身修德。"遇到险难,而能反躬自问,其结果自然"贞吉"。

(十)《夬卦·九三》:"君子夬夬独行,遇雨若濡,有愠无咎。"

按:"夬"作为卦名通"决"。《说文》:"决,行流也。"水流前行,有决去排除之意。这里用来形容"君子"之决断而无滞的意志,故叠字以成义。君子特立独行,即使遇到消极的"濡染",虽然引起"愠怒",但只要始终坚定,"和而不同",最终依然无有过咎。故《象》曰:"君子夬夬,终无咎也。"

(十一)《困卦·九四》:"来徐徐,困于金车,吝,有终。"

按:"困卦"之"困",含有疲惫困穷之义。对待困穷有两种根本不同的态度。《论语·卫灵公》即云:"君子固穷,小人穷斯滥矣。"《象》亦曰:"困,君子以致命遂志。"孟子所谓"杀身成仁,舍生取义",是其最好的注释。"徐徐",迟缓貌。君子道困,当审时度势,徐徐而来,从容以对,量力而行,自然"有终""遂志"。

(十二)《井卦》:"改邑不改井,无丧无得,往来井井。"

按:"井"是以物象为卦名,而作为世间一般事物处于最下。"邑"指邑居,有时不免要迁徙;而"井"一旦定型,一般不能变动。所以"井"具有稳定常久之品性,"无丧无得"正是对此种品性的表述。至于对"井井",则有两种不同的解

---

① 吴新楚:《〈周易〉异文校证》,广州:广东人民出版社,2001年,第280页。

说。《周易正义》云:"井井,洁静之貌也。往者来者皆使洁静,不以人有往来改其洗濯之性,故曰往来井井也。"而《周易全解》云:"前井字是动词,后井字是名词。'往来井井',来来往往的人们都使用这个井。井是大家共用的。……讲井的效用的周遍性。"①前者把"井井"当作形容词,后者把"井井"看作动宾词组。两相比较,后一说未免牵强,有些偏离卦旨。联系下文"羸其瓶,凶"来看,"井井"宜视为叠字之形容词。王弼注云:"不渝变也。"作为物象之"井"既有常性,那么"井井"应当是形容其终久不变之情状。王注及《正义》所释均比较切合本卦之意旨。

(十三)《震卦》:"震来虩虩,笑言哑哑,震惊百里,不丧匕鬯。"

按:"震"谓震动,结合字形分析,当取象于雷。"虩虩",帛书本作"愬愬"②,当为一词,惊惧之心态也。雷震威严,使人惊惧整肃,不敢掉以轻心。"哑哑",笑语之象声也。雷震在耳,仍能言笑和适,如无事一般。"震惊百里"是进一步描写"震来"之影响,而"不丧匕鬯(皆礼器)"是具体烘托"笑言"之人的镇定若素,身闲气静。有所畏惧则反躬自省,无所畏惧则从容不迫。惟有君子才有如此涵养与非凡气度,因而招致安福。故《象》曰:"震来虩虩,恐致福也;笑言哑哑,后有则也。"

(十四)《震卦·六三》:"震苏苏,震行无眚。"
《震卦·上六》:"震索索,视矍矍,征凶。"

按:"苏苏",畏惧不安之貌。"眚"训为灾,行事有所畏惧,反复思虑,谨慎处置,终究无有灾眚。

"索索",内心恐惧的样子;"矍矍",目光不定的样子。"征"即行。遇有震惊之事,若非君子,即恐惧慌乱,心神不定,不能自控,徘徊彷徨,若继续征行,结果必定凶险。

对比以上两卦辞即知,对待意外变故有两种不同的反映与态度:适度惊惧而慎重处置,则免灾;过分恐惧而束手无策,则有祸。

(十五)《渐卦·六二》:"鸿渐于磐,饮食衎衎,吉。"

---

① 金景芳、吕绍纲:《周易全解》,长春:吉林大学出版社,1989年,第337—338页。
② 吴新楚:《〈周易〉异文校证》,广州:广东人民出版社,2001年,第142页。

按:"鸿"是水鸟。"渐"有进义,渐进即有次序地前进。"磐"即磐石,稳固安全之物象。"衎衎",帛书本作"衍衍"①,形容饮食适中和乐。有规律地行事而达于安全之地,日常处置又适中得体,最终获得吉福。

(十六)《旅卦·初六》:"旅琐琐,斯其所取灾。"

按:"旅"为卦名,有羁旅之义。羁旅在外,不免困顿,"琐琐"正是形容其猥琐柔弱之情态。处于羁旅困顿而又猥琐之人,必然意志薄弱,眼光短浅,因而自取灾患。故《象》曰:"旅琐琐,志穷灾也。"

从以上对若干与叠字有关之卦象的解说中,我们完全可以体悟到古人在为人处事方面的宝贵经验。归纳起来,大致有以下几类:一是志意高远,勉力自强;二是诚信谦虚,反躬自省;三是矢志不渝,坚守安适;四是居安思危,慎重处置;五是遇险不惊,顺应自然;六是特立独行,舍生取义。

对生活在竞争激烈、诱惑冲击、瞬息万变的现代社会的我们,尤其是年青一代,岂不是仍然需要《易经》里所蕴涵的那些人生哲理和生存智慧么!

2008 年 4 月

---

① 吴新楚:《〈周易〉异文校证》,广州:广东人民出版社,2001 年,第 147 页。

再论《老子》一书的功能与性质

拟定本文的题目,是缘于《易经》里一句名言的启示:"器唯其新,人唯其旧。"①用于本文,《老子》一书所可能产生的功能,即所谓"器";老子本人思想所具有的性质,即所谓"人"。学术文化史证明,凡是经典著作,无不处于既稳定而又不断变动的状态。因为就客体而言,一部经典著作在历史长河中都可能保持其"旧"的即文本固有的性质(深层意义);而就主体而言,不同社会时期的学者对一部经典著作都探求其"新"的即时代要求的功能(表层意象)。因此,可以把经典著作的上述两个方面适当区分开来考察。有史以来的传统学术研究与近几年来不断升温的通俗讲坛,就是此种体现。

《老子》又名《道德经》。关于该书的性质,历来有各种不同的说法。笔者于三年前曾经写过一篇《〈老子〉"道经"首篇阐释》,认为要正确理解其本旨,在方法论上应当强调三点:一是要篇内自证,"以老证老";二是应分析句法,考虑语境;三是从整体出发,宏观把握。并据传说推测,"老子总是面对某些人在宣讲某种事理或学说,即老子心目中一种深奥而不可名状的哲理"。②最近,北京大学哲学系王博教授在解读《道德经》时指出:"对《老子》而言,其言之宗、事之君就是君人南面之术。"③此说颇为新颖,但也确实有些道理。

班固《汉书·艺文志》云:"道家者流,盖出于史官。历记成败存亡祸福古今之道,然后知秉要执本,清虚以自守,卑弱以自持,此君人南面之术也。"④

---

① 金景芳:《〈周易〉全解》,长春:吉林大学出版社,1989年。
② 白兆麟、蔡英杰:《〈老子〉"道经"首篇阐释》,安徽大学学报(哲学社会科学版),2006年第4期。
③ 王博:《〈道德经〉是怎样一部书》,《光明日报》,2006年11月16日"国学版"。
④ 陈国庆:《〈汉书·艺文志〉注释汇编》,北京:中华书局,1983年。

以此来概括《老子》一书的主旨,自是宏观把握,也大体吻合。因为老子毕竟是道家学派的创始人,而且史籍都记载着他曾经担任过周王室的史官,《老子》一书里的许多言论都符合一个史官与王侯交谈的身份,其辩证的思维方式也体现出史官表述的特点。看来,王博教授的论述,在学术观点上既有继承,亦有创新。

首先,从该书用语来看,不仅出现不少"侯王"、"万乘之主"一类的称呼,而且还明确提出"圣人处无为之事,行不言之教"的主张,表现出言说者俨然以帝王师的身份向他们灌输"君人南面之术"。这里列出部分有关言论①:

  重为轻根……奈何万乘之主而以身轻天下?(第二十六章)——根,根基。

  道常无名……侯王若能守之,万物将自宾。(第三十二章)——宾,宾服。

  道常无为而无不为。侯王若能守之,万物将自化。(第三十七章)——无为,应理解为"不强为"。

  万物得一以生,侯王得一以为天下贞。(第三十九章)——一,指"天道"。贞,通"正",首长。

以上所列,显然是老子为"天子"、"侯王"、"君上"所设想的"君人之道"与"为王之术"。与此相对,作为儒家学派代表作的《论语》,其篇幅数倍于《老子》,却不仅见不到一个"侯"字,就是"王"字也只出现三次,除去明指"先王"之外,只有一次是当"具备德政的君主"讲②,而且还是用在假设句中:"子曰:'如有王者,必世而后仁。'"当然,这是因为其创始人孔子是面对其弟子讲学的缘故。

其次,尤有意味的是,《老子》与《论语》里都提及"圣人"一词,但其含义截然不同:于前者是指"得道的君王",而于后者是指"具有最高道德标准的人"。先看《老子》:

  是以圣人处无为之事,行不言之教。(第二章)

  是以圣人之治,虚其心,实其腹,弱其智,强其骨。(第三

---

① (魏)王弼:《道德真经注》,上海书店影印《诸子集成》,1986年。
② 杨伯峻:《〈论语〉译注》,北京:中华书局,1962年。

章)——虚,虚静。

圣人不仁,以百姓为刍狗。(第五章)——元·吴澄注云:"刍狗,缚草为之形,祷雨所用也。既祷则弃之,无复有顾惜之意。圣人无心于爱民,而任其自作自息。"①

毋庸置疑,以上老子所谓"圣人",皆指"有道之君主"。再看《论语》所载:

子曰:"圣人,吾不得而见之矣;得见君子者,斯可矣。"(述而篇)

子曰:"君子有三畏:畏天命,畏大人,畏圣人之言。小人不知天命而不畏也,狎大人,侮圣人之言。"(季氏篇)

子夏闻之,曰:"……有始有卒者,其惟圣人乎!"(子张篇)

以上所引表明,孔子及子夏所谓"圣人"是指"具有最高道德标准的人",所以他与他的弟子都不轻易提及,整部《论语》只出现上引四次而已;与此相对的"君子"一词,在《论语》中竟出现一百余次。② 这与孔子作为"夫子"进行"仁义"教化的身份也是完全相符的。

上述两方面的对比,自然使我们联想起西汉学者扬雄在其《法言》里所说的:"史以天占人,圣人以人占天。"③这在一定程度上说明了,身为史官的老子的学术与儒家学派的孔子的确不同,即《老子》全书充满着推天道以明人事的性质。《老子》一书分"道经"与"德经"两篇,所谓"道"谓"天道",所谓"德"谓"德行",前者指比较普遍而抽象的原则,后者主要指王侯个人所具有的品行与方术。这正是老子学术所呈现的天人之学的特征,即正确处理天道与君王之间关系的根本原则——"无为而无不为"。

再次,应当指出,老子的"君人南面之术",既不同于儒家所谓"仁义之道",也有别于法家所谓"权势之术"。它是立足于"天道",即建立在自然法则的基础之上的,因而具有普适性。也就是说,《老子》一书虽然其初衷是针对被称作"圣人"的侯王来说的,但其中赖以确立基础的"道"却是普遍适用于所有的人。笔者在阐释"道经"首篇时即指出:"本章可谓《老子》全书之总纲,是阐释老子的基础,其学说的关键词语——'道、无、有、玄',都在这一章里提了

---

① (元)吴澄:《道德真经注》,《道藏》本第4卷。
② 杨伯峻:《〈论语〉译注》,北京:中华书局,1962年。
③ (汉)扬雄(撰)、汪荣宝(义疏):《〈法言〉义疏》,北京:中华书局,1987年。

出来,并作了初步的解释。"①从全书着眼,《老子》的最高哲理是"反者道之动",说的是物极必反的根本法则。老子以圣人的口吻强调说:"我有三宝,持而保之。一曰慈,二曰俭,三曰不敢为天下先。……今舍慈且勇,舍俭且广,舍后且先,死矣。"(第六十七章)这里所显示的柔弱姿态,即班固所谓"清虚以自守,备弱以自持",正是一种冷静若愚的大智慧。这种大智慧还呈现于以下各章:"是以圣人后其身而身先,外其身而身存"(七章);"夫唯不争,故天下莫能与之争"(二十二章);"将欲歙之,必固张之;将欲弱之,必固强之;将欲废之,必固兴之;将欲取之,必固与之"(三十六章);"是以圣人于上民,必以言下之;欲先民,必以身后之。是以圣人处上而民不重,处前而民不害"(六十六章);"坚强者死之徒,柔弱者生之徒","强大处下,柔弱处上"(七十六章)等。总括来看,这是老子告诫君主要"自我节制",用他的话来说,就是"无为",只有君主"无为",才能任使百姓达到"自然"的状态。故老子引"圣人"云:"我无为而民自化,我好静而民自正,我无事而民自富,我无欲而民自朴。"(第五十七章)他最终还总结说:"圣人之道,为而不争。"(第八十一章)强调的还是"道",可见老子所谓"无为"即"为而不争"。唯有如此,方能使民众达到"自化"、"自正"、"自富"、"自朴"的情境。再明显也不过了,老子是在向世人描绘一幅"道常无为而无不为"的自然而然的大场面。

我们只要想一想,由于人类利欲熏心、贪婪无度、掠夺不止,造成空前的生态环境失衡,温室气体效应,险恶天灾接连,局部战争不断,恐怖主义盛行,这一切恶果难道不是大自然之"天道"对人类的报复与惩罚么?不幸为两千多年前的老子而言中。可见,《老子》一书所阐述的宗旨,对现实社会仍然起着巨大的警世作用。

然而,我们又不能不强调指出,上引言论的根基是一个普遍而深刻的道理,即老子的哲理性总结:"反者道之动,弱者道之用。天下万物生于有,有生于无。"(第四十章)这与首章所谓"非常之道"、"无名,天地之始;有名,万物之母"是一致的。这就是普适性的"相反相成,有无相生"的辩证法则。所谓"知人者智,自知者明。胜人者有力,自胜者强"(第三十三章);所谓"自知不自见,自爱不自贵"(第七十二章),所谓"自见者不明,自是者不彰,自伐者无功,

---

① 白兆麟、蔡英杰:《老子"道经"首篇阐释》,安徽大学学报(哲学社会科学版),2006年第4期。

自矜者不长"(第二十四章);所谓"生而不有,为而不恃,长而不宰"(第五十一章)云云,十分明显,老子的这种把"自知"、"自胜"、"自爱"等等视为比"知人"、"胜人"、"爱人"等更为重要的智慧,并不仅仅是对王侯说的,也是对普世所有人说的。老子还讲过:"域中有四大,而人居其一焉。人法地,地法天,天法道,道法自然。"(第二十五章)这明显是要求普天下所有人都冷静地取法"天道",效法"自然"。因为不仅权力的拥有者,而且财富、美貌、智慧等的拥有者,大都不能自觉,所以都需要提醒而加以节制,需要"光而不耀"且"无为而治"的。只有这样,才能深刻理解老子所向往的社会图景:"小国寡民……使民复结绳而用之。……甘其食,美其服,安其居,乐其俗。邻国相望,鸡犬之声相闻,民至老死不相往来。"(第八十章)须知,具有冷静的大哲大智,才能描绘出一幅如此清冷的图景。

这里就提出一个严肃的问题,为什么老子具有这种冷静若愚的大智慧?请认真阅读"道经"首篇,仔细体味其不可名状的"非常之道"。这种"道"是不可感知的,那么老子又是如何通向这个神秘奥妙的门户的呢?《老子》一书即有交代:

载营魄抱一,能无离乎?专气致柔,能婴儿乎?涤除玄览,能无疵乎?(第十章)

致虚极,守静笃。万物并作,吾以观复。(第十六章)

以上所述就是老子获"道"的方式。"营魄抱一"即凝神,"专气致柔"即静意,"涤除玄览"即清除杂念。只有在这种"虚极"、"静笃"、保持澄静空明的忘我状态下,才能与"万物并作",顿悟万物复归之本原,体味"道之为物"的精妙,也就是通晓宇宙运动的规律。

如果再追问一句,老子为何在"文明"已经出现近两千年之后,还一再强调"无为而治"、"顺应自然",并描绘一幅"小国寡民"的景象呢?学者们多从春秋战国时期的政治背景来找答案,说是"守旧"与"复古"。这固然也不错,但总感到老子的思考似更深远。人类发展的历史告诉我们,当人与自然分离之后,人类的原始生存和自然状态同一的远古景象被破坏了,人类的社会关系开始分化,人性的内在分裂开始出现,是非、美丑、善恶这些在人的原始生存中未曾对立的意识开始萌生,混沌无知、朴素自然的境况业已破灭,人的社会行为和社会分工在促进人类的进步,而同时又反过来成为人类自我发展的异化力量,人的自由天性被人类所创造的文明所摧残。大凡身处时代最前列的思想家,对上述人类发展的严酷现实与黯淡前景都不会不加以关注。与主张"入世"的儒家强调人的社会性不同,倡导"忘世"的老子特别关注人的自然性。因此,老子主张无为,倡导阴柔,强调返璞归真,并将其学说归结为一种顺应自然的"道"。从哲学的角度来看,《老子》一书所体现的,是对人类生存状态与生命异化的理性关怀。

正是因为老子把所谓"南面之术"笼罩于"反者道之动,弱者道之用"的大哲大智之中,所以才引起了历代学者对《老子》一书之主旨的各种不同的理解。换句话说,老子是从哲理的角度,而不是从政治的角度,来向侯王们说教的。王弼所谓"崇本息末",河上公所谓"自然长生"云云,都是学者们从哲理的不同方面来阐述其中的奥妙的,他们不具备充满哲理的政治学的眼光,自然看不出其中隐含的政治理念。倒是历史上一些开明的帝王,能从中汲取某些有益的"权术"功能,因而成就了所谓"文景之治"、"贞观之治"。只有思想极其开阔的哲学家,方能超出传统的局限,解读出《道德经》的新意来。

最后,回应前文而归结为一点:经典著作是常青树,只要维护其文本所固有的思想之根,就能展望其成长的茂盛之叶。小而言之,是探寻一部经典著作的本原与其后世传承的契合;大而言之,是实现传统思想与现代文明的对接。

2007 年 11 月

《老子》"道经"首篇阐释

《老子》一书又名"道德经",共八十一章,分"道经"和"德经"两篇。现今流行本一般"道经"在前,"德经"在后;但是也有"德经"在前,"道经"在后的,如马王堆帛书本《老子》。① 就篇章而言,前三十七章为"道经",后四十四章为"德经"。据王弼本,其首章一般断句为:

  道可道(也),非常道。名可名(也),非常名。无名,天地之始(也);有名,万物之母(也)。故常无欲(也),以观其妙;常有欲(也),以观其徼。[此]两者同出,[而]异名同谓[之玄],玄而又玄,众妙之门。

本章可谓《老子》全书之总纲,是阐释老子的基础,其学说的关键词语——"道、无、有、玄",都在这一章里提了出来,并作了初步的解释。由于该章所牵涉的概念比较繁多,文字十分简明,涵义又非常抽象,所以至今仍然众说纷纭。其中有些学者未能从语言文字出发,广征博引,故弄玄虚,结果不是不得要领,就是曲解成义。我们认为,要正确理解本章之旨,在方法论上应当强调以下几点:一是要篇内自证,"以老证老";二是应分析句法,考虑语境;三是从整体出发,宏观把握。

一

以上所引首句有三个"道"字,其含义是否相同?联系第二句有三个"名"

---

① 高明:《帛书老子校注》,北京:中华书局,1996年。

字,可知其含义应当不同。前后两个"道"和两个"名"是名词,中间一个"道"和"名"置于助动词"可"字之后,是动词。

据说老子出关时,应关尹之请,始留下"五千言"。此传说无论是否属实,老子总是面对某些人在宣讲某种事理或学说,即老子心目中一种深奥而不可名状的哲理。在这种情境下,老子自然开宗明义,先提出自己与众不同的"道",要突出它的非同寻常。"道"是先秦诸子经常提到的极普通的概念:儒家倡导伦理之道,墨家提倡兼爱之道,法家奉行权术之道等。再远些,殷商统治者信奉神道,西周统治者信奉天道。所有这些,在老子看来都是"常道",即可以凭靠经验感知的"形而下之道"。而老子之"道",可以"称道",可以解释,却不可感知,因为它是"非常道",即"形而上之道"。对此,老子自己在以下各章作过描述:

> 道冲(帛书作"盅"),而用之或不盈。渊兮似万物之宗,湛兮似或存。① 吾不知(其)谁之子,象帝之先。(四章)
> 是谓无状之状,无物之象,是谓惚恍。迎之不见其首,随之不见其后。(十四章)
> 道之为物,惟恍惟惚:惚兮恍兮,其中有象;恍兮惚兮,其中有物。窈兮冥兮,其中有精。其精甚真,其中有信。(二十一章)
> 有物混成,先天地生。寂兮廖兮,独立而不改,周行而不殆(帛书无此句),可以为天地母。吾不知其名,字之曰道。(二十五章)

以上就是老子自己所描述的"道"的意象。显然,这种意象,目不见,耳不闻,鼻不嗅,舌不尝,体不触,不是凭经验所能感知的。因此,老子最后说:"道之出口,淡乎其无味,视之不足见,听之不足闻,用之不足既。"(三十五章)可见,老子之道是一种不可名状的"非常之道"。

有些学者认为,"可道"之"道"是一般的"道";而"常道"之"道"是恒久之道,即老子之道。"常"有"久"义,就句论句,似能讲通,但联系老子自己所描述的"道"来看,就明显地站不住脚,得不到《老子》全书整体哲学的支撑。

---

① 冲(盅),冲虚、中空。湛,《说文》:"湛,没也。"有"深,无"之意。

二

老子的"道"虽然是形而上的"非常道",但不是不可以言说,不是不可以解释的。既要言说、解释,就需要有个名称。下一句的第一个"名"字即指"道"之"名",这个"名"是特指,与第一个"道"一样。接着便说可以为它命名,但并非"常名",即不是一般人所熟知、所理解的寻常的名称,其属性同样是超出人们认知范围的。前面所引"不知其名",即"不知当何以名之"。既然老子"道"的属性是一般词语无法表达的,紧接两句便提出"无"和"有"这两个名称来。由此看来,这两句应该如此断句:

无,名天地之始;有,名万物之母。

对此二句,王安石就曾说过:"无,所以名天地之始;有,所以名万物之母。"如此断句,不仅符合上下文的逻辑性,而且可以与前面所引各章相互印证。其中第十四章还说:"视之不见名曰夷,听之不闻名曰希,搏之不得名曰微。此三者不可致诘,故混而为一。""夷、希、微"都有"无"的意思,"混而为一"更是"天地之始"的情状。第二十五章也说:"有物混成,先天地生。可以为天下母。""先天地生"即"天地之始","为天下母"即"万物之母"。这足以证明,"无"是"天地之始"的"名",指宇宙本体;而"有"是"万物之母"的"名",指万物之源。"无"和"有"都是"道"的两种属性。再看第十一章:

三十辐共一毂,当其无,有车之用。埏埴以为器,当其无,有器之用。凿户牖以为室,当其无,有室之用。故有之以为利,无之以为用。

在上引一段里,"无"和"有"是作为一对抽象概念而出现的。不过首章里的"无"和"有"是完完全全"形而上"的,极为抽象的;第十一章前三句里的"无"和"有"是就个别事物而言,带有一点"形而下"的味道,但最后一句的"无"和"有"仍是"形而上"的,是抽象的。这一章也说明,"无"和"有"是"道"的两个属性,"无"是"道"之体,"有"是"道"之用。老子在第二章说过"有无相生"的话,在第四十章又说"天下万物生于有,有生于无",这更是首章在"无"和"有"之后点断的最好注脚。既然"无"是"天地之始"之名,"有"是"万物之母"之名,那么当然是"无"生"有","有"生"万物"。老子是当时不同凡响的哲学家,我们完全有理由推断:"天地之始"是老子对远古蛮荒时代的认识,因而用"无"来称呼它;"万物之母"是老子对近古物质追求时代的认识,因而用"有"来称呼它。

其实就"无"而言,说得通俗些也不难理解。本来就无所谓宇宙,是一种混沌状态,自然而然地便产生了宇宙。本来也无所谓人类,生物进化而孕育了人类。至于"有",倒有必要考证一番。据《说文解字》,"有"字的字形是从手持肉,其本义当为"占有"。徐灏笺云:"古者未知稼穑,食鸟兽之肉,故从又持肉为'有'也。"结合人类社会发展史,这个解说反映了对鸟兽之肉的剩余产品占有之时,正是私有制产生之日。可是许慎对"有"字本义却解释说:"有,不宜有也。"段玉裁注云:"谓本是不当有而有之称,引申为凡有之称。"①

所谓"不宜有"、"不当有",不就是"无"么?而"凡有"之"有",正是从"无"中派生出来的。许慎对"有"字的解释,有古代文献为据。《春秋·庄公二十九年》:"秋,有蜚。"《公羊传》何休注:"言'有'者,南越盛暑所生,非中国之所有。"②这是说"蜚"原本中原所无,这年秋天发生了,便记载说"有蜚"。《左传》亦如此使用"有"字之本义,如《左传·桓公三年》:"有年。"孔颖达疏云:"桓恶而有年丰,异之也。言'有',非其所宜有。"③这当然是所谓"春秋笔法",指斥桓公作恶,不宜有此而有此也。显然,"常有"不说"有",而"非常有"才说"有",这"有"自然生于"无"了。

三

再下二句,帛书本两"欲"字后皆有"也"字,自然是"常无欲"、"常有欲"连读,问题在于如何理解。这是两个并列的复句,"以"字是连词,经常用来表明其前后两个分句是手段和目的的关系。就是说,"常无欲"是为"观其妙","常有欲"是为"观其徼"。有人以为,老子提倡清心寡欲,强调抛弃世俗尘念,怎么会说"常有欲"呢? 其实这是一种误解。这里的"无欲"和"有欲",说的是两

---

① 段玉裁:《说文解字注》七篇上,上海古籍出版社,1981年,第 314 页。
② 何休:《春秋公羊传》卷九,上海:中华书局,《四部备要》本。
③ 孙颖达:《春秋左传注疏》卷六,上海:中华书局,《四部备要》本。

种相对的意识状态,两个不同历史阶段的存在方式。这里所谓"欲"并非一般所说的"个人欲望"。"常无欲"是指人的纯粹自然的意识状态,是指远古蛮荒时代的社会存在;"常有欲"是指人的"有为"而非自然的意识状态,是指近古物质意识时代的社会存在。

"观其妙"与"观其徼"对文。"妙"是指微妙、高妙,"徼"是指循求、索求。据帛书本,"妙"从"目"旁,"徼"从"口"旁,那么分别是"高远、深远"和"孔窍、归趋"的意思。用哲学词语来表达,"观其妙"即审视其本质,"观其徼"即观察其现象。只有在"常无欲"的状态下,才能体验"道"的本质、本体;也只有在"常有欲"的情境下,才能体察"道"的现象、作用。

四

最后四句,通行本与帛书本虽有异文,但文意无别。"无"和"有"是老子特定的命名,所谓"两者"自然是指"无"和"有"。它们同由"道"出,而名称各异:一是称"道"之体(本质),一是称"道"之用(现象)。它们名称虽然不同,但其来源与实质却是一个,即"天地之始"的"道","万物之母"的"名"。正如老子所描述的,"道"是不可名状的,是高远莫测的"非常道";"名"也是不同寻常的,是难以认知的"非常名"。因此,老子最后说它"玄之又玄,众妙之门"。"道"是"天地之始"的自然本质,也是"万物之母"的自然规律,因而成为"众妙之门"。"妙",帛书本作"眇",二字同源。段玉裁即云:"《说文》无'妙'字,'眇'即'妙'也。"①把握了"无"和"有"这两个"非常名"的内涵,理解了它们"体"和"用"的有机联系,既审察其本质,又观察其表象,那就会通向"道"这个一切神秘奥妙的门户了。

既然老子之"道"不可感知、不可名状,那么老子又是如何获得的呢?《老子》一书即有交代:

    营魄抱一,能无离乎?专气致柔,能婴儿乎?涤除玄览,能无疵乎?(十章)

    致虚极,守静笃,万物并作,吾以观复。(十六章)

---

① 段玉裁:《说文解字注》七篇上,上海古籍出版社,1981年,第135页。

以上所述就是老子获"道"的方式。"营魄抱一"即凝神,"专气致柔"即静意,"涤除玄览"即清除杂念。据佛家所言,释迦牟尼在菩提树下静坐沉思,顿悟成佛,其获道方式与老子颇为相似。只有在这种"虚极"、"静笃"、抛却一切杂念的忘我境界下,才能与"万物并作",顿悟万物的本原,体味"道之为物"的精妙,也就是通晓宇宙运动的规律。看来所谓"玄",既是对"凝神静意"这种获道方式的描述,也是对"非常之道"那种意象的表达。

联系《老子》文本里常用"玄牝"、"雌母"、"婴儿"为喻,老子之"道"显然取象于"生育"之道,"赤子"之形,由此演化为万物出生之道。如果说儒家着眼于社会的人,强调人的社会性;那么老子则着眼于自然的人,特别注重人的自然性。因此,老子主张无为,倡导阴柔,强调返朴复真,其"道"显然是一种顺其自然的哲学。

本文定稿于2004年秋末。临发刊前,读到陈炎教授的一篇学术讲演《儒家、道家与日神、酒神》,其中有一段内容与本文有关,摘录于下,供读者参阅:"我们知道,《老子》一书中有很多抱阴守雌、崇拜女性的内容,甚至有人认为,最早出现在金文中的'道'字,实际上是一个表征'胎儿分娩'的象形字。我们还知道,'母'字在《老子》中出现过很多次……我们更知道,老子所崇拜的理想社会,是一种极为原始的小国寡民时代,那个时代的人们'只知其母,不知其父'。为什么要去追忆和留恋母系社会呢?显然是出于对父系社会所代表的文明制度的不满。究其原因,老庄在那套君君臣臣的关系中发现了不平等,在那种俯仰屈伸的礼仪中发现了不自由,在那些文质彬彬的外表下发现了不真诚。所以,他们要反抗对人的异化!"①如果淡化上述讲演中的政治学色彩,而侧重于哲学的角度去理解,其精神就与本文基本一致了。

2004年11月

---

① 陈炎:《儒家、道家与日神、酒神》,载《光明日报》,2006年2月7日。

《老子》之"一"字考释

《老子》一书多处出现"一"字,各处该如何训释,历来众说纷纭。如第四十二章之"道生一,一生二,二生三"几句,著名学者高明在其《帛书老子校注》中指出:"关于'一'至'三'数之解释,历代学者见解不一,注释亦不相同。"(第30页)例如:

奚侗云:"《易·系辞》:'是故《易》有太极,是生两仪。'此云'一'即'太极'。"

河上公谓,"一,道始所生也"。

王弼云:"万物万形,其归一也。何由致一?由于无也。……故万物之生,吾知其主,虽有万形,冲气一焉。"

蒋锡昌《老子校诂》:"道始所生者一,一即道也。自其名而言之,谓之道;自其数而言之,谓之一。"

高明总结说:"蒋说进而发展了王弼注释,似较他说义胜。"

其实以上各解不仅牵强附会,而且还笼罩上了一层迷雾。若释"一"为"道",则"道生一"岂非"道生道"乎?这在逻辑上明显是讲不通的。

再如第十章"载营魄抱一"之"一",亦有以下几种不同的说法:

河上公云:"营魄,魂魄也。一者,大和之精气也。"

王弼云:"营魄,人之常层处也。一,人之真也。言人能处常居之宅;抱一清神,能常无离乎,是万物自宾也。"

朱谦之《老子校释》:"'抱'如鸡抱卵;一者,气也、魂也。'抱一',则以血肉之躯,守气而不使散泄,如是则形与灵合,魂与魄合。"

李先耕《老子今析》:"抱一则守身存真。如此形神相依,动静不

失。"(第49页)

以上对"一"的诸种解释，或过于玄虚，或杂糅各说，均未得其实解。

拙著《新著训诂学引论》曾提出文献训诂必须遵循五项原则：语言的社会性；词义的时代性；句法的制约性；语境的规定性；文献的本原性。(第298—325页)《老子》所表达的虽然是形而上的思想，但作为一部上古文献，阐释时也应当遵循上述训诂原则。因此，要考求《老子》"一"字的确诂，我们认为，首先应当从其作者所处的上古时代出发，将《老子》从后世种种思想包裹的外壳中剥离出来；其次要从该书全盘着眼，"以老证老"，恢复《老子》作为上古道家朴素的本原形态。为此，有必要列出《老子》(依王弼本为据)全书含有"一"字的所有句子，再就其词义加以整理归纳：

(1)载营魄抱一，能无离乎？专气致柔，能婴儿乎？(十章)

(2)三十辐共一毂，当其无，有车之用。(十一章)

(3)视之不见名曰夷，听之不闻名曰希，搏之不得名曰微。此三者不可致诘，故混而为一。(十四章)

(4)曲则全，枉则直，洼则盈，敝则新，少则得，多则惑。是以圣人抱一，为天下式。(二十二章)

(5)故道大，天大，地大，王亦大。域中有四大，而王居其一焉。(二十五章)

(6)昔之得一者，天得一以清，地得一以宁，神得一以灵，谷得一以盈，万物得一以生，侯王得一以为天下贞。(三十九章)

(7)道生一，一生二，二生三，三生万物。万物负阴而抱阳，冲气以为和。(四十二章)

(8)我有三宝，持而保之。一曰慈，二曰俭，三曰不敢为天下先。(六十七章)

以上八处共有十五个"一"字。其中(2)、(5)、(8)三处的"一"，明显是用作数词，前两处是基数，后一处是序数。这都是"一"字的本来用法，是毫无疑义的。其余五处的"一"，都应当是其引申用法，探求其义，具体说来应当考虑三条途径：一是词义的引申规律，二是所在的文本语境，三是《老子》的整体思想。

"一"由数词很自然地引申为"一物"、"一体"、"一致"、"专一"、"同一"、

"独一",等等。以上五处的"一",正是分别指称"一物"、"一体"与"一致"或"同一",符合词义"由个别到一般"和"由具体到抽象"的引申规律。以下分别加以详解:

先看例(3),所谓"混而为一",自然是指前面所说的"视之不见"、"听之不闻"、"搏之不得"这三种现象混合而为"一物",即所谓"夷"、"希"、"微"混为"一体"。也就是说,人的视觉、听觉、触觉混而不分,这与《老子》所使用的称谓"夷、希、微"三者是同义词恰好一致。当然,这里的"一物"、"一体",已开始含有哲学的意味,即暗指所谓"道"了。然而"为一"的"一"本身毕竟不是"道",这一点必须明确。

再看例(7),所谓"道生一,一生二"之"一",既不是指"元气",也不是指"太极",那是阴阳家和玄学家对《老子》的理解,极力把它纳入他们的思想范畴。如今,我们应当排除阴阳说和玄学的阴影,还它以原初的面貌。联系"二生三,三生万物"两句,这里的"一"亦当指"一物",不过比起"混而为一"的"一物"更加抽象,更具哲学意蕴,即今之所谓"一种物质"。就是说,由于"负阴抱阳"之"道"的作用而产生出一种物质,而由这种"物质"的不断分化,逐渐出现"万物"兴盛的局面。这才是《老子》全书所要表达的"万物归于道"的上古道家的朴素思想。

再看例(4)"圣人抱一"之"一"。此"一"显然是针对上文所说"曲则全,枉则直,洼则盈,敝则新,少则得,多则惑"的种种情状、事实提出的,关联词"是以"就表达了这种联系。河上公注曰:"抱,守法式也。圣人守一乃知万事,故能为天下法式也。"此说比较切合该句之本意。用今日之言语来表述,"抱一"即"掌握同一原则"。也正因为掌握了上述情状所呈现的辩证原则,才能实现后面所说的"不自见故明,不自是故彰,不自伐故有功,不自矜故长"的愿望。只有如此解释,才能保持此段文字的内在联系,也才符合《老子》的整体思想。

再看例(6)之七个"得一"。王弼注:"昔,始也。一,数之始而物之极也。"高明校注:"'一'字均指道言。'天得一以清',即天得道以清也。下文皆如是。"(第10页)历来注家无不释"一"为"道",然而这些解释并不符合上引《老子》各句之原义。循着词义的引申规律去思考,"得一"即"符合某一原则"或"与某一法则得以一致"。此段第一句是总说,以下几句是分说。其意是:只要符合"阴阳合一"的自然法则,就能实现"天清"、"地宁"、"神灵"、"谷盈"等人类所期望的局面。

终看例(1)之"营魄抱一"。河上公云："营魄，魂魄也。"释"营"为"魂"，于上古声韵有根据。"抱"有"合"义，"抱一"当为"合一"，正与下句"能无离乎"之"(分)离"相对应。王逸注《楚辞·远游》，谓"载营魄"为"抱我灵魂"。又注《楚辞·大招》云："魂者，阳之精也；魄者，阴之形也。"是为汉人故训，较为可靠。如此说来，"营魄抱一"当为"魂魄合一"，即所谓"形神相依"，若"能无离"，自当"专气致柔"，如同"婴儿"一般，天然无邪。这正是《老子》所要表述的本意。

最后，有必要再就《老子》全书的表述及其整体思想加以申述。

老子为其心目中的"道"定名为"道"："有物混成，先天地生。……吾不知其名，字之曰道，强为之名曰大。"(二十五章)此外，除了对其"道"作各种比喻和描述之外，别无其他取名，更没有说过"道"又称作"一"的。既然如此，后世注家把该书有些"一"字解释为"道"，便失去《老子》本身的依据，也就不符合"文献本原性"的原则。

笔者曾发表过《〈老子〉"道经"首篇阐释》一文，其中论及老子是当时不同凡响的哲学家，其所谓"道"既是"天地之始"的自然本质，也是"万物之母"的自然规律，是不可感知、无可名状的"众妙之门"。联系《老子》文本里常用"玄牝"、"雌母"、"婴儿"为喻，老子之"道"显然取象于"生育"之道，"赤子"之形，由此演化为万物出生之道。可见老子与其他先秦诸子不同，他着眼于自然的人，特别注重人的自然性。因此，老子主张无为，倡导阴柔，强调返朴归真，其"道"显然是一种顺其自然的哲学。解释该书之"一"字，也应当从这个整体思想出发。譬如前文所提及的"营魄抱一"和"专气致柔"，前者即凝神如一，后者即静意专一，这种抛却一切杂念的求索境界，也就是老子获得"道"，即通晓宇宙运动规律的途径和方式。

笔者还认为，应当把《老子》所固有的思想与后世强加于它的种种解说区别开来。《易经》所谓"人惟其旧，器惟其新"，结合《老子》来说，就是把该书的固有性质与客观功能区分开来。关于这一点，将另有专文发表，本文就不再赘述了。

2008年2月

《老子》复句辨析

著名学者、南京大学周钟灵教授于1982年发表过一篇题为《〈老子道德经〉句法述要》的论文,里面涉及该书复句的分析。本文以此为参照,对其中复句认真地进行辨析,以期更加符合《老子》文义的脉络。周先生指出:

"《道德经》中的复句却很多。这反映出《道德经》具有丰富多彩的抽象性的哲学思想内容,必得多用复句作为表达的语言形式。例如:

(1)是以圣人处无为之事,行不言之教。(第二章)(联合式复句)
(2)夫唯弗居,是以不去。(第二章)(因果式复句)
(3)不尚贤,使民不争。(第三章)(目的式复句)
(4)为无为,则无不治。(第三章)(假设式复句)
(5)谷神不死,是谓玄牝。(第六章)(命名式复句)
(6)众人皆有余,而我独若遗。(第二十章)(转折式复句)
(7)俗人察察,我独闷闷。(第二十章)(反对式复句)
(8)朴虽小,天下莫能臣也。(第三十二章)(让步式复句)
(9)名亦既有,夫亦将知止。(第三十二章)(理由式复句)

……它们都是二项式的复句,即只具有两个分句的复句。另外还有多项式的复句,即具有三个以上的分句的复句。"(周钟灵《老子道德经》句法述要)

为省篇幅,以下所举例皆略去。显而易见,周先生是从内容和结构形式两方面对《道德经》里的复句进行分析的。不仅如此,他还重点剖析了该书中的假设句("则"字句)、因果句("故"字句)和转折句("而"字句)等复句句型。

前贤的论述固然比较周到,但今日看来,仍然有着补正的必要,因为其认识比起过去又更加深入了。笔者曾就《老子》一书的阐释指出,要正确理解这部经典的主旨,"在方法论上应当强调以下几点:一是要篇内自证,'以老证老';二是应分析句法,考虑语境;三是从整体出发,宏观把握"。① 本文之所以再就《老子》里的复句进行辨析,仍然是为了上面所说的目标。

一、关于复句的定名

试看周先生所举的以下两例及其定名:

> 谷神不死,是谓玄牝。(命名式复句)
> 俗人察察,我独闷闷。(反对式复句)

对前一句,作者称之为"命名式复句"。这种定名似不准确。与此句相类似的还有以下几例:

> 玄牝之门,是谓天地根。(第六章)
> 得之若惊,失之若惊,是谓宠辱若惊。(第十三章)
> 其上不皦,其下不昧,绳绳兮不可名,复归于无物。是谓无状之状,无物之象,是谓恍惚。(第十四章)
> 能知古始,是谓道纪。(第十四章)
> 归根曰静,是谓复命。复命曰常,知常曰明。(第十六章)
> 生而不有,为而不恃,长而不宰,是为玄德。(第五十一章)

类似的例句其余各章还有不少,这里就不再罗列了。以上共有六例。先看第一例,"玄牝之门"本身即是名称,老子用不着再为之命名。再看第二例,"宠辱若惊"并非为"得之若惊,失之若惊"命名,而只是一种概括。其下第三例,"无状之状,无物之象"根本就不是一个名称,何命名之有?何况接着一句"是谓恍惚",哪有刚刚"命"过"名"又接着"命名"的?至于第五例,如果说"归根曰静"是命名句,其后"是谓复命"一句自然就不再是命名了。以上分析足以说明,"是谓(为)"什么什么,并非一定用来命名的,而大多是表示评断的。

---

① 白兆麟:《老子〈道经〉首篇阐释》,载《安徽大学学报》,2002年第3期。

对后一句,周先生称之为"反对式复句"。这种定名也不妥帖,因为它完全是从意义出发的。试将所列举的两个例句加以比较:

俗人察察,我独闷闷。
众人皆有余,而我独若遗。

以上两个复句除了下一句有"而"字以外,并没有什么根本性的区别,而作者将上句称作"反对式复句",却将下句归入"转折式复句"。试问,下句"皆有余"和"独若遗"不也是语意相反么?可见把上引两句硬性分开是带有主观性的,并无客观依据。我们以为,将上述两句都称为"转折式复句"比较稳妥,前者是不用关联词的意合句,后者是使用关联词的形式句。

二、关于复句的分类

周先生将《道德经》的"假设句——'则'字句"分为两类:"一、用连词'则'字的假设句";"二、不用连词'则'字的假设句","这又可以分做用其他'关联字'的假设句和不用'关联字'的假没句两个部分来论述"。其"关联字"列举了"斯"、"若"、"乃"、"而"四个。对于《道德经》的"因果句——'故'(是以)字句",周先生分为三类:"一、用'故'(是以)字的因果句";"二、不用'故'和'是以'而用其他关联字的因果句",作者所说的"关联字"列举了"以"和"为"两个;"三、不用'关联字'的意合法因果句"。

以上所说显然不妥。首先,极易引起两点误解:其一,误以为"则"、"故"只是"连词",而不是"关联字";其二,误以为"若"、"乃"、"而"、"以"、"为"只是"关联字",而不是"连词"。我们以为,科学的理解应当是:一、所谓"关联字",是包括"连词"、"副词"以及某些"指示代词"等所有具有关联作用的字,其外延要比"连词"大得多。二、"若"是表假设关系的连词;"而"是表承接关系或转折关系的连词;"乃"是表承接关系的副词;"斯"原是指示代词,但可虚化为表承接关系的连词,相当于"则"字;"以"和"为"既可用作介词,也可用作连词。其次,上述将"假设句"二分而将"因果句"三分的做法不符合逻辑。合理的划分应当是先把以上两种复句都分为形式句和意合句,前者是指用关联词的,而后者是指不用关联词的。

三、关于转折复句

周先生指出:"'而'字是多功能的连词,既能表达多种的并列关系,又能表达多种的偏正关系。转折关系是并列关系的一种,表达转折关系的句子就是转折句。转折句也是一种复句,它常常用'而'字作为语法标志。"接着列举了八个例句。我们认为,以上说法有两点需要补正。

首先,笔者早年曾经发表过一篇题为《说"而"》的专篇文章。文中指出:"古代汉语的连词'而'字,用法极为灵活。……一般谈文言虚词的书都归纳为'顺接'和'逆接'两类。""'逆接'即表示转折关系,而'顺接'包括并列、递进、修饰、承接等关系。"试看下列《老子》用"而"的句子:

持而盈之,不如其已;揣而锐之,不可常保;富贵而骄,自遗其咎。(九章)

此三者不可致诘,故混而为一。(十四章)

我独异于人,而贵食母。(二十章)

诚全而归之。(二十二章)

域中有四大,而人居其一焉。(二十五章)

将欲取天下而为之,吾见其不得已。(二十九章)

兵者不祥之器,不得已而用之。(三十一章)

上德无为而无以为……上义为之而有以为。(三十八章)

上士闻道,勤而行之。(四十一章)

我无为而民自化,我好静而民自正,我无事而民自富,我无欲而民自朴。(五十七章)

很明显,以上例句中的"而"字,既不是表示并列关系,也不是表示转折关系,而是用来表示承接关系的,其中不少都可以用"则"字替换。

其次,作者在论及"假设句"和"因果句"时,都曾谈到"不用关联字"的"意合法";而论及"转折句"时,却未曾涉及。这也是不符合逻辑系统的。试看《老子》一书里的意合法转折句:

俗人昭昭,我独昏昏;俗人察察,我独闷闷。(二十章)

天下,神器,不可为也。(二十九章)

> 君子居则贵左,用兵则贵右。(三十一章)
> 偏将军居左,上将军居右。(同上)
> 胜人者有力,自胜者强。(三十三章)
> 万物归焉而不为主,可名于大。(三十四章)
> 乐与饵,过客止;道之出口,淡乎其无味。(三十五章)
> 不欲琭琭如玉,珞珞如石。(三十九章)
> 天下万物生于有,有生于无。(四十章)
> 大盈若冲,其用不穷。(四十五章)

还可以举出一些,为省篇幅,不再列举。上引各例前后两分句之间皆有转折之意。在我看来,"转折复句由两个部分构成:前一部分叙述一层意思,后一部分转到另一层表达与上述意思相反或相对的意思。前者为偏,后者为正"。①从以上所列意合法句子可以看出,老子所着意的是后面一层意思,若在中间加上"而"字,其语意重点则更为明显。显然,把转折关系看作"并列关系的一种"是不妥当的。

四、关于按断复句

"按断复句"之得名,据我所知,最早见诸王力于1943年出版的《中国现代语法》一书。他说:"按断式,是论据在前,结论在后的。按断式可以是一种建议,也可以是一种对于既成事实的判断。"在论及主从句之"理由式"时,又说:"理由式和按断式的分别,就在主从句和等立句的分别上。在按断句里,'按'的部分和'断'的部分是同样着重的;在理由式里,只着重一件事情,另一件事情只算是一个理由。咱们在形式上也很容易分辨:理由式往往是有'既'字的,按断式是没有'既'字的。"

到了20世纪90年代,杨伯峻与何乐士合著的《古汉语语法及其发展》这部巨著又发挥了上述按断复句的理论:"按断式是指前面的分句叙述情况,叫做'按';后面的分句对前面的叙述作出评断,叫做'断'。前面'按'的部分常不止一句,有并列句,有连贯句,也有转折句,这一部分是被评断的对象。后

---

① 白兆麟:《说"而"》,载《安徽教育》,1979年第3期。

面'断'的部分常常比较简短,比较容易辨别。……按断句与一般的判断句不同,判断句由主语和谓语两部分组成,是单句;按断句由'按'语和'断'语两部分组成,大多是复句。"

据笔者对《盐铁论》一书的详尽考察,全书共有句子2543个,其中按断复句402个,占全书复句数的18%。正如笔者在拙著《盐铁论句法研究》里所说的:"这个统计数字足以说明:第一,按断复句作为复句的一个类别而划分出来,是十分必要的,否则取消这类复句的独立存在,是不符合古今汉语的事实的;第二,按断复句在语言交际,尤其在论辩过程中,其作用独特,因而被经常使用。"我们用同样的眼光来考察《老子》一书,把其中应当看作按断复句的都搜捡如下:

(1)谷神不死,是为玄牝。(六章)

(2)持而盈之,不如其已;揣而锐之,不可长保;金玉满堂,莫之能守;富贵而骄,自遗其咎:功遂身退,天之道哉。(九章)

(3)得之若惊,失之若惊,是谓宠辱若惊。(十三章)

(4)视之不见,名曰夷;听之不闻,名曰希;搏之不得,名曰微:此三者不可致诘,故混而为一。(十四章)

(5)其上不皦,其下不昧,绳绳兮不可名,复归于无物:是谓无状之状,无物之象。(同上)

(6)能知古始,是谓道纪。(同上)

(7)知常容,容乃公,公乃全,全乃天,天乃道,道乃久:没身不殆。(十六章)

(8)是以圣人常善救人,故无弃人;常善救物,故无弃物:是谓袭明。(二十七章)

(9)不贵其师,不爱其资,虽智大迷,是谓要妙。(同上)

(10)物壮则老,是谓不道。(三十章)

(11)吉事尚左,凶事尚右;偏将军居左,上将军居右:言以丧礼处之。(三十一章)

(12)将欲歙之,必固张之;将欲弱之,必固强之;将欲废之,必固兴之;将欲取之,必固予之:是谓微明。(三十六章)

(13)是以侯王自称孤、寡、不谷,此非以贱为本耶?(三十九章)

(14)大方若隅,大器晚成,大音希声,大象无形:道隐无名。(四十一章)

(15)生而不有,为而不恃,长而不宰:是谓玄德。(五十一章)

(16)无遗身殃,是为袭常。(五十二章)

(17)朝甚除,田甚芜,仓甚虚;服文采,带利剑,厌饮食,财货有余:是为盗夸,非道也哉。(五十三章)

(18)塞其兑,闭其门;挫其锐,解其纷;和其光,同其尘:是谓玄同。(五十六章)

(19)重积德则无不克;无不克则莫知其极;莫知其极,可以有国;有国之母,可以长久:是谓深根固柢、长生久视之道。(五十九章)

(20)善为士者,不武;善战者,不怒;善胜敌者,不与;善用人者,为之下:是谓不争之德,是谓用人之力,是谓配天,古之极。(六十八章)

(21)勇于敢则杀,勇于不敢则活:此两者,或利或害。(七十三章)

以上是仔细考察了全部《道德经》之后,按照该书原来顺序排列的。为避免重复,下面我们按照不同类型加以分析。

(一)以判断句为断语。在《老子》一书里,作为评断语的判断句,其系词一般用动词"为"或"谓"来表示。如(1)(3)(5)(6)(8)(9)(10)(12)(15)(16)(18)(19)共十二例:其主语几乎都用指示代词"是"字,其宾语或用老子所设定的术语名词,如(1)(6)(8)三例;或者用偏正词组或并列词组,如(5)(19)二例;有的还用主谓词组,如例(3)。此外,例(17)之断语是先肯定、而后否定。

(二)以叙述句为断语。在《老子》一书里,也有用动词性词组为谓语的叙述句作评断语的,不过其主语或出现,或不出现。如(7)(11)(14)(21)四例,前两例无主语,而后两例有主语。

(三)以反问句为断语。王力说过:"依国语习惯,按断式的判断部分喜欢用反诘语气。"考察《老子》一书,用反问句作为评断语的,只有(13)一例。

(四)以复句为断语。以上三项都是以单句为评断语,但《老子》也有以复句作为评断语的。如(2)(4)(20)三例:例(2)是承接复句,先叙述,后判断;例

(4)是因果复句,"故"是其连词;例(20)是个二重复句,前三个判断句构成并列关系,后一个分句是其结语。

通过以上粗略分析即可明白,这类复句在深层语义上有着内在的逻辑关系。如今坊间流行的不少诠释《老子》思想内容的论著,由于著者未能觉察该书存在"按断复句"这一类型及其特点,因而在断句与标点上出现了明显的失误。试看《老子今析》一书里与上面所引例句相对应的有关句读:

(5)其上不皦,其下不昧,绳绳兮不可名,复归于无物。是谓无状之状,无物之象。(十四章)

(7)知常容,容乃公,公乃全,全乃天,天乃道,道乃久,没身不殆。(十六章)

(8)是以圣人常善救人,故无弃人;常善救物,故无弃物,是谓袭明。(二十七章)

(14)大方若隅,大器晚成,大音希声,大象无形。道隐无名。(四十一章)

(17)朝甚除,田甚芜,仓甚虚;服文采,带利剑,厌饮食,财货有余,是为盗夸。非道也哉!(五十三章)

(18)塞其兑,闭其门;挫其锐,解其纷;和其光,同其尘。是谓玄同。(五十六章)

(19)重积德则无不克;无不克则莫知其极;莫知其极,可以有国;有国之母,可以长久,是谓深根固柢,长生久视之道。(五十九章)

(21)勇于敢则杀,勇于不敢则活。此两者,或利或害。(七十三章)

以上共八句,两相比较即可知晓,按照上列所引之断句标点,即割断了各句内在的逻辑脉络,因而也就不可能引导读者准确地理解原著的深刻涵义了。

2008 年 8 月

按本原性原则阐释《论语》

一

　　训诂学的研究对象是古代文献,训诂工作应当以恢复和维持文献典籍之原貌为前提。拙著《新著训诂学引论》①末章曾经提出五条训诂原则,最后一条就是"文献的原本性",这是为了尊重传世典籍的客观性,要求阐释者尽可能不把自己的主观意念与古人的原本思想混淆在一起。根据这个原则,笔者近来认真研读《老子》一书,也连续撰写了系列文章。其中《再论〈老子〉一书的功能与性质》②一篇曾把《老子》与《论语》这两部典籍作了一番比较,觉得很有启示。

　　首先,从用语来看,《老子》一书不仅出现不少"侯王"、"万乘之主"一类的称呼,而且还提出"圣人处无为之事,行不言之教"的主张,表现出言说者俨然以帝王师的身份向他们灌输"君人南面之术"。与此相对,作为儒家学派代表作的《论语》,其篇幅数倍于《老子》,却不仅见不到一个"侯"字,就是"王"字也只出现三次,除去明指"先王"之外,只有一次是当"具备德政的君主"讲③,而且还是用在假设句里。

　　其次,《老子》与《论语》都提及"圣人"一词,但其涵义截然不同:于前者是指"得道的君王",而于后者是指"具有最高道德标准的人"。正因为孔子及其

---

　①　白兆麟:《新著训诂学引论》,上海辞书出版社,2005年。
　②　白兆麟:《再论〈老子〉一书的功能和性质》,《燕赵学刊》,2008年秋卷。
　③　参杨伯峻:《论语译注》所附《论语词典》,北京:中华书局,1958年。

弟子所说的"圣人"指的是"具有最高道德标准的人",所以都不轻易提及,整部《论语》只出现四次而已;与此相对的"君子"一词,在《论语》里竟出现一百余次之多。

从上述两点大致可以看出,《老子》一书里的许多言论都符合一个史官与王侯交谈的身份,其辩证的思维方式也体现出史官表述的特点;而作为儒家学派创始人的孔子,却是面对其弟子讲学,这与"夫子"进行"仁德"教化的身份是完全相符的。正如西汉学者扬雄在其《法言·五百》里所说:"史以天占人,圣人以人占天。"这在一定程度上说明了,《论语》与《老子》是两部性质绝然不同的经典。

二

《论语》究竟是一部什么性质的著作?其宗旨又是什么?著名文献学家杨伯峻先生考证后认为,《论语》由孔子的弟子乃至再传弟子记载孔子当年的言语行事,也记载其若干弟子的言语行事,反映出孔子是中国的一位大思想家,一位最早的大教育家。这个结论是切近历史事实的。不过,仅有这个基本认识似乎还不够具体。根据笔者研究《老子》的体会,本原性原则可由以下三方面来具体体现:一是要版本对勘,择善而从;二是要分析字句,文本自证;三是要考虑语境,整体把握。

说到《论语》的版本,前哲时贤已经做了大量有成效的工作。在这样的基础上,我们只打算从中挑出两部由现代学者撰写的颇有成就的著作,作为本文考索的依据:一部是杨伯峻的《论语译注》(以下简称《译注》),另一部是黄怀信的《论语新校释》(以下简称《校释》)[①]。

首先,根据《译注》所附《论语词典》摘出书中的关键字词以见其一般。例如:

"礼"共出现 74 次,分别是"礼制、礼仪、礼法"等义,例如"礼之用,和为贵。"(学而篇)

"思"共出现 24 次,是"思虑、思想"的意思,例如"子曰:'学而不

---

① 黄怀信:《论语新校释》,西安:三秦出版社,2006 年。

思则罔,思而不学则殆。'"(为政篇)

"邦"共出现48次,作"国家"讲的就有47次,例如"夫子至于是邦也,必闻其政。"(学而篇)

"家"共出现10次,其中表卿大夫封地的6次,例如"丘也闻有国有家者,不患贫而患不均,不患寡而患不安。"(季氏篇)表家庭义的4次,例如"在家无怨。"(颜渊篇)

"政"共出现41次,分别是"政事、政令、政柄"等义,例如"夫子至于是邦也,必闻其政。"(学而篇)"谨权量,审法度,修废官,四方之政行焉。"(尧曰篇)"天下有道,则政不在大夫。"(季氏篇)

"文"共出现24次,其中18次是表示"文献、文辞、文献知识"等义,例如"行有余力,则以学文。"(学而篇)"文献不足故也。"(八佾篇)

"教"共出现7次,有"教导、训诲"之义,例如"举善而教不能,则劝。"(为政篇)

"伦"表人和人之间一定关系的虽只有1次,例如"欲洁其身而乱大伦"(微子篇);但是,表示人伦关系应有之行为的字词却不少,如"忠"18次、"孝"19次、"弟"11次、"信"38次,"义"24次等等。

遵循上述原则并联系以上所引关键词去深入考察《论语》就会进一步发现,这部典籍所记载的孔子及其弟子对作为社会的"人"的观照是相当全面的,从礼制到思想,从邦家到政治,从文教到人伦,几乎无不涉及,而着眼点大多是人伦教化之层面。

其次,一部《论语》,弟子当面请教,夫子直接回答,这种对话内容几乎占了全书的大半部。这里也依据《译注》按照其内容大致分类列举如下:

问"仁"者有:宰我(6、26)①,子贡(6、30;15、10),颜渊(12、1),仲弓(12、2),司马牛(12、3),樊迟(12、22;13、19),子张(17、6);

问"政"者有:子张(2、18;12、14;20、2),子贡(12、7),子路(13、1;13、3;14、22),仲弓(13、2),子夏(13、17),颜渊(15、11),冉有、季路(16、1);

---

① 括号里的数字,前一个表篇数,后一个表章数,下同。

问"君子"者有：子贡（2、13；17、24），司马牛（12、4），子路（14、42）；

问"礼"者有：子夏（3、8），原宪（14、1），宰我（17、21）；

问"孝"者有：子游（2、7），子夏（2、8）；

问"士"者有：子张（12、20），子贡（13、20），子路（13、28）；

问"史实（事件、人物）"者有：子张（2、23；5、19；14、40），仲弓（6、2），子贡（7、15；14、17），南宫适（14、5），子路（14、16）；

问"行（实行）"者有：子路（11、22），冉有（11、22），子张、冉有（15、6），子贡（15、24）；

问"为人"者有：子贡（1、15；5、15；11、16；12、23；13、24），子张（11、20；12、6；12、10），子路（14、12；17、8）；

其他如樊迟问学稼（13、4），子路问尚勇（17、23）、问事鬼神（11、12），闵子骞问"仍旧贯"（11、14）等。

以上所引各篇章之师生对话，不仅证实了其着眼点大多在人伦教化层面，而且说明了孔子当时就讲究因材施教与经世致用，强调中庸和谐与全面发展，反映了孔子当时的教育思想的确旨在促使作为社会的"人"的健全发展。在这方面，历代学者多有深入的论述，本文无须赘言。

三

本节专就若干关键字词的校注进行讨论，以凸显《论语》的原本性质。

其一，"为政以德"（为政篇）。

对其中的"德"，《译注》译为"道德"，而《校释》释为"恩德"。前者认为，"孔子的政治主张在于以道德力量来感化人民，这样便可以不用繁刑重罚而人民自然归服"。后者的理由则是，如果国君空谈道德，而百姓并不能获得恩惠，这样的"德治"不可能得到百姓的拥护。

"德"于《论语》共出现38次，《译注》作三种解释：一是"行为，作风，品质"，二是"恩德，恩惠"，三是"道德"。可见是有所辨析的。把"为政以德"之"德"解释为"恩德"，似乎过于坐实，并不切合孔子的政治主张。前面说过，老子是以哲学的眼光看待国家的治理，孔子是从政治学的角度来观照"治国"，至于韩非则是以法学家的视野来要求国君。这正是儒、道、法在国家治理方面的区别所在。

其二,"仁之本"(学而篇)。

关键词"仁"字也值得推敲。据《译注》,"仁"共出现104次;其中作"道德标准"解100次;作"仁人"解3次;而作"人"解1次,如"子曰:'人之过也,各于其党。观过,斯知仁矣。'"(里仁篇)。这种区别对待无疑是正确的。但有一例不可不加以辨析:

> 有子曰:"其为人也孝弟而好犯上者,鲜矣;不好犯上而好作乱者,未之有也。君子务本,本立而道生。孝弟也者,其为仁之本与!"
> (学而篇)

《译注》于"仁之本"下注云:"'仁'是孔子的一种最高道德的名称。也有人说(宋人陈善开始如此说,后人赞同者很多),这'仁'字就是'人'字,古书'仁''人'两字本就有很多写混了的。这里是说'孝悌是做人的根本'。这一说虽然也讲得通,但不能和'本立而道生'一句相呼应,未必符合有子的原意。"(第3页)

而《校释》指出:"'仁'不得有本末,且孝悌与仁无关,更不得为仁之本,作'其为仁'于文亦不可通,'仁'字必误。"(第3页)

从文本语境细加思考,后一说比前一说似更切近原意。因为有子说的就是"为人",而且以"孝弟"为起点,这"为人"之起点自然是"人之本"。做人之"本立",则"为仁"之"道生",可见前后是"相互应"的。我们不必求之过深,否则,反而离题更远。

其三,"君子怀刑"(里仁篇)。

"君子"和"小人"也是《论语》里的两个关键词,值得考究。据《译注》,"君子"共出现107次,《译注》认为有两个意义:一是"有道德的人",二是"在高位的人"。而《校释》以为,春秋时期的"君子"多指君主与统治者,与此相对应的"小人"指小民与百姓。我们认为,理解这两个关键词,应当就《论语》讲《论语》,文本语境起着关键性的作用。众所周知,《论语》一书除"君子"一词之外,还有"君"字也常使用。正如《译注》所云,"君"字共出现46次,该词才是指"古代的天子、诸侯"。"君子"与"君"的分工,在《论语》中相当明确。就以《里仁篇》为例:

君子怀德,小人怀土;君子怀刑,小人怀惠。

《校释》译为:"君主心怀恩德,百姓(就)怀恋乡土;君主心怀刑罚,百姓(就)心思仁惠。"如果说前一句还勉强说得过去,这后一句的解释显然不合逻辑。既然"君主""心怀刑罚",那么"百姓"怎么会"心思仁惠"呢?这是怎么也说不通的。以上所引,本意明显是把具有道德的"君子"与不讲道德的"小人"对比着说的:"君子怀念道德,小人怀恋乡土;君子关心法制,小人想着实惠。"《译注》的理解无疑比《校释》准确。

其四,"举一隅不以三隅反"(述而篇)。

《译注》译为:"教给他东方,他却不能由此推知西、南、北三方,(便不再教他了。)"把"隅"解释为"方",总觉得不怎么稳妥,还不如直接译为"墙角"恰当。《校释》根据皇侃本、敦煌二唐写本增补"而示之"三字,即为"举一隅而示之不以三隅反,则不复也"。如此,更证明"隅"应当解释为"墙角"。这个形象的比喻更切合本意,正是夫子以现实生活中最常见、最容易理解的实例来说明问题,是其直观性教学的最好体现。

其五,"患不知人"(学而篇)。

根据《译注》本,全句作:"子曰:'不患人之不己知,患不知人也。'"(学而篇)这也是可以讲通的。而据《校释》本当为:

不患人之不己知,患己不知也。

这前一句是说"不忧虑别人不知道自己",后一句是说"只忧虑自己什么也不知道"。那么,两个版本哪一个更符合原意呢?这就要联系另外四句通盘考虑:

子曰:"古之学者为己,今之学者为人。"(宪问篇)

子曰:"不患莫己知,求为可知也。"(里仁篇)

子曰:"君子病无能焉,不病人之不己知也。"(卫灵公篇)

子曰:"不患人之不己知,患其不能也。"(宪问篇)

先看前一例,所谓"为己"即为了丰富自己,这是"古之学者"的思想境界,是孔子所肯定的;所谓"为人"即为了炫耀于别人,这是"今之学者"的浅近目的,是夫子所否定的。再看后三例,其意几乎一样:"不患莫己知"就是"不患人之不己知",而"求为可知"意思是"去追求可使别人知道的本领","不病人之不己知"就是"不怨恨别人不知道自己",所谓"病无能"就是"只惭愧自己没有能力",而"患其不能"也就是"只着急自己没有能力"。结合这四例来考虑,前引当作"患己不知",而不是"患不知人",《校释》所本比《译注》更切合孔子的思想体系。因为孔子强调"修己",注重"为己"而学,也就是用文献学习来丰富自己的学识,用仁义礼教加强自身的道德修养,提升自己的精神境界,而不仅是为了了解别人,更不是向别人炫耀自己的才能。

四

本文虽然涉及文献字词的微观考证,但是,正如文章标题所示,其主旨并不限于此,而在于透过关键字词、主干篇章的类析,进行文献整体的宏观阐释。除了上述师生对话以外,若再联系弟子之间的相关讨论,那就可以得到更加深刻的印象。《论语·子张篇》所记载的几乎都是孔子弟子的言论,其他各篇也有些许零散的记录,现集中引用比较典型的几段如下:

有子曰:"君子务本,本立而道生。孝弟也者,其为人之本与!"(学而篇)

曾子曰:"君子以文会友,以友辅仁。"(颜渊篇)

子夏曰:"博学而笃志,切问而近思,仁在其中矣。"(子张篇)

曾子曰:"吾日三省吾身——为人谋而不忠乎?与朋友交而不信乎?传不习乎?"(同上)

子夏曰:"事父母,能竭其力;事君,能致其身;与朋友交,言而有信。"(同上)

有子曰:"信近于义,言可复也。恭近于礼,远耻辱也。因不失其亲,亦可宗也。"(同上)

曾子曰:"士不可以不弘毅,任重而道远。仁以为己任,不亦重乎?死而后已,不亦远乎?"(泰伯篇)

子张曰:"士见危致命,见得思义,祭思敬,丧思哀,其可已矣。"(子张篇)

司马牛忧曰:"人皆有兄弟,我独亡。"子夏曰:"四海之内,皆兄弟也,君子何患乎无兄弟也?"(颜渊篇)

樊迟退，见子夏曰："乡也吾见于夫子而问知，子曰'举直错诸枉，能使枉者直'，何谓也？"子夏曰："富哉言乎！舜有天下，选于众，举皋陶，不仁者远矣。"（同上）

子夏之门人问交于子张。子张曰："子夏云何？"对曰："子夏曰：'可者与之，其不可者拒之。'"子张曰："异乎吾所闻：君子尊贤而容众，嘉善而矜不能。我之大贤与，于人何所不容？我之不贤与，人将拒我，如之何其拒人也？"（子张篇）

子贡曰："纣之不善，不如是之甚也。是以君子恶居下流，天下之恶皆归焉。"（同上）

子游曰："丧致乎哀而止。"（同上）

以上所引较多，之所以如此，一是为了充分展示弟子们所讨论、传授的内容，与夫子当年的讲授何其相似；二是为了说明夫子对其弟子的影响有多大，看来是一脉相承；三是为了显示孔子对其弟子的教导有着宽严适度的要求，因而产生了积极的成效。显然，这种极为深刻的影响，体现了儒家教育的人文精神和优良传统。

五

从理解文献必须"知人论世"考虑，最终我们又不能不联系孔子当年带着众多弟子周游列国、颠沛流离的遭遇。根据《论语》本身及《史记》的记载，孔子一生除了某个短暂时期从政比较顺利之外，前后长期聚徒讲学，大多不得其志，虽曾有过成功的体验，但确实有过不少失败的经历，甚至于被形容为"偃偃若丧家之犬"，并不像后来许多王朝所推崇的"圣人"那样，头上戴有那么多光环。在春秋末期那个"礼崩乐坏"的时代，与其说孔子是位"伟大的思想家和教育家"，还不如说他是个穷困而尚未潦倒的教师，至多是一个"学而不厌、诲人不倦"、"循循善诱"、"因材施教"、晚年把全部精力都放在整理文献和从事教育上的"优秀教师"。

一部《论语》，弟子请教，夫子答疑，师生交谈，相互切磋，其情景比比皆是。其中最为典型的，是《先进篇》有一章描述"子路、曾晳、冉有、公西华侍坐"，夫子问及四个弟子的志向。曾晳最后一个回答说：

"莫春者,春服既成,冠者五六人,童子六七人,浴乎沂,风乎舞雩,咏而归。"而最终"夫子喟然叹曰:'吾与点也!'"

　　孔夫子何以惟独称赞曾皙的表述呢?这里不得不对"浴乎沂,风乎舞雩"有一番考证。据《礼记·月令》郑玄注:"雩,吁嗟求雨之祭也。"上古之雩礼,正是巫师以舞蹈方式来求雨的,所以称雨祭之坛为"舞雩"。又据《周礼·春官》记载,上古三月要在水滨举行沐浴涤污之仪式。可见曾皙所表述的显然是上古礼制之遗风流俗。孔子赞赏曾皙之愿望,正是他向往西周初期周公制礼那个时代的理想,反映了他教导弟子始终追求"洁身涤心"、完善人格、健全人生的崇高目标。

　　《校释·前言》指出,《论语》的编辑大体经过了两个阶段:其初是在孔子既卒,众弟子奔丧聚首之际,先由众弟子各言所记、各述所知,然后就共知者进行讨论确定,由原宪、曾参等专人负责记录下来,当时所辑主要包括今前十五篇和第十七篇之基本内容(不含弟子语录),而其余四篇(主要为弟子语录及行事)及前十六篇中的弟子语录,是在曾子卒后不久由其弟子所增补。

　　如此说来,《论语》之原本形态基本上是孔子及其弟子有关教育、教学的追记的笔录,即内容关涉与今之社会学相当的零散的教材,而后经再传弟子整理,始汇编成一部富有学理和哲理的人生教科书。因此,与《老子》是对"自然人"之生存状态的终极关怀不同,《论语》所关注的是对"社会人"之素质完善的全面教导。

2008 年 10 月

第五编 评论

建立"汉语通论"的新尝试

早在 1980 年,著名语言学家吕叔湘先生就提出过一种设想,即大学中文系关于汉语的课程,如现代汉语、汉语史、汉语方言等全放在汉语通论里。这一构想极有见地。十多年之后,许威汉先生终于以其语言学学养和语言教学与研究的体验撰成《汉语学》,具体体现了这一设想。

一

贯通古今,努力构筑一个新的有机的理论体系。这部新著既不同于一般的中国语言学著作,也并非"古汉语通论"和"现代汉语概论"二者之简单凑合。该书开篇即把汉语学的研究对象——汉语置于整个人类语言系统去考察,确定其在人类语言谱系中的地位,自始至终地强调它的孤立语的特性,并以此为纲,贯穿于汉语学各个部门的研究。譬如,某一时期常用的汉字是极有限的,但由其构成的语词却无比丰富。这是一组矛盾。但汉字与汉语词却千百年来相辅相成,其中原因,著者解释道:"以有限的汉字代表语素生成难以估计的复词,而复词的大量产生又遏制了汉字字量的扩大;汉字不仅与汉语单音成义的特点相适应,也与汉语词汇复音化发展总趋势相适应。"(第 23 页)关于词的复音化结果,一般认为是表意精确的需要,少有深究。而著者认为:"单音节孤立语这一特点,不仅使汉语构词必然走复音化道路,也使汉语词汇发展必然走其独特道路。"(第 243 页)再拿语法研究来说,自有汉语语法学以来,人们习惯于通过汉语和印欧语系某些语种的比较,得出汉语无严格意义的形态变化的结论。这当然是正确的。可是著者指出,没有严格意义的形态变化,正是孤立语的普遍特点,不独为汉语所有。认识汉语的孤立语特性,是对汉语特点的更高层次的理解。把握这一特性,或许对当代汉语语言学诸多部门的研究都有裨益。

当代汉语语言学已有许多分支学科,但作为本体论,主要部分仍不外乎文字、语音、词汇和语法等。《汉语学》在每一部分都要言不烦地阐述了该部门的主要内容,而每一部分的论述部不是孤立进行,而是与其他有关部分相互联系起来。如在文字部分,著者把汉字的衍生和词汇的丰富联系起来,多处强调汉字是和汉语的孤立语单音成义的特性相适应的。在论述词汇体系部分,为了证明词汇体系的客观性,书中分析同源词音义关系,即涉及了语音、语义方面的内容;解释同类词的规律性联系,即利用了汉字的部首所表示的概念意义,涉及了文字学的内容;说明词的构成形式的联系,牵涉词的复音化,更涉及语音、语法、语义甚至表达等多方面的内容。正如该书所述:"古人行文往往综合运用词汇、语法、修辞等手段(今人行文亦往往如此),我们也要相应地综合运用词汇、语法、修辞等知识细加分析。"(第515页)

二

把汉语的史实与现状处处结合起来考察,既是该著主要的研究途径,也是其主要的论述方法。现代语言学往往强调解释。由于解释的角度和目的不同,解释的方式也有所不同。《汉语学》中的论述也是一种解释,此种解释是立足于对汉语深刻而广泛的考察而得出的结论,再用以说明语言各方面的特征。

汉字的简化趋势已是共识,但很少有人去关注此种趋势的具体实现过程。著者认为,繁简始终存在着矛盾,这种矛盾有共时的,有历时的,也有逆时的。如商代的来源于图腾崇拜的正体字与甲骨文的俗体字是共时的矛盾;秦代的大篆晚于甲骨文、钟鼎文,但比它们更为繁复,这是逆时的矛盾。

该书根据对各时期具有代表性的言语作品的具体言语分析,论述了汉语语法的流变。这些作品如《左传》、《史记》、《世说新语》等,它们各自代表某一时期口语的基本面貌。比较它们之间语法上的一些差异,并由此反映语法的流变,其结论自然要可靠得多。相形之下,有些论者随意从典籍中抽样举例以说明语法现象的变化,就难免牵合之嫌了。再如古今汉语,虚词都是极为重要的部分,了解这些虚词的来源,对探索语言发展过程的语法化问题具有极大的现实意义。著者分析了汉语虚词的三个来源:由实词虚化而来,借用同音词表示,同音同形而词性或词义不同。这样的考察和阐述就使读者明白,语法化历程并不单是语言单位的由实变虚,还有其他复杂的因素。

我们在借鉴和引进欧美语言学理论时,应注意其研究对象大多是与汉语不同的语种。由于研究对象的差异,在考察方法和研究途径等方面应该有相应的变化,《汉语学》提醒我们作如此思考。

三

由于著者对汉语基本特性的把握和对汉语学各个部门的关联研究,因而在其著作中有着不少新的见解和成果。关于语言内部的结构层次,本世纪50年代以前,一般都分为语音、词汇、语法三部分。乔姆斯基学说出现以后,语言的内部结构被认为是:语义←语法→语音。这样,词汇学被看成是语义学的分支。而著者认为,上述解释还"不明确",应该这样示意:"语言系列以语义为基础,语言诸要素(语音、词汇、语法等)种种关系相互交织。"(第230页,并有图示)应该说,这样解释更清楚地显示了语音、词汇、语义、语法之间错综复杂的关系。著者进而指出:"由于汉字与汉语单音成义的特点相适应,汉字对汉语的影响极大。"这种语言结构观,不只是受了域外语言学理论的影响,更重要的是充分考虑到汉字与汉语的特性,将汉语各部门联系起来考察的结果,因而有所发展。

许慎的"六书"说为研治文字学者之经典,是古代汉语学的光辉篇章。初入门者常会迷信"六书"说之神圣。著者则比较完整地勾勒了此说之由来与成形过程,并指出其不足。"六书"不独为许慎所创,汉代的班固、郑众均曾述及,唯许氏著《说文》,释名目,集众人之功于一体,遂传"六书"。在分析其内容以后指出:"'六书'是汉字相当完备时的一种分类法。这种分类法当然只是对于文字分类的一种学说。既是一种学说,就有补正发展的余地,不宜把它奉为天经地义的。"(第15页)这就给"六书"说以中肯的评价。随着学术的进步,"六书"说的局限也显露出来。后来有了商周两代的金文、商朝后期的甲骨文,再有宋代金石学以来的长期的文字学积累,"六书"说渐趋完善势所必然。最后,水到渠成,把"六书"说和现当代关于汉字构造的"三书"说及新"三书"说有机地联系起来。此种联系明显地体现了学术的继承与发展。其他如由音韵学到现代语音学的转变,由传统训诂学到现代词汇学的转变,由古代"语词"研究到现代虚词研究等等,无不体现了著者对有关古今汉语各种学说来龙去脉的清晰的把握。

《汉语学》还首次系统地提出汉语的"词汇体系",并予以说明和论证。著者是基于汉语的孤立语特性和汉字与汉语单音成义相适应的特性,分别从词的内部形式、外部形式及构成形式几方面来论证的。在内部形式方面,汉语史上的同源词音义关系的偶然性、约定性、回授性、类聚性、多元性、延展性,表现了同源词内部的有机联系。这种联系主要表现在语音和词义两个方面,语音(以先秦古音为依据)上有叠韵、对转、旁转、通转、双声、准双声、旁纽、邻纽等关系,而同源词的词义也有相同、稍有区别或相关的联系。另外,显示"词汇体系"的词的外部形式联系和词的构成形式之间的联系也都无不以汉语史实为参证。在汉语语言学的各个部门中,词汇学是较为薄弱的环节。著者为汉语词汇学的建设进行了富有成果的探索。

以上分析说明,《汉语学》确实是一部尝试构建理想的"汉语通论"的创新之作。既然是尝试,也就难免会有一些不足之处。本文提出几点供著者修订时参考。

1. 文中有时前后有重复。由于把"古汉语通论"同"现代汉语通论"融为一体,"汉语言学"各部门的关联研究,有时在论述中易造成前后重复。如在概述"词汇"一节时,已提到乔姆斯基学说出现后一般对词汇在语言中的结构层次的认识,并阐述了理由(第230页),接着在说明"词汇体系"时又重复上述文字。又如在谈到"了解本始义、引申义、(破)假借义本来不是易事,有时它们相互混淆交错"时,著者以"良"字为例,作了详尽的分析(第308页)。到了"语法"部分,在说到"状语多样丰富"时,因举例涉及"良"字,又夹杂大段文字来分析其本始义、近引申义、远引申义,还列表整理出"良"的词义系统来(第443页)。此段文字不仅重复,而且与上下例句分析不相协调。

2. 个别内容不应以正文形式出现。如"汉字"部分在述及"汉字部首形、音、义的全面了解"时,著者将《说文》"540部首的简要说明""按笔画顺序整理排列"于正文之中。虽然"这部分很重要,不能等闲视之",但是,"供随时查阅"的资料还是以"附录"列于书后为宜。

1997年2月

读《古汉语语法及其发展》札记

由杨伯峻、何乐士两位先生合著的《古汉语语法及其发展》(以下简称《发展》),有人誉为"一部承前启后、开拓创新、具有较高理论价值和实用价值的汉语语法巨著"①。这是当之无愧的。不过,任何一部理论著作也不可能完美无缺,该书亦有不足之处。这里先就其中编"介词"一章的某些阐述作一必要的剖析。

《发展》是这样阐述"介词的功能"的(着重号皆原书所加):

二、从语法上看,介宾短语的增添是句子结构扩展的重要手段。介宾短语可以:

……

(三)作定语,这种用例很少。一种是"介宾"与中心语之间不用"之"连接,如"及时雨","由窦尚书","沿江一带";另一种是用"之"连接,如"方今之务","自此之后"等。

(四)作谓语,少数介宾有时可单独作谓语。如:"国家之败,由官邪也"。(左传·桓公元年)②

首先,且不说介宾短语在理论上能否"作定语"和"作谓语",这方面《发展》一书并没有展开论述,而应当指出的是,上引著者的阐述与该书所说的"介词的概念"和"介词的特征"是不相吻合的。对"概念",本书说:"介词介绍它的宾语给谓词。'介·宾'位于谓词前或后,对谓词起修饰作用。"③对"特

---

① 杨伯峻、何乐士:《古汉语研究》,1993年第2期,第85页。
② 杨伯峻、何乐士:《古语语法及其发展》,北京:语文出版社,1992年,第379—380页。
③ 杨伯峻、何东士:《古语语法及其发展》,北京:语文出版社,1992年,第379页。

征",本书又说:"二、介宾短语位于谓语的前或后。……三、介词一般不用作谓语的中心,不出现在谓词的位置上。这是介词与动词的主要区别。"①

如前所说,介宾短语既然可以"作定语",这介宾短语就不只是位于谓词前,也不只是对谓词起修饰作用,而还能位于体词前,还能对体词起修饰作用了。要么就是对"介词的概念"阐述得不够严密,对"介词的特征"叙述得不够周全;要么就是"介宾短语可以作定语"这一提法不妥当。二者必居其一。

叙述介词的第三个特点时,著者虽然加上了"一般"这样的词语,似乎与前引"少数介宾有时可单独作谓语"没什么矛盾了。但是,对于这样一部"古汉语语法巨著"来说,丝毫没有阐明在什么样的特殊条件下这少数介宾才可以"作谓语",在这样的情况下"介词与动词的主要区别"又在哪里,这不能说不是该书的一个明显的疏漏。

其次,再来考察一下《发展》一书中所列举有关全部用例。"作定语"的介宾短语,该书一共举了五个,其实应当分属三种情况来看待。一、"及时雨""沿江一带""方今之务"里的"及时、沿江、方今"不是短语,而是"复词"即合成词。《发展》在论述短语和复词的区别时,也曾以"备员"为例说:"第一,'备员'二字结合紧密,其间难以插进别的字……第二,'备员'意义比较固定"②。按照这两个标准,"及时、沿江、方今"毫无疑义地应当看作"复词"。书中稍后,著者即把"方今"说是"成为表时间的一种惯用格式"③。因此,"及时雨""沿江一带""方今之务"都属于该书上编所说的"主从结构的短语"④,而不是什么介宾"作定语"。二、"由窦尚书"之"由"字并不是介词,而是动词,是"经由"的意思。正如该书"定语"一节所说,"动词及其短语作定语,表示人、事、物的性质和特征"⑤。顺便提一下,"定语"一节就没有涉及介宾短语作定语的内容。三、"自此之后"当是表示时间的方位短语。"自此"虽是介宾短语,但与"后"之间既无修饰关系,更无领属关系,根本说不上是定语。其间的"之"字用同"以"。著者在此段以后的第二节就写道:"'自'与其他词语组成

---

① 杨伯峻、何东士:《古语语法及其发展》,北京:语文出版社,1992年,第379页。
② 杨伯峻、何东士:《古语语法及其发展》,北京:语文出版社,1992年,第69页。
③ 杨伯峻、何东士:《古语语法及其发展》,北京:语文出版社,1992年,第389页。
④ 杨伯峻、何东士:《古语语法及其发展》,北京:语文出版社,1992年,第71页。
⑤ 杨伯峻、何东士:《古语语法及其发展》,北京:语文出版社,1992年,第52页。

不少固定格式,表示与动作有关的时间和范围。"①而且还明确地指出,"'自是(此)之后'与'自是以来'用法同。"②这就是说,"自此之后"以及"及时、沿江、方今"这类词语,都是作为一个语言单位进入句子的。认清这一点十分重要。

至于"作谓语"的一例:"国家之败,由官邪也",经查并不在《左传·桓公元年》,而在桓公二年。著者把"由官邪"当作介宾短语,显然不妥。"国家之败"是加"之"字的主谓短语,"官邪"也是主谓短语,"由"同"以",当是连词,这是一个先果后因的复句。同样是杨伯峻先生编撰的《春秋左传词典》,其"由"字的一个义项即释为"因",所举亦是此例③。该书下编在论及"先果后因复句"时,即把"……以(为、由)……也"作为第三种格式④。

最后,要讨论的是"从"字。在"介词"一章第三节叙述"表示带领谁或随从谁行动"时,举了《史记·项羽本纪》里的一个例句:"沛公旦日从百余骑来见项王。"接着著者分析道:

  这个"从"表"使百余骑随从(自己)"或"后随百余骑"之义。"从"的意义指向不是由主语到其宾语,而是由"从"的宾语到句子主语,也就是说,不是主语随从介词的宾语而是介词的宾语随从主语⑤。

这样表述,不能不使读者怀疑,"从"字的动作义如此实在,且有使动用法,为什么不看作动词而要当作介词呢?再翻阅该书下编"动词谓语句"一章,著者在阐述"动宾结构"一节里的"施事宾语"时,写道:"动宾结构内部含有表使动的语义关系……它表示在主语的支使下,宾语发出该动词谓语所表示的动作。"⑥其下面恰恰也举了上引《史记》的那个例句,并明确地把句中的"从"字看作"及物动词作使动用法"⑦。应当说,这既是材料分析上的前后矛

---

① 杨伯峻、何东士:《古语语法及其发展》,北京:语文出版社,1992年,第381页。
② 杨伯峻、何东士:《古语语法及其发展》,北京:语文出版社,1992年,第382页。
③ 杨伯峻、徐提:《春秋左传词典》,北京:中华书局,1985年,第215页。
④ 杨伯峻、徐提:《春秋左传词典》,北京:中华书局,1985年,第967页。
⑤ 杨伯峻、徐提:《春秋左传词典》,北京:中华书局,1985年,第412页。
⑥ 杨伯峻、徐提:《春秋左传词典》,北京:中华书局,1985年,第535页。
⑦ 杨伯峻、徐提:《春秋左传词典》,北京:中华书局,1985年,第535页。

盾,也是词性归属上的摇摆不定。

  对于一部严谨的语法巨著来说,这也是一个应当避免的失误。不错,该书前面说过,某些词有兼类现象,如"从"字既可用作介词,又可用作动词。然而,某个具体例句中的某个词,应当只具有一种词性,不可能既是这类词而又是那类词。

1995 年 2 月

实事求是乃学术之第一要义
——评《中国训诂学》

冯浩菲先生的《中国训诂学》（以下简称《冯著》）于 1995 年 9 月出版，次年见到。粗读一过，即想写篇批评文字，旨在强调学术研究中实事求是的科学态度。后来，几次与同道交流学术时，也有不少先生劝我提笔，然而一种世俗观念使我终究未能成篇。最近偶然翻阅才出版的一期《古籍研究》，读到其中一篇《评新体系〈中国训诂学〉》的文章（以下省称《评新》），触动了几年前的想法，决意写出来以正学界之视听。

《评新》一文开宗明义："由于种种因素的制约，直到 20 世纪 80 年代，我国传统学科训诂学的学科体系仍然是粗疏的，落后的，没有完全摆脱前科学的状态。诸家训诂学著作及教材中存在着学科名称定义混乱分歧；内容庞杂，重点不突出；体系零乱，结构松散，缺乏系统性、理论性、科学性等问题。……有鉴于此，冯浩菲教授立志要实现对中国训诂学学科体系的科学化改造任务……通过分门别类，抽取义例，综合排比，互相贯连，终于发现了隐然存在于历代群籍训诂著作中的庞大而完备的训诂学体系，从而以此作为构成训诂学基本内容的主体，撰写成体系全新的科学化的《中国训诂学》一书。"[①]

此段文字显然有两层意思：一是对包括 80 年代在内的半个多世纪所有训诂学成果一概否定；一是说《中国训诂学》的著者才发现并构成了全新的训诂学科学体系。这种呐喊对训诂学界似乎是一声惊雷。但是，令人吃惊的是上引一段文字几乎完全抄自《冯著》一书。该书第二章第八节叙及"最近 10

---

① 《训诂学科学化进程中的里程碑——评新体系〈中国训诂学〉》，《古籍研究》，1999 年第 4 期。

多年以来,各种训诂学专著和教材相继问世",在列举了近20种之后,便总结道:"不过总的看来,诸家训诂学著作及教材中仍然存在着一些共同的弱点和急待解决的问题,概括起来讲,主要有三条:(一)训诂学学科名称定义混乱分歧……(二)内容庞杂……重点不突出……(三)体系零乱,结构松散,缺乏系统性、理论性和科学性。因此,不能不看到,我国训诂学的学科体系和理论体系至今仍然是粗疏的,落后的……"①该书《例言》还声明:"本书企图向学界提供一个训诂学的新体系。"②

稍作比较即可看出,以上所引评者和著者的两段文字如出一辙。不仅如此,《评新》一文还对《冯著》一书有个评价:"其学术贡献是多方面的,概括起来讲,主要有两点:第一点是对训诂学学科名称定义作出了科学化的界说。""另一个主要学术贡献,即创立了全新的科学化的训诂学学科体系和理论体系。"③既然如此,就很有必要对此作一番切实的考察。

一、关于学科名称定义问题

《冯著》称:"作为训诂学学科名称基本用语的'训诂'二字,是两个训诂体式名称'训'与'诂'的合称,只能按照训诂体式名称来理解,不能做别的解释。"在列举先秦两汉魏唐历代对各种训诂体式之解释以后,又总结道:"两者合用称'训诂',就是从众多的训诂体式名称中标举'训'与'诂'两体之名,以少概全,作为一个词语看,概指各种有关的注解工作。"④

训诂学术的背景知识告诉我们,上引这个结论是以他人的训诂成果为主要基础而作出的。可是《冯著》在阐述此结论的过程中并未提及他人的贡献,造成此结论是独立完成的虚假印象。而《评新》一文不加考察,一味抬高《冯著》,这与实事求是的科学态度是相背离的。

早在1980年,陆宗达先生在其《训诂简论》里,根据《毛诗》孔疏的体式和疏解,曾明确地指出:"诂和训,是解释语言的两个不同的法则:(一)'诂'是解

---

① 冯浩菲:《中国训诂学》,济南:山东大学出版社,1995年,第74页。
② 冯浩菲:《中国训诂学》,济南:山东大学出版社,1995年,第1页。
③ 《训诂学科学化进程中的里程碑——评新体系〈中国训诂学〉》,《古籍研究》,1999年第4期。
④ 冯浩菲:《中国训诂学》,济南:山东大学出版社,1995年,第4—5页。

释'异言'的。……(二)'训'是'道形貌'的。……对于语言的内容来说,无非是包含社会所公认的概括意义和运用者所取的具体含义两个方面;对于语言的单位来说,无非是词、句、段、篇。"①因此,陆先生把"训诂"界定为"以扫除古代文献中语言文字障碍为实用目的的一种工具性的专门工作"②。讲到训诂的内容,他概括为"注音、辨字、校勘、释义"四方面,并且指出"释义又包含释词、释句、释段、释篇和发挥阐述思想观点、点明修辞手法等"③。

对陆先生关于"训诂"的界说,笔者早就给予评价:"这个提法,不仅符合我国训诂发展史的事实,而且揭示了训诂作为一门学术的本质特性。这门学术发展到今天,学术界不采用更为通俗的如'解释'、'注释'、'注疏'等名称,而仍然沿用这个一般人感到生疏的传统的惯用语来命名,就是因为'训诂'这个词具有历史赋予它的特定的涵义。"④

《冯著》与《评新》不是都声称要"正本清源"么?我们只消把两书的相关文字,包括《冯著》所制表格中关于"训诂"的"工作方面或内容"作一番比较,就不难作出判断,《冯著》有关"训诂"的说解,其"本源"究竟来自哪里。其实该书所列举的80年代的训诂学专著和教材,行文虽有差异,但对"训诂"大多这样理解与表述,并不像《评新》一文所说,"只认定释词一个方面的内容,而忽视其他众多的方面"。

对于"训诂学",《评新》一文完整地引用了《冯著》所作的定义和说明。我们对照原书列举如下:

> 训诂学是一门研究训诂的科学。训诂,就是注释的意思。因此训诂学也可以叫做注释学。它以一切现成的训诂书籍为研究对象,其工作性质是抽象的、理论的。通过研究和介绍训诂的体式、方面、方法、理论等,用以指导训诂实践。由于训诂的方面颇广,训诂学必然要从说明怎样进行注释工作的角度涉及文字、音韵、语法、修辞、校勘等方面的有关知识和问题,因此它又有综合性和实用性的特征。按照现代社会科学系统,训诂学属于语文学大类,也可以看作

---

① 陆宗达:《训诂简论》,北京出版社,1980年,第2—3页。
② 陆宗达:《训诂简论》,北京出版社,1980年,第2—3页。
③ 陆宗达:《训诂简论》,北京出版社,1980年,第9页。
④ 白兆麟:《简明训诂学》,杭州:浙江教育出版社,1984年,第5—6页。

文献学的一个分支。①

《评新》一文评价说:"这个定义和说明表述准确、全面、科学,解决了我国传统学科训诂学能否沿着正确道路向前发展的关键性难题。它是全书的总纲,其他内容均围绕它展开。"②

对此也有必要"正本清源",因而我们在下面完整地引出早在1984年出版的拙著《简明训诂学》的一段表述:

> 训诂学是以古代书面语言的训诂为研究对象,以语义为主要研究内容的一门独立的科学,它的任务,是分析古代书面语言的矛盾障碍,总结前人的注疏经验,阐明训诂的体制和义例、方式和方法、原则和运用,以便更好地指导训诂以及与此相关的古文教学、古籍整理、词典编纂等工作。显然,综合性和实用性是这门学科的两大特征。从这个角度来说,训诂学是汉语语言科学中的应用科学。③

为了证明这个论断,拙著还有一段文字说明:

> 传统训诂学正是运用词汇、语法、修辞以及文字、音韵,甚至校勘、版本等有关知识来解决古代文献的语言文字障碍的综合性的科学。④

《冯著》除了"训诂学也可以叫做注释学"一句似乎是"新解"之外,我们也不难看出,上述两个有关"训诂学"的界说何其相似乃尔!

由此可见,《冯著》关于"训诂"和"训诂学"两名称的解说,皆有所"本",均有来"源"。不错,该书《例言》第十条是说过:"本书虽然内容一新,自成体系,但也兼收诸家训诂学论著之长,参考较多的有齐佩瑢、陆宗达、洪诚、周大璞、张永言五家。论述中对于诸家较为显著的发明,必揭举名姓著作。"⑤但明眼人一看便知,《例言》此条措辞与该书对80年代之训诂专著和教材一概否定

---

① 冯浩菲:《中国训诂学》,济南:山东大学出版社,1995年,第9页。
② 《训诂学科学化进程中的里程碑——评新体系〈中国训诂学〉》,《古籍研究》,1999年,第4期。
③ 白兆麟:《简明训诂学》,杭州:浙江教育出版社,1984年,第17页。
④ 白兆麟:《简明训诂学》,杭州:浙江教育出版社,1984年,第17页。
⑤ 冯浩菲:《中国训诂学》,济南:山东大学出版社,1995年,第3页。

之评述显然自相矛盾,既然是"定义混乱"、"内容庞杂",是"粗疏的、落后的",是"前科学的",那又何"长"之有?何"显著发明"之有?这正如谢维扬先生所说的:"现在有一些学术著作很讲究文章的'技巧',但这种'技巧'并不是为了把问题真正说清楚,而是为了掩盖关键的学术史背景。"①《冯著》在论述"训诂"和"训诂学"之定义和说明时,对其"本"、"源"不仅只字不提,而且以"名称定义混乱分歧"一语予以否定,一旦把这"本源"移植到自己的书里,便又成为"显著的发明"与"科学化的界说"。这难道是一个严肃的学者所应当具备的"科学态度"么?

二、关于内容庞杂问题

作为科学的训诂学,其内容应当包括哪些,目前尚无定论。各家撰著,自有取舍,详者可详,略者可略,皆无可厚非。这里自然先要介绍80年代初出版的两部训诂学专著。

一是陆宗达的《训诂简论》。该书除说明"什么是训诂"一章外,包括"训诂的内容"、"训诂的方法"、"训诂的运用"三章。在"训诂的内容"一章里,著者按照"保存在注释书和训诂专书中"与"保存在文献正文中"两个方面,共介绍了"解释词义,分析句读,阐述语法,说明修辞手段,阐明表达方法,串讲大意,分析篇章结构"和"以训诂形式出现的正文,以正文形式出现的训诂"9项内容。

二是周大璞的《训诂学要略》②。该书除"前言"一章外,包括"训诂源流"、"训诂体式上"、"训诂体式下"、"训诂条例"、"训诂十弊"五章。在"训诂体式上"一章里,著者分别阐述了注疏的"名称、内容、分类、驸经"四个方面,其中"注疏的名称"一节介绍了"传、说、解、诂、训、笺、注、释、诠、述、学、订、校、证、微、隐、疑、义、疏、义疏、音义、章句"等22种名称。在"注疏的内容"一节里,除了《训诂简论》一书已经说过的以外,著者还介绍了"诠解成语典故,考证古音古义,叙事考史,记述山川,发凡起例"5项内容。在"注疏的分类"一节里,著者分析了"注和疏"、"释义和叙事"、"他人所注和自注"、"补注和集

---

① 谢维扬等:《关于学术对话与学术规范的笔谈》,《中国社会科学》,第1999年第4期,第49—71页。

② 周大璞:《训诂学要略》,武汉:湖北人民出版社,1980年。

注"8种形式。

我们再看《冯著》,其内容除"绪论"一章外,有"发展概况"、"训诂体式"、"句读与标点"、"校勘"、"作序"、"标音"、"释词"、"解句"、"揭示语法"、"揭明写法"、"综合性训解"共十三章,至于"训诂方法",用著者自己的话来说,是"贯穿"于"训诂方面"之中。如"句读与标点"一章介绍6种句读法;"标音"一章介绍8种标音法、2种组合法、5种其他标音法;"释词"共三章,分别介绍44种义训法、4种声训法、3种形训法;"解句"一章介绍27种解句法。

为了让读者充分了解《冯著》一书的内容,我们重点剖析其中"训诂体式"和"揭明写法"两章。在"训诂体式"一章,著者说:"可以分为8大类58小类。8大类为:随文注释体、文献正文体、考证体、总论体、翻译体、释例体、图解体、训诂工具书体。"①在"随文注释体"下,该书分"传注单用体"、"传注合用体"和"其他体式"三种,共罗列"传体、故体、说体、训体、解体、记体、义体、序体、微体、注体、释体、笺体、述体、学体、诠体、疏体、证体、翼体、音体、校体、订体、章句体","故训传体、训诂体、音义体、校注体、点校体、注译体、疏证体"和"考辨体、通释体、广补体、科场备用体、读本体、韵读体、表注体、集解体、纂集体"等38体。另外7大类又各分若干小类,如"训诂工具书体"下分"雅书体、音序体、部首体、号码体、杂序体、杂陈体"6小类,而"音序体"又分"韵序体、声序体、互序体、音节体"4小类,其"韵序体"和"互序体"还要各分2小目。

在"揭明写法"一章,著者说:"主要训法有揭明修辞格法、揭明其他写法法及评论写法法三大类。"②在"揭明修辞格法"下,该书分"明起兴法、明比喻法、明借古讽今法、明代指法、明举偏概全法、明互文法、明变言法、明连言法、明双关法、明曲讳法、明重叠法"11类;在"揭明其他写法法"下,分"揭明层次结构法、明押韵法、明用词之意法、明行文之意法、明立言角度法、明从一而省文法、明断章取义法"7类;在"评论写法法"下,先"归纳为随文评论写法法与专文评论写法法2大类"③,再把前者分为"序文中总评法、文前总评法、文中评论法、文末评论法"4类。至于标有"法"字而比上引更小的类名,这里就不再一一举出而耗费读者的时间了。

---

① 冯浩菲:《中国训诂学》,济南:山东大学出版社,1995年,第78页。
② 冯浩菲:《中国训诂学》,济南:山东大学出版社,1995年,第477页。
③ 冯浩菲:《中国训诂学》,济南:山东大学出版社,1995年,第477—504页。

以上我们从总体和局部两方面分别介绍了三部著作,只要客观地加以比较,至少可以看出有三方面的区别:

第一,就总体而言,《训诂简论》只阐述作为训诂学的核心部分,即训诂的内容和方法,至于"训诂体式"仅仅在阐述训诂的内容时作个必要的交代。《训诂学要略》着重阐述训诂体式和训诂条例,而训诂的内容和方法则分别纳入"体式"与"条例"之中。而《冯著》却不同,不仅详细地叙述了训诂学的主体部分,而且以相当长的篇幅涉及"作序"、"词类"、"辞格"、"评论"、"论述"、"读书"等并非训诂学的"主体"内容,譬如"作序"一章长达 23 页,"揭示语法"一章长达 22 页,"辞格"一节长达 12 页。

第二,就"训诂体式"这个局部来看,《训诂简论》只是说:"训诂的资料主要存在在注释书和训诂专书(工具书)中,但并不止于此,它还大量存在在文献的本文之中。"①《训诂学要略》在"注疏的名称"一节,对"体式"叙述得相当完备,其中 22 种条分缕析,其余 10 余种仅列名称,可谓详略得当。《冯著》很有意思,只把以上二书所有涉及训诂体式的名称与表述统统搜罗过来,在其后各殿以"体"字,这样就成了 8 大类 58 小类。而《评新》一文居然说是"体制完备,源流清晰,可谓前所未有",我们不知此话从何说起。

第三,再就"揭明写法"这个局部来看,《训诂简论》和《训诂学要略》都是把与训诂学密切相关的,诸如"说明修辞手段"、"阐明表达方法"、"串讲大意"、"分析篇章结构"等作为训诂的内容来阐述,而不是单纯从形式、方法着眼。尤其是《训诂简论》,对这四方面的内容作了很好的选择与安排,如"说明修辞手段"一节,著者以举例的形式,指出训诂文献中对"烘托、比喻、隐语"等手段使用的说明;"阐明表达方法"一节归纳古人表达的体例,如"记言和叙事"、"引文不全和录语未竟"、"省略之例"、"复用和连类"等;"分析篇章结构"一节仅列举汉人章句中"说明章旨、分析段落、指明线索、揭示大意"等。这些都是"择举其要",举一反三。而《冯著》与此却大相径庭,不仅把相关学科如修辞学的许许多多辞格搜罗殆尽,而且把非相关学科如写作学、书评学的条条款款也尽量纳入,甚至生造了许多古怪的术语和奇特的名称,如"以明声同义通通音义法"、"以明语转声转通音义法"、"其他写法法"、"章节内层次结构法"、"文中有关内容的先后次序法"、"取韵方式法"、"随文评论写法法"、"全

---

① 陆宗达:《训诂简论》,北京出版社,1980 年,第 15 页。

书之前总评法"、"文中夹评法"、"专文评论写法法"等等,真可谓"体"外有"体","体"内也有"体","法"上加"法","法"下又加"法"。这难道不是"内容庞杂,重点不突出"么?

三、关于学科体系问题

凡是比较成熟的学科,都有一定的体系。所谓"学科体系",主要是指研究该学科的学者对其固有知识、规律的认识、取舍和结构、层次的安排。就知识规律的取舍而言,作为"训诂学"本体的构成部分,诸如对象、内容、方法、源流、体式、要籍等,80年代诸种训诂学专著基本上都涉及了,而90年代的《冯著》也只是在"体式、方面、方法、注意事项"几方面作文章,与以往各家并无大别。至于《评新》一文所谓"以往各家……鲜有论及"的,不是名目繁多的"体"与"法",便是与训诂学本体无关的"作序"、"写法"、"评论"等等。

就结构层次安排而言,80年代诸种训诂学著作可以说各有长短。笔者曾撰《近十年中国训诂学之我见》①一文,就训诂方法问题对其中10种著作进行过评述。有比较才有鉴别。为了能说明问题,这里不能不列出另外两部著作的章节。一是《简明训诂学》:

  导 论 训诂和训诂学
  第一章 古代书面语言的一般障碍
  第二章 训诂的内容
  第三章 训诂的方法
  第四章 随文释义的注疏
  第五章 通释语义的专著
  第六章 旧训诂的主要弊病
  第七章 训诂的原则

"在训诂的内容"一章,分三节阐述"词义解释"、"文意训释"、"注音、校勘及其他";在"训诂的方法"一章,分别介绍"以形说义"、"因声求义"和"直陈词义";第四、五两章,如拙著所说是介绍"古代训诂的两种基本体制"。

---

① 白兆麟:《近十年中国训诂学之所见》,《社会科学战线》,1994年第1期。

一是许威汉先生的《训诂学导论》①：

总　论

一、训诂与训诂学

二、训诂的内容

三、训诂的范围

四、训诂实践的形式

五、训诂学的原则

六、训诂学的用途

分　论

第一章　训诂术语

第二章　训诂的方法

第三章　训诂的方式

第四章　词义引申与褒贬

第五章　方言俗语的词义

第六章　外来用语的词义

第七章　训诂要籍

第八章　训诂学小史

第九章　训诂学的现状与未来

第十章　训诂的教学与研究

第十一章　关于古书的阅读

第十二章　从实践中加深和提高

其中"训诂的内容"，该书包括"解释字词"、"解释文句"、"分析篇章"、"分析表达方式"、"分析时空关系"。"训诂的方法"一章分别阐述了"以形索义、因声求义、据文证义、析词审义、辨体明义"五种方法；"训诂的方式"一章分别说明"互训、义界、推因"等；"关于古书的阅读"一章分别介绍了目录学、版本学、校勘学的有关知识。

以上两部著作，前者简明，后者稍详，但基本上都符合知识内在的逻辑性与层次性。令人遗憾的，倒是90年代中期出版的《冯著》，在这方面存在着不

---

① 许威汉：《训诂学导论》，上海教育出版社，1987年。

少缺陷。

首先,该书不分主次,把"训诂体式"同"句读与标点"、"校勘"、"作序"、"标音"、"释词"、"解句"、"揭示语法"等相互并列,各辟专章阐述,而这几部分并非在一个逻辑层面上。如果说"训诂体式"与"训诂内容"、"训诂方法"、"训诂方式"属上位层次,那么如陆宗达所说"训诂内容"所包括的"注音、辨字、校勘、释义"当属中位层次,而"揭示语法"和"揭明修辞"等则属下位层次了。把不属于一个层次的内容放在同一个层面来叙述,这大概"缺乏系统性"吧?

其次,该书"综合性训解"一章分四节介绍"考辨法、论述法、发凡立例法、其他训法",其中"考辨法"一节又罗列15种方法,其中有"对文相证法、异文相证法、据文字形体考辨法、据音理考辨法、据文例考辨法、据语法考辨法、综合考辨法"①。据该书举例说明,"对文"即古人"文例"之一,"文例考辨法"应当包括"对文相证法",该书却让"对文"与"文例"二者并列为二法;"异文"属版本问题,在"校勘方法"一节已经述及,这里又立为一法;"文字形体考辨法"实为"形训法"之辅助,"据音理考辨法"实为"声训法"之辅助,"据语法考辨法"实即"揭示语法","形训"、"声训"、"语法"三法皆有专章阐述,这里又再立三法;此章本名"综合性训解",其"考辨法"一节又列"综合考辨法",真是反反复复,不厌其烦。

再次,该书第十四章开头便说:"从第四章到第十三章,所介绍的都是一个方面的训诂方法及其理论,本章所介绍的训诂方法和理论一般都适用于训诂的几个方面乃至各个方面,因此称为综合性训解。"②这么说来,该书第三章至第十四章都是介绍训诂方法,可是第十四章的第五节却又冒出"整个训诂中应该注意的一些重要问题",涉及"古为今用的原则"、"坚持科学态度"、"方式方法必须得体"、"引文必须正确"四项。这些显然是针对整个训诂工作来说的,当然有必要,但把这些内容安排在"综合性训解"这一章的第五节,同"考辨法"、"论述法"、"发凡立例法"相提并论,自然会使人感到颠三倒四,不伦不类。

通过以上三个方面的剖析,我们不难看出,《中国训诂学》一书正如该书著者和《评新》作者所说,"体系零乱,结构松散,缺乏科学性"。

---

① 冯浩菲:《中国训诂学》,济南:山东大学出版社,1995年,第513页。
② 冯浩菲:《中国训诂学》,济南:山东大学出版社,1995年,第513页。

在结束本文之前,必须声明,我们断无否定《冯著》一书之意,该书自有其长处。本文只是就该书对80年代训诂学成果的评价来一个"否定之否定",目的在于澄清事实以尊重学术史,提倡批评以形成学术规范,纯正学风以促进学术更健康地发展。

2000年3月

展示佛经文献之瑰宝
填补汉语研究之空白

当代学术界泰斗季羡林先生主编了一套《华林博士文库》,并在其《总序》里就博士论文提出了一个起码的要求:"至于博士论文,这当然是获得学位的主要依据。……一篇论文必须有点新东西,有点原创性。原创性当然有高低之别。但是,不管是高是低,你必须有,则是不可逆转的要求。"文末,季先生还引用李商隐的诗句:"桐花万里丹山路,雏凤清于老凤声。"殷切希望年轻的博士们"锲而不舍,继续钻研","要亮出你们清越的鸣声,与全国人民一起共庆升平"。令学界欣喜的是,纳入该《文库》而由中华书局 2005 年出版的徐时仪教授的《玄应〈众经音义〉研究》,正是这样一篇创获颇多,已"亮出清越鸣声"的博士论文。

在改革开放的新时期,佛教经典的语言文字研究越来越受到中青年学者的重视。佛经音义是解释佛经里字词音义的训诂学著作,也是我国传统文献中一座值得深入发掘的文化宝库。唐释玄应的《众经音义》(以下简称《玄应音义》),正是现存最早的佛经音义,也是佛藏中的一部经典文献,全书 25 卷,集《说文》系字书、《尔雅》系词书、《切韵》系韵书及古代典籍注疏的字词训释于一书,诠释佛经中需要解释的字词,在某种意义上可以说是对当时所用词语的一个较为全面的总结,且涉及宗教、哲学、文学、艺术、中外文化交流等社会文化的各个方面,在文献学、语言学和传统文化研究等方面都具有重要的学术价值,尤其是该书所释词语保存了许多其他典籍不载的活言语现象,大致反映了汉唐语言的实际状貌,更成为汉语史研究的瑰宝。早在上世纪 50 年代,著名语言学家俞敏先生就十分称道《玄应音义》、《慧琳音义》解释佛经音义,详注汉字反切,在佛典词语训释上翻开了新的一页。

据我留意,时仪博士长期从事汉语史及佛经音义的研究,此前就已经有《慧琳音义研究》、《佛经音义概论》及《古白话词汇研究论稿》等专著问世。在此基础上,又积多年积累,运用语言学和文献学之原理及二者相结合的方法,施于《玄应音义》之研究,溯源竟委,勾玄索隐,成就一部迄今最为详尽全面地研究《玄应音义》的专著,在版本异同、反切考异、词汇考释、学术价值四个方面给以全新的展示,其学术水准之高,其实用价值之大,通读此书,自会领悟。因篇幅限制,本文就从上述四个方面,精选例证,具体阐发这部力作的成就。

首先,著者穷尽性地逐词比勘了《玄应音义》各版本之间及其与《慧琳音义》的异同,理清了《玄应音义》的文本系统,为全面可靠地研究《玄应音义》奠定了坚实的基础。过去就有学者指出,汉译佛典之语料及版本,"在许多方面都是'含混不清'的","这意味着迄今为止对佛典的语言学利用基本上没有建立在必要的文献学研究基础之上。这是相当危险的,必须引起高度的重视"。(朱庆之语)有鉴于此,著者着重考证了《玄应音义》的成书年代与版本流传的繁杂情况,指出其各本大致可分为高丽藏本和碛砂藏本两大系列,论证了这两种本子之相异在于契丹藏与开宝藏所录《玄应音义》采用的传抄本不同,最终廓清了各版本间错综复杂的源流关系。

周法高、王力、周祖谟和张金泉、许建平等前哲时贤,或在《玄应音义》之反切研究上已导夫先路,或在其音义汇考上已有所建树,然而各家由于对以上所述之版本繁杂及各本反切之异同未曾梳理,故难免有不少失误。王力《玄应〈一切经音义〉反切考》一文所据仅为庄氏校勘本,周法高《玄应反切再考》一文虽偶尔提及高丽藏本,但多未涉及其他各本反切之异同,因而未免据传本讹字立论。如《玄应音义》卷十四释《四分律》"不串"之"串",引《诰幼文》释其异体字,各本误作"诰幻反"或"诰幻文"等,王力论述谏裥混切时以"串:诰幻"为证。又如王力论及虞模混切时说:"有一个例外,就是'蛆'读知殊反。这个例外是可疑的,因为'蛆'是清母字,不可能用'知'作为反切上字,疑'蛆'是'蛛'的误字。"其实"蛆"读"知殊反"在《玄应音义》里根本就不存在。时仪博士遍检各本皆无此切,揭示玄应数释"蛆"字皆为"千余反"、"子余反"或"且余反"。据《广韵》,"千"为清母,"子""且"为精母,二者仅全清与次清之别。王力很可能是把玄应释"蛆"之"知列反"误作了"知殊反"。传本多误"蛆"为"蛆",而"蛆"并无"知列反"之音。既然"蛆"并无"知殊反"之切音,当然也就不能视为虞模混切的例外。

周祖谟于《校读玄应一切经音义后记》一文说,大治写本卷首目录第五卷中原有《超日明三昧经》至《温室洗浴众僧经》42种经,丽藏本保存有其中的21种,宋元明藏本卷五则无目也没有音义。著者检验丽藏本和金藏本,实际上这42种经皆无一阙失。继之又细检碛砂藏、永乐南藏、宛委别藏和海山仙馆丛书本卷五,所阙仅丽藏本保存的21种,其余的21种经与丽藏本均相同而未阙。可能周先生撰文时未加细检抑或所据为二手资料而致误。又张金泉等《敦煌音义汇考》说,伯2901号所录《中阴经》和《濡首菩萨无上清净分卫经》不见于传本。据著者考检与比勘,实际上只是碛砂藏系未收录的21种经中之二种,并发现这一写卷中还存有碛砂藏系未收录的21种经中的《迦叶经》和《发觉净心经》。

还应当指出,学术界研究大藏经版本,往往注重其版式和卷帙的差异,这显然是不够的。如果从训诂学的角度考察各本大藏经所收经文的异同,当更能反映其传承之渊源。著者正是由此着眼,仔细比勘《玄应音义》之金藏、丽藏、碛砂藏与永乐南藏本,得出了更为合理的解释,即《玄应音义》各本之异同很可能在于契丹藏与开宝藏所采用的传抄本的不同。由于北宋刊刻开宝藏时,中原一带已无较为完整的写本大藏经可作为依据,便指令在远离北宋中央的蜀地益州雕印,因此开宝藏依据的可能是流传于蜀地而内容与《开元录》所载有所不同的写本大藏经,而如果考虑到契丹藏与开宝藏的刊刻年代相近,且契丹藏中还收录了其时中土已失传而未为碛砂藏所收的《慧琳音义》,那么契丹藏所录《玄应音义》很可能是采用了其时流传北方而与中土不同的写本。不仅如此,时仪博士还对《玄应音义》之碛砂藏不同于高丽藏的原因作了探讨。这些考察与探讨,为揭示刻本大藏经传承的渊源提供了具体而又可靠的佐证。

拙著《新著训诂学引论》提出了"文献的本原性"原则,指出:"古代文献的训诂工作,应以恢复和维持其原貌为前提。"其中之一就是指"传世典籍的版本问题"。(上海辞书出版社,2005)时仪博士就《玄应音义》,梳理其版本源流,比勘其各本异同,明确其文本系统,即完全符合"文献的本原性"原则,因而能够纠正前哲时贤的疏失和误说。

其次,着重从汉语史与训诂学的角度入手,穷尽性地考察了《玄应音义》各本中1100多个异切,运用著名语言学家王士元的"词汇扩散理论",详尽探讨了这些异切反映的200多例语音演变现象。王先生明确指出,音变对于词汇的影响是逐渐的。当一个音变在发生时，所有符合音变条件的词是在时间推移中逐个地变化的。整个音变是一个连续过程，而"历史材料不过是某一个时间点上的记录"。众所周知，语言是代代口耳相传的交际工具，语言的变化往往是其传递过程中的误差，语音的变化随着时间的流逝而完成，因而同一文献的不同年代的版本异文反映的词汇变化也就代表了不同时间上的语言状况。

时仪博士在其论著第三章第四节，分别从 130 多个声类异切、90 多个韵类异切、20 多个调类异切三个方面，总共列出 28 个表格，具体而又充分地展示《玄应音义》各本对同一词所释反切的异同情况，表明这"不仅是音切用字之异，而且其反切的音韵地位也不同"，"正好反映了其时词汇扩散过程中未变至已变的动态发展状况"。单以"轻重唇音声母异切"为例，各本轻重相切共有 40 余切，其中丽藏本以轻切重 35 切，以重切轻 7 切，轻重异切为 42 切；碛砂本以轻切重 13 切，以重切轻 3 切，轻重异切为工 6 切；慧琳转录共有 40 切，其中以轻切重 15 切，以重切轻 1 切，轻重异切 16 切。《玄应音义》和《慧琳音义》之反切中虽皆存帮系字与非系字混用的现象，但由其混用现象的减少，尤其是所列重唇音"邠、甓、摒、寐、眯、蠓、牻、牡"的反切上字，丽藏本为轻唇音，慧琳改为重唇音字；轻唇音"翻、泛"的反切上字，丽藏本为重唇音，慧琳改为轻唇音字。可见轻重唇音分化的趋势在唐代中期已经形成。毫无疑问，类似这样的反切异同比较所反映的语音变化，对于汉语音韵史的研究弥足珍贵。

在此基础上，著者相互比勘，又补正了前辈学者在论述《玄应音义》反切上的一些疏失。例如周法高《玄应反切考》认定"进刃同韵，烬字兼有'从、邪'二纽之音，足征玄应'从、邪'有别。"然时仪博士列出"从母与邪母异切"表，从玄应、云公和慧琳所释"烬""䞍"的异切可知，"从""邪"二母在当时口语里已不加分辨，因而出现不自觉地混用二切的情况。不仅如此，如前所述，《玄应音义》各本的年代有先有后，其版本之繁杂所形成的各本异切或多或少地反映了前后相近的几个时间点上相同词汇的语音已变或未变的现象，因而提供了时间上的连续性，自可据以考察音变的连续过程。因此可以说，在一定程度上对"词汇扩散理论"的运用又有所拓展。

再次，著者在词汇研究方面用力最多，着重形音义相互结合，穷尽性地考证了《玄应音义》所释 400 多部佛经中 8000 多条词语，考察了其中一些复音词、新词新义、方俗口语词以及外来词,探讨了南北方言的异同,揭示了汉语词汇双音化和语法化的演变轨迹。隋唐时期虽有《经典释文》、《切韵》等训诂专书,但皆略于方俗口语词汇。《玄应音义》的词汇系统,是佛经词汇的一个共时聚合体,由来源不同的词语汇集而成,文白相间,新旧质共融,新旧义共存,形成了动态演变与静态聚集、杂源而一统、同处而异彩的特色,如同一个压扁了的立体平面,叠置着不同时期、不同层次的词语,客观上反映了中近古汉语词汇的演变概貌,为汉语词汇史研究提供了许多尤为宝贵的线索。以下分别略作评介。

据统计,《玄应音义》共收释词语 9430 个,除约 840 个音译外来词及三字词外,几乎全是双音节词语,包括单纯词、复合词以及尚未凝固成词的词组。著者指出,其中普通复合词即有 2500 个,而为《现代汉语词典》收录的就有 668 个。这为后人研究双音词提供了丰富的资料。著者挑选出 20 个复合词进行了历时的考察。例如"庄严"一词,据玄应对卷一《华严经》所释为"妆饰"义。据《说文》"妆"有"饰"义,而"庄"可通"妆",亦有"饰"义。东汉避明帝讳以"严"代"庄、妆、装","严"遂有"饰"义。如《孔雀东南飞》"新妇起严妆","严妆"即"妆饰"。其后又举 7 例证明。接着指出,"严、饰""庄、严"同义并用皆始见于汉代,除《汉书》、《汉纪》、《三国志》、《后汉书》外,佛经中用例较多,皆为"妆饰"或"装饰"义。而现代汉语里"庄严"一词是"庄重严肃"之意,由"庄"的"庄重"义和"严"的"严肃"义凝固而为复合词,始见于宋代。又据此纠正了《汉语大词典》在解释"庄严"一词时对引例的误说。如此溯源探流,详加考证,极有说服力。

在考察《玄应音义》收录的新词新义时,著者以权威性的《汉语大词典》为根据,分为该词典已收与未收两小类。其中该词典已收的则以其始见例的年代为参照标准,共列举 26 例,如"诌曲、嘲话、褫落、恩造、酷毒、罄竭、郁怏"等,并逐个作了解析。对"嚯哚"一例,除引玄应所释外,还引蒋礼鸿、郭在贻两家解释,指出"仍有未尽之处",再考察《慧琳音义》卷十四释《大宝积经》引《集训》《玉篇》《考声》所释作补充,又引卷七十九释《经律异相》之案语:"经义'嚯哚',张口露齿嗔怒作啮人之势也"。显然,其训释比起以上两家以及《汉语大词典》都更为醒目。而该词典未收的,列举有 12 例,如"搏撮、触娆、观铨、房宬、项很、属累"等,也逐一作了考释。此外,还罗列 36 个复合词,指出《汉语大词典》的书证偏晚。如"宝瑛"一词,《汉语大词典》引元代例,而玄应所释佛经为西晋竺法护译。又如"猜度",《大词典》引明代例,而玄应所释佛经为玄奘译。

在《玄应音义》收释的方俗口语词上,著者采取点面结合,在面上把它们分为"注明方言的"和"未注明方言的"两小类,前者列举了 15 个,后者列举了 79 个(组),可谓语料丰富,对方俗口语词汇的研究尤有价值。在点上,又着重考证了 65 个词语,大都相当精彩。例如 62"邪忤",在玄应所释《大灌顶经》里,指触逆人的邪戾怪物。此物难以名状,引申以泛指造成灾祸的妖邪之物。因其本无定形,故各地据其音而有"野狐"、"野雩"、"野胡"、"夜壶"、"夜狐"、"夜胡"、"麻胡"、"邪虎"、"妈虎"等不同写法与种种说法。著者又联系鲁迅《朝花夕拾·二十四孝图》里提到当时北京常用"马虎子"来恐吓小孩,正确写来须是"麻胡子"。上海话的"野胡"、杭州话的"阿胡"在音义上也与"邪忤"相似。"邪忤"后也作"邪物"、"邪呼"等,因"邪"本音以母麻韵,而"物"又有"鬼魅"义(《史记·孝武本纪》集解引如淳曰"物,鬼物也")。所谓"夜壶脸"即指纸做的怪面具。"野狐"、"麻胡"所指既为抽象而难以名状的怪物,故又引申为"不分明、不清楚"的"模糊"义,由此又引申有"草率、马虎"义。吴方言与此义有关的记音词有"耶耶乎、呀呀呼"等。著者旁征博引,信手拈来,考证出以上这些写法与说法都有语源之关联。

著者并未到此为止,还对其中涉及的 6 个常用词的古今衍变递嬗进行了探讨。例如关于"打"一词的考察,古今学者众说纷纭,莫衷一是。著者指出,《说文》无"打"字,"撞触"义最初由"朾"表示,从木会意;而"打"至迟汉代已在使用,由于"木"与"扌"易生笔误,且"打"其时已为常用词,在口语里逐渐包容了"朾"的"撞触"义,约于唐代最终取代了"朾"。河西方言梗摄舒声二等字的白读与苏州话白读遥相呼应,透露出"打"由阳声韵鼻化而脱落韵尾变为阴声韵的演变线索。著者引用丰富的材料,评析各家的说法,理清了其中的脉络,可以信从。又如"茫"本为西汉吴扬方言里表"急遽"和"没有空闲"义的词,东汉时演变为俗语词写作"忙"。"忙"原表"害怕"义,与"慌"是同源字。"忙"由心理上的"茫然不知所措"义引申为行动上的"忙乱"义,又引申有"急遽"义。宋以后,"忙"多用于表"急遽"和"没有空闲"义,其原初所表"害怕"义反趋消亡。凡此种种,读来大多自然贴切,胜义纷呈,足见其功力。

至于所释外来词,著者详尽地考释了 8 组词语。例如"印度"一词,汉译异读有"天竺"、"身毒"、"贤豆"等。著者指出,这些读音大多或与梵语 sindhu

音近,或与伊朗语 hindu 音近,可大致分为以上两大系列。印度国名之语源当与其所处地理位置的 sindhu 河名有关,后传入伊朗等地变为 hindu,又脱落 h,形式上与梵语"月"(indu)相似,唐僧玄奘很可能据此译为"印度",此说当更接近当时事实。

最后,著者还分语言文字、古籍整理、辞书学和文化史四项论述《玄应音义》的学术价值。学界早有共识,即佛教传入中土的不仅是一种宗教,更是整个印度的文化,并且带来了以佛教原典语言和译者母语为代表的古印欧语对汉语的全面影响。

(1)《玄应音义》中保存了大量的文字材料,无论正体、俗体,写经人随意所造的新字,还是传抄中的讹误字,玄应都一一收录与考释。从文字学的角度来看,该书犹如一块璞玉,保存了当时文字使用的自然状态,可供考察文字的古音古义和字与字之间的演变情况。著者列举了 21 组不同形体的同义字并加以辨析,如"枘(腝、嫩、濡、煋)"、"样(象、像)"、"毬(鞠、毱、球)"、"憸(惀、俭、淡、憛)"等。

《玄应音义》是"治音学之要籍"(汤用彤语),其所释音切反映了当时的读音,可供考察中唐时期的语音系统和研究某些语音的演变过程。"若夫中国古来传习极盛之外国语,其译名最富,而其原语具在,不难覆按者,无如梵语,故华梵对勘,尤考订古音之无上法门也"。(汪荣宝语)玄应在解释佛经中的外来词时往往指出其不同译名,将这些不同译名与佛经原文作比较,根据这些外来音译词翻译出的年代和地域的差异,自可考察出某些汉字当时的音值及古今语音的变化。著者举出 5 个典型例子证明,这种梵汉对音材料在汉语语音史上有着特殊的作用。

《玄应音义》注释了由汉至唐 400 多部佛经中约 8000 条词语,集汉文佛典词语之大成,所涉时代正处于中古汉语到近代汉语的转折点上,其释义又往往上溯坟典,下稽方俗,客观上反映了汉唐以来汉语词汇历时、动态、立体的演变概貌,因而为汉语古今词汇演变的研究提供了丰富的语料线索。著者从描写语言学、方言通语的变迁、汉唐方言区划的变更、单音节词向双音节发展的轨迹等 6 个方面具体阐述了其在词汇研究上的学术价值。

(2)《玄应音义》征引唐以前的古籍种类颇多,所存佚文相当可观,保存了大量已佚古籍的丰富内容。著者从"辑隋唐前佚书之渊海"、"提供注释古籍的佐证"、"考定校补现存古籍"三个方面阐述了该书对古籍整理的作用。例如著者逐条比勘了玄应所引430多条《方言》与今传本《方言》的异同，即可凭以考察唐时《方言》传本的概貌。

(3)《玄应音义》广泛征引的各种古籍中很多是如今不传的古代辞书，如《通俗文》、《声类》、《字苑》、《韵集》、《字林》等。从该书引用的辞书既可见南北朝至隋唐时期辞书编纂的盛况，亦可窥见已佚辞书的某些概貌。这些自然有益于辞书史的研究。著者专门列出该书所引《韵集》59条，28个词，以窥其一斑。前面已经提到的该书词汇研究，亦有助于大型语文工具书的编纂或修订。著者于书中列举数例，以《玄应音义》所释来补正《汉语大词典》之疏失。

(4)《玄应音义》的训释广泛记载了当时的农业生产、礼仪习俗医药以及中外交往等各个方面。这些记录不仅大可弥补古史之未详，而且也为了解当时的社会生活与制度提供了珍贵的资料。著者选择玄应所释"华盖"、"华幔"、"投轮"、"浴搏"、"钥匙"、"白马寺"等语词，作了或略或详的考释。例如"白马寺"，据玄应对佛经多处所释，所谓"白马"并非"马"，而是梵语各色"莲花"音译演变的结果。因而终于合理地解释了"白马寺"得名之由来。这明显涉及中国文化史研究的内容了。

时仪博士的这部正文长达750页的专著，确实展示了佛经文献之瑰宝，填补了汉语研究之空白。当然也有其美中不足之处。除排版不细导致多处开天窗之病外，我个人感觉：一是选材不够精致；二是行文不够简洁；三是有些内容片段有些游离，如"汉语词汇双音化的内在原因"一段并非《玄应音义》这个课题研究的本体部分，它是一般汉语词汇研究的理论课题，即使有些内容非涉及不可，亦无必要展开论述。有些文字可作附录处理。若此，这部专著就会内容更精练，体系更严密，行文更流畅。

2005年10月

《韵镜》研究的新突破

最近见到原贵州大学教授杨军所撰洋洋巨著《韵镜校笺》（浙江大学出版社，2007年，以下简称"校笺"），立即展阅，不禁为之吸引。全书660余页，除去附录四《覆永禄本韵镜》，亦近550页。学界所盼望的《韵镜》研究，终于在中华大地上有了新的突破，这不能不令人兴奋。坦诚地说，我对传统音韵学并无深入的研究，但毕竟给研究生讲授过汉语史的课程，曾经接触过等韵学的有关著作，知道《韵镜》长期流传海外，至清末才返回中华大地。在海内，先是罗常培先生于上世纪30年代初期对该书做了大量的研究工作，并取得了重要的成果。半个世纪以后，李新魁教授所撰《韵镜校证》（中华书局，1982年，以下简称"校证"），为该书的校理作出了贡献。长期以来，如蒋希文先生所说的，"因为历史造成的局限，两岸关系阻绝，海外交流困难，遂使……据本无多，许多成果无以利用，从而遗留了许多没有解决的问题"（《韵镜校笺序》）。所幸杨军教授在南京大学中文系做访问学者期间，在著名音韵学家鲁国尧教授的指导与帮助下，从日本和香港等地学者那里得到了在境内很难看到的一些重要的《韵镜》版本以及相关资料，加之他长期致力于这方面的教学和研究，撰就《校笺》，在前人的基础上有了很多新的创获。厦门大学李无未教授于该书《跋》中即给予相当高的评价："一是它的创新性；二是它的特点突出；三是学术价值很高。"而且指出，其问世"无疑意义很重大"（653—655页）。读者自可参阅，本文无须重复。探其成就之缘由，我以为大致有三个方面。

一、崭新的理念提供了科学的指导

《韵镜》是我国现存最早的切韵图，是研究汉语语音史的重要资料，然而该书的成书年代,却有几种不同的说法,早的有说是隋末,晚的有说是宋代。近年来,鲁国尧教授在其《卢宗迈切韵法述评》中提出新说,指出《韵镜》"是层累造成的",从而解决了这一长期争论的重大问题。如今,此说已经得到学术界的认同。杨军教授坦承,对"层累说"也是由先前的将信将疑逐渐转为后来的坚信不疑,并且以此理念为指导而贯串于《韵镜》的整个研究过程中,因而取得了可喜的成就。由此我想起了爱因斯坦的一段名言:"试图单靠可观察量来建立理论,那是完全错误的。实际上恰恰相反,是理论决定我们能够观察到的东西。"[①]这给我们以新的启迪:一切观察都渗透着理论。不同的学者在进行同一对象的研究,却未必能得到相同的体验,这首先取决于他们的理论背景。

正如其《自序》所说:"只有从理念上充分认识《韵镜》的层累性,才能对该书的各种复杂情况作出正确的判断;也只有真正认识到《韵镜》等早期韵图的层累性质,剥除掉后人累加的成分而完成对这些韵图的复原工作,才可能对它们进行正确合理的构拟或重建。"在这种科学理念引导下,经认真考察,著者最终得出三个结论:(1)早期切韵图的产生,当是在用"唇舌牙齿喉(半舌半齿)"等"五音"或"七音"来表示汉语声母的发音部位以后,"根据它们产生的条件来推断,或许就在隋末唐初,至迟不应晚于八世纪"。(2)《韵镜》一书的最后定型应在唐代,"因为我们发现,制作《韵镜》所依据的是唐代的某一种韵书"。(3)《韵镜》反映的既然是《切韵》系韵书的音系,"其所表现的声母就绝不可能是三十六字母的系统,而应当是类似于唐末守温《韵学残卷》三十字母的声母系统"。上述结论有助于著者全面考察《韵镜》而进行"校笺",并因此获得新的突破。

二、详尽的资料奠定了坚实的基础

著者于《后记》云:"前此,系统校理《韵镜》且产生过较大影响的专著主要有龙宇纯先生的《韵镜校注》、李新魁先生的《韵镜校证》和日本学者马渊和夫的《韵镜校本》等。龙先生《校注》凡出校语八百四十八条,纠谬发墨,多有创获,诚为《韵镜》之功臣。但这部《校注》是在一九五九年出版的,由于当时的

---

① 许良英等(编译):《爱因斯坦文集》第一卷,北京:商务印书馆,1983年,第211页。

条件所限,该书只采用了永禄本、日刊本(即宽永十八年本)和影印本(即北大本)三种刊本对校,而藏于日本的写本和其他刊本均无缘寓目。……只得假王国维、姜亮夫的摹本、刘复的摹刻本及《十韵汇编》以为资证。资料不足,必然会影响作者的判断,也使这本《校注》'可补正者仍不在少'(高明《韵镜研究·韵镜之校订》)。"

此说的确实事求是。相比之下,杨军教授的《校笺》就不同了,不仅不同于《校注》,也不同于晚出二十余年的《校证》,因为他所能参考的有关文献资料要多得多。据著者《自序》云:"《韵镜》在日本流传期间,先后有过许多写本。据马渊和夫《韵镜校本·广韵索引》就多达十数种,可惜其中大多数都毁于震火。"著者所知见诸本即有:

  1. 嘉吉本,日本嘉吉元年(1441年)所写,日本古典保存会昭和十二年(1938年)影印发行。

  2. 宝生寺本,日本福德二年(1491年)所写,昭和五十五年(1981年)影印发行。

  3. 应永本,今日所见其实是宝德二年(1450年)用别本进行"校合"之本,马渊和夫所著即用此作底本。

  4. 六地藏寺本,大约抄写于日本室町时代后期,1985年日本汲古书院所刊《六地藏寺善本丛刊》中有影印本。

此外,著者还述及:"自宽永五年(1629)到延宝七年(1678)约五十年间,相继有九种刊本印行。"其中较为重要的有:永禄本(1564),李新魁《韵镜校证》即以此为底本;宽永五年本(1627);宽永十八年本(1641);北大本,北京大学1934年影印,据著者考证,当据1930年松雪堂复制本影印;古活字本(1608)。

如著者所说,为了完成《韵镜》的新校、新注,他的导师鲁国尧把自己平时搜集的资料悉数交给他,还为他特地向香港、日本的好友同道征求《韵镜》的各种版本,"后者尤丰"。据著者所列之"参考书目",《韵镜》版本即多达九种。正是在上述众多版本的基础上,杨军教授才有可能参互比较,多番勘正,因而撰写出极有分量的《校笺》来。

三、恒久的坚持保证了成果的出新

如前所说,既有科学的理念,又掌握了足够的资料,加之著者长期的坚持,故获得丰硕而出新的成果在所必然。别的不说,单就著者此前所发表的论著来看,1995 年即有《〈韵镜校证〉补正》一文,2003 年又出版《七音略校注》一书,至《校笺》问世已有十余年的积累了。这里,我们不妨先在校语数量上将《校笺》与《校证》做一番统计和比较,见下表:

书名	识语	序作	指微	字母	助纽字	字例	呼韵	去音	清浊	四声	列图
校笺	14	14	15	2	17	23	8	5	8	6	5
校证	4	8	3	1	1	2	0	0	0	0	0

书名	图一	图二	图三	图四	图五	图六	图七	图八	图九	图十	图十一
校笺	56	78	28	46	35	35	52	36	14	24	36
校证	23	40	13	16	19	13	15	15	8	15	10

书名	图十二	图十三	图十四	图十五	图十六	图十七	图十八	图十九	图二十	图二一	图二二
校笺	64	107	53	37	35	117	81	11	12	94	77
校证	11	47	35	29	16	61	44	16	9	42	31

书名	图二三	图二四	图二五	图二六	图二七	图二八	图二九	图三十	图三一	图三二	图三三
校笺	130	111	94	30	24	38	49	21	88	40	84
校证	47	53	33	16	10	17	26	7	32	16	48

书名	图三四	图三五	图三六	图三七	图三八	图三九	图四十	图四一	图四二	图四三	总计
校笺	41	88	30	90	52	132	107	31	79	5	2610
校证	28	43	24	37	28	78	69	22	52	5	1238

说明:表中项目,"识语"即"张麟之识语","序作"即"韵镜序作","指微"即"调韵指微","字母"即"三十六字母","助纽字"即"归纳助纽字","字例"即"归字例","呼韵"即"横呼韵","去音"即"上声去音字","清浊"即"五音清浊","四声"即"四声定位";而"图一"即《韵镜》四十三图之"内转第一开",以下"图二""图三"等依次类推。

仅从上表中校语数量的对比,《校笺》各项即明显超出《校证》。前者总计2610条,后者总计1238条,前者比后者多出一倍有余。下面再从内容上略举数端来加以比较:

其一,张麟之识语:"不出四十三转,而天下无遗音。"《校证》云:"可见转字之义,当指声、韵辗转拼成之字音,有转合之义。……因之,韵图一图之中,有若干声与若干韵相互交错,转成若干字音,总为一图。故由此'转'字逐渐演化为图之义。郑樵作七音序时称'内外转图',则转已与图合称了。故张氏序中所说之四十三转,即为四十三图,包括了整个语音系统的音节,故曰'天下无遗音'。"(117页)

《校笺》经认真考索而从三方面予以辨析:(1)"然汉语与梵语不同,其音节可析为声母、韵母及声调,则《韵镜》、《七音略》乃依仿《悉昙章》且又根据汉语特点编制之韵图,其转则当是以一个韵母与各个声母轮转拼合一次之义。"(2)"《韵镜》、《七音略》皆凡四十三图,而一图之中,所含韵母数目不等,是'转'之初义与'图'不侔。张麟之不谙此理,误以'转'为'图',遂有'四十三转'之语,且于后文又以'转'与后世之'摄'相混矣。"(3)"而郑樵'又作内外转图',乃谓作内转、外转之图,并未将'转'与'图'相混,是李氏所说未确。又张氏所谓'不出四十三转而天下无遗'者,欲谓《韵镜》可将韵书所有音节包罗无遗。此乃逞臆妄说,绝无事实可稽。"(5—6页)无疑,《校笺》之见识明显超越《校证》。

其二,韵镜序作:"有沙门神珙,号知音韵,尝著音韵图,载《玉篇》卷末,窃谓是书作于此僧。"《校证》云:"案现行《玉篇》所附为神珙所撰之《四声五音九弄反纽图》,与《韵镜》一类韵图(如所谓洪韵者),殊然是两种不同的东西。张氏之言,实不可信。"(119页)

然而《校笺》在转引钱大昕、鲁国尧诸说之后指出:"看来神珙当为晚唐五代人,当时切韵之学尚处于初级阶段,故较粗糙繁琐。……'切韵学'研究的是反切的学问。而以同样的词素构成的'切韵图'一词,顾名思义,当然是'切韵'的'图',也就是关于反切的图,《四声五音九弄反纽图》就是来往反复地练习或训练反切的图。我们不可因为它粗糙、简陋,而否认它是切韵图。至于我们熟知的切韵图如《韵镜》、《七音略》等则是成熟、完善、庞大的网状音系结构图,相当于现代的语言音节表或声韵调配合表,论其始,论其用,皆根于反切。我们认为……张麟之使用'切韵图'这个术语,指称神珙的《四声五音九弄反纽图》,不误。"(12—13页)此番辨析,切合情理,令人信服。李无未教授于《跋》指出:"学者们校注《韵镜》一般是把四十三图当作对象,而很少去校注'序例',作者在这里对'序例'用力,实在是颇具新意,因为'序例'的内涵实在是太丰富了,是理解《韵镜》的关键之所在。"(653—654页)

其三,内转第二开合:"总目开合。"《校证》云:"本转注为'开合',与一般通例不合。案韵图排字列图之原则为:开合不同则分图,洪细有别则列等,无一图可兼开合者。此转作开合,与图旨背违,当是后人所加。"(133页)

而《校笺》除引罗常培、高明、李新魁等前辈学者之校正外,还从三个方面加以论证:"以本书及《七音略》等早期韵图之例,凡韵书中开合口不同之韵,皆分列两图,绝无淆乱者,此其一。韵图有拼读与检索之功用,倘开口字与合口字共居一图,则读者即无以藉图检索韵书,更不得据其张口拼读,而编制韵图之目的与意义何在?此其二。""根据本人研究,《集韵》牙、喉音字有用反切上字分开合之趋势。《集韵》虞韵、模韵的牙喉音字作反切上字时,大都出现在合口韵;而鱼韵牙喉音字作反切上字时,则大多出现在开口韵。……故该转当订为'合',与十一转鱼韵作'开'对立。"(43页)笺注论证极详,结论自当可靠。

其四,内转第九开:标目下"去声寄此"。《校证》无校。

《校笺》云:"(元)、(延)、(正)、(天)、(理)无此四字。按本转入声寄放废韵开口字,与平、上、去所列微、尾、未三韵开口字韵母不同,且微韵系为'内转',后世属止摄,废韵则属后世蟹摄,当为'外转'。是此处以标有'去声寄此'四字者为长。……要之,于废韵之置放,《七音略》已较本书更为合理,然非此类韵图之旧式,乃后人完善之举也。因颇疑此当是郑樵所为,而苦无明证也。"(93页)此番推断入情入理,而且用语十分慎重。乾嘉之风,扑面而来。

总而言之,《校笺》之超越前辈学者的,是其理念更新,资料丰富,校析入微,笺证至详,索隐探赜,新见迭出。展读《校笺》全书,必信此言之不虚也。至于该书所存在的某些不足,李无未教授在其《跋》中已经提到,本文就无须烦复了。

2008年12月

论史存直先生的"教学语法"思想
——纪念史先生逝世十二周年

　　史存直先生(1903—1994)是安徽合肥人,早年曾留学日本,当过中学教师和出版社编辑,后来一直担任华东师范大学中文系教授。在汉语语法学研究方面,史先生坚持传统语法学观点,可谓矢志不移。他曾于50年代发表过许多语法学论文。1970年写成《关于汉语语法体系》一文,提出了一个以"句本位"为原则而又有所改进的新体系,确实有其合情合理之处。这篇论文后来收入他的《语法三论》(1980)里,但在当时并未引起语法学界的足够重视。1982年出版《语法新编》,把他的一整套语法观点具体化了。1986年,他的《句本位语法论集》和《汉语语法史纲要》出版,完整地体现出他的汉语语法学思想。

一、着眼于中西语言之差异

　　各民族语言都有自己的一套语法手段,各种语言所采取的表达形式并不相同。史先生多次强调,汉语语法与西方语法相比,有以下三项差异:(1)分析与综合的差异;(2)词结合方法上的差异;(3)句构造上的差异。
　　西方语言具有丰富的形态,是综合语;而汉语没有所谓"屈折"或"词形变化",是分析语。印欧语用来表示词结合关系的手段是"形态变化",而汉语用"词序"和"起介系作用的虚词"这两种办法来表示词与词的结合。英语、俄语的谓语必须是定式动词或包含一个定式动词,而在汉语里,不仅名、动、形三类词皆可同样直接作谓语,甚至词组和子句也可作谓语,等等。这些看似常识,但各家对汉语的语法特点的认识并非同样的全面与深刻。在这方面,史先生不止一次地予以具体阐述与强调,并且始终贯串于他的汉语语法研究之中。

他指出,语法学史上有一个重要的事实可以给我们以启示:西方人在两千年前就创立了语法学,而中国人直到一百年前才出现第一部汉语语法著作,而且还是模仿西洋语法而写成的。这绝对不是由于汉人的智力低于西方人,只要看一看中国在十几个世纪以前就建立了体系完整的音韵学就可明白。那么其关键自然在于两种语言自身的特点。

因此完全可以推想,印欧语富于形态,所以很早以前西方语法研究能够侧重于形式,当初基本上只有词法,直到近代才发展了句法,形成了完整的语法体系;而汉语形态极其贫乏,用词造句的规律非常简单,掌握起来不大感到困难,所以直到马建忠受了西洋语法书的启发才写出成体系的《文通》来,其内容从汉语的实际出发而侧重于意义。也正是从这种差异着眼,史先生才看重从长期教学实践中总结出来的教学语法,而不盲从后来盛行一时的各流派的语法理论。

二、立足于"句本位"之重要原则

众所周知,"句本位"的原则,是黎锦熙先生早年提出来的。当时通行以词类为纲来讲授文法,而黎氏《新著国语文法》一改过去通行的方法,提出以句子为纲来讲文法,即"句本位"文法。黎氏批评"词本位"文法体系,认为"仅就九品词类,分别汇集一些法式和例证,弄成九个各不相关的单位,是文法书最不自然的组织,是研究文法最不自然的进程"(《引论》)。并指出如果采取"句本位",从句子的研究入手,不但可以得到正确的词类用法,而且可以发现一种语言的普通的文法规则,可以有助于学习和翻译他种语言,可以帮助心灵的陶冶。"句本位"文法,"退而'分析',便是词类的细目;进而'综合',便成段落篇章底大观"(《引论》)。后来又在其《今序》里指出,所谓"句本位"语法是指"把'句本位'做中心,把组成句子的六种成分做出发的重点"。作者以此为指导思想来编排组织《新著国语文法》。

在《关于汉语语法体系》一文里,史先生开宗明义,认定"建立语法体系必须注意以下三项根本原则:(1)句本位原则;(2)形式与内容对勘而以形式为纲的原则;(3)句法与词法对勘而以句法为纲的原则。"他一再强调:研究语法就必须在头脑里先树立"句本位"的观点,因为"说语法的目的在于研究用词造句的规律";"研究语法规律,实际上就是研究用词造句的种种格式";"其理论的归结必然是词法应该为句法服务,因而建立语法体系必须先考虑句法,然后才能考虑词法"。他指出:分析句子至少需要设立"主、谓、宾、补、定、状"六个成分。经过多方比较,他认为还是"黎锦熙的体系缺点少些。其原因是:(1)黎氏强调了'句本位'原则,对句子都做了彻底的分析,没有'兼语式'或'递系式'、'复杂谓语'之类的毛病;(2)黎氏吸收了西洋'学校语法'以形式为纲的优点,未陷于烦琐"。

当然,史先生并非没有看到黎氏《新著》的缺点,"它的缺点主要是由于未看清汉语和印欧语的基本差别,因而未能彻底摆脱西洋语法的影响而来的"。在这样的思想指导下,史先生对黎氏的语法体系进行了若干修正。

上个世纪70、80年代之交,不少语法学者抨击传统的"句本位"语法,指责它专重意义而忽视形式。这种误解,显然与计算语言学的兴起和西方某些语言学思潮的泛滥有关。就前者而言,刘涌泉先生于《语言学必须现代化》一文中说得很明白:"机器只认识形式,不懂意义。"而且把"面向人的语言学"与"面向机器的语言学"区别看待。① 这实际上是说,对人而言,用形式与意义相结合的语言学;对机器而言,用形式主义的语言学。对于"面向人的语言学",史先生说得非常彻底:"对人进行语言教学仍必须采用形式与意义相结合的方法,不能采形式主义的方法。形式主义的偏向愈严重,教学效果就会愈差。"②

从整个语言学发展史来看,开初的传统语言学着眼于意义,后来出现的"结构主义"语言学、"转换生成语法"等流派则强调形式,近一个时期似乎有向传统语言学回归的倾向。马希文先生在其《谈谈数理语言学》一文中指出:"形式语言学有了二十多年的历史。但是它并没有对语言学的发展做出显著的贡献,——这可能是由于只从表面形式去研究语言是非常不够的——为了解决语言构造的问题,必须寻找新的途径以深入语言的内部即语义学的领域。"③在我国有一个明显的事实,就是语法学界出现了"三个平面"的语法理

---

① 刘涌泉:《语言学必经现代化》,载《中国语义》,1978年第4期。
② 史存直:《语法研究的两个方向》,见《句本位语法论集》,上海教育出版社,1986年。
③ 马希文:《谈谈数理语言学》,载《中国语文》,1978年第3期。

论,也就是主张"句法、语义、语用"三者结合的汉语语法研究的新思路,这也再一次说明,语言的意义又重新引起人们的重视。这是符合汉语的特点与实际的。今天应当从这个新角度来重新考察"句本位"的语法思想,给它以科学的评价。

三、坚持并完善传统的教学语法体系

西方的语法研究,有各种各样的学派及形形色色的理论。汉语语法研究至今虽然没有形成学派,却有各种不同的理论,不成体系的且不去说它,自《马氏文通》起,就有所谓"词本位"说和"句本位"说,近几十年来又有所谓"词组本位"与"小句本位"的提法。粗略的划分,大致有传统的教学语法和非传统的专家语法之别。专家语法,又称理论语法。教学语法,又称学校语法。

王力曾指出:"学校语法着重在实践,科学语法着重在理论的提高。"又说:"学校语法和语法教学的关系密切;科学语法和语法体系的关系密切。"这当然不是说教学语法不需要理论,而是要把理论寓于实际材料之中;也不是说理论语法不解决实际问题,而是在解决实际问题的同时,还要解决一些较大的理论问题。

南京大学卞觉非教授于其《理论语法与教学语法的分野》一文中,对此作了更为全面、细致的分析。他明确指出:"理论语法与教学语法既有区别又有联系;前者具有前瞻性、创造性和探索性的传统,属理论型的;后者则具有规定性、稳定性和功效性的特质,属应用型的。"(参会提交论文,2004)

史先生早年就明确地说过:传统语法的优点主要在于"句本位原则"。根据他的进一步调查,"句本位"这个原则,"很可能是黎锦熙先生根据二十世纪初英国学校语法的一般趋势提出来的"。[①] 他认为,这个主张包含两项极为重要的内容:第一,它改变了句法对词法的地位;第二,它强调了句子结构的整体性。在《汉语语法史纲要》一书第一章里,史先生又一次强调:研究句子的格式(即语法规律)就必须要结合句子的内容来研究;就词法和句法这两个部分的内在关系来说,词法对于句法应该有依存关系。他指出:"西方的学校语法,一般的说来是符合于上述两项原则的。"之所以如此,"并不是经过理论

[①] 史存直:《学校语法和专家语法》,见《句本位语法论集》,上海教育出版社,1986年。

的钻研一次达到的,而是在长期的教学实践中经过不断改进提高而达到的。"显然,史先生更为看重的是教学实践以及由教学实践提炼出的"句本位"原则。

汉语语法在客观上本来只有一种体系。但是,由于语法学者的主观认识不同,语法学界便存在几种不同的语法体系,且以能"自成一家"的来说就有五六种之多。客观存在的语法体系,自然没有什么偏差可言,只有逐步完善的问题。而语法学家所建立的语法体系既然有那么多家,若用客观实践来衡量,就必然有这样或那样的偏差,不过是或多或少罢了。

因此,语法学家所建立的语法体系,偏差越少就越合理,就越有助于分析语言事实,也就越能够指导语言实践。经过多年的考察和比较,史先生认为还是传统的学校语法偏差少一些,比较切近语言事实,能够"执简驭繁",既合情也合理。在这方面,吕叔湘当年所说对我们不无启示:"现在国外的语法研究可以大致分为三派:传统语法,结构主义语法,转换语法,……结构主义语法和转换语法各有一套理论,往往是引几个例子谈一个问题,的确能说得头头是道,可是到现在为止,还没有看到过应用结构主义语法理论或转换语法理论,全面地、详细地叙述一种发达的、有文学历史的语言的语法的著作,可以拿来跟用传统方法写出来的一些有名的著作相比较。"(《汉语语法分析问题》)这实际上印证了史先生的说法,传统的教学语法的成就和地位,当在所谓专家语法之上。

西方的语法学家非常强调上述两种语法的区别,譬如乔姆斯基曾申言,他的语法理论不适用于教学,并说作为教学语法,传统语法是很好的。① 而中国的语法学者一般对此缺乏自觉意识,在讨论语法问题时往往人言人殊,难以形成共识。其中典型的例子就是从"暂拟体系"急忙过渡到"中学教学语法体系(提要)",这在一定程度上扰乱了语法教学和教师的思想。史先生并非一味地坚持原有的教学语法体系不变,他不仅强调要逐步地加以完善,而且实际上也已经这么做了。首先,他把黎氏六大成分的三个层次改为两次划分:

  主要成分——(主语、谓语)
  次要成分——连带成分(宾语、补语)
      附加成分(定语、状语)

---

① 参吕必松编:《语言教育问题研究论文集》,北京:华语教学出版社,1999年。

其理由是：(1)主要成分与次要成分性质不同，主要成分中的主语和谓语是互相对待的，而次要成分互相间以及主要成分和次要成分之间都没有对待关系。和次要成分相对待的乃是这些成分所依附的中心词。这些成分所依附的中心词可能包含在主语部分里，也可能包含在谓语部分里，所以黎氏把宾语和补语算作谓语的连带成分，就不免把关系搞错了。(2)连带成分和它所依附的中心词之间的关系比较紧凑，而附加成分和它所依附的中心词之间的关系比较松弛。

其次，鉴于汉语中主语有一多半既非施事，又非受事的事实，他提出析句时不必先问主语是施事还是受事。在必须谈及施受关系时，才称在施事地位的主语为"施事主语"，在受事地位的主语为"受事主语"，称既非施事又非受事的主语为"提示主语"。

再次，鉴于汉语中宾语的内容实在复杂，但又不能分类过细，他提出可以把动词的直接对象称为"受事宾语"，而把动词影响所及的宾语称为"关涉宾语"。与此相关的是介词的宾语，"把"字后面的宾语通常是"受事宾语"，而其他介词后面的宾语通常都是"关涉宾语"。

第四，鉴于动词和形容词的语法功能相同，就理当并为一大类，他建议给它取一个总名称，即"表词"，其下分为"动词"和"象词（形容词）"。

第五，在名词的附类里可包括"时间词"、"处所词"和"方位词"。助动词可分前置和后置两种，前置的表"可能、应当、或然、意愿"等，后置的表"时态、趋向、能够"等。助动词及其所依附的动词或象词结合起来算作一个句成分，不必再分析。

第六，他把虚词划分为三类：介系词，语气词，感叹词。介系词又按照它的介系方式分为四小类：介词、连词、间词（结构助词）、系词（"是"）。

此外，他认为从汉语的历史发展来考察，不仅上古汉语没有表示被动的形态，就是后来也并未发展出这种形态来。倒是在形式上不分能动、被动的古老习惯一直存在。因此从全面考虑，仍把"被"字当作动词比较合适。这样，不仅它后面的那个实体词乃至整个句子的结构都容易处理，而且和"被"同时存在的"受、挨、让、叫"诸词也就一致了。

以上所述，就是史先生所拟定的"先句法，后词法"的汉语语法体系之框架。他一再强调，语法的基本要求是"执简驭繁"，而且要有利于教学。且不说别的，就以汉语语法的句子成分为例，黎氏设立了七个，史先生则强调六个。根据现代认知心理学,人在头脑中对信息进行编码加工是以板块为单位的,而短时记忆的容量一般为七个板块左右。看来将句子成分的数目定为七个或六个,并非偶然巧合,而是有着一定的心理基础的。在一个句子平面上,一次分出六七种区别性成分,自然比二分法的解释力度要强。①

显而易见,史先生在坚持并发展黎氏"句本位"思想的基础上,进一步完善了教学语法体系,其中不乏精彩的理论阐述。而且,有不少见解已为后来思想新锐的年轻语法学者的深刻论述所证明。

四、推崇句子成分分析法

句子成分分析法,是黎锦熙先生根据"句本位"原则而提出的析句方法,具体运用时采用"中心词分析法",一举找出句中的各个成分。这种析句法能够划清句子的主干和树枝,辨清整句的格局,确定句子的类型,有助于修改病句,因而长期以来在教学与研究中被广泛运用,是传统语法析句的典型代表。

不过,这种析句法当初由于不能清晰地突出句子结构内部固有的层次性,有时无法合理解释一些比较复杂的句法现象,加之几乎完全凭意义来确定句中成分关系,如依据施事受事决定主语宾语等,因而在上世纪70年代末曾经受到激烈的批评。对此,史先生不以为然。他在《与张斌先生讨论语法问题》《评几种新的句分析法》等多篇论文中反复地强调句子成分分析法的长处。概括起来有如下几点:

首先,对句子进行分析,是要找出它的自然结构,而成分分析法兼顾形式和内容之间相依为用的关系,所以完全能够达到上述目的。

其次,成分分析法的基础并不在于"寻找中心词",而在于六个句成分以及句成分之间的三个层次,即主语、谓语是一个层次,称为主要成分;宾语、补语是一个层次,称为连带成分;定语、状语是一个层次,称为附加成分。

再次,成分分析法能适应没有"词形变化"的汉语的需要,可以根据主语和谓语的对待关系来决定从何处开始进行分析,不至于感到茫然而难以下手。

第四,对于比较长的句子,采用成分分析法依然能保持完整的格局,而根

---

① 周一民:《句子成分分析法新议》,载《励耘学刊》,2005年第1辑。

据句子的格局就可以发现句子有无毛病,若有毛病随即予以修正。

第五,成分分析法只要分析到句成分为止就可以结束,无须像层次分析法那样一直分析到语素,避免了不必要的麻烦。

正因为句子成分分析法有以上种种优点,所以它在很长一个时期里是非常适合于语法教学的,因而为教师所普遍应用。吕叔湘在其《关于语法分析问题》中指出:"这种分析法有提纲挈领的好处,不仅对于语言教学有用,对于科学地理解一种语言也是不可少的。"用来替代《暂拟系统》的《语法提要》在教学实践中推行不利,就是有力的证明。有些学者把所谓"层次分析法"与"成分分析法"对立起来,并且用"层次分析法"来否定或取代"成分分析法"。对此,朱德熙先生在其《语法分析和语法体系》一文中,曾经客观地指出:把层次分析当作一种分析方法,恐怕不一定妥当,因为层次性是语言的本质属性之一,是进行语法分析不可缺少的手续之一,不是一种可采用也可不采用的方法①。这是相当深刻的见解。正如史先生所说,成分分析法运用得当,完全能够显示出句子的三个自然层次来。

由此看来,句子成分分析法仍然是语法教学甚至语法研究的有效方法,它有助于提高分析语言、运用语言的能力。我们不能否定它,只能结合现代语法学思想与汉语实际来不断地完善它。

史先生在继承和完善黎氏的汉语教学语法体系方面,可谓特立独行,矢志不移。这不仅在他的《关于汉语语法体系》这篇重要论文里全面地体现了出来,而且在他的其他几篇相关论文里也多番阐述与发挥。他还专门写有一篇题为《在语法方面我继承了黎锦熙先生的哪些东西?》的论文,针对"黎先生的东西究竟过时了没有"的问题,提出了一个评判的标准:"其实要评论某种主张或某一学说过时未过时,必须把它的基本思想和一些具体处置分开来看,即使具体处置上有失当的地方,如果它的基本思想是健全的,那我们就必须把它的基本思想保留下来,让它继续发挥作用。"毫无疑义,这个标准所反映的观点是正确的。他还说:他通过"五十年的钻研生活","才逐渐体会到传统学校语法实有其理论基础,胜过专家语法"。"随之,黎先生的语法思想也就受到了我的重视"。他总结说,他从黎先生那里继承了以下三项:1.句本位思想;2.六个句成分和三个层次;3.前置助动词和后置助动词。他指出:"这

---

① 朱德熙:《语法分析和语法体系》,载《中国语文》,1982年第2期。

三项中有两项半也正是黎先生从英国学校语法吸取来的,只有后置助动词才是黎先生的独创。"

　　史先生还指出,黎氏对其解放前的某些提法后来已经放弃不谈了,如"七位说"和"同动词"之类。对其解放后由于受语法学界的影响而提出的某些见解,如"广义形态"和"熔解论"(即短语在语法体系中的独立地位),史先生也没有采纳。即使如"句本位"原则,他认为无非表示词法应服从于句法,而且他也吸取了结构主义的精神,在"句本位"理论中注入了句子的"整体性(格局)"这一思想。再如"六个句成分和三个层次",他也从理论上做了小改动,还斟酌汉语实际对六个句成分的内容做了小调整。

　　综上所述,史先生不仅是一位汉语教学语法体系的坚定不移的维护者,而且也是一位使汉语语法体系不断完善的锐意进取的革新家。

2006年9月

主要参考文献

[1] 白兆麟.简明训诂学[M].杭州:浙江教育出版社,1984.
[2] 白兆麟.试论国学的三个层面[J].学术界,2007(3).
[3] 白兆麟.新著训诂学引论[M].上海辞书出版社,2005.
[4] 白兆麟.《老子》"道经"首篇阐释[J].安徽大学学报,2006(4).
[5] 白兆麟.《盐铁论》句法研究[M].北京:商务印书馆,2003.
[6] 白兆麟.简明文言语法[M].石家庄:河北教育出版社,1990.
[7] 白兆麟.文法训诂论集[M].北京:语文出版社,1997.
[8] 白兆麟.从汉语史角度论"见 v"之"见"[J].安徽大学学报,1998(5).
[9] 陈望道.中国文法革新论丛[C].北京:中华书局,1958.
[10] 程俊英,梁永昌.应用训诂学[M].上海:华东师范大学出版社,1989.
[11] 段玉裁.说文解字注[M].上海古籍出版社,1981.
[12] 符淮青.现代汉语词汇[M].北京大学出版社,1983.
[13] 高守纲.古代汉语词义通论[M].北京:语文出版社,1994.
[14] 高明.帛书老子校注[M].北京:中华书局,1996.
[15] 龚千炎.中国语法学史[M].北京:商务印书馆,1995.
[16] 郭庆藩.庄子集释[M].北京:中华书局,1961.
[17] 河上公.老子道德经章句[M].北京:中华书店,1993.
[18] 贾彦德.语义学导论[M].北京大学出版社,1986.
[19] 蒋绍愚.古汉语词汇纲要[M].北京大学出版社,1989.
[20] 蒋锡昌.老子校诂[M].上海:商务印书馆,1937.
[21] 金景芳,吕绍纲.周易全解[M].长春:吉林大学出版社,1989.
[22] 孔颖达.周易正义[M].北京:中国书店出版社,1987.

[23] 黎锦熙. 新著国语文法[M]. 北京：商务印书馆，1995.
[24] 李如龙，苏新春. 词汇学理论与实践[M]. 上海古籍出版社，2001.
[25] 李先耕. 老子今析[M]. 北京：中国社会科学出版社，2002.
[26] 廖序东. 文言语法分析[M]. 上海教育出版社，1981.
[27] 刘叔新. 汉语描写词汇学. 北京：商务印书馆，1990.
[28] 陆俭明. 分析方法刍议——评句子成分分析方法[J]. 中国语文，1980(3).
[29] 吕冀平. 句法分析和句法教学[J]. 中国语文，1982(2).
[30] 吕叔湘. 中国文法要略[M]. 上海：商务印书馆，1947.
[31] 吕叔湘. 汉语语法分析问题[M]. 北京：商务印书馆，1979.
[32] 马建忠. 马氏文通[M]. 北京：商务印书馆，1983.
[33] 裘锡圭. 文学学概要[M]. 北京：商务印书馆，1988.
[34] 史存直. 句本位语法论集[M]. 上海教育出版社，1986.
[35] 史存直. 汉语语法史纲要. 上海：华东师范大学出版社，1986.
[36] 苏新春. 汉语词义学[M]. 广州：广东教育出版社，1992.
[37] 苏宝荣. 词义研究与辞书释义[M]. 北京：商务印书馆，2000.
[38] 孙玄常. 汉语语法学简史[M]. 合肥：安徽教育出版社，1983.
[39] 孙钦善. 中国古代文献学史[M]. 北京：中华书局，1994.
[40] 孙诒让，名原[M]. 济南：齐鲁书社，1986.
[41] 孙雍长. 汉字构形的思维模式[M]. 湖北大学学报，1990(4).
[42] 孙雍长. 转注论[M]. 长沙：岳麓书社，1991.
[43] 王宁. 训诂方法论[M]. 北京：中国社会科学出版社，1983.
[44] 王宁. 汉字构形学讲座[M]. 上海教育出版社，2002。
[45] （清）王念孙. 广雅疏证[M]. 南京：江苏古籍出版社，1984.
[46] （清）王念孙. 读书杂志[M]. 南京：江苏古籍出版社，1985.
[47] （清）王引之. 经义述闻[M]. 南京：江苏古籍出版社，1985.
[48] 王伯熙. 六书第三耦研究[J]. 中国社会科学，1981(4).
[49] 王弼. 道德真经注[M]. 上海书店影印《诸子集成》本，1986.
[50] 王力. 中国现代语法[M]. 北京：商务印书馆，1985.
[51] 吴新楚. 周易异文校证[M]. 广州：广东人民出版社，2001.
[52] 徐烈炯. 语义学[M]. 北京：语文出版社，1990.
[53] 许慎. 说文解字[M]. 北京：中国书店出版社，1989.

[54] 杨伯峻.春秋左传注[M].北京:中华书局,1981.

[55] 杨伯峻.论语译注[M].北京:中华书局,1958.

[56] 杨伯峻.孟子译注[M].北京:中华书局,1958.

[57] 张永言.词汇学简论[M].武汉:华中科技大学出版社,1982.

[58] 张志毅.词汇语义学[M].北京:商务印书馆,2001.

[59] 张舜徽.中国古代史藉校读法[M].上海古籍出版社,19 .

[60] 张志公.语法和语法教学[M].北京:人民教育出版社,1956.

[61] 周一民.句子成分分析法新议[J].励耘学刊,2005(1).

[62] 周钟灵.《老子道德经》句法述要.语文集刊(第一辑)[M].南京大学学报编辑部,1982.

[63] 朱德熙.语法分析和语法体系[J].中国语文,1982(2).

[64] 朱骏声.说文通训定声[M].北京:中华书局,1984.

[65] 朱谦之.老子校释[M].北京:中华书局,1984.